芳澤勝弘編著

江月宗玩

欠伸稿訳注

乾

思文閣出版

江月宗玩頂相（部分）

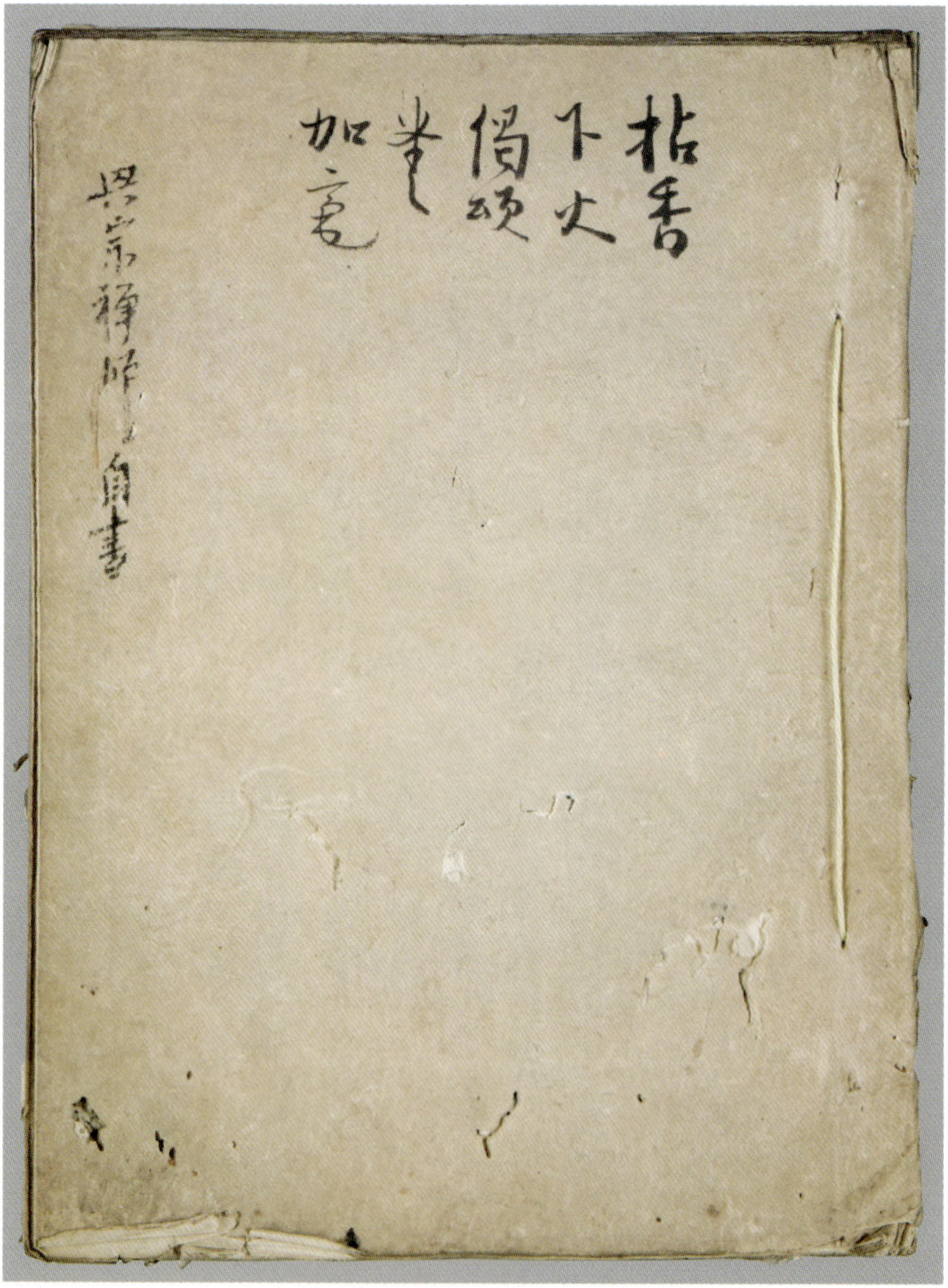

江月和尚自筆『欠伸稿』原本表紙

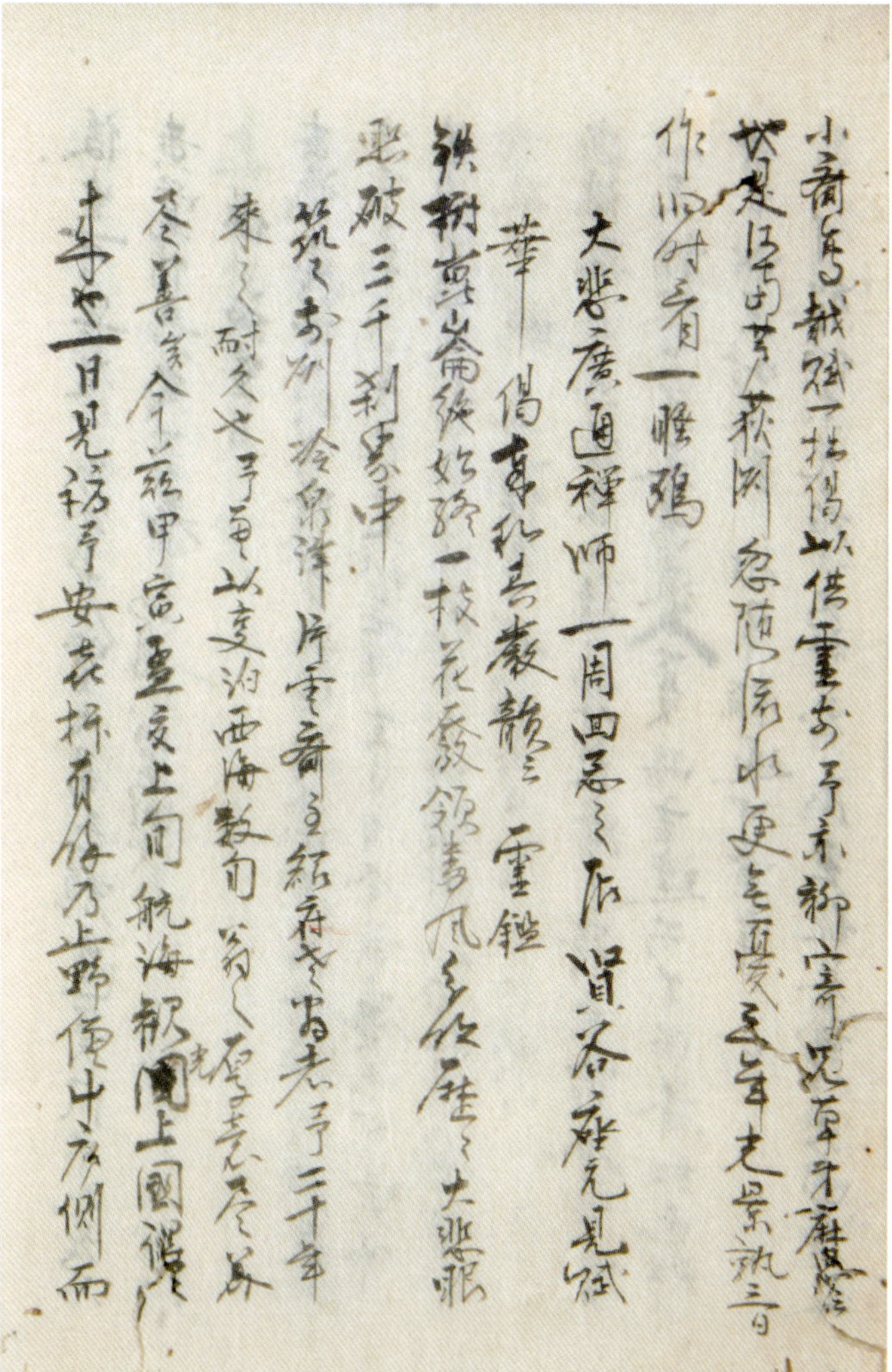

本　文(205頁参照)

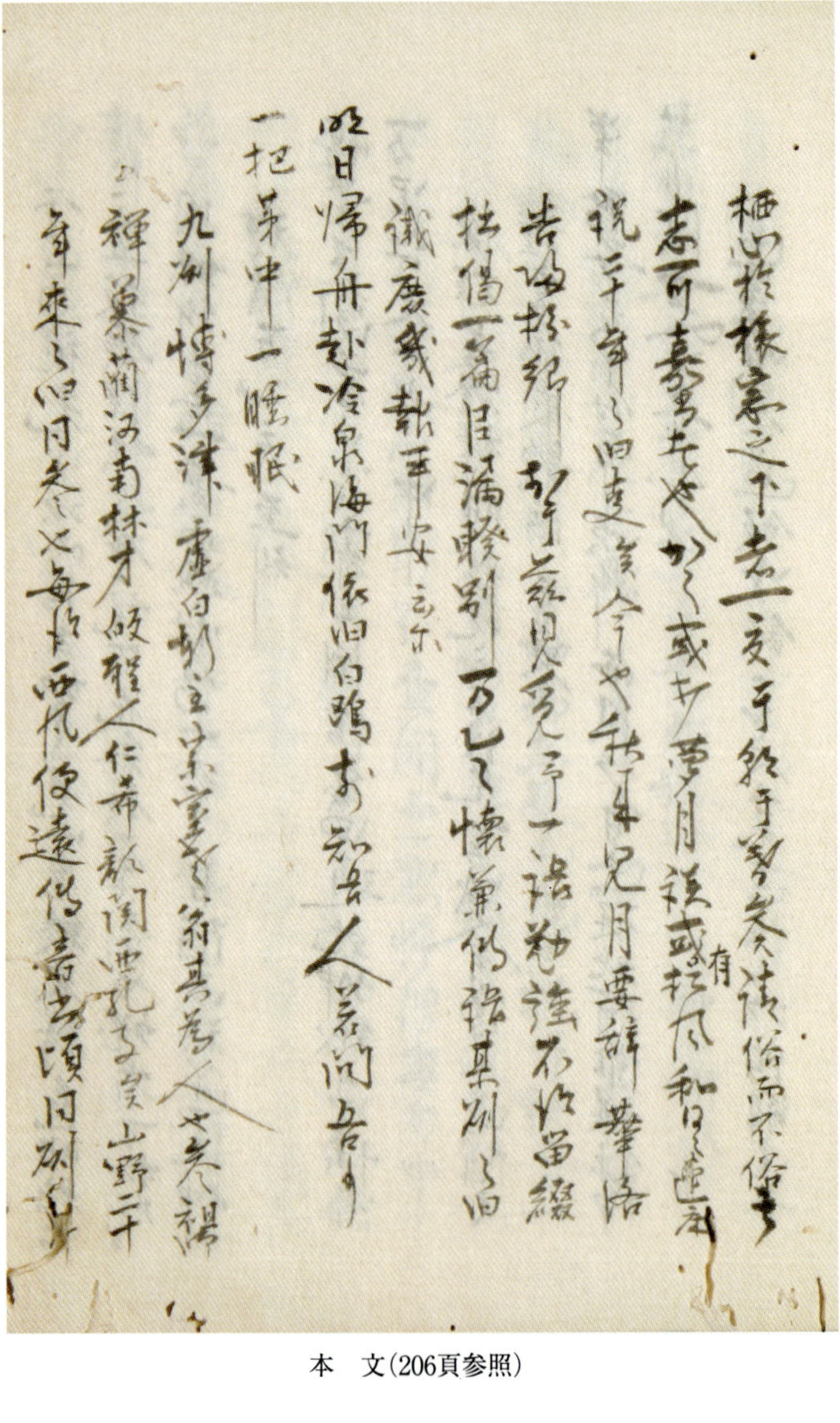

本　文(206頁参照)

序　文

このたび大徳寺塔頭龍光院の開祖、大梁興宗禅師江月宗玩大和尚の語録『欠伸稿』を広く世に刊行することになった。平成五年十月に江月和尚三百五十年遠諱を本山法堂にて修行したが、この時は『欠伸稿』の本稿を版行するのみで、解説本までは到底至らなかった。

平成十年になって、ようやくこの大塊に挑むべく「欠伸会」なる輪読会を始めたのだが、これを仰げば弥(いよ)いよ高く、これを鑽(き)れば弥(いよ)いよ堅し。原本の草書も読めず文意も解からず、途方にくれたのである。しかし、有り難いことに暗夜の灯台の如く、芳澤勝弘先生の絶大なるお力を借りて、この輪読会も遂に十一年を迎え、『欠伸稿』乾・坤を読了することができた。そして、ここにようやく刊行にこぎつけた次第である。

この成果は先生をはじめ、龍光院に集う裏方一人ひとりに至る欠伸会会員諸氏の上求菩提の一滴水の集まりである。

まさに『欠伸稿』は江月和尚の血滴々である。容易の看を做すこと莫かれ。この縁によって、百人に一人、千人に一人でもよい、大徳寺開山大燈国師の、今なお尽きることなく滾々と湧き出づる紫野仏法を担う、次世代の出現をひとえに冀(こいねが)うのみである。

龍光院　小堀月浦

凡　例

一、底本は龍光院蔵、江月和尚自筆『欠伸稿』乾・坤（ただし原本には題がない）のうち、乾を訳注したものである。

一、【　】は整理番号であり、長文のものは柯番号を付した。その下の（　）内は右原本の丁数を示し、［　］内は、孤篷庵本『欠伸稿』四巻（平成五年、龍光院版として版行されたもの）の巻数と丁数を示す。

一、『欠伸年譜草稿』『咨参緇素名簿』『諸霊年忌鑑』は、いずれも龍光院所蔵の写本である。

一、天恩寺旧蔵『葛藤集』は、十六世紀の妙心寺派の僧の詩文を集めたもので、東京大学史料編纂所の謄写本によった。

目次

書

加筆

江月宗玩 欠伸稿訳注

乾

拈香・下火

○拈香・下火＝「拈香」は拈香法語の略。香を拈じてささげ、供養の意をのべる。「下火」は下火法語の略。葬儀の際に導師が火を点ずる意をあらわすときにのべるもの。

【一―一】（一オ）［二の一］

阿兄宗凡居士小斂忌香語

地麗江南古道場、誰知別有好思量。

擧香云、吹成六月紅爐雪、炎日梅花一朶香。

阿兄宗凡居士小斂忌の香語

地は霊（麗）なり江南の古道場、誰か知る、別に好思量有ることを。

香を挙して云く、

吹き成す六月紅炉の雪、炎日、梅花一朶香し。

〈訳〉

実兄宗凡居士五七日の香語

すぐれた人物を輩出する堺の地、
津田家ゆかりの大通庵で、いま五七日忌の法要が営まれる。
即今、本源の家郷に帰る時節、
ここによくよく思いを致すべき甚深微妙なものがある。
香をとりあげて（その好思量の消息とは）、
真夏の六月、赤く燃えた炉に吹雪が舞い、
炎熱の中に、かぐわしく開いている一枝の梅花。
（時空を超えて永遠に存在するもの、そこが帰着すべき本源のところ）。

○阿兄宗凡居士小斂忌香語＝「阿兄」はあに。禅師の俗兄である津田宗凡五七日の香語。「小斂忌」は五七日。後出のように慶長十七年（一六一二）七月五日に行なわれた。

聖伯宗凡居士。天王寺屋津田宗及の長子で家督をつぐ。聖伯宗凡は、春屋宗園（円鑑国師、一五二九～一六一一）の命名。『一黙稿』乾の「聖伯号」に「泉南の宗凡禅人は、予が入室の徒なり。副諱を立せんことを需(もと)む。聖伯の二字を摘(えら)んで焉(これ)を称す。短偈一絶、其の義を解して云う。真俗二諦、元と一色辺、看よ、廓然(かくねん)の箭(や)、直に西天に過ぐるを」。『欠伸年譜草稿』慶長十七年（一六一二）に「師三十九歳。族兄宗凡、終世し去る。郷に帰り之を弔う、唱導香語、冥福を資助す」。慶長十七年（一六一二）五月二十九日没。後出［八］に「聖伯宗凡居士秉炬語」。

○地麗江南古道場＝「地麗」、孤篷庵本は「地霊」に作る、従うべし。「地霊」は、土地に霊秀の気があること。「地霊人傑」、傑出した人物を出だす土地がら。また、傑出した人物は秀麗な土地から出づるをいう。王勃の「滕王閣序」に「人傑地霊、徐孺下陳蕃之榻」。

「江南」は、江月においては、堺あるいは博多を指す。ここではもちろん堺。「古道場」は大通庵のこと。江月禅師の大伯父、宗閑が江月に遺嘱した私第を寺に改め、禅師の祖父、大通宗達の名を庵号にしたもの。『欠伸年譜草稿』天正六年（一五七八）条に「師五歳。宗閑逝く。師に遺嘱するに、第家及び資財を以てす。父、師に真諦の志操有るを料って、宗閑の第家を改め、一禅宇を築き、焉を目けて大通を掛く。大通は乃ち大父宗達居士の道称なり」。ただし、『諸霊年忌鑑』では宗閑の寂年を「天正七年（一五七九）九月二十三日没」とする。

○誰知別有好思量＝『碧巌録』二十四則、本則の下語に出る語「誰知遠煙浪、別有好思量」をふまえる。「あの煙霞のようにかすんだ、天と海とが溶け合った茫漠としたところに、よくよく思いを致すべきものがあるのだが、それを分かる者がおろうか」という意。『碧巌録』二十四則の本則は、「劉鉄磨、潙山に到る。山云く、老牸牛、汝来也。磨云く、来日台山に大会斎あり、和尚還た去くや。潙山、身を放って臥す。磨、便ち出で去る」。この「潙山放身臥」に下語して「誰知遠煙浪、別有好思量」と。『種電鈔』の注にいわく「潙山の境界は、大海の広大無辺にして其の涯涘を窮め得ざるが如くして、其の煙浪の中に好風流なる者有ることを知ること無けん。此の句の本拠、僧斉己が観水詩に〈范蠡東浮闊、霊筠北泛長。誰知遠煙浪、別有好思量。胡国門前急、天涯棹裏忙。難収楼上景、渺漫正斜陽〉と」。

また白雲守端が、「趙州分疎」すなわち「僧問趙州、至道無難唯嫌揀択、是時人窠窟否。州云、曽有人問我、直得五年分疎不下」（碧巌録五十八則）の話頭を拈じた頌に「分疎不下五年強、一葉舟中載大唐、渺渺兀然波浪裏、誰知別有好思量」とある。趙州の「分疎不下」の一句は、さながら小舟に大唐六十四州を載せたようなもの、無辺際の至道を并含してしまった。趙州は平常、あたりまえの言葉を用い、波も起こさぬ大海原のようであるが、なかなかどうして、その底には嶮峻たるものがあり、突如として大波を起こさんとも限らぬ。平常の言句、その中に嶮峻な大機が秘められている、そこによくよく思いを致さねばなるまいぞ、と。

中川渋庵『禅語辞彙』「この高遠なる理想は、凡人の分かる処ではない」。『句双葛藤鈔』に注して「渺々ノ烟浪ニ宗門ノ好思量ハアルゾ。思惟分別ノ思量デハナイゾ」と。ここの文脈では後者の方が合致しよう。

孤篷庵本［一の四四］「正宗院殿向東宗陽居士下火」の語でも「誰知遠烟浪、別有好思量」を用いている。

○挙香云＝法、法身の象徴である香を手にとって、言うべからざるところ（法身辺事）の一句を吐く。

○吹成六月紅炉雪、炎日梅花一朶香＝思量にわたらざる好思量処とはこれだ。真夏六月、赤く燃えた炉に吹雪が舞い、炎熱の中、一枝の梅花がかぐわしく開いている。

「六月雪」（真夏の雪）とともに「炎日梅花」（炎天下の梅）は、いずれも非時（あり得ぬこと）であるが、このように、敢えて時を超越した表現によって、言語を絶した没蹤跡処の消息をいうもの。また、孤篷庵本［三の六〇］「興雲院殿古心道卜大居士肖像」賛に「一朶梅花八月春」とあるのも同巧の表現。いずれも、仏心、心王の端的を言い表わすが、また、人が死んで仏になっていくのを送る秉炬の語にも多く用いられる。

横川景三『補庵京華後集』先天妙祐都管預修秉炬語に「木人唱起還郷曲、火裏梅花一任吹」、同じく『補庵京華別集』秉炬の語に「一朶梅花火裏紅」。天恩寺旧蔵『葛藤集』、高山の起骨の偈に「涅槃直路転洪鈞、火裡梅花八月春、姑射仙姿掃灰看、氷肌玉骨是前身」。また江月和尚と同時代の愚道東寔の『宝鑑録』に「還郷他日好風景、火裏梅花遍界香」「火裏梅花吹作雪、丙丁童子面門寒」「懇求浄土唯心是、火裏梅花朶朶開」「看看人間好時節、火裏梅花雪一枝」の句あり。

また、「梅花」は、「不是一番寒徹骨、争得梅花撲鼻香」（『禅林句集』）「一点梅花蕊、三千刹界香」（『禅林句集』）「両樹梅花心似鉄」（『貞和集』巻三、氷谷の頌）など、節操ある鉄石心に喩えられるが、室町禅林では「伝法梅花」「梅花成道」「梅花仏」というように、仏心の象徴として表現される。この『欠伸稿』でも「現成公案梅花面、自有西来直指伝」「梅花成道先庚開」「即心高叫江南仏、十月梅花面目真」「呈真面目梅花仏、冬日新開一樹香」などと使われる例がそれである。後出［一六］「演法梅」の注も参照。

釈尊の成道より先に開いている梅花、そこに仏法の真髄が伝わっている、梅花が法身そのものだ、と。

【一―二】

今茲慶長十七歳在壬子夷則初五日者、廼聖伯宗凡居士小歛忌之辰也。預於今月斯日、就于大通禪菴、集海南海北之緇郎、營辨齋會之化儀矣。加之、前日件件勝因、付屬羯摩陀回向。今當散筵諷演白傘蓋無上神呪之次、命小比丘某、焼這一瓣詹唐、供養三世諸佛、歴代祖師。所鳩善利専爲居士資助冥福者也。

今茲慶長十七、歳、壬子に在る夷則初五日は、廼ち聖伯宗凡居士が小斂忌の辰なり。預め今月斯の日に於て、大通禅庵に就いて、海南海北の緇郎を集め、斎会の化儀を営辨す。加之、前日件件の勝因は、羯摩陀の回向に付属す。今、散筵に当たって、白傘蓋無上神呪を諷演する次いで、小比丘某に命じ、這の一瓣の詹唐を焼き、三世の諸仏、歴代の祖師に供養せしむ。鳩むる所の善利は、専ら居士の為にし、冥福を資助する者なり。

〈訳〉

慶長十七年七月五日は宗凡居士の五七日忌。それに先だって、大通庵に堺の僧侶を集めて法要を執り行った。これまでに行なわれた経供養などは維那の回向文にいうとおり。本日、一同で楞厳呪を誦経して斎会を終わるにあたって、わたくし江月が焼香して仏祖に供え、居士の冥福を祈る。

○慶長十七歳在壬子夷則初五日＝慶長十七年（一六一二）七月五日。「夷則」は七月。「歳在壬子」は、その年の星（歳）が壬子にある。

○海南海北＝堺ないしはその周辺。

○緇郎＝僧侶のこと。「緇」は、黒ぎぬ、黒衣のこと、転じて僧をいう。「緇郎」はまた「支郎」とも。『釈氏要覧』称謂篇に「古今、儒雅、多く僧を呼んで支郎と為す者は、高僧伝に云く、魏に三高僧有り、曰く支謙、支纖、支亮。中に於て、謙は為人（ひととなり）、細長黒瘦、眼は白多くして睛は黄なり。復た多智なり。時賢の諺に曰く、支郎眼中の黄、形躯小なりと雖も是れ智嚢」とあるに拠るとされるが、実はこの説は誤りだという。『梁高僧伝』の原文には「魏有三高僧」の五字がなく、また実際にこの三人は僧ではなく在家であること等を挙げて、無著道忠が論証している（『盌雲霊雨』十四）。ちなみに『諸橋大漢和』は『丹鉛録』を引いているが、これも『釈氏要覧』をそのまま援用したもの。拠はさておき、古くから「支郎」は、「緇郎（僧）」と同義に通用されている。

○羯摩陀＝「羯磨」「羯磨陀那」とも。維那（いのう）のこと。ここでは勤行法要を先導する役僧のこと。

○白傘蓋無上神呪＝楞厳呪のこと。『禅林象器箋』に「温陵の（首楞厳経）会解に云う、摩訶薩怛多般怛囉、此には大白傘蓋と云う。即ち蔵心なり。沙界に量廓たるを大と曰い、体、妄染を絶したるを白と曰い、用って一切を覆うを傘蓋と曰う。神咒、此より流演す、故に心咒と名づく」。『蘭叔録』（美濃乙津寺旧蔵写本）では「白傘（ザン）蓋」と濁音の振り仮名がある。

○詹唐＝香の名。「詹糖」とも記す。樹は橘に似て、枝葉を煎じて香となす。砂糖に似て黒し。李時珍『本草綱目』木一、詹糖香。

○所嶋善利専為居士資助冥福者也＝居士の冥福を祈るものである。「為にし」の訓は無著道忠による（『虚堂録犁耕』）。

【一―三】

夫惟聖伯宗凡居士、極大極小、説短説長。有意氣時添意氣、即陰陽處離陰陽。

評七椀茶、笑倒盧仝喫不得。酌一斗酒、奴視白也佯而狂。坐花開雅席、醉月飛羽觴。或時慕愛蓮於西湖邊、十里開境。或時慣採菊於東籬下、三徑就荒。結掃坐交則彷彿思遠、與賢己者則依俙卜商。丹所藏漆所藏。本臥襁褓憶睡同床、嗚呼不幸短命、今則亡。

夫れ惟みるに、聖伯宗凡居士、極大にして極小、短と説き長と説く。意気有る時は意気を添う、陰陽処に即し陰陽を離る。七椀の茶を評し、盧仝が喫し得ざるを笑倒す。一斗の酒を酌み、白也が佯って狂うを奴視す。花に坐し雅席を開き、月に酔うて羽觴を飛ばす。或る時は蓮を西湖辺に愛するを慕う、十里開境。或る時は菊を東籬下に採るに慣らう、三径就荒。坐を掃う交わりを結ぶ則んば、思遠に彷彿たり。己を賢とする者と与する則んば、卜商に依俙たり。丹の所蔵、漆の所蔵。本と襁褓に臥し、同床に睡らんことを憶うも、嗚呼、不幸にして短命、今則ち亡ぜり。

〈訳〉

故人の人となりを思う。その気宇きわめて大きく、しかもまた微細な神経も持ち、「意気有る時は意気を添う」という臨済の宗風をそのまま実践した人であった。また一方では実業に勤め、一方では世俗を離れ禅道を修めた茶人でもあった。茶道にかけては、彼の盧仝（ろどう）も顔色なし、酒を飲むとなったら李白をもしのぐほどであった。あるいは花に、あるいは月に、風流を愛でた。ある時は、周茂叔（しゅうもしゅく）のように蓮を愛し、いながらにして西湖の境致に遊び、またある時は、陶淵明のように東籬に菊を採って、隠遁を楽しんだ。茶席を設ければ、さながら慧遠法師の白蓮社（びゃくれんしゃ）のようであり、賢人と交われば、まるで孔子の弟子子夏（しか）のごとくであった。赤土に入れれば赤くなり、漆に入れれば黒くなるように、私たちは子供の時から兄弟として育った。その兄が、不幸にも短命にして逝ってしまった。

○夫惟聖伯宗凡居士……＝以下、居士の生前の人となりを述べる。

○極大極小、説短説長＝孤篷庵本［一の三］「大徳禅寺再住法語」提綱に「極小同大……極大同小（極小にして大に同じく……極大にして小に同じ）」というのに同じ。

「説短説長」、「短を説き長を説く」と訓めば、「かれこれ（人の）批評をする」意になるが、いまはその意ではない。右の「極大極小」と同じ方向で、長短を併せ含む、故人の人格・気宇の壮大かつ多端なことを言うもの。

○有意気時添意気＝白雲守端の臨済三頓棒の拈頌に「一拳拳倒黄鶴楼、一踢踢飜鸚鵡洲。有意気時添意気、不風流処也風流」。

「黄鶴楼」は武昌の漢陽門にあった塔。この地にあった辛氏という酒屋の常連客の一先生が酒債の代りに、みかんの汁で壁に鶴の画を描いたが、やがてその黄鶴に騎って登仙したという故事がある（『報応録』）。「鸚鵡洲」は同じ漢陽の西、大江にある洲の名で、ともに知られた名勝であったが、ことに崔顥（さいこう）の「黄鶴楼」詩で有名になった。云く「昔人、已に黄鶴に乗って去り、此の地空しく黄鶴楼を余す。黄鶴一たび去って復た返らず、白雲千載空しく悠悠。晴川歴歴たり漢陽の樹、芳草萋萋たり鸚鵡洲。日暮、郷関何処か是れなる、煙波江上、人をして愁えしむ」と。その後、ここを訪れても、この崔顥の詩を上まわる詩を作れる者はいなかったという。

『五灯会元』巻四の長沙章に、ある秀才の問いに答えて「師曰く、黄鶴楼に崔顥が題してより後、秀才、還た曾て題せるや。曰く、未だ曾てなし。師曰く、閑を得て一篇を題取せば好し」とある。また『丹鉛総録』十八に「李太白、武昌を過ぎ、崔顥が黄鶴楼の詩を見て、之れを歎服して、遂に復た作らず。去って鳳凰台を賦す。其の事本と此の如し。其の後、禅僧あり、此の事を用いて一偈を作って云く、一拳槌砕黄鶴楼、一脚踢翻鸚鵡洲。眼前有景道不得、崔顥題詩在上頭。傍らに遊僧あり、亦た前の二句を挙して之れを綴って曰く、有意気時消意気、不風流処也風流。又た一僧あり云く、酒は知己に逢うべし、芸は当行（くろうと）を圧すべしと云々」。

『句双葛藤鈔』「有意気時添意気、不風流処也風流」に注して「著力アル処ヲサクリ落シテ、手ヲ払テ一物ナイ処デ、コラエヌ道理ヲシメ得タゾ」（サクリは「さっくり」）。中川渋庵編『禅語辞彙』「勝つも面白く、負けるも又風流、彼も一時、此も又一時じゃ」。

○即陰陽処離陰陽＝孤篷庵本［一の四］「大徳禅寺再住法語」提綱に「天地を掣し天地に充つ、陰陽に即し陰陽を離る」、また「正宗院殿下火」に「無陰陽の地、陰陽に属す」などというのに同じ趣旨。

「陰陽」は、天地の間の万物を化生せしめる二気。その二大原理は、あるいは、天地、日月、昼夜、寒暑、春夏と秋冬、雷電と雨雪など。すなわち現実の世界。「無陰陽地」は、そのような二元が生ずる以前の、無変遷の処、空刧已前の処、無相の世界。いまは、堺の商人である（即陰陽）と同時に茶人であり禅道を求めた（離陰陽）故人の生涯を総括して表現したもの。

○評七椀茶、笑倒盧仝喫不得＝「盧仝」は唐の人、号は玉川子。博覧にして詩に巧みであったが、仕官せず少室山に隠れ、「月蝕の詩」を作って元和党を批判した。性、茶を好んだ。

「七椀茶」は、盧仝の「走筆謝孟諫議寄新茶」に「一椀、喉吻潤う、両椀、孤悶を破す。三椀、枯腸を捜すに唯だ文字五千巻のみ有り。四椀、軽汗を発し、平生の不平の事、尽く毛孔向（よ）り散ず。五椀、肌骨清らかなり、六椀、仙霊に通ず。七椀、喫し得ざるも、唯だ覚う、両腋に習習として清風の生ずることを（一椀喉吻潤、両椀破孤悶。三椀捜枯腸、唯有文字五千巻。四椀発軽汗、平生不平事、尽向毛孔散。五椀肌骨清、六椀通仙霊。七椀喫不得也、唯覚両腋習習清風生)」に拠る。つまり七椀までも喫せずとも仙霊に通ず、と喫茶の妙用を讃えるもの。のちには「七椀茶」あるいは単に「七椀」で飲茶のことをいう。

○酌一斗酒、奴視白也佯而狂＝「白也」は李白。杜甫の「春日憶李白」詩に「白也詩無敵、飄然思不群」。「佯而狂」、佯狂は、いつわって気のふれたふりをすること。李白「笑歌行」に「今日逢君君不識、豈得不如佯狂人」。「奴視」は、軽視する。「笑倒」と対になっている。

○坐花開雅席、酔月飛羽觴＝李白の「春夜宴従弟桃花園序」に「開瓊筵以坐花、飛羽觴而酔月」。

○或時慕愛蓮於西湖辺、十里開境＝「愛蓮」は、宋、周敦頤（茂叔、濂渓先生、一〇一七〜七三）の「愛蓮説」（『古文真宝後集』巻之二）。「……晋の陶淵明は独り菊を愛す。李唐より来、世人甚だ牡丹を愛す。予独り蓮の淤泥より出でて染まず、清漣に濯われて妖ならず、中は通じ外は直く、蔓あらず枝あらず、香遠くして益ます清く、亭亭として浄く植ち、遠観す可くして褻翫す可からざるを愛す。……」。「十里」は、西湖畔の風致の場所、十里松。西湖畔を徘徊した風狂和尚済顛の『済顛和尚語録』に「急出山門、到十里松」とある。

○或時慣採菊於東籬下、三径就荒＝陶淵明「飲酒」詩五に「採菊東籬下、悠然見南山」。「三径就荒」、三径は隠棲者の庵。もとは、陶淵明の「帰去来辞」に「三径就荒、松竹猶存」。

○結掃坐交則彷彿思遠＝「結掃坐交」、後出［三］に「或時留客点茶以幕払坐」とあるのと同じ。茶席をもうける。「思遠」、孤篷庵本は「恵遠」に作る。これに従うべし。晋の慧遠法師は、廬山東林寺で、慧永・慧持・道生らの僧、劉遺民・宗炳・雷次宗らの名儒ら、緇素一二三人を集めて白蓮社を結成した。後出［一九］では、茶席を白蓮社になぞらえている。また［二八］では大仙院の沢庵のサロンを白蓮社に比している。

○与賢己者則依俙卜商＝「卜商」は、孔子の弟子、子夏のこと。『論語』子張に「子夏の門人、交りを子張に問う。子張曰く、子夏は何とか云える。対えて曰く、子夏曰く、可なる者には之に与し、其の不可なる者は之を拒め、と。子張曰く、吾が聞く所に異なれり。君子は賢を尊びて衆を容れ、善を嘉して不能を矜れむ。我の大賢ならんか、人に於て何の容れざる所かあらん。我の不賢ならんか、人将に我を拒まんとす。之を如何ぞ、其れ人を拒まんと」。

○彷彿〜依俙＝ともに「〜に似ている、〜を思わせる」の意。

○丹所蔵漆所蔵＝この句、孤篷庵本にはない。『孔子家語』に「丹之所蔵者赤、漆之所蔵者黒（丹の蔵する所の者は赤なり、漆の蔵する所の者は黒なり）」。赤土に入れれば赤くなり、漆に入れれば黒くなる。その交わる友によって善とも悪ともなる。必ずしもよい意味とは限らぬ。後に削除したのはその故か。

○本臥襁褓憶睡同床、嗚呼不幸短命今則亡＝子供の時から兄弟として育った、この兄、不幸にも短命にして逝かれた。「襁褓」は、背負い帯と幼児の衣。兄弟として育った幼時の思い出。

【一―四】

言未了、香嚴童子突出云、和尚供養與居士平常、盈耳洋洋。惟是且置。翠巖夏末示衆云、一夏以來爲兄弟説話、看有翠巖眉毛麼。維時過半夏、爲兄弟説底之一句、道將來。山僧答云、止止不須説、我這裏宣揚這什麼。童子勵聲云、雖然恁地、試宣揚。擧香云、薫風颯颯殿閣微涼。咦。

言未だ了らざるに、香厳童子突出して云く、「和尚、居士が与に供養せるは、平常、耳に盈ち洋洋たり。惟だ是れは且らく置く。翠巌、夏末示衆して云く、一夏以来、兄弟が為に説話す。看よ、翠巌、眉毛有りや、と。維れ時、半夏を過ぎ兄弟が為に説く底の一句、道い将ち来たれ」と。

山僧答えて云く、「止みね止みね、説くことを須いざれ。我が這裏、這の什麼をか宣揚せん」。童子声を励まして云く、「然も恁地なりと雖も、試みに宣揚せよ」。香を挙して云く、薫風颯颯、殿閣微涼、咦。

〈訳〉

私が香語を言いおわらぬうちに、香厳童子が飛び出していう、「これまで和尚がならべた、宗凡居士の生前をたたえる言葉はよく分かった。（それより、宗凡居士は死んで後、どこに行かれたのか、その本分のところを示せ）。たとえば、翠巌和尚は夏末の示衆で〈自分は本来、口にすべきでない本分のところを、兄弟のために一夏ずっと語って来た。（説くべきでない法を説くと罰にあたって眉毛が落ちるというが）私の眉毛は大丈夫か〉と。そう言われたが、さて、江月和尚よ、和尚はいかなる一句でもって語られるか」。私が答えて言う、「法華経には、止みね止みね、説くことを須いざれ、とあるではないか。言うべきことは何もない」。童子が声を大きくして言う、「ではあるが、そこのところを一句」。そこで、香をとって言う、

さわやかな薫風が吹きわたり、堂内が涼しくなった。

（そこに故人の真面目がありありとあらわれておるのだ）、それッ。

○香厳童子突出云＝以下、香を擬人化した香厳童子との対話の形によって、禅の本分のところ、向上の語を示すもの。禅録では、香ばかりでなく、払子や拄杖なども擬人化して登場させ、一転語を語らせる。ここでは最後の「薫風颯颯、殿閣微涼」がその語。

「香厳童子」、『楞厳経』巻五に「香厳童子即ち座より起って、仏足を頂礼して仏に白して言わく、……諸もろの比丘の沈水香を焼くを見る。香気寂然として来たって鼻中に入る。我れ此の気を観ずるに、木に非ず空に非ず、煙に非ず火に非ず。去るに所著無く、来たるに所従無し。是に由って意銷し無漏を発明す。如来印して、我れ香厳の号を得たり」。

○和尚供養与居士平常、盈耳洋洋、惟是且置＝（香厳童子がいう）宗凡居士の生前をたたえる言葉はそれでよい。それより、宗凡居士の死後底は何か、その本分のところを示せ。

○翠巌夏末示衆＝『碧巌録』八則、「翠巌夏末、衆に示して云く、一夏以来、兄弟の為に説話す。看よ翠巌が眉毛在りや。保福云く、賊と作る人、心虚なり。長慶云く、生ぜり。雲門云く、関」。

○止止不須説＝『法華経』方便品の偈に「止みね止みね、説くことを須いざれ、我が法は妙にして思うこと難し。諸もろの増上慢の者、聞けば必ず敬信せざらん」。

○維時＝この時。コレトキと読みならわす。

○励声＝大きな声で言う。「励」は、振奮。

○挙香云＝法、法身の象徴である香をとって、言うべからざるところ（法身辺事）の一句を吐く。前出［一―一］。

○薫風颯颯殿閣微涼＝「薫風自南来、殿閣生微涼」の語をふまえる。圜悟が大慧に対して示し、これによって大慧は省するところがあった。『五灯会元』巻十九、大慧普覚禅師章、「師（大慧）、天寧に至る。一日、（圜）悟が陞堂し、〈僧、雲門に問う、如何なるか是れ諸仏出身の処。門曰く、東山水上行〉というを挙して、〈若し是れ天寧ならば即ち然らず、忽し人有って、如何なるか是れ諸仏出身の処と問わば、只だ他に向かって道わん、薫風南より来たり、殿閣微涼を生ず〉というを聞いて、師、言下に忽然として前後際断す」。

この語の本拠は『旧唐書』巻一六九、列伝一一五、柳公権伝、「文宗、夏日、学士と聯句す。帝曰く、人は皆な炎熱に苦しむ、我れは愛す夏日の長きを、と。公権、続けて曰く、薫風南より来たり、殿閣微涼を生ず。時に丁袁五学士、皆な属継す。帝、独り公権が両句のみを諷して曰く、辞清く意足る。多く得可らず、と。乃ち公権をして殿壁に字方円五寸を題せしむ。帝、之れを視て歎じて曰く、鍾王、復生するも、以て加える無けん、と」。
○咦＝歎辞。または学人を驚覚し、或いは物を指示する辞。時には否定する意もある。ここは喝破、故人の真面目は這裡に有り、看よ、と。

【二―一】（二オ）［二の二］

南溪宗無居士初願忌香語

截斷紅塵野水頭。牢關蹈倒萬機休。此翁歸處如相問、問取江南一白鷗。
今茲慶長十七今月今日者、廼南溪宗無居士初願忌之辰也。厥令子就于藥仙禪寺、設供佛齋僧之會。孝惟乎孝者（孝乎惟孝者）也。前日件件作善、詳于僧官回向文而已。

南溪宗無居士初願忌の香語

紅塵を截断す野水の頭、牢関蹈倒し、万機休す。
此の翁の帰処を、如し相い問わんならば、江南の一白鴎に問取せよ。
今茲慶長十七今月今日は、廼ち南溪宗無居士が初願忌の辰なり。厥の令子、薬仙禅寺に就（お）いて、供仏斎僧（くぶつさいそう）の会（え）を設（もう）く。孝なる乎（か）、惟（こ）れ孝なる者なり。前日件件（ぜんじつけんけん）の作善（さぜん）は僧官（そうかん）が回向文（えこうもん）に詳（つまび）らかなるのみ。

〈訳〉

南渓宗無居士初七日忌の香語

世塵をたちきり、最後の関所を透過して、
この堺の地で居士は逝かれた。
居士が帰ったところ、新帰元の「元」とはどこか。
それが知りたくば、堺の浜に舞うカモメに問うがよい（言説の限りではない）。

慶長十七年十一月、宗無居士初七日忌にあたって、その子息が薬仙寺で斎会を開かれた。まことに孝行なことである。これまでの供養の作善は回向文のとおりである。

○南渓宗無居士初七日忌香語＝山岡宗無居士初七日法要の香語。慶長十七年（一六一二）十一月。後出［六九］に「南渓宗無居士小祥忌之頌」、［二〇五］に「南渓宗無居士七年忌語」がある。
○南渓宗無居士＝堺の商人、住吉屋山岡宗無。その没年には、これまで諸説があったが、いずれも誤りである。この欠伸稿の記述によって、「慶長十七壬子祀仲冬十九日（一六一二年十一月十九日）」の没に改められるべきである。
『国史大辞典』（吉川弘文館）の「山岡宗無」項（戸田勝久氏稿）を略述するに「?〜一五九五。堺の豪商。捨十郎また吉左衛門と称す。名乗は久永。松永久秀の庶子とされる。堺で酒造を業とする山岡宗瑞に養われ、その住吉屋を継ぐ。春屋に参禅して堺に薬仙（泉）寺を創建。茶を武野紹鴎に学び、同門の今井宗久とともに、信長に接近し、利休が茶頭として累進する道を開いた。子息に宗外（芳澤補：決翁宗外。『一黙稿』に決翁号頌あり、「……宗外者住吉宗無子也」とある）があり、大徳寺百七十六世安室宗閑も子息とされるが、孫と見るのが妥当であろう」。

『日本歴史人物事典』（朝日新聞社）の記述もほぼ同じ。

『原色茶道大辞典』また『利休大辞典』（淡交社）「住吉屋宗無」の項では「一五三四〜一六〇三」とする。

『角川茶道大事典』「住吉屋宗無」では「?〜文禄四年（一五九五）。……松永久秀の庶子ともいわれる（『数寄者名匠集』）。……大徳寺一七六世安室宗閑は子息」とする。

『瑞源院月中須知簿』十九日条に「南渓宗無居士、慶長十八年癸丑十一月（十九日）、泉南之人、安室和尚父」とあるが、この『須知簿』の記事には誤りもあり、必ずしも信をおけない（江戸末の記録か）。

いまここの香語に「慶長十七」と明記されているので、没年は慶長十七年（一六一二）としてよい。したがって、右の諸説は訂正されるべきであろう。

また、安室宗閑と山岡宗無（松永久永）との親子関係についての記述も錯雑している。

『国史大辞典』は、右に引いたように「安室宗閑は山岡宗無の孫」とする。

『瑞源院月中須知簿』十日条には「本覚院大雄道機居士。天正五年（一五七七）丁丑十月十日卒。安室和尚の実父、松永弾正少弼久秀、和州志貴城に於て亡ず」とし、『大徳寺世譜』安室宗閑の条にも「江月玩ニ嗣グ。……泉南ノ人。実ハ松永久秀ノ子」とあり、この二記事では、安室宗閑は松永弾正の子とする。また『大徳寺誌』の諸末寺志、薬仙禅寺の項では「堺、山岡宗無（住吉屋）、慶長初め之れを建つ。春屋和尚を請じて開祖と為す。大坂兵火の時、延焼さる。宗無は松永弾正少弼久秀の子なり」とする。これによれば、安室宗閑は松永弾正の孫ということになる。

松永弾正久秀は一五七七年の没である。そして、安室宗閑は一六四七年に五十八歳で遷化しているから、一五九〇年の生まれとなり、安室宗閑の生まれる十三年前に松永久秀は死んでいることになる。よって松永弾正久秀が実父ではありえない。

また『国史大辞典』は「安室宗閑は山岡宗無の孫と見るのが妥当」とするが、これは誤りである。後出［二〇五］「南渓宗無居士七年忌」語には「南渓宗無居士七年忌の辰、宗閑首座、追悼の偈有り」とあり、さらに「斎筵再現以乾爺」とある。「乾爺」は義父のこと。したがって安室宗閑は山岡宗無の養子であったと判明する。山岡宗無が死んだ慶長十七年に安室宗閑は二十三歳である。

また『瑞源院月中須知簿』の同年同日には、英光院古巌宗茂居士（松永右衛門佐金虎）が安室の実兄として載っている。

以上総合すれば、つぎのようになる。

松永弾正（一五一〇～七七）（松永久秀）―山岡宗無（？～一六一二）（松永久永）┬決翁宗外
├英光院古巌宗茂居士（松永右衛門佐金虎）
└安室宗閑（一五九〇～一六四七）

○初願忌＝「所願忌」とも書く。初七日。
○截断紅塵野水頭＝「截断紅塵」は、逝去したことをいう。「紅塵」は世塵。「野水頭」は堺をいう。左に引く黄山谷の「演雅」詩に「江南野水碧於天」。
○牢関踏倒＝逝去をいう。「牢関」は最後の堅固な関所。
○万機休＝もはや、何もなすべきことはない、大休歇のところ、涅槃。
○江南一白鴎＝「白鴎」は自然無心の象徴。李白の「江上吟」に「仙人有待乗黄鶴、海客無心随白鴎」。時には波のこともいう。また黄山谷の「演雅」詩に「江南野水碧於天、中有白鴎閑似我」。「問白鴎」「白鴎閑」「閑似白鴎」「盟白鴎」など、五山禅林の詩に用例が多い。「江南」は、江月においては堺あるいは博多を指す。ここでは堺。
○厥令子＝僧である安室宗閑ではなく、前段の注にいう兄である決翁宗外であろう。『一黙稿』に決翁号頌には、「泉之宗外雅伯、予参玄之徒也。一日求道称。称曰決翁。小偈一章矢其義云。此郎百戦百勝、草木亦識威名。龍

蛇陣還他去、不如眠送残生。慶長十一丙午仲春如意珠日。宗外者住吉屋宗無子也」とある。

○薬仙禅寺＝『大徳寺誌』の諸末寺志、薬仙禅寺の項に「堺、山岡宗無（住吉屋）、慶長初め之れを建つ。春屋和尚を請じて開祖と為す。大坂兵火の時、延焼さる」。

○供仏斎僧之会＝仏を供養し僧に食を施す。斎僧の功徳については、『雲臥紀談』にいう、「池州梅山の愚丘宗禅師、練塘居士洪慶善が江東の使節を持するに因って、夜、山間に宿して、相与に夜話す。洪問うに、僧に飯することを以てす、何の経に見えたる、其の旨は安くにか在る、と。宗曰く、四十二章経に云える有り、〈悪人百に飯せんより、一りの善人に飯せんには如かず。乃至、千億の三世諸仏に飯せんより、一りの無住無作無証の者に飯せんには如かじ。其れ無修証は則ち是れ正念独脱す。能く斯の人に飯する則は功は諸仏に超れり〉と。然も前輩、此の旨を知る者は多し、と。洪曰く、其れ誰とか為す。宗曰く、且らく近きを以て説かば、秦少游が滕州の貶所にて、自ら挽章を作れるが如きんば、〈誰か為に黄緇に飯せん〉の句有り。東坡、既て秦が訃を聞いて、書を以て銀五両を送って、范元長に囑して秦が為に僧に飯せしむ。東坡、北に帰るに及んで、毘陵に至り、疾を以て起たず。太学生、銭を裒めて、東京の慧林に於て僧に飯す。蘇黄門、東坡が墓誌を撰し、首に之を載せり。洪曰く、嚫金は抛有りや。宗曰く、公豈に見ずや、『毛詩小雅』に、鹿鳴は群臣嘉賓を燕（宴）すと。既に飲食せしめ、又た幣帛を筐篚に実て、以て其の厚意を将う。蓋し飲食は以て敬を尽くすに足らざれば、而も贈遺を加えて、以て慇懃を致すなり。是に於て、為に丁晋公が斎僧の疏を誦して曰く〈仏、遍智を垂れ、群生を道育す。凡そ傾危を救わんと欲せば、必ず預め景貺を形わす。……既に国を負うの臣と為って、永に経邦の術を絶し、程、湘土に遊び、道、霊山に仮る。正に煩悩の身に当たって、忽ち清涼の水に接せば、方めて知る、富貴も始終を保し難きことを。直饒い鼎食の栄なりとも、豈に盂羹の美に若かんや。特に帰命を形わして、恭しく精誠を発す。虔んで白金を施し、浄供を修するに充て、苾蒭の高徳に飯して、嬾瓚の深慈に答う。冀くは此の行を保って、乞う佗恙無からんを。伏して願わくは、天、南眷を回らして、沢、下り臨むことを賜え。辺夷に置くことを免ぜよ。白日、便ち鬼趣に同じ。中夏に帰ることを賜わば、黄泉再び天恩を感ぜん。虔んで丹誠を罄す。永く法力に繋らんと〉と。洪曰く、向きに名臣伝を読んで、只だ仲山が衮を補し、傅説が羹を和するの一聯を見るのみ。今、全く聞くことを獲たり、其の精祷なること此の若し」。

○孝惟乎孝＝「孝乎惟孝」の書き損じ。大孝をたたえて言う語。『論語』為政に「書云、孝乎惟孝、友于兄弟」。

【二―二】

恭惟南溪宗無居士、有權有實、無喜無憂。和氣靄靄、漏泄陽春九旬日。威風凛凛、蓋覆扶桑六十州。惟德惟馨久昌桂、難兄難弟多子榴。落筆九天、分眞行草。支枕幽齋、觀夢幻漚。常彈琵琶、品龍香撥、口平家十二卷物語。自燒榾柮、評鳳團味。手建溪三不點金甌。誦了課對月、認得性隨流。叫及第心空、不屑龐老。卜棄瓢眞隱、追慕許由。將謂流行坎止一虛舟。

恭しく惟みるに、南渓宗無居士、権有り実有り、喜無く憂無し。和気靄靄、陽春九旬の日を漏泄す。威風凛凛、扶桑六十州を蓋覆す。惟れ徳惟れ馨る、久昌の桂。兄たり難く弟たり難し、多子の榴。筆を九天に落して真行草を分かち、枕を幽斎に支えて夢幻の漚を観ず。常に琵琶を弾じ、龍香の撥を品し、平家十二巻の物語を口にす。自ら榾柮を焼き、鳳団の味を評し、建渓三不点の金甌を手にす。課を誦し了らんと月に対す、性は随流なるを認得す。及第心空と叫び、龐老を屑ともせず。瓢を棄てし真隠(しんいん)を卜(ぼく)し、許由(きょゆう)を追慕(ついぼ)す。将(まさ)に謂(おも)えり流行坎止(りゅうこうかんし)、一虚舟(いちきょしゅう)と。

〈訳〉

故人の人となりたるや、その度量は広く、あらゆるはたらきがあり、世変に一喜一憂することもない。和気靄然として、春の陽ざしのようにおだやか、しかし一方で、事にあたっては、その凛凛たる威風は日本全国をもおおわんばかりである。禅を修めたすぐれた人柄は、さながら芳香のように遠くまで及ぶ。いずれが甲乙ともつけがたい優秀な男児に恵まれた。筆を下せば、あらゆる書を能くし、わが室にこもって、もっぱら仏教をおさめた。琵琶を能くし平家物語を語り、すぐれた茶人でもあった。よく仏教を学んで無常の理をあきらめ、龐(ほう)居士に勝るとも劣らぬ禅をおさめ、許由(きょゆ)のごとき恬淡とした風を慕った。行くも止まるも流れのままに身を任せた舟のような一生であった。

○恭惟南渓宗無居士……＝以下、居士生前の人となりをたたえる。

○有権有実＝方便で示すこともあれば、ズバリそのものでも示す、両様の手段を心得ていた。「権」は、権(かり)の手段、方便。「実」はずばりそのもの。『臨済録』に「一句語、須らく三玄門を具すべし。一玄門、須らく三要を具すべし。権有り用有り。汝等諸人、作麼生か会す」。「有権有実、有照有用」あるいは「也有権也有実、也有照也有用」の語、『碧巌録』下語に頻出する。白隠『碧巌録秘抄』で「有権有実」に「何モ角モ備ツテ居ル、柳桜ヲコキマゼタ、また「有権」に「権実兼該、万物悉備」とある。

○扶桑六十州＝日本をいう。「扶桑」は、日出づる東海にあるとされた神木、転じて日本の称。「六十州」は、日本全国を概数でいったもの。『采覧異言』三に「日本は乃ち海内の一大島、…今六十六州有り、各おの国主有り」。

○惟徳惟馨＝『書経』君陳に「黍稷非馨、明徳惟馨」。

○久昌桂＝達磨の仏法を象徴してあらわす語。般若多羅が達磨を讖した偈に「両株嫩桂久昌昌」とあるに拠る。少林寺（両株嫩桂）で九年面壁（久＝九）した達磨の禅が、永遠にさかえる（久昌昌）であろう、という予言。『五灯会元』巻一、達磨章に「路行跨水復逢羊、独自栖栖暗渡江。日下可憐双象馬、二株嫩桂久昌昌」。この讖偈の解釈、『祖庭事苑』にいわく「達摩、始め来たって梁の武帝に見ゆ。帝の名は衍衍。行に従い水に従うが故に〈路行跨水〉と云う。帝既に契わず、祖師遂に洛陽の游に入る故に〈逢羊〉と云う。羊陽、声相い近し。祖師、人の其の行を知ることを欲せず。是の夜、葦に航して西のかたに邁く。故に〈暗渡江〉と曰う。祖師西来して梁魏の二帝に見ゆ。此を〈日下双象馬〉と言う。九年、少林に面壁す。故に〈二株嫩桂〉と曰う。久九、声の近きなり」。

「両株」は二本の木、つまり「林」、「嫩桂」は「わかい」、すなわち「少」、あわせて「少林寺」をいう。「久」は九年面壁の「九」。「昌昌」は、さかえる。

○難兄難弟＝いずれも優れていて高下をつけがたいこと。

○多子榴＝多男子を表わす。『北斉書』魏収伝「安徳王、李祖収の女を納(めと)って妃と為す。帝、李の宅に幸(みゆき)して宴す。妃の母宋氏、二石の榴を帝の前に薦(すす)む。諸人に問うも、其の意を知ること莫し。収曰く、石榴の房中の子(たね)多し。王、新たに婚す。妃の母、王の子孫の衆多(おお)からんことを欲してなり、と。帝、大いに喜ぶ」。

前に見たように、宗無には泱翁宗外、安室宗閑、英光院古巌宗茂居士（松永右衛門佐金虎）の、少なくとも三人の男子がいた。

○落筆九天＝李白「江上吟」に「興酣落筆揺五岳」とあるのと同巧の意。達筆に書くこと。「落筆」は下筆、筆を下す。

○真行草＝楷、行、草。書の三体。

○支枕幽斎観夢幻漚＝『錦繍段』に収める陸務観の「聴雨戯作」に「遶簷点滴如琴筑、支枕幽斎聴始奇」。「観夢幻漚」は、一切を夢幻泡影のごときものと観ずること。『金剛般若波羅蜜経』「一切有為法、如夢幻泡影、如露亦如電、応作如是観」。

○常弾琵琶、品龍香撥、口平家十二巻物語＝「撥」はバチ。「龍香撥」は琵琶のバチの名か。「品」は「評」と対。「平家十二巻」は、語り物として伝えられた『平家物語』が十二巻あることをいう。

○自焼榾柮、評鳳団味。手建渓三不点金甌＝「榾柮」は、ほた木、木片。「鳳団」は龍鳳団茶の略。極上の団茶、また転じて茶一般をいう。「建渓」は、閩江の上流の名。この地に名茶を産することから茶のことをいう。「建渓茗」、「建渓茶」、「建渓春」、「建茗」、「建茶」、「建州」などともいう。

「三不点」、利休・古田織部・小堀遠州三人が作った茶杓三本を一緒に収めた函の内に、江月が書した語に「天不晴不点、湯不老不点、不得其人（不）点」とある。もと遠州の所持であったが、孤篷庵を経ていまは逸翁美術館に伝わる。この語、本拠あるかいま未検。「湯不老」の「老」は、じっくり沸騰さすこと。「老湯」は、じっくり時間をかけて煎沸した茶湯をいう。明、顧元慶『茶譜』に「凡そ茶は須らく緩かに火炙すべし……始めは則ち魚目散布し微微として声有り、中は則ち四辺に泉湧き累累として珠連なり、終は則ち騰波鼓浪、水気全く消ゆ、之れを老湯と謂う」。

○対月＝対月了経。禅門では「朝陽対月」と対幅の好画題となる。『臥雲日件録』享徳元年二月十八日に「朝陽穿破衲、対月了残経。蓋し是れは王逢辰が句なり。是れに由って画者、新意を設け之を図と為し、朝陽対月と号するのみ。実に僧の名の朝陽、対月という者有るに非ず」と。朝日のさすところで破れ衣をつくろい、月あかりで読書する。

○認得性随流＝西天第二十二祖摩拏羅尊者の付法偈「心随万境転、転処実能幽、随流認得性、無喜復無憂」による。「随流認得の性」は、生死の流れを諦観し随順すること。

○叫及第心空、不屑龐老＝「叫及第心空」、龐居士の投機の偈による。『聯灯会要』巻六、龐蘊居士章「士、石頭に問う、万法と侶（とも）たらざる者、是れ甚麼人（なんびと）ぞ。頭、手を以て士の口を掩う。士、此に於て省有り。後に馬大師に問う。大師云く、汝が一口に西江水を吸尽するを待って、即ち汝に向かって道わん。士、言下に大悟す。乃ち偈を述べて云く、十方同聚会、箇箇無為を学ぶ、此は是れ選仏場、心空及第して帰る」。

「不屑」は、意に介するに値いせずと、一顧もせぬ、目もくれぬ、の意。「いさぎよしとせず」と訓じては意不通。「モノノカズトモセズ」の旧訓を是とす。『名義抄』「モノ、カス」。勝るとも劣らない、物のかずともしない。
○卜棄瓢真隠、追慕許由＝「卜」は、（隠棲の場所を）えらぶ。『蒙求』上「許由一瓢」による。許由は、尭帝の時、箕山に隠れた高士。山中で水を呑むのに杯がないので手ですくって飲んでいたところ、ある人が一瓢を送った。瓢を使い終わって松の枝に掛けておいたが、風が吹いて音がするので煩わしいとて、これも捨て去ったという。
○将謂流行坎止一虚舟＝「将謂」を孤篷庵本では「正是」に作る。「流行坎止」は、『漢書』賈誼伝「流れに乗れば則ち逝き、坎を得ば則ち止まる」。流れが順調であれば行き、危険な箇所になれば止まる。「坎」は険難の場所。行止進退、状況をみて時宜よろしく定めること。黄山谷の「贈李甫聖」詩に、「旧管新収幾粧鏡、流行坎止一虚舟」。「一虚舟」は、乗り手のない無人の舟、無心になぞらえる。李白「題張氏隠居」詩に「対君疑是泛虚舟」。白居易「贈呉丹」詩に「宦途似風水、君心如虚舟」。

【二―三】
惟是居士平常三昧。山僧今朝因齋慶讃之次、焚這妙兜樓供養諸佛諸祖底之一句、還有也不。擧香、
昨夜前村深雪、梅香郁郁焉廋。露。

惟だ是れは居士が平常の三昧なるのみ。山僧、今朝、斎に因って慶讃する次いで、這の

妙兜楼を焚き、諸仏諸祖を供養する底の一句、還って有りや。香を挙して、昨夜、前村は深雪、梅、郁郁と香る、焉ぞ廋さんや。露。

〈訳〉

以上述べたところは、故人の生前の面目を表わしたものだが、さて、この斎会にあたって、故人を送るための宗門本来の一句とは何か。

香をとって（本分の句を示していわく）、昨夜は、ずいぶん雪が降っていた。けれども、朝になって見たら、はや梅の花が開き、馥郁として香っている。

露（そこに、居士の真面目がありありと露われておるぞ）。

○因斎慶讃＝供仏斎僧の仏事。また、その際に禅要を挙揚する、あるいは問答するなどの意。ここは単に前者の意。岩波文庫『碧巌録』（下、三十一頁）に「食事の時に便乗して〈ありがたや〉と唱える」とするのは、入矢義高・古賀英彦編『禅語辞典』の謬解をうけつぐもの。

○妙兜楼＝妙兜楼婆、兜楼婆香とも。香の名、いまは香の雅称。『楞厳経』七「壇前に一小炉を置き、兜楼婆香を以て香水を煎じ取り沐浴す」。

○挙香＝香を手にして、以下、宗門本来の一句を吐く。前出［一―一］ほか。

○昨夜前村深雪、梅香郁郁焉廋＝『句双葛藤鈔』「前村深雪裏、昨夜一枝開」、注に「前村――ハ劫空也。一枝開ハ今時ノ作用也」。いまここでは「昨夜前村深雪」は宗無居士の生前をいい、「梅香郁郁焉廋」は真に帰したところ、入涅槃をいう。「焉廋」は、『論語』為政に「視其所以、観其所由、察其所安、人焉廋哉」。「前村」は、ここではない、そこらの村。前の村。

『五灯会元』巻十二、洪州翠巌可真禅師章「問う、人を利する一句、請う師垂示せよ。師曰く、三脚の蝦蟇、飛んで天に上る。曰く、前村深雪裏、昨夜一枝開。師曰く、饑えて王膳に逢うも餐する能わず」。この例では、「深雪裏」は未悟、「一枝開」が悟。「師の一語によって悟るところがありました」という礼語。

○露＝梅花開くところに、露堂堂と居士の真面目があらわれている。法語全体を締めくくる一字関。

【三―一】（二ウ）［一の三二］

雲龍院殿前播州太守乾堂元公大禪定門鎖龕佛事

天何言也地何言、四十餘年掣（掣）電奔。

春未去兮花落盡、緑陰深鎖涅槃門。

雲龍院殿前播州太守乾堂元公大禅定門の鎖龕の仏事

天、何をか言うや、地、何をか言うや、四十余年、掣電のごとく奔る。

春未だ去らざるに、花落ち尽くし、緑陰深く鎖す、涅槃の門。

〈訳〉

雲龍院殿乾堂元公大禅定門鎖龕の仏事の語

天地は何も言わぬ、しかし、四時は移り、無言のうちにその道を行じている。
居士の一生四十余年は、またたく間に過ぎ去った。
まだ春も終っていないというのに、花は散ってしまい、
深い緑が、居士の涅槃への門出を悲しむように鎖している。

○雲龍院殿前播州太守乾堂元公大禅定門＝小出播磨守吉政（一五六五～一六一三）。尾張国中村に生まれる。母は秀吉の姑。龍野城、出石城を領し、岸和田城に移る。関ケ原では弟の秀家が東軍に与したので、戦後も所領を安堵された。沢庵に帰依すること深かった。葬儀は堺南宗寺で行われ、その嚫施によって南宗寺鐘楼が完成した（『東海和尚紀年録』）。慶長十八年二月二十九日没（『大日本史料』第十二編之十冊）。
○鎖龕仏事＝鎖子を拈じ、法語を唱え、侍真をして龕を鎖ざさしむ。
○天何言也地何言＝天地は何をいうでもない、しかも、その間、四時は移り、無言のうちにその道を行ずる。『論語』陽貨第十七に「天、何をか言うや。四時行われ、百物生ず。天、何をか言うや」。
○四十余年撃電奔＝「撃電」、孤篷庵本では「掣電」に作る。これに従って訂すべし。四十余年がまたたく間に過ぎ去った。小出吉政は享年四十九。
○春未去兮花落尽、緑陰深鎖涅槃門＝まだ春も終らないのに花は散ってしまい、深い緑が閉じ込めている。「深鎖」は鎖龕にちなむ語。居士の死を悼む。

【三―二】
恭惟雲龍院殿前播州太守乾堂元公大禪定門、有徳知徳、得恩報恩。蘭蕙稱兄稱弟、檳榔生子生孫。雲龍騤騤、其活機遊戲滄海。風雷颫颫、其威名鳴動乾坤。

宜哉功臣、準擬霍光韓増。矧亦勇士、彷彿烏獲孟賁。柔能制剛、弱能制強、識得三略軍識。義不異難、仁不異遠、課了半部魯論。或時留客點茶、以菷拂坐、或時携幼入室、有酒盈樽。從前認梅香、卜居于江南之麗地。

恭しく惟みるに雲龍院殿前播州太守乾堂元公大禅定門、有徳知徳、得恩報恩。蘭蕙、兄と称え弟と称う、檳榔、子を生じ孫を生ず。雲龍騤騤、其の活機は滄海を遊戯す。風雷颮颮、其の威名は乾坤を鳴動す。宜なるかな、功臣たるや、霍光と韓増とを準擬う、矧んや亦た勇士たるは、烏獲と孟賁とに彷彿たり。柔能く剛を制し、弱能く強を制し、三略の軍識を識得す。義は難に異ならず、仁は遠に異ならず。課は半部の魯論を了ず。或る時は客を留め茶を点つ、菷を以て坐を払い、或る時は幼を携えて室に入る、酒有って樽に盈ちたり。従前は梅香を認めんと、江南の麗地に居を卜せり。

〈訳〉

故人は、仏恩仏徳をよく知り、よくこれに報いられた。家にはよい兄弟があり、多くの子孫にめぐまれた。龍が大海原に自在に遊ぶような活躍ぶりで、その名声は雷鳴のごとく天下に轟きわたった。その輩下にすぐれた功臣や勇士が集まったのも道理である。柔よく剛を制する戦略をもち、一方では、『論語』を座右の書とした。時には客を迎えては茶を点て、時には子供の手を引いて酒を酌んでくつろぐ。かつて岸和田城を領した時には、彼の地で梅をこよなく愛した。

○有徳知徳＝徳ある故に徳ある（人）を知る。「知徳報徳」と同意趣。
○得恩報恩＝恩を得てその尊さを知る故、必ずそれに報いんとする。『仏説索経抄』に「有恩不報」は「十可愧」の一つとなす。また『太公家教』に「知恩報恩、風流雅儒、知恩不報、豈成人也」。
○蘭蕙称兄称弟＝「蘭蕙」は賢者に譬える。「称兄称弟」は「道弟称兄」とも。友人あるいは兄弟の間で、互いに称えあい、親密な関係にあること。
○檳榔生子生孫＝檳榔樹が次から次へと竹に似た若芽を出すように子孫が繁栄すること。蘇東坡詩、古今体詩四十八首、其二に「不用長愁掛月村、檳榔生子竹生孫」とあり、「公自註」に「海南の勒竹、節ごとに枝の竹竿大の如くなるを生ず。蓋し竹孫なり」。檳榔はヤシ科の植物で、『本草綱目』に「初生、筍竿の若し」というように竹に似たイメージがあった。
○雲龍騤騤＝「騤騤」は、強壮なさま。
○風雷虺虺＝「虺虺」は雷の音。
○準擬～彷彿～＝「準擬」は「～を模範として倣う」「～を想う」「～を想わす」。「彷彿」は古訓「さもにたり」。「まるで～のようだ」の意。
○霍光＝漢、平陽の人。霍去病の異母兄。字は子孟。武帝の遺詔をうけ幼主を輔翼し、さらに昭帝、宣帝を輔弼し、股肱とたたえられた（『前漢書』六十八）。
○韓増＝韓曽とも。漢、淮陰の人。霍光とともに宣帝を立てた（『前漢書』三十三）。孤篷庵本「韓信」に作るが、霍光との対ゆえ韓増のほうがよい（『漢書』韓信伝）。初め項羽に従うが用いられず、のち楚から漢に帰し、高祖が天下を定めるに大いに功あり、張良、蕭何とともに三傑といわれ、名臣の代表と称される。蕭何が韓信を評して「諸将は得易し。（韓）信の如きに至る者は国士無双（国に双ぶものなし）なり」といった（『史記』淮陰侯伝）。

○烏獲＝戦国、秦の武王の臣下。千鈞をも移す大力をもった勇士。『孟子』告子下「烏獲の任を挙ぐ、是れ亦た烏獲と為すのみ」。注に「烏獲は古の有力の人なり、能く千鈞を移し挙ぐる」。また『呂覧』重己に「烏獲をして疾く牛尾を引かしむるに、尾絶え力勯きて、牛行く可からず」。

○孟賁＝戦国斉の勇士。生きながら牛の角を抜いたという力持ち。『帝王世紀』に「秦武王、多力の人を好む。斉の孟賁の徒、並びに帰す。孟賁、生きながらに牛角を抜く。是れ之を勇士と謂う」。『抱朴子』に「多力、何ぞ必ずしも孟賁・烏獲ならんや」とあるように、烏獲と孟賁は大力の両雄。

○柔能制剛、弱能制強、識得三略軍讖＝『三略』は『六韜』と並ぶ兵書の代表。『三略』上略「軍讖曰、柔能く剛を制し、弱能く強を制す。柔は徳なり、剛は賊なり。弱は人の助くるところ、強は人の攻むるところ」。

○義不異難、仁不異遠＝『漢書』巻六、武帝本紀、元鼎二年九月に「詔曰、仁不異遠、義不辞難。今京師雖未為豊年、山林池沢之饒与民共之。……」。

○魯論＝論語の異名。

○留客点茶以帚払坐＝杜甫「巳上人茅斎」詩に「枕簟入林僻、茶瓜留客遅」。「以帚払坐」は拠未詳。

○携幼入室有酒盈樽＝子供の手を引いて奥の座敷に入れば、そこには酒が用意されている。家庭でのくつろぎ、安らぎの時をいう。陶淵明「帰去来辞」の、家に帰った時の描写に「……乃ち衡宇を瞻ては、載ち欣び載ち奔る。僮僕は歓び迎え、稚子は門に候つ。三径は荒に就くも、松菊は猶お存す。幼きを携えて室に入れば、酒有り罇に盈つ。壷觴を引いて以て自ら酌み、庭柯を眄て以て怡顔す。南窓に倚り以て寄傲し、膝を容るるの安んじ易きを審かにす」。

【三―三】

今日歌薤露、送喪于洛北（之）空村。正與麼時、縦横自在、左右逢源。看看、

龕塔之中大坐當軒。擧鎖云、
打不開喝不碎、元來生鐵崑崙。關。

今日、薤露を歌って、喪を洛北の空村に送らんとす。正与麼の時、縦横自在、左右源に逢う。看よ看よ、龕塔の中に大坐当軒せるを。鎖を挙して云く、
打てども開かず、喝すれども砕けず、元来、生鉄の崑崙。関。

〈訳〉

わたくし江月は洛北龍光院で、追悼の一句を作り、居士を門出をお送りする。

いまや居士は、まさに融通自在、いたるところ本分にかなう存在になられた。

見よ見よ、（公は亡くなって無になったのではない）この龕の中にデンと坐っておられる。

鎖を手にとって、
この龕、打てども開かず、喝しても砕けぬ。

いかなる言葉でも言い表わせず、分析もできない、
手つかずの「まるまる」、それが本分の帰処だ。関！


〇今日歌薤露、送喪于洛北（之）空村＝孤篷庵本によって一字補う。葬儀は堺南宗寺で行われたはず。ここで「喪を洛北の空村に送らんとす」とは、江月は南宗寺の葬儀に参加できなかったので、京都で弔意を述べるというこ

とか。

○薤露＝楽府「相和曲」の名。もっとも古い挽歌。漢の田横が自殺し、門人がこれを悼んで作ったといわれる。人の命が大ニラ（ラッキョウ）の葉の上の露のごとくはかないことを歌う。「薤上朝露何易晞、露晞明朝還復滋、人死一去何時帰」。のち、葬歌の代名詞として用いられる。

○左右逢源＝『孟子』離婁下に「取之左右逢其源」とある。原意は、工夫を重ねて一家をなすようになれば、左に取るも右に取るも、なすことすべてがその源にかなうこと。後には一般に、融通自在、すべてがあるべき様（大道の本源）にかなうことをいう。『句双葛藤鈔』に「左ニモ右ニモ、ミナモトニアフタ。ミナモトハ本分ヲサシテ云ナリ」と。『圜悟録』巻十四に「若し脱灑に履践し得て日久しく歳深まれば、自然に左右源に逢い、打成一片とならん」。

○大坐当軒＝『禅学大辞典』に「大いに坐し軒に向かい合う。徹底して坐禅する」とあるが、「当軒」の義は未穏在。「当」は「当路」のように場所を表わす語、「軒」は手すり、おばしま（ベランダ）のことで、外からよく見えるところ（正面）にある。「猛虎当軒」「当軒布鼓」の語、また「当陽一路」「当陽直指」の語もある。「当軒」は「当陽」とも通じ、正位を言う。すなわち「大坐当軒」は、正位、本分のところ、第一義のところにデンと坐ること。

この「大坐当軒」の語、『欠伸稿』ではしばしば香語に用いられ、「本来帰すべきところに安座すること」をいい、新帰元の端的を言い表わしている。孤篷庵本［一の四九］「石城山妙楽禅寺為衆生秉炬語」に「妙玄安楽門、大坐可当軒」。孤篷庵本［二の二五］「休叟道止未了道也両居士卒哭忌」に「…即今現大人相、交肩露柱結眉灯籠、当軒大坐笑咍咍」。孤篷庵本［二の二九］「養源寺殿七年忌」に「即今憑茲、善行普導群生同登覚城、当軒結跏」。孤篷庵本［四の五八］「清浄院殿香語」に「女丈夫身仰祖風、当軒大坐叫心空」。

○打不開喝不砕、元来生鉄崑崙＝居士の遺体が収められた龕を本分底になぞらえる。いかなる言葉でも言い表わせず、分析もできない、手つかずの「まるまる」。

○生鉄崑崙＝生鉄でできた一団の塊まるごと。崑崙は複義がある。一、崑崙山、二、黒人、三、整箇（まるまるそのまま）。ここは三の意で、次段［四―一］に出る「生鉄鋳就底之崑崙」というに同じ。生鉄に「もろいズク鉄」という負のイメージをもたす解釈がある（入矢・古賀編『禅語辞典』）が、これはまったく正反対の解であろう。『禅学大辞典』は「まじりけのない鉄、また鋳てない鉄」とするが、ほぼこの方向の解でよい。『五灯会元』巻十六法秀円通禅師章に「任是い純鋼もて打就し生鉄もて鋳成すも、也た須らく額頭に汗を出ださん」、『碧巌録』「這裏に到っては、也た須らく是れ生鉄もて鋳就なす底の箇の漢にして始めて得てん」などの例によって知るべし。右の例では「純鋼」と「生鉄」はほぼ同義。ただし「生」字の義については、なお未穏在、俟考。孤篷庵本［一の一二］「崇福禅寺語」にも「渾鋼打就、……生鉄鋳成」の語あり。

○関＝鎖鑰にちなむ一字関。

【四―一】（三オ）［二の二］

天信受世法眼宗及二十五回忌香語

擧香曰、這片木頭、生鐵鑄就底之崑崙。抽解脱枝。非長非短、非大非小。盤屈微塵刹界。累知見葉。有陰有陽、有晦有朔。充塞四維乾坤。圓覺千尺霜吹不入。智惠一潭水洒不黐。生大慈芽、紅者自紅、紅釋迦也。固其蔕。移無影樹、緑者自緑、緑彌勒也。深其根。穿大地茂、連萬天繁。豈經秋霜烈威冷、寧帶春日和氣温。郁郁乎而、倒退遠芳數十歩。葱葱然而、閑却群花廿四番。恩光廓爾於正路、徳風振起於法門。喚作戒定惠寶薫也得、明歴歴。喚作佛法僧供養也得、暗昏昏。烟斜又霧横、迷却幾人源。正與麼時、此薫力不堪議論。

天信受世法眼宗及が二十五回忌の香語

香を挙して曰く、這の片木頭、生鉄もて鋳就す底の崑崙。解脱の枝を抽んづ。長に非ず短に非ず、大に非ず小に非ず。微塵刹界に盤屈す。知見の葉を累ぬ。陰有り陽有り、晦有り朔有り。四維乾坤に充塞す。円覚、千尺の霜、吹けども入らず。智恵、一潭の水、洒げども黐らず。大慈の芽を生じ、紅なる者は自ずから紅、紅釈迦なり。其の蔕を固うす。無影樹を移し、緑なる者は自ずから緑、緑弥勒なり。其の根を深うして、大地を穿って茂り、万天に連なって繁る。豈に秋霜烈威の冷きを経んや。寧ぞ春日和気の温かきを帯びんや。郁郁乎として、遠芳数十歩を倒退し、葱葱然として、群花廿四番を閑却す。恩光、正路に廓爾たり、徳風、法門を振起す。喚んで戒定恵の宝薫と作すも也た得たり、明歴歴。喚んで仏法僧の供養と作すも也た得たり、暗昏昏。烟は斜めに又た霧は横、幾人の源を迷却す。正与麼の時、此の薫力、議論するに堪えず。

〈訳〉

天信受世居士二十五回忌の香語

香を挙して（法の象徴である香の来所をいう）、

精鉄で鋳あげたような手つかずのまるまる。そこが、この香（法）の根源である。その「手つかずのまるまる」から解脱という枝が芽生える。それは大小を超えたもので、箇々物々に遍満している。その枝から知見の葉を繁らせて成長する。この葉は、万物を化生せしめる陰陽の二元をも超え、時間をも超えたものであるから、四方八方、いたるところに充満している。何ものによっても変らない、一切の根源としての悟りの本性、智恵の源泉。その根源から、大慈という紅い芽がしっかりと出る。これが釈尊である。そしてさらに、無影の大樹となって深く根をはり、緑の枝葉をのばす。これが弥勒仏である。根は地を貫き、枝は天にまでのびる、この巨木は、秋の霜も春の穏やかな陽射しを受けることもなく、時間を超越している。その香は、数十歩離れてもかぐわしいというサフランも及ばぬ。この無影樹に咲く花には、この世のいかなる花も及ばぬ。この無相の法が、正しい路をはっきりと照らし出し、仏の教えの徳風を振るい起こしているのである。この香は、あるいは戒香、定香、恵香と呼ばれ、あるいは、仏・法・僧の供養のために用いられる。明歴々として存在しているのだが、かえって見てとることができない。迷いという雲や靄に妨げられて、その無相の法を見てとることができない。その香薫の力は、情識を超えているので何とも論ずることはできない。

○天信受世法眼宗及二十五回忌香語＝慶長二十年（一六一五）二月中旬、堺で行なわれた、禅師の父、津田宗及の二十五回忌。師四十二歳。
○天信受世法眼宗及＝津田宗及。江月禅師の父。天正十九年（一五九一）四月二十六日没。この時、禅師は十八歳。

『一黙稿』坤「受世法眼宗及初願忌香語」に、「天正十九年孟夏二十六日は受世法眼宗及初願忌の忌辰なり。令子宗凡禅人、浄財を施し預め今日、斎筵を営辨す、孝なるか惟れ孝なる者、嘉尚せざる可らず。一拙偈を唱え以て香供に充つと云う。出現斎筵転処幽、即今這裏有何憂、薔薇吹露忽薫徹、笑殺香厳第二頭。咦」。また同じく『一黙稿』乾「受世法眼宗及肖像」賛に、「扇有り剣有り。画扇の涼風、冷なること秋に似たり、清機掌を歴て、明頭を打す、仏魔も倒退三千里、宝剣磨し来たって衆流を截る。右、受世法眼の肖像、令子宗凡、賛を請う。時に天正十九稔夷則下澣」。

○挙香曰、這片木頭……＝以下、無相の法の象徴である香木の由来と功徳を述べる。

○生鉄鋳就底之崑崙＝精鉄で鋳就したような、手つかずのまるまる。そこが、この香（法）の根源である。「生鉄鋳就」「崑崙」は、前出［三］。

○抽解脱枝。非長非短、非大非小。盤屈微塵刹界＝その崑崙から「解脱」という枝が芽生える。それは大小を超えたものであるから、あらゆる物々箇々に遍満している。「抽」は芽が出ること。伝統的には「ぬきんず」と訓ずる。「盤屈」は、枝が曲がりくねるさま。

○累知見葉。有陰有陽、有晦有朔。充塞四維乾坤＝右の句と対。さらに知見の葉を繁らせて成長するが、万物を化生せしめる陰陽の二元をも超えたものであり、時間（晦朔）をも超えたものであるから、四方八方世界に充満している。

○円覚千尺霜吹不入。智恵一潭水洒不黐＝何ものによっても変らない、一切の根源としての悟りの本性、智恵の源泉。円覚は、「一切の清浄真如菩提涅槃及び波羅蜜を流出する」（『円覚経』）ところのもの。

この円覚を霜に擬えること、横川景三『補庵京華外集』下、「妙音院殿拈香」に「安居于冬、安居于夏、満天降具足円覚之霜」。同人『補庵京華新集』「預修愛道寺久昌真桂大師秉炬」語に「三昧修浄業而念仏、元来噴菩提雪履円覚霜」。蘭坡景茝『雪樵独唱集』五、「西岡持地禅庵地蔵安座点眼」の語に「只要円覚凝作霜」。

孤篷庵本［二の四］「不尽宗呑居士初願忌香語」に「箇の一瓣、天地同根底、混沌未だ分れざる先の功徳葉。曰く礼、曰く楽。円覚の霜を経ても凋れず、智恵の樹を繁茂す。陰有り陽有り。……」、また孤篷庵本［二の一七］

「福昌院殿小斂忌香語」に「箇の一瓣を拈出す。般若林の中、菩提樹下に拾得せる一枝なり。眼を以て縦（ほしい）ままに見、耳を以て縦ままに聞き、鼻を以て縦ままに嗅ぐ。見聞嗅の及ぶ所、悉く是れ仏性の義に非ざるは無し。大法雨洒げども著かず、円覚の霜侵せども衰えず。受想行識に渉らず。希有希有。青黄赤白に干わらず。大奇大奇」。

○洒不黐＝前の「吹不入」と対だから、ふつうは「洒不著」というべきところ。『句双葛藤鈔』「風吹不入水洒不著」に注して「本分ノ一処ニハ、風吹ケドモ入ラズ、水洒ゲドモ著カザルナリ。法性ノ体ノ事ゾ」。

○移無影樹＝「無影樹」は、影のない樹。「幻化空身即法身」という没蹤跡のところ。『碧巌録』第十八則、頌に「無影樹下合同船」と。「移」字、未穏。「生大慈芽」と対になっているから「抽」などならば穏当なのだが。

○紅釈迦、緑弥勒＝『見桃録』宗葩尼に与える「芳室」号頌に「紅釈迦随春雨過、紫弥勒待暁風吹、天華乱墜珠簾外、撼動獅牀三万来」とあり。「芳室宗葩」の名を讃えるもので「紅釈迦」「紫弥勒」は「芳しい葩」を表わしたもの。いまここの「紅釈迦」「緑弥勒」は、法という香木の根と葉を形容し、説明したもの。

○穿大地茂、連万天繁。豈経秋霜烈威冷、寧帯春日和気温＝根は地を貫き、枝は天にまでのびる、この巨木は、秋の霜も春の穏やかな陽射しを受けることもない。時間を超越している。

○倒退遠芳数十歩＝「遠芳」は鬱金香（サフラン）のこと。数十歩離れてもかぐわしいという。『通雅』四一に「楊孚南州異物志に云く、鬱金は罽賓国に出だす。……九月に花開く。状、芙蓉の如し。色は紫碧。香、数十歩に聞く」。また古岳宗亘の『乍苕稿』宗閑蔵主請像賛に「論其種草、則不屑遠芳数十歩之鬱金産竺土」。「倒退」は「倒退三千」の略、退くこと三千里。数十歩にして香るという鬱金香でさえも退くこと三千里、それほど香りがよい。

○葱葱然＝佳気のさま。『後漢書』光武帝紀論、「気佳哉、鬱鬱葱葱然」。

○閑却＝等閑視に同じ。右の「倒退」と対。

○群花廿四番＝二十四番花信風。八気二十四候のそれぞれに配した花だよりで、次のとおり。［小寒］一、梅花、二、山茶、三、水仙。［大寒］一、瑞香、二、蘭花、三、山礬。［立春］一、迎春、二、桜桃、三、望春。［雨水］一、菜花、二、杏花、三、李花。［驚蟄］一、桃花、二、棣棠、三、薔薇。［春分］一、海棠、二、梨花、三、木蘭。［清明］一、桐花、二、麦花、三、柳花。［穀雨］一、牡丹、二、酴醿、三、楝花。

○戒定恵宝薫＝戒香、定香、恵香。五分法身香のうち。五分法身とは、仏また羅漢が具えている五種の徳。戒身・定身・慧身・解脱身・解脱知見身。すなわち、「戒香」は、戒をたもつことによって得た身をもって焼く香。「定香」は、禅定によって得た身をもって焼く香。「慧香」は、智慧によって証得した身をもって焼く香。この焼香仏事によって万徳の法身を成就する。『虚堂録』巻一「嘉興府請疏」に「…宜熏取戒香定香解脱香、便来坐断仏界魔界衆生界。…」。
○明歴歴、暗昏昏＝あくまで明るくはっきりとあるが、かえってそれを見てとることができない。『雲門広録』上堂に「人人自有光明在。看時不見暗昏昏」。『大応録』上、「僧云く、記得す、古徳云く、火焔、三世諸仏の為に説法す、三世諸仏、立地に聴く。未審、火焔、什麼の法をか説く。師云く、明皎皎暗昏昏」。
○烟斜又霧横、迷却幾人源＝迷いという雲や靄に妨げられて、その無相の法を見てとることができない。右注の『雲門広録』を参照。また『禅林類聚』巻四、馬祖「四句百非」に対する文殊道の判語に「只だ馬大師が蔵頭白海頭黒と道えるが如きんば、又た作麼生。片雲横谷口、迷却幾人源」。『碧巌録秘抄』で「幾人源」に「多クノ人ノ本性真源」。
○正与麼時、此薫力不堪議論＝その根源を分からねば。

【四―二】

今茲慶長二十載乙卯仲春中旬、山野帰江南烟雨村。慕藺昔時慈明圓禪師、以母老、南歸者乎。未日幾便辭去。姐云、來四月廿日者、阿爺天信受世法眼宗及二十五回遠忌之辰也。頼留于此地。何不伸那吒太子析骨底之説法。予曰、白拈賊有謂、無明是父、殺父方得解脱。矧又、有僧問石門、還骨未審那吒本身在甚麼處。門呼上坐。僧應諾。門曰、那吒在什麼處。其僧大悟。於是、堅確受用將來、即知小厮兒舌頭上。加之、山野偶入釋門、二十五年來、于朝于暮香烟散、依俙黄雲遶几。于暮于朝燈火親、彷彿素月臨軒。是乃報得祇犢劬勞底者也。別求何供養。雖然恁麼、應厥命、今月廿日先厥庚、拈片木頭、稱南蠻沈穗、揷一爐下、順北堂韡萱矣。

今茲慶長二十載乙卯仲春中旬、山野、江南烟雨の村に帰る。昔時、慈明円禅師、母老いたるを以て南帰せる者に慕藺たるか。未だ日幾くならずして便ち辞し去らんとするに、姐の云く「来たる四月廿日は、阿爺某が二十五回遠忌の辰なり。頼いに此の地に留まれよかし。何ぞ那吒太子が析骨底の説法を伸べざるや」と。

予曰く「白拈賊の謂える有り『無明は是れ父なり、父を殺して方めて解脱を得』と。矧してや又た『僧有って石門に問う〈骨を還さば、未審、那吒が本身は甚麼の処にか在る〉。門、〈上坐〉と呼ぶ。僧、応諾す。門曰く〈那吒、什麼の処にか在る〉。其の僧大悟す』と。是に於いて、堅確に受用し将ち来たらば、即ち小厮児が舌頭上を知らん。加之、山野、偶たま釈門に入ってより二十五年来、朝に暮に香烟を散ずること、黄雲の几を遶るに依俙たり、暮に朝に灯火に親しむこと、素月の軒に臨むに彷彿たり。

是れ乃(すなわ)ち舐犢劬労底(ていとくくろうてい)に報い得るものなり。別に何の供養をか求めん」と。
然(しか)も恁麼(いんも)となりと雖も、厥(そ)の命に応じて、今月廿日、厥(そ)の庚(こう)に先んじ、片木頭(へんぼくとう)の南蛮(なんばん)沈穂(ちんすい)と称せるを拈じ、一炉下(いちろか)に挿(さしばさ)み、北堂(ほくどう)の韡萱(かけん)に順ず。

〈訳〉

慶長二十年二月中旬、わたくしは郷里の堺に帰った。かつて石霜禅師も老母を見舞うために故郷に帰ったというが、それにならったというものであろうか。幾日か滞在して、京都に戻ろうというとき、母が言われた、「四月二十日は、亡き父上の二十五回忌。それまで、ここに留まって法要をしてくだされ」と。

そこで、私は（心の中でこう）申し上げた、「臨済録には、父母に逢えば父母を殺せ、とあります。石門禅師は、那吒太子の本身はどこに行ったか、という一句で僧を悟らせましたが、そこがはっきり分かれば、臨済禅師の言葉の意味も分かるでしょう。わたしは出家して二十五年、朝晩修行に励んで来ました。修行することが父母への孝養、出家沙門にとってこれ以外の供養がありましょうか」と。

とはいえ、母の命にしたがって、三月二十日、正当(しょうとう)より一カ月早い法要を行ない、亡き父のために香を焼いたのである。

○今茲慶長二十載乙卯仲春中旬、山野帰江南烟雨村＝慶長二十年（一六一五）二月中旬、郷里の堺に帰った。
○慕藺＝ある偉人の為人の芳蹤を慕うこと。司馬相如が藺相如を慕ったことに拠る。『史記』巻一一七、司馬相如伝「相如、既に学び、藺相如の為人を慕って、名を相如と更う」。
○昔時慈明円禅師、以母老、南帰者乎＝『五灯会元』巻十二、石霜楚円慈明禅師章に「師、母老いたるを以て、南帰し瑞州に至る」。
○姐云＝姐はアネではなく母のこと。
○那吒太子析骨底之説法＝父母未生以前の本来の自己の立場から、父母のために説法すること。毘沙門五太子の一人である那吒太子が骨を析いて父に還し、肉を析いて母に還し、本来身を現じて説法したという話に拠る。この話は経典に出ず、禅門での伝承。『五灯会元』巻五、投子大同章に「問う、那吒、骨を析いて父に還し、肉を析いて母に還すと、如何なるか是れ那吒が本来の身。師、払子を放下して叉手す」。
○予曰、白拈賊有謂……即知小厮児舌頭上＝実際には、江月がこのようなことを言ったのではあるまい。
○白拈賊＝臨済の家風を言い表わす語の一つ。いまは臨済義玄禅師のことをいう。『五灯会元』巻十一、定上座章「師、遂に臨済の上堂を挙して曰く、赤肉団上に一無位の真人有り、常に汝等諸人の面門を出入す、未だ証拠せざる者は、看よ看よ。時に僧有り問う、如何なるか是れ無位の真人。済、禅牀を下りて搊住して曰く、道え道え。僧、擬議す。済、拓開して曰く、無位の真人、是れ甚麽の乾屎橛ぞ、と。巌頭、覚えず舌を吐く。雪峰曰く、臨済、大いに白拈賊に似たり」。
「白拈賊」は、従来、二説あって定まらず。『禅学大辞典』に「白は白昼、拈は取る。白昼盗賊、すりのこと。転じて、目にも止まらぬ迅機、大機用をいう。一説に、白は無の意で、刃物を用いないでかすめ盗るをいう」と二解を挙げるのがそれである。中川渋庵『禅語字彙』に「昼強盗なり。人を恐れず、極めて大胆に振るまうをいふ」、また、入矢・古賀『禅語辞典』に「白昼堂々のひったくり」とするのが、白字を白昼と解する立場。これに対して『諸録俗語解』［一二三二］では次のようにいう。

「白拈は、無手にて人の物を取ることなり。『聯灯会要』九、七、無位真人則の下に、〈雪峰云く、臨済は大いに白拈賊に似たり。……雪竇云く、夫れ善く竊む者は鬼神も知らず。既に雪峰に覷破せらる、臨済、是れ好手にあらず〉と。『無準録』臨済賛に云く、〈竊めども蹤を見ず、敗れども贓を見ざる、是れ真の白拈、其れ誰か与に当たらん〉と。これは〈いつの間に誰が取ったやら知れぬように、手目を見せずに盗むを上手〉との意なれば、〈ことごとしく刄物三昧をせず、人の知らぬように盗む〉を白拈賊と云う。刄物もたず戦うを白戦と云う。柔（ヤワラ）で人を殺すを〈白折〉〈白打〉と云う。日なたぼこりを〈白酔〉と云う。酒をのまずに酔うた心地なる故なり。……行脚しながら参禅の志なく、ブラブラ歩くを〈州県白踏僧〉と云う。其の外、〈白字（アテジ）〉〈白走（ムダアシハコブ）〉〈白酒（サカナナキサケ）〉など併せ考う可し。……人を殺し劫すには、刄物なくてはならぬなり。それに、少しの刄物も棒も持たず、徒手（スデ）で人の財物を奪い取るは、大いに人に越えたる手利（テキキ）の盗賊なり」。

白隠の『碧巌秘抄』白拈賊に「手元ヲミセヌスツパノ皮、油断ハナラヌ」とするのも、同じ理解。「スツパノ皮」はスリのこと。

前の「白昼云々」説では、『禅語字彙』が釈するように「胆大」の意に傾いてしまい、後説でいう意味とは大きな違いがある。

○無明是父殺父方得解脱＝『臨済録』「祖に逢うては祖を殺し、羅漢に逢うては羅漢を殺し、父母に逢うては父母を殺し、親眷に逢うては親眷を殺す」、また「無明は是れ父。你が一念心、起滅の処を求むるも得ず。響の空に応ずるが如く、随処に無事なるを、名づけて殺父と為す」。

○僧問石門〜＝本拠未検。

○於是堅確受用将来、即知小厮児舌頭上＝ここのところがしっかり分かるならば、臨済禅師の「殺父」の意味が分かるであろう。

○小厮児＝（人に使われる）小者、小僧。臨済のこと。『臨済録』で普化が「河陽新婦子。木塔老婆禅。臨済小厮児、却具一隻眼」と評したのに拠る。

○山野偶入釈門、二十五年来＝いま、禅師四十二歳ゆえ、十七歳で出家ということになるが、実際は十五歳で出家。『欠伸年譜草稿』天正十六年（一五八八）条、師十五歳に「大聖国師古岳和尚の古塔、大仙禅院に在て、祝髪登具（ここで初めて僧形となる）、位を本山の侍薬に転ず。円鑑、丸を改めて玩と作す」と。

○舐犢劬労＝私を慈しみ育てて下さった父母のご苦労。「舐犢」は「老牛舐犢」、牛が子牛を舐めるように、我が子を可愛がること。『故事成語考』「己、児を愛するを謙じて、老牛舐犢と曰う」。「劬労」は「つとめつかれること」だが「父母劬労」というように、身をけずって子を愛育するのに譬える。『詩経』小雅、蓼莪「哀哀父母、生我劬労」。

○雖然恁麼、応厥命＝禅僧の本分から言えば、右のようなことになるのだが、母の命に従って。

○先厥庚＝「三日先庚」。『易』巽「先庚三日、後庚三日、吉」。命令を発布する三日前に、通告しておくこと。これに対して、「後庚三日」は、命を発布した三日後にさらにもう一度通告し、しかる後に令を実施すること。転じて、一般的には、ものごとを丁寧になすことをいう。しかし、『欠伸稿』では単に「先だって」の意に使われることが多い。

○南蛮沈穂＝天竺、海南などに産する沈香。「沈穂」の語、天恩寺旧蔵『葛藤集』に二例あり、他にはいま未見。香を数えるのに「一穂」などというが、その煙のさまを穂に譬える故である。「煙穂」「灯穂」の語もある。

○北堂韡萱＝直訳すれば、北堂の庭に、いまを盛りに咲いている忘れ草。すなわち「母」のこと。母の言葉に順って香をたむけ法要をする、ということ。「韡」は「韡」に同じ、「花の盛んなさま」。萱草はワスレグサ、中国では北堂が主婦の居室とされ、その庭には萱草が植えるというところから、萱堂ともいう。これより母のことを北堂とも萱堂ともいう。また萱草、萱だけでも母のことをいうこともある。

【四―三】

今朝、六和衆讀誦音便幼婦、無功徳商量事是外孫。自餘作善品目、且待維那按回向。入耳而不煩。若擧揚攘羊之家醜、則證之而已矣。不如桃李不言。

看看、依此薫力、阿爺降臨此齋筵、覆蔭後昆。聊唱一拙偈、以這般之怨、充小蘋蘩云。

二月晩梅元臭骨、無端粉碎叫酬恩。以香指本尊云、要知五五年供養、問取圓通大士尊。錯。本尊便観音。於泉南大通菴執行

今朝、六和の衆が読誦する音は便ち幼婦、無功徳商量の事は是れ外孫。自余の作善の品目は、且らく維那が回向を按ずるを待て。耳に入って煩とせざれ。若し羊を攘みし家醜を挙揚せば、則ち之を証せんのみ。如かじ、桃李の言わざるには。

看よ看よ、此の薫力に依って、阿爺が此の斎筵に降臨し後昆を覆蔭するを。聊か一拙偈を唱え、這般の怨みを以って小蘋蘩に充つと云う。

二月の晩梅、元と臭骨、端無なくも粉砕して、酬恩と叫ぶ。

香を以って本尊を指して云く、
五五年の供養を知らんと要せば、円通大士尊に問取せよ、錯。

本尊は便ち観音なり。泉南大通庵に於いて執行す。

〈訳〉

本日の法要で、多くの僧侶が参集され、執り行われた法要の一部始終は回向文に言うのをお聞きあれ。「其の父、羊を攘めば、子これを証す」という言葉があるが、わたくし江月は、実父の忌日に際会したので、この法事を勤めたのである。これも身内の恥を世間にさらすというものであろうか。（生家津田家の現状など）自分をとりまく事情については云々せずとも分かってもらえよう。

見よ見よ、この香薫力によって、亡き父がこの法要の場に現われ、慈悲深く子孫を見守っているようではないか。ここで、拙い偈を作り、父恩に報ずるお供えとする。

晩梅の咲くこのとき、梅とは三生の骨肉である我が臭骨を、

那吒太子のように粉砕して、衷心より亡き父にささげて恩に報いよう。

香木で本尊を指さして、

この二十五回忌香供養の真の意義は何か。

それが知りたくば、本尊の観音大士に尋ねるがよい。錯。

○六和衆＝僧衆。「六和」は「六和敬」の略。僧伽の仲間が互いに和合し敬愛するための六種の法。これを守るべき清浄なる仲間の意。

○幼婦、外孫＝字謎で、それぞれ「妙」と「好」の意。「黄絹幼婦、外孫齏臼」は「絶妙好辭」の字謎。『世説新語』捷悟に「魏の武、嘗て曹娥の碑の下を過ぐ。楊修、従う。碑の背上に題して〈黄絹幼婦外孫齏臼〉の八字を作るを見る。魏武、修に謂いて曰く、解するや。答えて曰く、解せり。魏武曰く、卿、未だ言う可からず、我れが之れを思わんを待て。行くこと三十里、魏武、乃ち曰く、吾れ已に得たり、と修をして別に知る所を記せしむ。修

曰く、黄絹は色糸なり、字に於ては〈絶〉と為す。幼婦は少女なり、字に於ては〈妙〉と為す。外孫は女子なり、字に於ては〈好〉と為す。虀臼は辛を受くなり、字に於ては〈辭〉と為す。所謂る絶妙好辭なり。魏武も亦た之れを記すに、修と同じなり。乃ち歎じて曰く、我が才、卿に及ばず。乃ち三十里なることを覚う、と」。曹娥碑は後漢の蔡邕が題したもの。

○無功徳商量事＝ここでは法事を言うのみ。

○攘羊＝父が羊を盗み、その子がこれを訴えて己れの正直を証した故事。『論語』子路に「吾が党に直躬なる者有り、其の父、羊を攘み、而して子、之を証す」。

○家醜＝「家醜向外揚」の略、身内の恥を世間にさらすこと。常諺に「家醜不向外揚」。

○桃李不言＝『史記』李将軍伝賛に「余、李将軍を観るに、悛悛として鄙人の如く、口に道辞する能わず。死せる日に及んで、天下、知ると知らざると、皆な為に哀を尽くせり。彼の其の忠実心、誠に士大夫に信たり。諺に曰く、桃李言ざれども、下自ずから蹊を成す、と。此の言、小なりと雖も、以て大を喩う可し」。

「不如桃李不言」、解し難い。前に「攘羊」「家醜」などの語があるので、生家津田家の現状など、江月のプライベートのことなどは云々せずとも分かってもらえよう、という意に解した。

○後昆＝後緄とも。跡嗣ぎ、子孫のこと。『書経』仲虺之誥「垂裕後昆」。蘇東坡の「弔徐徳占」に「死者不可悔、吾将遺後昆」。

○這般之怨＝「怨」は、単に「あだ、かたき」の義ではない。禅録では仏祖を寃家のごとくに見よという。また「不是怨家不聚頭（よくよくの縁の間柄でなければ、際会し逢うことはない）」の語もある。ここでは「切っても切れぬ（親子の）縁」の意。俗語小説などでは愛人を「死怨家」などともいうが、その「怨」と同じ。

○蘋蘩＝ウキクサとシロヨモギ。ささいではあるが、神仏にお供えするもの。『春秋左氏伝』隠公三年条に「澗谿沼沚の毛、蘋蘩蘊藻の菜、筐筥錡釜の器、潢汙行潦の水、鬼神に薦む可く、王公に羞む可し」。

○二月晩梅元臭骨＝「臭骨」は、江月がわが身を貶称したもの。また、梅花をわが身に比することは、『錦繍段』巻九所収、丁直郷の「雪後に窓を開いて梅を看る」詩に「梅花の門戸、雪の生涯、皎潔たる窓櫺、自ずから一家。

怪しみ得たり香魂の長く夢に入ることを、三生の骨肉、是れ梅華」とある。この詩の三四句の意味は「どうして梅の夢を見ていたかと思ったが、なるほど、梅と自分は三生の骨肉だったのだ」ということ。
○無端＝ここでは「無意」の義。「ゆくりなくも」。「等閑」に近い義。
○粉砕叫酬恩＝「わが身を粉砕して恩に報ずる」。前段に出た「那吒太子折骨」のことをふまえていう。
○円通大士尊＝観音菩薩。大通庵の本尊。
○錯＝この肉親への香供養も、衲僧が本来あるべき姿、本分底からするならば、あやまりというものだ。

【五】（四ウ）［一の三二］

長生院殿掛眞語

寫出丹青可煞鮮、長生殿裏舊因緣。因緣時節有遺愛、惟德惟香南海蓮。恭以新掩粧、長生院殿一寶宗玉大姉、一寶秘在、八珍羅前。向人傾錦心綉口、授子將玉貫珠聯。子發攻軍、塵視其母閉門不內。孟軻進學、雷同其親擇隣三遷。僉云名譽日茂、矧亦正情嶷然。希有希有、奇哉奇哉。立五常立五戒。放下放下、提起提起。會三句會三玄。每觀了夢幻泡影、忽笑倒藏通別圓。蹈翻牢關於武陵江戸城、離善因兼惡果。津送空棺於紀州和歌浦、脱利鎖與名韁。正與麼時、死中得活活中得死、禪外有教教外有禪。這閑絡索大姉生前三昧、末後三昧、即今手中一橙、掛在面前之一句、如何示宣。擧眞云、

―　清容見説煩何在、六月雪飛炎日天。花。　元和二丙辰年六月廿一日葬禮。　―

長生院殿掛真の語

丹青に写し出だして可煞だ鮮かなり、長生殿裏の旧因縁。
因縁時節、遺愛有り、惟だ徳惟れ香る、南海の蓮。

恭しく以みるに新掩粧、長生院殿一宝宗玉大姉、一宝秘在、八珍羅前。人に向かっては錦心綉口を傾け、子に授くるに玉貫珠聯を将てす。子発攻軍、其の母、門を閉じ内れざりしをば塵視す。孟軻進学、其の親、隣を撰んで三たび遷れるに雷同す。僉な云う、名誉日びに茂ると、矧んや亦た正情疑然たるをや。希有希有、奇なる哉、奇なる哉。五常を立し五戒を立す。放下放下、提起提起。三句を会し三玄を会す。毎に夢幻泡影を観じ了って、忽ち蔵通別円を笑倒す。武陵江戸城に牢関を蹈翻し、善因兼ねて悪果を離れたり。紀州和歌の浦に空棺を津送し、利鎖と名纏を脱したり。正与麼の時、死中に活を得、活中に死を得、禅外に教有り、教外に禅有り。這の閑絡索は大姉が生前の三昧なり。末後の三昧、即今、手中の一幢を面前に掛在するの一句、如何か

示宣せん。真を挙して云く、
清容と見説くならく、煩、何ぞ在らんと、
六月の雪は飛ぶ炎日の天。花。元和二丙辰年六月廿一日葬礼。

〈訳〉

長生院殿掛真の語

ここに描かれた故人の肖像は、
さながら長生殿に遊ぶ楊貴妃のよう、
その遺徳は、紀州南海に花開く、
蓮のようにかぐわしい。

さまざまな宝物をならべたような、この方の徳は、素晴らしい言葉となって人々に向けられ、また我が子浅野幸長公にも注がれた。かの子発の母も及ばぬほどの賢母であり、わが子の教育については、孟子の母のようでもあった。よきうわさは日々に聞こえ、その正しい性情は、高くそびえた山のようだ、と皆がたたえた。人としての道を守り、仏戒をたもち、臨済の禅に参じ、仏の教えを深く信じ、教理に堕することなく、教外別伝の禅を実践された。

江戸で亡くなられ、その遺骨が紀州に帰り、本国で葬儀が行なわれた。ついに因果を離れ、利名に縛られた俗世を脱したのである。もはや、死もなければ生もない、教でも禅でもない世界に行かれたのである。
以上は、大姉生前の面目を言い表わしたもの。では大姉死後の消息はどうか。いま、大姉の肖像を面前に掛けて、その消息の一句をどう言うか。

肖像を持ち上げて、

生前より美しい方とお聞きしていたが、
涅槃に入られたいま、もはや一点の煩悩も汚れもないことであろう。
いま真夏、六月の炎天に雪が舞う。
（故人の真面目を一字で言い表わすならば）、花。

○長生院殿掛真語＝長生院殿＝孤篷庵本では「長生院殿一宝宗玉大姉」と表記。元和二年（一六一六）六月二十一日葬礼。浅野幸長（一五七六～一六一三、清光院殿前紀州太守春翁雲公大居士）の母堂。『大宝円鑑国師行道記』注に「元和丙辰（二年）、幸長の母卒す。長生院一宝宗玉と号す。玉室（宗珀）下火の法語有り。又た玉室に清光・長生両像の賛語有り。……」。

『欠伸稿』坤［七二五］に「長生院殿一宝宗玉大姉肖像」あり、いわく「拈珠手裏好商量、一宝分明照十方。八月梅花真面目、絵衣黼袂写清香。元和二丙辰載仲秋二十二日、前龍宝江月叟宗玩」と。

また玉室宗珀の『心源禅師諸稿新考』（三二四頁）に「長生院殿一宝宗玉大姉之肖像」賛あり、「写出丹青遺像鮮、掌中百八念珠連。長生妙術属孫子、以往綿延幾万年。元和二丙辰稔仲秋上浣、前大徳玉室叟宗珀」。

また『心源禅師諸稿新考』（三四二頁）に「長生院殿一宝宗玉大姉下火」あり、「以火打円相云、玉鏡離台照碧空、即今何処不円融。涅槃岸上転機看、万里無雲万里風。恭惟新掩粧某、胸次洒洒落落、転処玲玲瓏瓏。慕宗門家風、活機自由、右旋左転。踏毘盧頂上、平生作略八達七通。名徳与芳蘭、郁郁馥、親族兼瓜瓞綿綿同。脱却頭上鉄枷、上無攀仰。截断脚下紅線、下絶己躬。到這裡、那処認大姉行履去。雖然恁麼、末後透得牢関底一句、如何究窮。

挙火把云、虚空踍跳叫奇怪、火裡蓮華潤色紅。喝一喝」。
○掛真＝九仏事の一。移龕、鎖龕のあと、法堂正面に真儀（肖像）を掛け、法語を唱えるもの。
○写出丹青可煞鮮、長生殿裏旧因縁＝ここに描かれた故人の肖像は、さながら楊貴妃のよう。
「丹青」、原義は、丹と青の顔料だが、画工、画像のこともいう。ここは画像のこと。右に引いた玉室宗珀の肖像賛の「写出丹青遺像鮮」を承ける。玉室が賛した肖像が用いられたのであろう。

「長生殿」は、華清池にあった宮殿の名、集仙台ともいう。『楊太真外伝』「（天宝）十四載六月一日、上、華清池に幸（みゆき）す。乃ち貴妃が生日なり。上、小部音声に命じ、長生殿に於て新曲を奏せしむ」。白居易『長恨歌』「別れに臨んで慇懃に重ねて詞を寄す、詞の中に誓い有って両心のみ知る。七月七日長生殿、夜半人無く私語の時。天に在っては願わくは比翼の鳥と作り、地に在っては連理の枝と為らんと。天長地久、時有りて尽きんも、此の恨みは綿綿として尽くる時無し」。いま長生院殿の名によって、その美貌を楊貴妃にかさねる。
○遺愛＝後世に、人から追憶されるような徳行を遺すこと。
○惟徳惟香＝前出［二―二］。
○南海蓮＝紀州和歌浦の人であることをふまえていう。その遺徳は、紀州南海に花開く蓮のようにかぐわしい。
○恭以～＝以下、故人の徳をたたえる。
○新掩粧＝「掩粧」は、化粧をおとす、飾りをおとす、衣服を換えるの意。いま、世俗の装いを捨てて、新たに本源の家郷にたち還る○○大姉、というように、新亡の婦人の戒名に冠する語。「新捐閨」（新たに閨を捐つる）とも言う。
○一宝秘在、八珍羅前。向人傾錦心綉口、授子将玉貫珠聯＝さまざまな宝物をならべたような、このお方の徳は、素晴らしい言葉となって人々に向けられ、また我が子浅野幸長公に注がれた。
「一宝秘在」、大姉号の一宝をふまえる。『碧巌録』六十二則、本則に「雲門示衆云、乾坤之内、宇宙之間、中有一宝、秘在形山。拈灯籠向仏殿裏、将三門来灯籠上」。

「八珍羅前」、八珍は、ここでは八種の珍味ではなく、八種の珍しき品物。すなわち七宝八珍のこと。

「錦心綉口」、優美な文思、華麗な言葉。柳宗元の「乞巧文」に「駢四儷六、錦心繡口」。「玉貫珠聯」、「珠聯玉映」ともいう。衆美があい集まり、ますます映えること。ここでは美文のことを形容する。

○子発攻軍、塵視其母閉門不内＝子発の母も及ばぬ賢母であった。春秋、楚の子発将軍が秦を攻めた折、糧道を断たれ、士卒は菽粒を食べて凌いだのに、子発は朝夕、芻豢黍粱を供せしめた。これを聞いた子発の母は、これを怒り、子発が凱旋して帰っても、門を閉じて入れなかったという。『烈女伝』巻一、母儀伝、楚子発母。「塵視」は、塵のごとくに見る、軽視する。

○孟軻進学、雷同其親擇隣三遷＝わが子の教育においては、孟子の母のようであった。孟子の母が、子の教育のために三度、その居を移した故事。『烈女伝』巻一、母儀伝、鄒孟軻母。

○僉云名誉日茂、矧亦正情嶷然＝よきうわさは日々に聞こえ、その正しい性情は、高くそびえた山のようである、と皆がたたえた。「正情嶷然」は、『蒙求』上「周侯山嶷」に「世説に曰く、世、周侯を目して、嶷たること断山の如しと。注に、晋陽秋に曰く、顗は正情嶷然として、一時の儕類と雖も皆な敢えて媟れ近づく無し。……」。

○立五常立五戒＝人としての道を守り、仏戒をたもたれた。「五常」は、人として守るべき五つの道、仁義礼智信。「五戒」は、在家が守るべき戒め、不殺生戒、不偸盗戒、不邪婬戒、不妄語戒、不飲酒戒。

○放下放下、提起提起＝置く（放下）も、持ち上げる（提起）も自由自在。『増集伝灯録続』巻六、浄慈方山宝禅師法嗣の針工丁生の章に「針工の丁生は天台の人なり。方山に瑞巌に参じて、曽て印可を蒙る。瑠璃を詠ずる偈に云く、放下放下、提起提起、一点光明、照破天地」。

○会三句会三玄＝臨済の「三玄三要」。臨済三句とも。『臨済録』上堂に「師云く、一句語に須らく三玄門を具すべし。一玄門に須らく三要を具すべし。権有り用有り、汝等諸人、作麼生か会せん」。『祖庭事苑』巻二、三玄に「臨済家に三玄三要有り。謂く体中玄、玄中玄、句中玄、以て学者を接す」。

○毎観了夢幻泡影＝『金剛般若波羅蜜経』「一切有為法、如夢幻泡影、如露亦如電、応作如是観」。

○蔵通別円＝天台四教、蔵教、通教、別教、円教。ここは教相門、すなわち仏教を教理、思想方面から理論的に究める立場をいう語。
○踏翻牢関＝逝去をいう。究極、向上の一関を透過して菩提におもむく。「牢関」は、堅牢な関門。
○離善因兼悪果、脱利鎖与名纏＝因果を離れ、利名に縛られた俗世を脱した。
○死中得活活中得死、禅外有教教外有禅＝死もなければ生もない、教でも禅でもない境地。
○閑絡索＝閑葛藤というに同じ。いらざる言葉。「閑」はひまではなく、「無用（役にたたざる）」という義。言語表現を、何の役にもたたぬ縄きれに比す。
○清容見説煩何在＝「清容」は大姉の容貌。「見説」は、「〜といわれている」「〜と聞いている」「〜だそうだ」。後出［三七］「和三君少年試春」に「清容見説思相加」とある。生前より美しい方とお聞きしていたが、涅槃に入られたいま、まして、一点の煩悩もないことであろう。
○六月雪飛炎日天＝帰真の時節。真夏の炎天に雪が降る。非時をいう。前出［一］の「吹成六月紅炉雪、炎日梅花一朶香」の注を参照。
○元和二丙辰年六月廿一日＝一六一六年六月二十一日。
○花＝故人の花のような美貌を一字関にした。

【六】（五オ）［一の三二］
江菴法眼掛眞
覓眞覓假眞耶假、無易無難易與難。
擲筆虛空空即色、本來面目畫圖看。
恭惟新圓寂、江菴法眼仙英長松居士、瓌姿瑋態、珠聯玉貫。春遊開筵坐花、結盟鷗鷺。秋興飛觴醉月、成友鳳鸞。應病施靈方、要研精於秦扁鵲。見機歸故里、聊寄思於呉張翰。解經不窮、夜誦曉講。好學有志、露抄雪纂。不幸惜哉、希顔終童棄繻去。惟孝至矣、慕藺子騫衣絮寒。一日之榮辱、百年之悲歡。平常被底聽松風、熟同生同死夢。即今龕前歌薤露、助慈父慈母歎。説甚眼處佛事耳處佛事、論甚有餘涅槃無餘涅槃。這閑絡索、問道答道還他、法眼掛眞一句、如何付在言端。擧眞云、
形容寫出將何比、十月迎春紅牡丹。露。

江庵法眼掛真

真を覓め仮を覓む、真か仮か、無易無難、易と難と。

虚空に擲筆す、空即色、本来の面目、画図に看よ。

恭しく惟みるに新円寂、江庵法眼仙英長松居士、瓌姿瑋態、珠聯玉貫。春遊、筵を開いて花に坐し、鷗鷺と結ぶ。秋興、觴を飛ばして月に酔い、鳳鸞と友を成す。病に応じて霊方を施し、精を秦扁鵲に研かんと要す。機を見ては故里に帰る、聊か思いを呉の張翰に寄す。経を解かんとして窮めず、夜誦暁講す。好学に志有って、露抄雪纂す。不幸なり惜しい哉、終童が繻を棄て去りしを希顔す。惟れ孝至れり、子騫の衣絮寒き

を驀藺す。一日の栄辱、百年の悲歓。平常、被底に松風を聴き、同生同死の夢、熟せり。即今、龕前に薤露を歌って、慈父慈母の歎きを助けんとす。甚の眼処仏事、耳処仏事をか説かん、甚の有余涅槃、無余涅槃をか論ぜん。這の閑絡索、問道答道は他に還す。法眼掛真の一句、如何が言端に付在せん。真を挙して云く、
形容写し出だす、何を将て比べん、
十月、春を迎う紅牡丹。露。

〈訳〉

　江庵法眼の掛真仏事の語

法眼の姿を描いたこの肖像、真かそれとも仮か。
法身は易でもなく難でもないと言われるが、
この肖像に現されたところ、さて易か難か。
本来、いかようにも表わすことのできぬ当人の本来の面目を描き了って、
筆を虚空に擲ち、いまのその肖像をここに懸ける。
この画のうちに「空即是色」の理を観ぜよ。

思えば、江庵法眼仙英長松居士は、美しい風貌で美しい詩文を作り、春には鴎や鷺を友にして花を愛で、秋ともなれば、貴顕の友と酒席を共にして月に酔う。（平生は京都で、貴

顕を相手に、それぞれの）病に応じて処方をほどこし、さらに神医について医術の精を極めた。そして時には、呉の張翰のように、そぞろ西風に誘われて郷里の堺に帰った。経典の解釈が分からねば、夜遅く明け方まで究め、書物の抄録編纂に励み、昼夜寒暑を厭わぬ生活であった。

しかし、まことに惜しむべし、不幸にして終軍のように夭折してしまった。子騫のように母親思いの人であったのに。栄辱も悲歓も一日にして変わるのが人の世の常、しかもその人生もわずか百年のこと。我ら二人はフトンを共にして松風を聴くような、知己の間柄であったが、そんな同生同死の夢はいま円成した。

いま、棺の前で香語をとなえ、両親に弔意をお伝えするのだが、眼処仏事や耳処仏事を言うこともないし、有余涅槃や無余涅槃を言うこともあるまい。そのような問答は秉炬の師にまかす。法眼掛真の一句をどう言い表わすか。

肖像を持ち上げて、

ここに描き出された江庵法眼の真面目、それを何になぞらえよう。

初冬十月、新春を迎える紅牡丹が花開いた。

露（そこに故人の真面目がありあり）。

○江庵法眼＝江庵法眼仙英長松居士。堺半井家の人か。夭折した終軍のことを引いたり「慈父慈母の歎きを助けん」などとあるから、この人も夭折であったらしい。「機を見ては故里に帰る」とあるから、常は京に在って医を業としていたようである。

○掛真＝九仏事の一。移龕、鎖龕のあと、法堂正面に真儀（肖像）を掛け、法語を唱えるもの。最後に行なわれるのが「秉炬仏事」。
○覓真覓仮真耶仮＝頂相・肖像を「真」というが、当人の真面目がほんとうに描きあらわされているかどうかという「真仮」の真でもある。本来の真面目は無相であって、本来描き表わすことはできないので、「真」をまた幻容ともいう。
○無易無難易与難＝『句双葛藤鈔』「大道体寛、無易無難」に「大道トハ心ゾ。心ヲヨク悟レバ易モ難モナイ理ヲシルゾ」。
○擲筆虚空空即色、本来面目画図看＝筆を虚空に擲ち、いまのその肖像をここに懸ける。この画のうちに「空即是色」の理を観ぜよ。
○環姿瑋態、珠聯玉貫＝玉のような美しい風貌で、美しい詩文を作った。「環姿瑋態」、瑋、環はともに珍奇で美麗な玉の名。瑋環のように美しい姿態。「珠聯玉貫」は、美しい言葉や文。
○春遊開筵坐花、結盟鴎鷺。秋興飛觴酔月、成友鳳鸞＝春は鴎や鷺を友にして花を愛で、秋ともなれば、貴顕の友と酒席をともにして名月に酔う。
「開筵坐花」「飛觴酔月」は、李白の「春夜宴従兄桃花園序」の「開瓊筵以坐花、飛羽觴而酔月」をふまえる。「結盟鴎鷺」は、元、黄庚の「漁隠為周仲明賦」に「不羨漁蝦利、惟尋鴎鷺盟」。また、「鷺朋鴎侶」「鷺約鴎盟」の語あり。ここは、時に俗を離れ退隠を慕う心をいう。「鳳鸞」は、鴎鷺に対して貴顕の友をいう。
○応病施霊方、要研精於秦扁鵲＝病に応じて処方をほどこし、さらに神医について医術の精を極めんとした。
「応病施霊方」、『碧巌録』の「応病与薬」（四則、垂示）と「換骨霊方」（序）を合したもの。

「秦扁鵲」、戦国時代の名医、扁鵲のこと。原名は秦越人という。ここは両方をあわせて「秦扁鵲」という。『史記』巻一〇五。医者の代名詞に用られる。
○見機帰故里、聊寄思於呉張翰＝呉の張翰のように、そぞろ西風に誘われて郷里の堺に帰った。
呉張翰は晋の呉郡の人、張翰、字は李鷹。斉王の冏に仕えていた時、秋風の吹くのに感じて、郷里呉の名物、菰菜（まこもの芽）、蓴羹（じゅんさいのあつもの）、鱸魚鱠（すずきのなます）のことを思い「人生、志に適い得るを尊ぶ、何ぞ能く官に数千里に羈宦せられて、以て名爵を要めんや」とうたい、さっそく郷里に帰ったという。『蒙求』下「張翰適意」。また『晋書』巻九十二、文苑、張翰伝。

○露抄雪纂＝「抄纂」は、抄録編纂。書物の抄録編纂に励み、昼夜寒暑を厭わぬこと。黄滔「題李氏白石山房」詩「露鈔雪纂久愈富、何啻鄴侯三万軸」。

○希顔〜慕藺〜＝ともに、ある偉人の為人の芳蹤を慕うこと。希顔（顔を希う）は、顔淵（孔子の弟子）のようになろうと願うこと。慕藺（藺を慕う）は、司馬相如が藺相如を慕ったこと。前出［四―二］。

○終童棄繻去＝『漢書』巻七十七、終軍伝。終軍は済南の人。志を立て南越に入り、歳十八にして博士の弟子となったが、惜しくも二十余で死んだので終童と呼ばれた。その初め、関を通らんとした時、関吏が繻（帛のきれを割いて、帰り道に合符するもの）を与えたところ、大丈夫たる者、立身出世せねば再び還らじ、割符など無用といって、これを捨て去ったという。立志の少年、有為の少年の模範として譬えられる。

○子騫衣絮寒＝子騫は閔損の字。子供の頃、冬天に、継母が実子には絮を著せるのに、子騫には芦花の衣を著せた、父はこれを知って妻を出そうとしたが、子騫は「母在れば一子凍えるのみ、母去れば三子凍えん」と告げた。これによって、その母も感悟したという（『蒙求』下「閔損衣単」、『史記』巻六十七、仲尼弟子列伝）。

○一日之栄辱、百年之悲歓＝栄辱・悲歓が一日にして変わるのは浮世の常だが、その浮世も所詮は百年までのこと。『中華若木詩抄』江西の「城南に去年の花を尋ぬ」に「玄都の千樹、車塵を漲らす、栄辱悲歓、旦暮に新たなり」、抄に「玄都観ニ道士ガ桃ヲ栽ヘテ、爛漫ト開キタレバ、京中ノ貴賤上下、車馬ノ塵ヲ漲ラシテ見物スルゾ。如此アリツルガ、十余年ノ後ニハ尽ク荒レハテテ一株モ残ラヌ也。コノ桃ニ限ラズ、世上ノ栄ト云モ辱ト云モ、悲コトモ歓コトモ、朝暮ニ変リテユク物ゾ。人間ノ事ハ憑ミナイ物ゾ」。『実伝禄』追悼桂久宗昌禅尼語に「悲歓栄辱夢中身、早脱閻浮下界塵」。「栄辱」は、栄誉と屈辱。「悲歓」は、悲しみと喜び。いずれも俗世の事。

○被底聴松風＝朝、フトンに入ったまま松風の音を聴く。被は寝具の布団のこと。『句双葛藤鈔』に「晨鶏催せども起きず、被を擁して松風を聞く」の語あり、注に「十二時ヲモ知ラヌ行履ナリ。イソガワシイ耳裏デハ松風ハキカヌゾ」。この詩、もとは黄山谷の「題宛陵張待挙曲肱亭」詩に「……偃蹇勲業外、嘯歌山水重。晨鶏催不起、擁被聞松風」とあるに拠る。

ただし、江月はこの句を「知己」といった意味で用いているようである。後出［二四九］に「竹院同床話、松風擁被眠」とあるのがそれである。いまここでも、下に「熟同生同死夢」とあるから、江月と江庵法眼とが知己であったことをいう。

○熟同生同死夢＝同生同死は旧知己であることをいう。

○即今龕前歌薤露、助慈父慈母歎＝いま、棺の前で香語をとなえ、両親に弔意をお伝えする。「薤露」は葬歌。前出［三―三］。「助歎」は、弔意を示すこと。「助哀」「助哭」ともいう。中国の俗では、葬主が人を傭って哭かしめる風があるので、この語がある。

○眼処仏事耳処仏事＝『華厳経』巻四十六に「一切諸仏、能以眼処作耳処仏事。能以耳処作鼻処仏事。能以鼻処作舌処仏事。能以舌処作身処仏事。能以身処作意処仏事。能以意処、於一切世界中、住世出世間種種境界、一一境界中、能作無量広大仏事」。耳で見、眼で聴く、心見心聞をいうのだが、わが禅林では多く仏事の法語に用いる。
蘭坡景茝『雪樵独唱集』巻二、謝蔵主秉払上堂に「揚杖、耳処視、卓杖、眼処聴」。

蘭坡景茝『雪樵独唱集』巻五、慈照院殿十三回忌予修法語の拈提に「……山僧在諸老後陞座、以不説為説、諸人試向耳処視、向眼処聴。……」。

大休宗休『見桃録』巻四、道本禅門下火預請の法語に「……道本禅門、耳辺看麼。山色清浄。眼処聴麼、渓声広長」。

『引導法語』の鉄山宗鈍作に「……若又不会、眼処聴眼処聴。鉄牛夜半翻筋斗　宿得涅槃火一星」。

○有余涅槃無余涅槃＝二種涅槃。「有余涅槃」は、涅槃の悟りを得た者が、なお依り所としての身体を残していること。「無余涅槃」は、その身体も滅して一切の所依がなくなった涅槃をいう。

○這閑絡索、問道答道還他＝いま、江月は仏事のうちの「掛真仏事」を行なっているのだが、別に本導師がいて、「秉炬仏事」を行なうので、その法語は「他に還し」おまかせする、ということ。

○法眼掛真一句、如何付在言端＝江庵法眼の肖像を掛けて、いかなる本分の一句を示すか。
○挙真云＝肖像の掛軸をもちあげて、本分の一句を示す。
○十月迎春紅牡丹＝牡丹は正月の縁語ゆえ「迎春紅牡丹」という。しかして「十月迎春」は、その非時なるをいう。還郷の時節をいう非時の語については、前出［一］の「吹成六月紅炉雪、炎日梅花一朶香」の注を参照。孤篷庵本［一の三四］「忠叔宗言首座掩土」語に「梅花十月故郷春」、「繁林妙昌禅尼秉炬」語に「十月榴花一点紅」、「梅渓院殿起龕」語に「瑞香吹送小春梅」とあるに同じ。
○露＝露堂々。そこに法眼の真面目が、ありありと丸出しではないか。

【七】（六オ）［一の三三］

松雲院殿慶嶽宗永禪定尼掩土語　寶泉院息女

擧钁頭云、一失人身永劫不復。教中曰、是法住法位、世間相常住。雲門答處、釋迦老師、向什麼處去也。新物故松雲院殿慶嶽宗永禪定尼、即今向什麼處去也。曾實參不易不難公案、好會得即心即佛因縁。奴視靈照、壓倒華鮮。今朝大家餞行底消息子、如何擧宣。撒土、

十有餘年一夢圓、松風吹散白雲邊。
爲人染出還郷錦、八月楓林霜滿天。喝一喝。慶長十六年亥年八月念七日。

松雲院殿慶岳宗永禅定尼掩土の語

宝泉院の息女

钁頭を挙して云く、一たび人身を失えば永劫に復らず。教中に曰く、是法住法位、世間相常住。雲門の答処、釈迦老師、什麽の処に向かってか去れる。

新物故、松雲院殿慶岳宗永禅定尼、即今、什麽の処に向かってか去れる。曽て不易不難の公案に実参し、好く即心即仏の因縁を会得し、霊照を奴視し、華鮮を圧倒せり。

今朝、大家、行に餞する底の消息子、如何が挙宣せん。撒土して、

十有余年、一夢円かなり、松風吹き散ず、白雲の辺。

人の為に還郷の錦を染め出だし、八月の楓林、霜、天に満つ。喝一喝。

慶長十六年亥年八月念七日。

〈訳〉

宝泉院の息女、松雲院殿慶岳宗永禅定尼の掩土仏事の語

钁頭をもちあげて云く、一たび人身を失えば、もはや永遠に戻ることはない。

法華経にいわく、すべての存在はそれぞれあるべきところ（真如）にある。よって世間の一切の現象も（真如が常住であるように）常住（生滅変遷のない法）である。この言葉に対し

て、雲門禅師は「釈迦老子、甚れの処にか去れる」と言われた。
故人は、龐居士とその娘である霊照女の「不易不難」の公案や馬祖大師の「即心即仏」の公案に参じられた。この松雲院殿の前では霊照女や、八歳で変成男子となって成仏した龍女でさえも色あせて見えることであろう。いまみなで禅尼をお送りするのだが、いかなる一句をもってせん。

土を撒いていわく、

わずか十年あまりの、夢のごとき一生がいま終えた。
松に吹き、白雲を流す風一陣、そこに禅尼の全身がある。
禅尼が本源の家郷に帰るために羽織る錦を織らんとて、
満天の霜によって楓が色づきはじめている。喝ーッ。

○松雲院殿慶岳宗永禅定尼＝未詳。本文に「十有余年一夢円」とあるから、二十歳未満で卒したらしい。
○宝泉院息女＝宝泉院桂巌宗昌尼（春屋の檀越、津山城主、森美作守忠政の女）であろう。
○掩土＝埋葬に際しての仏事。
○一失人身永劫不復＝『梵網経』菩薩戒序、「刹那造罪、殃堕無間。一失人身、万劫不復」。
○是法住法位、世間相常住＝『法華経』方便品の語。「是法住法位、世間相常住」ともいう。あらゆる存在はそれぞれあるべきところ（法位、真如）にある。よって一切の現象（世間相）も（法位、真如が常住であるように）常住（生滅変遷のない法）である。
○雲門答処＝『雲門広録』巻中「教に、是法住法位、世間相常住と云えるを挙して、師云く、釈迦老子、甚れの処にか去れる」。

○不易不難公案＝『聯灯会要』巻六、龐居士章「居士、一日、自ら語って云く、難難、十碩の油麻、樹上攤。龐婆、声に応じて云く、易易、百草頭辺、祖師の意。霊照云く、也た難ならず也た易ならず、飢え来たれば飯を喫し、困じ来たれば睡る」。

○即心即仏因縁＝馬祖即心即仏。『無門関』三十則、「馬祖因みに大梅問う、如何なるか是れ仏。祖云く、即心即仏」。

○奴視霊照、圧倒華鮮＝霊照女や龍女も、松雲院の前では顔色なし。

「霊照」は龐居士の娘。その禅機は父を上まわるところさえあったといい、女性禅者の典型とされる。『五灯会元』巻三、龐居士章「(龐居)士、因みに漉籬を売るに、橋を下るに喫撲る。霊照見て、亦た去いて爺の辺に倒る。士曰く、你、是れ甚麼ぞ。照曰く、爺が地に倒るるを見て、某甲、相い扶けんとす、と。士、将に入滅せんとして、霊照に謂いて曰く、日の早晩を視て午に及ばば以て報ぜよ。照、遽かに報ず、日已に中れり、而も蝕有り。士、戸を出でて観る次、霊照、即ち父の座に登り、合掌して坐亡す。士、笑って曰く、我が女、鋒捷（すばしこい）なり」。

「華鮮」は沙竭羅龍王の（美しい）娘、龍女のことをいう。「華鮮」の語、室町禅林の禅録によく見られるが、今のところ中国の語録に見えず。大休宗休の『見桃録』巻四、月渚明因禅尼下火預請に「五障の沙竭女、華鮮と号す」、巻四、寿岳宗永信女下火に「霊山会上の龍女、華鮮如来と号す」などと頻出する例によって意を得るべし。この沙竭女は八歳で変成男子となって成仏し、人天のために説法したという。古岳宗亘の『乍菪稿』巻四、自彰宗理優婆夷預修秉炬の語に「……到這裡、機輪轆々、行履深々、豈羨龍女変成華鮮仏即往無垢界……」。古岳宗亘『大徳寺夜話』（一名『眼裏砂』）に「華鮮仏トハ、常庵云、華鮮仏ハ華鮮如来ト云々。二祖師ノ録ニ之ヲ見ル。未ダ本拠ヲ見ズ。蔵経ノ中ニ花鮮経ト云有リ。此ノ経ニハ之を載ス可シ。未だ行イテ見ズ」。

○大家＝みな（で）。

○還郷錦＝「衣錦還郷」をふまえる。項羽が郷に入らんとした時に言った「富貴不帰故郷、如衣錦夜行」の語に基づく。『漢書』巻三十一、項籍伝。「錦を衣て郷に還る」は、出世し富貴にして故郷に帰ることだが、ここはいうまでもなく、本源の家郷に帰ること、帰真をいう。

○八月楓林霜満天＝ちょうど秋、現成の光景。
○慶長十六年亥年八月念七日＝慶長十六年（一六一一）八月二十七日。
「念七日」、『禅林象器箋』巻三、節時類「念日」に次のようにある。

「忠曰く、日本の禅林、回向の文に二十を念と称す。念一日、念二日の如し。古老解して云く、〈念の字は八二に従う。是れ十六数なり。心は四画有り。合して二十と為る〉と。余謂えらく、此れ杜撰なるのみ。此の義、『兼明書』に出づ。又た吾が千山祖翁の曰く〈禅苑に念字を用うるは大徳寺より起こる。其の祖忌は二十二日にして、維那挙唱する時、音の累重を覚う。故に二十を以て念に代えて念二日と言う。余の寺も此に倣って念の字を用う。又た必ずしも字音の煩否に拘わらず〉と。

忠按ずるに、禅林、二十に念字を用うるは亦た尚し。奥山方広寺無文禅師の録の雲公大師の拈香に云く〈今月念二日、茲値先妣雲公大師七周之忌辰〉。『月庵光禅師録』の拈香に云く〈今月念日、恭値先妣宗城禅尼三十三回之忌辰〉と。

『兼明書』に云く〈呉主の女、名は二十。而して江南の人、二十を呼んで念と為す。而して北人は之が為に避けず〉。『字林』に云く〈廿、音は念。二十併するなり〉。『小補韻会』緝韻に云く〈按ずるに、廿の字、諸韻書に皆な音は入とす。市井の商売、或いは音は念とす。学士大夫も亦た其の誤れるに従う者あり。惟だ程篁墩が文集の中に廿日を書して念の字に作る〉。『焦氏筆乗』に云く〈顔之推が稽聖の賦に、魏嫗何ぞ多き、一孕四十。中山何ぞ夥き、子有り百廿。廿は音入、而集の反。『説文』に、二十并するなり。俗音は念とする者は誤れり」。

【八】（六オ）［一の三三］
阿兄聖伯宗凡居士下火語
新物故聖伯宗凡居士、踢倒維摩室、直入涅槃宮。山野偶修梅花山礬之約。惟時落梅折殘、山礬之枝、泣露臥叢中。涙雨濛濛、泥牛吼月。胸烟冪冪、木馬嘶風。於于茲、露柱振無舌之舌云、和尚頼覃一家之思、作麼生是津送一句。山野答曰、你從來有燈籠好、何不問燈籠。渠要再問。以火把便打曰、聞這閑絡索、去去怱怱。

凡聖同居皆是空、機輪轉處絶西東。

火城未擲早燒却、五月榴花一點紅。活。慶長十七子年五月廿九日。

阿兄聖伯宗凡居士が下火の語

新物故聖伯宗凡居士、維摩の室を踢倒して、直に涅槃の宮に入れり。山野、偶たま梅花山礬の約を修す。惟れ時、落梅折残す、山礬の枝、露に泣いて叢中に臥す。涙雨濛濛たり、泥牛月に吼ゆ。胸烟冪冪たり、木馬風に嘶く。茲に於いて、露柱、無舌の舌を振るって云く、和尚、頼いに一家の思いを覃くす、作麼生か是れ津送の一句。山野、答えて曰く、你は従来、灯籠と好有り、何ぞ灯籠に問わざる。渠れ再び問わんと要す。火把を以て便ち打って曰く、這の閑絡索を聞いて、去れ去れ、怱く怱く。凡聖同居、皆な是れ空、機輪転ずる処、西東を絶す。

火城（かじょう）未だ擲（なげう）たざるに早（すで）に焼却せり、五月の榴花（りゅうか）、一点紅（くれない）なり。活（かつ）。

慶長十七子年五月廿九日

〈訳〉

俗兄宗凡居士下火の語

病に臥せっていたが、ついに涅槃に入られた。わたくし江月とは梅花と山礬との間がら、兄に当たる人であった。その梅花がいま折れてしまった。わたくし山礬は草むらに伏して泣くばかりである。その涙は雨となって煙る、胸中はもやのたちこめたようで、泥牛が月にむかって吼え、木馬が風にむかっていなないている。

ここで、本堂の露柱が無舌の舌を振るっていう、「和尚は津田家の現状、行く末にはことさら深い思いがあろう。故人を送る一句、どう吐くか」。

答えていわく、「露柱よ、そなたはもともと灯籠とは知己の間ではないか。（そのような、言語を超えた本分のところは）なぜ灯籠に尋ねぬか」。

露柱がもう一度尋ねようとするので、火把（たいまつ）で打っていわく、「以下に述べる一句を聞いて、早々に消え去れ」。

聖伯宗凡の名のように、一切は真俗不二。
聖もなければ凡もない、一切皆空のところ、
西もなければ東もないところに、故人は機輪を転じて去って行かれた。

まだ火をつけぬ先に、はや燃えている、
いま五月、石榴の花が焔のような一輪を開いた。
活（居士は滅したのではない。石榴花の燃えるところ、そこに居士は再活現前しておるぞ）。

○聖伯宗凡居士＝禅師の俗兄、天王寺屋聖伯宗凡。前出［一］。命日は五月二十九日。
○下火語＝茶毘に際して、導師の唱える香語。
○維摩室＝病に臥す室をいう。『維摩経』問疾品をふまえる。あるとき、維摩居士が病臥したおり、釈尊は、舎利弗、目連、大迦葉の三弟子に慰問を命じたが、皆辞退して行かなかったので、文殊師利に問疾させる。しかし、ここでは経意には特に関わらず、「臥維摩室」といえば、病に臥すことをいう。
○梅花山礬之約＝兄弟のあいだ柄。黄山谷の「王充道、水仙花五十枝を送る、欣然として心に会し、之れが為に作り咏ず」詩に「香を含み体は素、城を傾けんと欲す、山礬は是れ弟、梅は是れ兄」とあるに拠る。「山礬」は、沈丁花に似た常緑樹で、春には清香を放つ白花をつける。八気二十四候のそれぞれに配した花だより「二十四番花信風」によれば、「小寒」の花は、梅花、山茶、水仙、つづいて「大寒」の花は、瑞香、蘭花、山礬という順序。黄山谷のいうところは、「水仙から見れば、梅花が先に咲くので兄、山礬は水仙より遅く咲くので弟」ということ。
「梅花山礬」は、室町禅林では「男道（友道）」の友盟を表わす言葉でもあったが、黄山谷のこの詩によって「梅花水仙」もまた、同じ意味で使われた。後出［二〇四］での用例にはそのような「男道」の雰囲気が強くある。
○惟時落梅折残、山礬之枝、泣露臥叢中＝兄（梅）の死に弟（山礬）が泣く。「泣露」は『寒山詩』の「泣露千般草、吟風一様松」をふまえる。
○泥牛吼月、木馬嘶風＝泥牛が月にむかって吼え、木馬が風にむかっていないないている。
「雪竇自著塔銘」に「我唱泥牛吼、汝和木馬嘶（我れ泥牛の吼を唱えれば、汝、木馬の嘶きを和す）」とあるが、ここもそれと同じように、入滅の消息をいう縁語として用いたもの。他にも秉炬の語として用いている例は、孤篷庵本［一の三八］「桃隠宗岸居士秉炬」語に「風前木馬嘶露柱、月下泥牛吼夜闌」、同［一の三九］「太翁紹府禅人活下火」の語に「泥牛哮吼過西天、木馬嘶鳴震東土」の語がある。ただし、「泥牛」「木馬」は、本分の消息をいう語。もともとは洞下で「偏正五位」をいうのに用いたもの。『曹山録』の正中来の偈に「泥牛吼水面、木馬嘶風断」とある。また『碧巌録』四十三則、頌の評唱に「洞下に、此の石女、木馬、無底籃、夜明珠、死蛇等の十八般有り。大綱は只だ正位を明かすのみ」と。

○露柱振無舌之舌云＝無情物である露柱が江月にむかって尋ねる。「露柱」は、壁に埋め込まれていない丸柱。語録では、無情物の代表として「露柱」「灯篭」が言われる。いま、擬人化された丸柱との問答の形を借りて、本分のところを指し示す。

○覃一家之思＝「覃思」は、深思。「肉親の死にあたって、ことに思いを深くするものがあろう」と露柱に言わせているのである。

宗凡は天王寺屋の当主。この人の死によって天王寺屋は、ほぼ終わりをとげることになる。その昔、出家以前の宗丸（江月禅師）に、天王寺屋の名跡を継がせようという事情もあったらしく、一族は宗凡の死にあたって、ことさら思いの深いものがあったであろう。

『欠伸年譜草稿』天正三年乙亥に「師二歳。大伯の宗閑、老いて子無し。没後は師をして其の家産を嗣がしめんと擬欲（ほっ）す。故に父が出家を許すを肯わず」。六年戊寅に「師五歳。宗閑逝く。師に遺嘱するに、第家及び資財を以てす」。十九年辛卯に「師十八歳。孟夏念日、父逝く。秀吉公、惜しむこと深し。乃ち師を城中に召し、父の遺業を賜い、以て之をして塵裏に杔（とど）めしめんと欲す。師、固辞し謝して云く、家兄の宗凡、幸いに幕下に事えり。不肖、偶たま方袍の徒と為って、俗に還る意無し。伏して高察を賜え。台情、感激して之れを允（ゆる）す」。

○你従来有灯籠好＝「灯籠」も露柱とともに無情物の代表。「灯籠露柱」「灯籠跳入露柱」などというように、機語の中で常に対で用いられるので「好（よし）み有り」と言ったもの。

○渠要再問。以火把便打曰＝露柱がふたたび問おうとするところを、江月が、手にした松明（たいまつ）で打って。

○閑絡索＝いらざる言葉。前出［五］。

○凡聖同居皆是空、機輪転処絶西東＝もはや凡も聖もない、一切皆空のところ。西もなければ東もないところに、故人は機輪を転じ去った。

「凡聖同居」、もとは「凡も聖もごちゃまぜの同居」の意だが、今は法名の聖伯宗凡をふまえていう。その命名のいわれは、前出［一―一］でふれた『一黙稿』に出るとおり。いまは「真俗二諦、元一色辺」というところが含意。拠るところは『碧巌録』第三十五則、本則に「文殊、無著に問う、近離什麼の処ぞ。無著云く、南方。殊云く、南方の仏教は、如何が住持す。著云く、末法の比丘、少しく戒律を奉ず。殊云く、多少の衆ぞ。著云く、或いは三百或いは五百。無著、文殊に問う、此間は如何が住持す。殊云く、凡聖同居、龍蛇混雑。著云く、多少の衆ぞ。殊云く、前三三、後三三」。

○火城未擲早焼却、五月榴花一点紅＝まだ火をつけぬ先に、はや石榴の花が、焔のような一輪を開いた。

「火城」は、唐代の朝会で、数百の炬火を列ねる儀杖のこと。『唐国史補』巻下「元日冬至毎に立仗す、……燭を列ねて五六佰炬に至る者有り、之を火城と謂う」。いまここでは、炬火を持って投ずる役の者をいう。

「榴花」は柘榴の花、火のごとく鮮やかな紅色であるところから榴火ともいう。秉炬の縁語として用いられる。孤篷庵本［一の五〇］「繁林妙昌禅尼秉炬」語に「十月榴花一点紅」ともある。

○活＝この石榴の花の燃えるところ、そこに居士は再活現前しておるぞ。

68

【九】（六ウ）［一の三四］

宗性犬掩土語

圓鑑老師見養育一犬。戢化以降、馴愚夫者五歳矣。慶夘仲春念六日、俄然而老死矣。於于茲、目曰一佛宗性。并説亂語以餞之云、

莫求佛性、元在你身。久喫却先師餕飯。又睡臥野僧門碽。朝凡夕聖、雪苦霜

辛。吠虚吠實、犯夜巡人。惟是狗子宗性生前三昧。即今死後底、如何指陳。擧钁頭云、
絶惡果結善因。喝一喝。

宗性犬掩土の語

円鑑老師、一犬を養育せらる。戢化以降、愚夫に馴るる者五歳なり。慶夘仲春念六日、俄然として老死せり。茲に於いて目づけて一仏宗性と曰う。并せて乱語を説いて、以て之れに餞すと云う。

仏性を求むる莫かれ、元より伱が身に在り。
久しく先師の餕飯を喫却し、又た野僧の門碵に睡臥す。
朝は凡、夕は聖、雪苦霜辛す。虚に吠え実に吠ゆ、夜を犯せる巡人。
惟だ是れは狗子宗性が生前の三昧なるのみ。即今、死後底を如何が指陳せん。钁頭を挙して云く、悪果を絶ちて善因をば結べ。喝一喝。

〈訳〉

犬の宗性を葬る語

春屋老師がかっておられた犬を、老師ご遷化(せんげ)ののちはわたしが預かった。五年ほどわたしによくなついていたが、慶長二十年二月二十六日、老衰で亡くなった。そこで一仏宗性という戒名をつけ、偈をつくって弔う。

宗性よ、仏になろうとすることはない、
おまえにはもともと仏性が具わっているのだから（狗子仏性の公案があるが、元来おまえは仏さまなのだ）。
長らく春屋老師に可愛がられ、
先師遷化ののちは、わが庵の門番をつとめてくれた。
凡か聖か。
朝は凡となって餌をねだり、夜は聖となって、
虚に吠え実に吠え、番犬として守夜をつとめた。
右は宗性の生前のありさま。さて死後はどうか。
饅頭(くわ)をもちあげていわく、
悪果を絶って善因をば結べ、来世は犬に生まれるでないぞ。喝ーッ。

○戢化＝化を戢(おさ)める。教化をやめる。遷化（化を遷す）に同じ。僧の死をいう。
○慶卯仲春念六日＝卯年は、慶長二十年乙卯（七月に元和改元）二月二十六日。円鑑国師遷化は慶長十六年。この年、禅師四十二歳。

○一仏宗性＝趙州狗子仏性の話頭に因む命名。『無門関』第一則「趙州和尚、因みに僧問う、狗子に還って仏性有りや也(ま)た無(いな)や。州云く、無」。

○久喫却先師餿飯。又睡臥野僧門磌＝「餿飯」は、くさった飯。残飯。「門磌」、磌は柱の礎石。

○朝凡夕聖＝夜は番犬となるゆえ聖、朝にはまた飯をねだるゆえ凡。また狗子に仏性が有るか無いか（聖か凡か）という狗子仏性の話頭をふまえる。

○吠虚吠実＝古諺「一犬、形に吠えれば、百犬、声に吠ゆ」（漢、王符『潜夫論』賢難）の略。禅録では「一犬虚に吼ゆれば、千猱実と啀(いが)む」（『伝灯録』巻十三など）という。「啀」は、犬が咬みあう。

○犯夜巡人＝禅録に出る諺「巡人犯夜」は「夜まわりが、夜間外出の禁を犯す」の意で、自己矛盾をいう語。しかし、ここではそこまでの意はなく、番犬として守夜にあたることを、このように修辞するのみ。

○挙钁頭云＝「钁頭」はクワ。埋葬の動作をして一句を吐く。

【一〇】（七オ）［一の三四］

忠叔宗言首座掩土語

新圓寂忠叔宗言首座、俄然而逝矣。於于茲借虚空口、唱伽陀一章、以餞其行色云

一言已出活機轉、駟馬難追面目眞。
時節因縁有歸處、梅花十月故郷春。喝一喝。十月十四日逝去。

忠叔宗言首座(ちゅうしゅくそうげんしゅそ)が掩土(えんど)の語

新円寂忠叔宗言首座、俄然として逝けり。茲に虚空の口を借りて伽陀一章を唱え、
以て其の行色に餞すと云う。

一言已に出で活機転ず。駟馬も追い難し、面目の真。
時節因縁、帰処有り、梅花十月、故郷の春。喝一喝。十月十四日逝去。

〈訳〉

忠叔宗言首座掩土の語

突如として逝かれた首座。ここに虚空の口を借りて本分の那一句をもって餞とする。
宗言首座は、駟馬も追うことのできぬ一言を吐き、
活機を転じ、真面目を発揮なされた。
時節因縁熟して、いま本源の家郷に還られる、
いま十月、その本源の故郷は、梅花開く春。喝ーッ。

○忠叔宗言首座＝元和三年（一六一七）十月十四日逝去。忠叔宗言首座は、筑前石城山妙楽寺の僧。龍光院在錫中に死去。後出［一七二］に香語あり。

○借虚空口＝説き得ぬ玄妙のところを説く。『禅林句集』に「虚空説法何須口」、また『句双葛藤鈔』に「虚空突出広長舌」。虚空は無口なるゆえに、かえって無碍自在の広長舌をもって玄妙を説く。『貞和集』巻七。謝通講師五偈の二に「点頭頑石能明証、借口虚空解講玄」。

○伽陀＝梵語ガータの音訳。偈のこと。祇夜ともいう。
○行色＝行旅、たびだち。
○一言已出、駟馬難追＝「一言已に出づれば、駟馬も追い難し」、言葉を発した以上、取り戻すことはできない。語録に頻出する諺。古くは『論語』顔淵に「駟不及舌」の語あり。駟馬は四頭の馬で馬車をひくこと。『句双葛藤鈔』に「一言已出駟馬難追」に注して「トリ返サレヌ也」と。「一言已に出づれば、駟馬も追い難し」と「活機転ずるところ、面目真なり」との句を互用した表現だが、「宗言」の諱をふまえて言ったものであろうから、「一言已出、駟馬難追」はここでは肯定的な意味合い。(忠叔宗言首座は)駟馬もって追うこともできぬ一言を吐き、活機を転じ真面目を発揮した。後出［九二］「追悼龍泉大禅仏戢化」に「端的一言駟難及、青霄独歩没蹤由」とあるのも同じ用例。
○梅花十月故郷春＝還郷の時節をいう語。前出［一］の「炎日梅花一朶香」を参照。「十月迎春紅牡丹」「十月榴花一点紅」「瑞香吹送小春梅」も同じ。ただし、忠叔宗言首座は十月十四日没だから、ここでの「十月」は実際の月に合致する。

【一一】（七オ）［一の三四］

台嶽宗察首座掩土語

新圓寂台嶽宗察首座、累日臥延壽堂中、術妙參同井。即今入涅槃門裏、夢驚三十八霜。正與麼時、太空拍手深雪斷腸。歸家穩坐底之一句、付與钁頭方云
宗門論什麼明察、一語與人無擧揚。杜宇聲高仲冬夜、還鄉忽有好思量。喝一喝。

台岳宗察首座が掩土の語

新円寂台岳宗察首座、累日、延寿堂中に臥して、術妙なれども、参、井に同ず。即今、涅槃門裏に入る、夢は驚む三十八霜。正与麼の時、太空手を拍ち、深雪腸を断つ。帰家穏坐底の一句、钁頭方に付与すと云う。

宗門、什麼の明察をか論ぜん、一語として人に与えて挙揚する無し。

杜宇、声は高し仲冬の夜、還郷、忽ち好思量有り。喝一喝。

〈訳〉

宗察首座掩土の語

（九州平戸から来ていた）宗察首座は、病に臥して療養中であったが、ついに帰らぬ人となった。首座の三十八年の夢幻の生涯は終わった。虚空も手を拍って哀しみ、深く積もった雪も腸を断たんばかりに悲しんでいる。首座が本分の家郷に帰るのを送る一句を、钁頭に与えて言わしむ、

わが禅宗には、眼で見てはっきり分かる真理というものはない。

一語として、真理を言いとめる言葉など、禅にはないのだ。

十月の夜空に、別れを告げるホトトギスが一声、

その茫漠とした彼方こそが、首座の本源のところ。

そこによくよく思いをいたすべきものがあるのだ。喝ーッ。

○台岳宗察首座＝『咨参緇素名簿』慶長十七年（一六一二）閏十月下旬に「察首座　九州平戸衆　龍光院掛錫」。また、『欠伸稿』坤［三八八］達磨賛に「平戸松浦肥前守請、察首座价」とある。

○延寿堂＝病僧が療養のために休養する寮舎。

○術妙参同井＝「術妙」は医術。「参同井」は難解、病がいよいよ篤くなったことらしい。あるいは医術用語か。「参」と「井」とは、あるいは星宿の名か。李白「蜀道難」詩に「捫参歴井仰歇息」とある。「捫参歴井（参を捫し井を歴る）」は山路の嶮峻、あるいは世路の艱難をいうが、ここの例とは合致しない。星宿の「井」は「東井」ともいう。延寿院こと曲直瀬道三（一五四九～一六三一）は東井朔翁居士と号するが、これと関わるかどうか。宗察首座は医者ではないから関係なさそう。待攷。

○夢驚三十八霜＝「夢驚」は、はっと夢から醒める。夢幻のごときうたかたの現世から醒めて、真理の世界、涅槃に入ること。

○宗門論什麼明察、一語与人無挙揚＝『五灯会元』巻七、徳山宣鑑章に、「師曰く、我が宗に語句無し、実に一法として人に与うる無し」。

○杜宇声高＝「杜宇」は、ホトトギスの一名。「杜魄」「蜀魂」「杜鵑」ともいう。蜀王望帝、名は杜宇、死んでのち魂が化してこの鳥になったという。そのその鳴き声を「不如帰去」という。いまは帰郷の縁語。

○帰家穏坐＝本分の家郷に帰り、落ち着くべきところに落ち着く。

○還郷＝前出［七］「還郷錦」。

○有好思量＝『碧巌録』二十四則、本則の下語に出る語「誰知遠煙浪、別有好思量」をふまえる。前出［一―一］「阿兄宗凡居士小斂忌香語」に「地麗江南古道場、誰知別有好思量」。

【一二】（七ウ）［一の三四］

良叔宗琛首座掩土之語

新圓寂良叔宗琛首座、久在延壽堂裏、一日死中得活。唱伽陀一章、以作還郷曲調云

雪満前村琛不瑕、手中弄出打歸家。知非四十九年暮、活路相通天一涯。喝一喝。

元午十二月三日死、歳四十九。

良叔宗琛首座掩土の語

新円寂良叔宗琛首座、久しく延寿堂裏に在りしが、一日、死中に活を得たり。伽陀一章を唱え、以て還郷の曲調と作すと云う。

雪は前村に満つ、琛瑕あらず、手中に弄出して帰家を打す。

非なるを知る、四十九年の暮、活路、相い通ず、天一涯。喝一喝。

元午十二月三日死す、歳四十九。

〈訳〉

良叔宗琛首座掩土の語

久しく療養していたが、ここに本源に還り、真の活を得た。一偈もて送別する。

あたり一面に積もった雪は、さながら瑕ひとつない宝珠のよう。

琛首座は、その宝珠（琛）を手のひらで弄びながら、本源の家郷へと帰った。

思えば、夢幻のごとき四十九年であったが、

彼は滅したのではない、今や真の活路が天涯へと通じたのだ。喝ーッ。

○良叔宗琛首座＝元和四年戊午（一六一八）十二月三日死、歳四十九。江月四十五歳。

○還郷曲調＝本源の家郷に還る人を送る一句を曲になぞらえる。

○雪満前村＝『句双紙』「前村深雪裡、昨夜一枝開」。『五灯会元』巻十二、洪州翠巌可真禅師章「問、利人一句、請師垂示。師曰、三脚蝦蟇飛上天。曰、前村深雪裏、昨夜一枝開。師曰、餓逢王膳不能餐」。前出［二ー三］。

○琛不瑕＝「琛」は宝珠。宗琛の名の一字を採ったもの。

○知非四十九年＝『淮南子』原道訓に「蘧伯玉、行年五十にして四十九年の非有り」。

○活路相通天一涯＝大灯国師の投機の偈に「一回透過雲関了、南北東西活路通」と出る。『見桃録』巻三「月窓玄清庵主秉炬」語に「活路通時急転身」、『同』巻四「古梅妙林大師下火預請」語に「踏翻地獄与天宮、死路通時活路通」などとあり、今の趣意に同じ。

【一三】（七ウ）［一の三五］

心隱宗知禪定門下火

一別心知萬里風、菩提煩惱本來空。新秋染出還鄉錦、七月山楓葉葉紅。恭惟新物故、心隱宗知禪定門、以禮以樂、克始克終。其遊手底、平生臂鷹手、其戰功底、幾多汗馬功。加之、參徹活祖之縱橫逆順、奴視諸佛之別圓藏通。頓也漸也、權也實也。位中功中、動中靜中。此是禪定門在日受用。即今轉大法輪之一句、請問取丙丁童去。擧火把云、火裏蝍蟟呑却大蟲。喝一喝。元和六庚申七月廿九日死。

心隠宗知禅定門が下火

一別、心に知る、万里の風、菩提煩悩、本来空なり。

新秋、還郷の錦を染め出だし、七月の山楓、葉葉紅なり。

恭しく惟るに新物故、心隠宗知禅定門、礼を以てし楽を以す、始を克くし終を克くす。其の遊手底たるや、平生臂鷹の手、其の戦功底たるや、幾多の汗馬の功。加之、活祖の縦横逆順に参徹し、諸仏の別円蔵通をば奴視す。頓也漸也、権也実也。位中功中、動中静中。此れは是れ禅定門が在日の受用、即今、大法輪を転ずるの一句、請う、丙丁童に問取し去れ。

火把（かは）を挙（こ）して云く、
火裏（かり）の蝍蟟（しつりょう）、大虫（だいちゅう）を呑却（どんきゃく）せり。喝一喝（かついっかつ）。元和六庚申（かのえさる）七月廿九日死す。

〈訳〉

心隠宗知禅定門下火の語

永訣するのではない、万里に吹きわたる清風のなか、
もはや菩提（さとり）もなく煩悩（まよい）もない、本来空なるところへ帰られたのだ。
秋七月、おりしも色づき始めた楓が、
居士が本源の家郷に帰るための錦を染めている。

思うに、居士は礼楽の道をもって、終始一貫された生涯であった。あるいは鷹狩りに興じ、あるいは戦場において幾多の戦功をあげられた。さらには、教義を究めた上で、単なる知識にとどまらず、教外別伝の禅をみずから実践され、日常活動と禅定の双方において工夫をなした禅定門の一生であった。

右は禅定門の在りし日のありさま、即今、下火の仏事に際しての本分向上の一句はいかん。その言語を超えた一句は、下火の火に尋ねるがよい。

火把をもちあげていわく、

火中の尺取り虫が虎を一呑みにした。喝ーッ。

○心隠宗知禅定門＝伊達政宗の臣、寺戸長兵衛。元和六年七月十九日没。また『咨参緇素名簿』慶長十九年十一月三日に「寺戸長兵衛　政宗内衆」。
○以礼以楽、克始克終＝礼楽の道をもって一貫された生涯であった。「克始克終」、克は「よくす」、「なす、しとげる」。「始」は生、「終」は死。「始終」は一生涯。「終始如一」というに同じ。生涯終始一貫した。
○臂鷹＝腕に鷹をとまらせること、転じて鷹狩のことをいう。
○汗馬功＝戦功をいう。『碧巌録』七則、垂示に「従前汗馬無人識、只要重論蓋代功」。
○奴視諸仏之別円蔵通＝「別円蔵通」は、蔵教、通教、別教、円教。これは教相門、すなわち仏教を教理、思想方面から理論的に究める立場をいう語（前出［五］参照）。これを「奴視」したのだから、教義の理屈に留まらなかった。つづいて「頓也漸也、権也実也」とあるから、教理を極めた上で、それに安住し留まることなく、これを「奴視」して、さらに教外別伝の宗旨に参じた、ということ。
○頓也漸也、権也実也＝一大蔵経を、頓教と漸教、また権教と実教という観点から分けたもの。
『古尊宿語録』巻四十二、宝峰雲庵真浄禅師聖寿語録一の檀越散蔵経請上堂に「……上件の龍蔵琅函は、霊文の聖教、経律論の三蔵、五乗十二分、諸仏の秘詮、頓也漸也、半也満也、中也辺也、権也実也……」。

『増集続伝灯録』巻四、霊隠竹泉法林禅師章に、「上堂。一大蔵教五千四十八巻、頓也漸也、権也実也、偏也円也、只だ一句に作して道却せば、三世の諸仏も伱が脚跟下に在らん」。
○位中功中＝「位」は五位、「功」は勲功、すなわち功勲五位のこと。功勲は、修行の功果あるいは段階のことで、洞山良价はこれを五位に分けた。いまは、あらゆる段階の修行において、禅定門は己を全うした、というほどの意。
○動中静中＝動は日常活動、静は禅定。その双方において工夫をなした禅定門の一生であった。
○即今転大法輪之一句、請問取丙丁童去＝いま火を放つに際して、本分向上の一句、言葉で言い表わしてはならぬ一句は何か。それは「火」に聞け。
「丙丁童」、十干を五行の配すると丙丁は火に当たることから、火のことを丙丁という。擬人化して丙丁童子ともいう。蘇東坡の「思無邪斎賛」に「化以丙丁、滋以河車」。
○火裏蝍蟟呑却大虫＝火の中で尺取り虫が虎を一呑みにした。『雲門広録』巻上に「問う、牛頭未だ四祖に見えざる時は如何。師云く、家家観世音。進めて云く、見えて後は如何。師云く、火裏、蝍蟟大虫を呑む」。『五灯会元』巻十八、潭州大潙祖瑃禅師章に「上堂、道に定乱無し、法は見知を離る。言句相投ず、都て定義無し。古より龍門無宿の客、今に至るまで、鳥道、行蹤を絶す。箇中の端的の意を会せんと欲せば、火裏蝍蟟呑大虫。咄」とある。いまここでは、帰真の端的をいう。

【一四】（八オ）［一の三五］

了然城句檢校大徳秉炬語

參得宗門言句去、平常受用叫圓成。夢驚二十餘年事、一陣西風落葉聲。恭惟新物故、了然城句檢校大徳、梅談竹話、柳思花情。一日扣山野陋室、問龍寶家風。予曰、釋迦走入你鼻孔、彌勒跳入你眼睛、何不捉得麼。此人默然云、捉得捉得。大悟小疑悟、目盲心不盲。正與麼時、截斷生死路、超出是非坑。色即是空、空即是色。明中有暗、暗中有明。惟是城句大徳在日三昧、即今行履底、如何示呈。擧火把云、今夜故郷月、連雲萬里城。喝一喝。元和六申八月八日死。

了然城句検校大徳が秉炬の語

宗門の言句に参得し去り、平常受用して、円成と叫ぶ。

夢は驚む二十余年の事、一陣の西風、葉を落とすの声。

恭しく惟みれば、新物故了然城句検校大徳、梅談竹話、柳思花情。一日、山野の陋室を扣き、龍宝の家風を問えり。予曰く、「釈迦、你が鼻孔に走入せり、弥勒、你が眼睛に跳入せり。何ぞ捉え得ざる」。此の人、黙然として云く、「捉え得たり捉え得たり」。大悟小疑悟、目盲にして心は盲ならず。正与麼の時、生死の路を截断し、是非の坑を超出せり。色即是空、空即是色。明中暗有り、暗中明有り。

惟れは是れ城句大徳が在日の三昧なるのみ、即今行履底、如何が示呈せん。

火把を挙して云く、今夜故郷の月、雲に連なる万里の城。喝一喝。元和六申八月八日死す。


〈訳〉

了然城句検校の秉炬にあたっての法語

検校は、わたくし江月に参禅し、遂に悟るところがあった。
いま、二十余年の夢から覚めて、
一陣の西風に落ちる一枚の葉のように、

真帰源のところに帰られた。
思うに城句検校は、梅や竹に託して思いを述べ、柳や花に言寄せては情を表わす、風流を愛する人であった。在りし日、わたくしのところに入室参禅し、大徳寺の禅を探られた。予がいわく、「それ釈迦が鼻に飛び込んだ、弥勒が目玉に飛び込んだぞ。それ捉まえぬか」と。検校、しばし黙然としていたが、やがて「捉まえたり、捉まえたり」と。まことに、生死、是非の迷いを超えて。色即是空と悟り、その空のままを生き、明も暗も超えて、明暗双々底の境地に達したのである。
眼は不自由ではあるが、心の眼はじつにはっきりとしていたというべきであろう。
これは城句検校の生前の生きざまだが、いま、本源の家郷に還るにあたっての一句は、いかが示したものか。
火把をもちあげていわく、
検校が還ってゆく、本源家郷の月が、
看よ、万里に連なる雲の上に輝いておる。喝ーッ。

○了然城句検校＝元和六年（一六二〇）八月八日没。後出［二五六］に「了然城句検校を悼む」偈あり、いわく「……琵琶絃上、遺響有り、颯颯たる松風、耳に盈(み)つる哉」と。これによれば、琵琶法師であろう。『咨参緇素名簿』慶長十九年（一六一九）月次不詳に「伊藤ケンゲウ城句　伊藤掃部子也」。
○夢驚二十余年事＝「夢驚」は、夢幻のごときうたかたの現世から覚めて、真理の世界、涅槃に入ること。
○梅談竹話、柳思花情＝風流を愛する。「柳思花情」の語、天恩寺旧蔵『葛藤集』に一例見える。円光院殿の掛真の語に「恭惟、某蘭心蕙性、柳思花情」。

○龍宝家風＝龍宝山大徳寺の禅。

○釈迦走入你鼻孔、弥勒跳入你眼睛、何不捉得麼＝そなたのド真ん中に釈迦弥勒がおるぞ。

『古尊宿語録』巻四十『雲峰悦禅師初住翠岩語録』に「上堂。見聞覚知、障碍無し。声香味触、常に三昧。衲僧道う会せりと。山は是れ山、水は是れ水。飢え来たれば飯を喫し、困じ来たれば打睡す。忽然として須弥山跨跳して鼻孔裏に入り、摩竭魚、你が眼睛中に穿らば、作麼生か商量す。良久して云く、参堂し去れ」。

『五灯会元』巻十二、潤州金山曇潁達観禅師章。「衆に示して曰く、纔かに唇吻に渉れば、便ち意思に落つ。尽く是れ死門、倶に活路に非ず。直饒い透脱するも、猶お沈淪に在り。平生に孤負し、虚しく此の世を度る莫教れ。平生に孤負せざらんと要得するや。拄杖を拈じて卓一下して曰く、須是らく拄杖に瞞ぜらること莫くして始めて得し。看よ看よ、拄杖子、你諸人の髑髏を穿過し、跨跳して你が鼻孔裏に入り去れり。又た卓一下す」。

○大悟小疑悟＝難解。「大疑大悟、小疑小悟」の略か。『禅関策進』袁州雪巌欽禅師普説に「参禅は須是らく疑情を起こすべし。小疑は小悟、大疑は大悟」とあるを、ふまえるか。

○目盲心不盲＝心の眼はちゃんと開いている。

○截断生死路、超出是非坑＝生死、是非の迷いを超克して。

○色即是空、空即是色。明中有暗、暗中有明＝色即是空と悟り、その空を生きる、明暗双々底の境地に達した。

偈頌

○偈頌＝「偈」は梵語ガータの音訳。「頌」は漢語で、ともに詩の意。

【一五】（九オ）［四の一三］

和老師試春之韻　慶長十五庚戌年

誰識吾家自己求、好思量處一時休。請看正月桃花浪、直作龍門萬丈流。

老師が試春の韻を和す　慶長十五庚戌年

誰か識る、吾が家は自己に求む、好思量処、一時に休することを。
請う看よ、正月桃花の浪、直に龍門と作って万丈に流る。

〈訳〉

禅はもっぱら己事（一心の根源）を究明するにある。もやに煙ったあの果てしもない大海原の渺々たるところに、格別の味わいどころがあるように、思量を超えた一心のありどころを見届ければ大休歇するのだが、そこをどう分かろうか。

見よ、いま正月、桃花の開く時節、
鯉が流れを遡って、龍門の滝を登って龍となる時なのだ。

○和老師試春之韻＝春屋宗園の偈への和韻。慶長十五年（一六一〇）、師三十七歳。この翌年、春屋遷化。
○好思量処＝『碧巌録』二十四則、本則の下語に出る「誰知遠烟浪、別有好思量」の語をふまえる。本拠は僧斉己の観水詩。『句双葛藤鈔』に注して「渺々ノ烟浪ニ宗門ノ好思量ハアルゾ。思惟分別ノ思量デハナイゾ」と。前出［一］。
○看正月桃花浪、直作龍門万丈流＝魚が龍と化するところ。禹門三級の滝を鯉（修行者）が登って龍（禅傑）となる登龍門。『碧巌録』七則「法眼答慧超」の頌の評唱に「三級の波高く魚は龍と化す、痴人、猶お夜塘の水を戽む」という如きんば、禹門三級の浪、孟津、即ち是れなり。龍門は禹帝鑿って三級と為す。今三月三、桃花開く時、天地の感ずる所。魚有って龍門を透得すれば、頭上に角を生じ鬃鬣の尾を昂げ、雲を拏んで去る。跳不得なる者は点額して回る」。後出［一三三］に「正月桃花好時節、金鱗衝浪跨跳来」、［二四五］に「活龍忽躍禹門去、先節桃花浪滔天」。

【一六】（九オ）［四の一三］

同　芳春法兄　維時大徳住

換舊添新又一回、維時萬福大王來。匡徒領衆住山日、好箇商量演法梅。

同じく、芳春法兄　維れ時、大徳の住

旧を換え新を添うること又一回、維れ時、万福大王来。
徒を匡し衆を領す、住山の日、好箇の商量、法を演ぶるの梅。

〈訳〉
旧い年が去って、また新しい年になり、春王の正月がやって来た。
その春王とは、新たに大徳寺住持となられた玉室法兄。大王さま、新年おめでとう。
大徳寺一山の僧徒を指導なさる立場になられたこの日、
庭前の梅が花開いて、仏法を説いている。
さて、いかなる説法か、よくよく思量すべし。

○同芳春法兄＝同じく慶長十五年（一六一〇）正月。大徳寺一四七世、芳春院の玉室宗珀（一五七二～一六四一）の試毫への和韻。
○維時大徳住＝玉室が輪住の任で大徳寺住持をしていた。
○万福＝祝賀のことば。おめでとう。『趙州録』行状に「孟春猶寒、伏惟和尚尊体、起居万福」。
○大王来＝大王は春王。正月を「春王正月」という。室町禅林において歳旦偈でよく用いられる語。天恩寺旧蔵『葛藤集』に「春王万福太平今」「至祝春王第一機」「今日春王逢法王」など。
またここでは、法兄である玉室のこともあわせいう。その場合の大王は、「その分野で卓出した人」（『漢語大詞典』）の意。『趙州録』に出る「鎮州大王」「鎮府大王」というのは、河北藩鎮である府主（すなわち趙州の檀越）のことだが、『趙州録』ではまた「問う、如何なるか是れ趙州の主。師云く、大王、是なり」というように、本来の主人公の意にもいう。いまは大徳寺住持ゆえ「大王」という。以上のようにいくつかの義があるが、いまはそれらの義を重ねて用いている。『五灯会元』巻四、趙州章「真定帥王公、諸子を携えて入院す。師坐して問うて曰く、大王会すや。王曰く、不会。師曰く、小より持斎して身已に老いたり、人に見(あ)うも禅牀を下りるに力無し。王尤も礼重を加う。翌日、客をして伝語を将たらしむ、師、禅牀を下りて之を受く。侍者曰く、和尚、大王の来たれるを見て禅牀を下らざりしに、今日、軍の将来すれば、甚麼としてか卻って禅牀を下る。師曰く、汝が知る所に非ず。第一等の人来たれば、禅牀上に接し、中等の人来たれば禅牀を下りて接し、末等の人来たれば、三門外に接す。因みに侍者、大王来也(だいおうらいや)と報ず。師曰く、万福大王。者曰く、未だ到らざる在り。師曰く、又た道う来也と」。「大王来也」は「大王さまのお出まし」。

○匡徒領衆＝一寺の住職が衆僧を監督、統理すること。「董徒領衆」とも。

○演法梅＝梅は室町禅林の詩でもっとも詠われた花の一つ。祥麟普岸は「十吟に九は是れ梅、梅花を賦さざれば是れ詩ならず」といい、瑞渓周鳳は「詩に梅を道わざれば好句に非ず（詩不道梅非好句）」といい、希世霊彦は「応に是れ灯前の五千巻も、月下の両三枝には如(し)かざるべし（応是灯前五千巻、不如月下両三枝）」という。中国の影響を受け、日本の禅林ではさらに独自の梅花観が発展した。

ここでは、室町禅林で頻りにテーマとされた「梅花伝法」をいう。「仏法は無師独悟の梅花に伝わっておる」という趣旨だが、時に達磨や神光を配して、祖師を抑下して「祖師よりも梅花のほうが上」という趣旨で詠うもの。『西源録』仏成道偈に「麻麦経年氷雪堆。明星一見下山来。剛然稜骨知何似。三百余番演法梅」。また天恩寺旧蔵『葛藤集』に出る例、次のごとし。［一一一］「逢閏梅花暦日新、一枝仏法重千鈞」。［二六四］「等閑鼻孔嗅周易、春始梅花薫少林」。［二八三］「今日和南一炷沈、西来消息去難尋。神光不得少林髄、分付梅花安此心」。孤篷庵本［四の一五］「総見和尚示元旦偈」に「老禅別示新年事、拈起庭前一朶梅（老禅別に示す、新年の事、拈起す、庭前一朶の梅）」。孤篷庵本［四の二六］「心渓和尚掩室次韻黄梅和尚」に「世尊落二叫成道、雪裏新開一朶梅（世尊二に落ち成道と叫ぶ、雪裏、新たに開く一朶の梅）」。孤篷庵本［四の三九］「仏成道偈」に「天上明星何面目、梅花成道先庚開（天上の明星、何の面目ぞ、梅花成道、庚に先だって開く）」。

【一七】（九オ）［四の一三］

同　陽明殿下

此生愧近鳳凰臺、身是元來槁木灰。郁郁徳香春第二、塊看昨夜一枝梅。

同じく、陽明殿下（ようめいでんか）

此の生（せい）、鳳凰台（ほうおうだい）に近きを愧づ、身は是れ元来槁木灰（こうぼくかい）。
郁郁（いくいく）たる徳香（とくこう）、春第二（はるだいに）、塊看（かいかん）す、昨夜一枝の梅。

〈訳〉

木の端（はし）のごとき一介の僧たる私が、
畏れおおくもかしこくも、殿下にお近づきになるとは。
あなたの輝くばかりの徳の光の前には、正月の華やかさも二番手、
昨夜ひらいた一枝の梅花すらも顔色なしです。

○同＝慶長十五年正月。
○陽明殿下＝近衛信尋（一五九九～一六四九）。「陽明」は近衛家の別称。後陽成天皇の第四皇子、近衛信尹の養子

となる。後水尾天皇は実兄。江月より二十五歳年少。江月のほか沢庵、松花堂昭乗、金森宗和らと交わる。『欠伸年譜草稿』元和五年（一六一九）条に「師四十六歳。……前関白近衛信尋公、入室咨参し、宗風を仰瞻す」と。この時、近衛信尋、二十歳である。また信尋の自筆日記に『本源自性院記』あり、寛永七年（一六三〇）八月三日条に「参高松殿、江月和尚伺候、少々法談」とある。

○此生愧近鳳凰台＝孤篷庵本、「愧慚相近鳳凰台」に作る。「此生」は、自分のこと、「這生」とも。「愧」は愧慚、（畏れ多くて）恥じ入るほど。「鳳凰台」、宮苑中にある楼台。転じて宮中をいう。いまは近衛殿下のこと。

○槁木灰＝出家である自分を卑下していう。和語で僧のことを「木の端」という。

○春第二＝後出【一三〇】「的公雅蔵試毫和韻」二首の二に「王巧黄竒蘇子新、一詩并得寄吾頻。波涛入筆驚龍勢、正月桃花第二春」とある。的公雅蔵の素晴らしい詩と書を前にしては、正月の花のあでやかさも二番手、というこころ。白楽天「対酒。令公に開春の遊宴を勧む」詩に「宜須数数謀歓会、好作開成第二春」とある例とは別義。

○塊看昨夜一枝梅＝『句双紙』「前村深雪埋、昨夜一枝開」をふまえる。『五灯会元』巻十二、洪州翠巌可真禅師章「問う、利人の一句、請う師、垂示せよ。師曰く、三脚の蝦蟇飛んで天に上る。曰く、前村深雪裏、昨夜一枝開く。師曰く、饑えて王膳に逢うも餐する能わず」。前項［一七］の注で述べたように、室町禅林において梅花は仏法そのもの、時には仏陀より上の存在として詠われるのだが、今は、その梅も、公の前では顔色なし、と賛える。

【一八】（九オ）［四の一三］

同　不二和尚　慶長十六亥年

菴稱不二説玄談、繁茂禪林豈有慚。朝對檐花暮清月、料知盃裏影傾三。

同じく、不二和尚　慶長十六亥年

庵は不二と称し、玄談を説く、繁茂せる禅林、豈に慙づる有らんや。
朝は檐花に対し暮は清月、料り知る、盃裏の影、傾くること三たびならんと。

〈訳〉

不二庵での説法には、多くの学者が、
林をなすように集まっております。まことに立派なことです。
朝には軒の花を、夕べは月を愛でつつ、盃を傾けておいででしょう。

○不二和尚＝東福寺二二三世、集雲守藤。元和七年（一六二一）七月六日遷化。不二庵はその号。
○慶長十六年亥年＝一六一一年、師三十八歳の正月。
○繁茂禅林豈有慙＝「慙」は、集雲守藤の詩をふまえるわけだが、原詩、いま不明ゆえ、そのニュアンスは詳らかならず。
○料知盃裏影傾三＝「料知」は、思いはかる。「盃裏影」、「盃影」は普通は「杯中蛇影」の故事をふまえるが、いまここでは、その意では不通。単に盃を三たび傾けること。漢語の「三盃」は「喫三盃酒」また「三盃軟飽三盃酒」などと出るが、わが国で「ちょっと一杯やる」という意。

【一九】（九ウ）［四の一四］

等顔老人、招予於旅亭、煮佳茗。加之、瓶裏白蓮香露濃、而絶炎日暑塵者、
又是社中好風景也。卒綴野偈一章、述謝之万乙云。笑擲
旅客還勝熟處人、點茶迎我厚情新。白蓮香動水瓶裡、呈似廬山面目眞。

等顔老人、予を旅亭に招いて佳茗を煮る。加之、瓶裏、白蓮の香露濃かにして、炎日の暑塵を絶する者は、又た是れ社中の好風景なり。卒に野偈一章を綴り、謝の万乙を述ぶと云う。笑って擲て

旅客、却って熟処の人に勝れり、茶を点てて我れを迎う、厚情新たなり。
白蓮の香、水瓶裡に動き、廬山面目の真を呈似す。

〈訳〉

絵師の雲谷等顔が、京都の宿舎にわたしを招き、茶席をもうけてくださった。床には、香しい白蓮が活けられていた。猛暑をしのぐ涼風のような好風景を拝見したのであった。そのお礼の一偈。お笑いください。

旅のお方のほうが、京にいる者より、かえってよく御存知だ。
すばらしい茶席をもうけて、お招きにあずかった。
花瓶に活けられた白蓮の香りが、

かの慧遠法師の白蓮社の好消息をつたえ、
蘇東坡の「廬山の真面目」を指し示すようだ。

○等顔老人＝画家の雲谷等顔（一五四七～一六一八）。雲谷派の祖。江月より二十七歳年長。草稿はほぼ年次順と見てよさそうであるから、慶長十六年（一六一一）六、七月のことか。雲谷等顔は毛利家お抱え画師で、そのほとんどを中国地方で過ごしたが、慶長十二年には江戸毛利邸の障壁画を製作した。孤篷庵本［一の二六］には、雲谷等顔の子である雲谷等益（一五九一～一六四四）に与えた、左のような法語がある。

老聃曰、為学日益、為道日損。此語至切也。雖然、今時緇素為学者尚未聞多、何況為道禅人。学得画工大率臻其妙。凡為画図、山川草木人畜等類、最愛其依俙而似。縦使筆墨尽妙、図山似川、書人似畜、豈謂之妙画哉。其妙処不学而、誰能至其極至其妙。則無学可学、無益可益。然則、豈有道可為道損可為損哉。信手信筆、到処画来画去。須知山川草木人畜等類、尽是現出汝手裏、若謂一切現成而、別有山川草木、千万里遠転遠。汝頼学知皈子之風。我為汝唱云、相公来相公来。若能如斯、則一等益于人、而名実不相違者也。法橋等益、出紙求語。漫書之与之。

○佳茗＝茶。孤篷庵本「芳茗」に作る。

○白蓮香露＝「白蓮社」の故事をふまえる。晋の慧遠法師が、廬山東林寺で、慧永・慧持・道生らの僧、劉遺民・宗炳・雷次宗らの名儒ら、緇素一二三人を集めて結成した念仏結社。

○謝之万乙＝「万乙」は「万乙」「万一」「曼乙」などとも書く。「野偈」「拙和」「野詩」「聊」「俚語」「野詩」「老懐」などの語をあわせ用い、「気持を十分に表わすことができないが、野詩をもって御礼申し上げる」という意をあらわす。「曼」は「万」に通ずる。

○笑擲＝謙詞。拙い詩だと一笑ののちお棄て下さい。

○旅客却勝熟処人＝「熟処」は、見知った土地。熟は熟知の熟、反対語は生、生客は土地カンのない旅人。「熟処難忘（熟処忘じ難し）―住み慣れたところは忘れられぬ」の語あり。
○廬山面目真＝蘇東坡の作とされる「廬山烟雨浙江潮、未到千般恨不消。到得帰来無別事、廬山烟雨浙江潮（廬山は烟雨、浙江は潮、未だ到らざれば千般恨み消えず。到り得帰り来れば別事無し、廬山は烟雨、浙江は潮）」をふまえる。また、蘇東坡の「西林の壁に題す」に「横看成嶺側成峰、遠近高低総不同。不識廬山真面目、只縁身在此山中」。「廬山真面目」は仏法そのもの。

【二〇】（九ウ）

八月二日人訪　翌謝之
佳人吟歩扣柴扉、恨是閑談未了歸。昨天初日芙蓉露、誰識清香入破衣。

八月二日、人訪う、翌、之を謝す
佳人吟歩して、柴扉を扣く、恨むらくは是れ、閑談未だ了らずして帰ることを。
昨天初日、芙蓉の露、誰か識る、清香の破衣に入るを。

〈訳〉
せっかく、この草庵にお出で頂いたのに、
残念なことに、ゆっくりお話もできずにお帰りになった。

昨日は八朔、香しく開いた蓮の清香が、
わが破れ衣に移っているのもお知りにならずに。

○八月二日人訪、翌謝之＝慶長十六年か。

【二一】（九ウ）［四の一四］

臘初四、寄球之西來和尚、書尾書之

聞説禪翁歸故郷、欲期再會思無量。有人呈示西來意、雪裏梅花一朶香。

臘の初四、球の西来和尚に寄す、書尾に之を書す

聞説くならく、禅翁、故郷に帰ると、再会を期せんと欲して、思い無量。

人有って西来の意を呈示せんならば、雪裏の梅花、一朶香し。

〈訳〉

十二月四日、琉球国西来和尚への書簡の末尾に

いよいよ琉球にお帰りになるそうですが、
いつまたお会いできるのかと思えば、感無量です。

西来和尚よ、もし西来意を問われたならば、
「雪中に開く、芳しい一枝の梅花」とお答えなされ。

○臘初四＝慶長十六年十二月四日。
○球之西来和尚＝琉球国西来和尚。未詳。
○聞説禅翁帰故郷＝孤篷庵本「正是禅翁帰故郷」に作る。
○西来意＝「祖師西来意」と、西来和尚が、西のかた琉球国に帰ることをあわせる。
○雪裏梅花一朶香＝梅花伝法。前出［一六］「演法梅」の注を参照。また孤篷庵本［四の七〇］「次韻芳春和尚悼宋雲禅師之戢化」に「道香郁郁不遮掩、雪裏梅花九九翁（道香郁郁として遮掩せず、雪裏の梅花、九九翁）」。九九翁は梅。九九は冬至の次日から八十一日目、寒明け、梅花開くの日。「九九消寒図」という、八十一日間の気象を図にし、春を指折り数え待つもの。『帝京景物略』巻二、春場に「素梅一枝を画き、冬至から八十有一と為し、日に一瓣を染む。瓣尽きて九九出づ。則ち春深し。九九消寒図と曰う」。

【一一二】（一〇オ）［四の一四］

謹奉塵大慈堂頭大和尚、見追悼老師大寶圓鑑國師之戢化尊偈玉韻云。慈斤
我翁伴杖忽歸家、涙濕袈裟幾嘆嗟。這裏元來無一物、報恩有分摘楊花。
宗玩拜和

謹んで大慈堂頭大和尚が、老師大宝円鑑国師の戢化を追悼せらるる尊偈の玉韻を

塵し奉ると云う。慈斤

我が翁、杖を伴い忽ち帰家す、涙、袈裟を湿す、幾たびか嘆嗟す。

這裏、元来無一物、報恩分有り、摘楊花。

宗玩拝和

〈訳〉

円鑑国師遷化　大慈院和尚の偈に和韻する

我が師は、杖をついて、とうとう本分の家郷へお帰りになった。

どれほど嘆き、涙で衣を濡らしたことか。

元来、一法として与えるなく、説くべきものもない、無一物こそが禅僧の本分。

とはいえ、いまお別れに際して摘楊花をお送りするのも、それなりの報恩になろう。

○謹奉塵大慈堂頭大和尚……＝「塵（ケガス）」の訓、美濃乙津寺旧蔵の古写本『蘭叔録』に見える。沢庵『明暗双々』巻五に「次天叔和尚韻、悼円鑑国師」あり「扶桑一国一師家、八万人天耐嘆嗟、閉涅槃門推不発、春風二月立啼花」。

○大慈堂頭大和尚＝大徳寺一二九世の天叔宗眼（一五三二～一六二〇）。天正十三年（一五八五）閏八月二十五日出世。大慈院を本山に創す。元和六年二月二十一日示寂。

○老師大宝円鑑国師之戢化＝慶長十六年（一六一一）二月九日。

○慈斤＝慈悲もて、ご添削下さい。「斤」は「運斤」。『荘子』徐無鬼の匠石運斤成風の故事、「郢人、堊（しっくい）もて其の鼻端に漫ること蝿翼の若し。匠石をして之を斲らしむ。匠石、斤を運らして風を成す。聴して之を斲らしむ。垩を尽くせども鼻傷つかず」。

○我翁伴杖忽帰家＝「伴杖」は、『無門関』四十四則「芭蕉和尚、衆に示して云く、你に拄杖子有らば、我れ你に拄杖子を与えん、你に拄杖子無くんば、我れ你が拄杖子を奪わん。無門曰く、扶かっては断橋の水を過ぎ、伴っては無月の村に帰る。若し喚んで拄杖と作さば、地獄に入ること箭の如くならん」。「帰家」は本源の家郷へ帰る。

○這裏元来無一物＝「這裏」は「ここ」、我が這裏。あるいは「禅僧が本分とするところ」。「元来無一物」は、六祖の偈「菩提元無樹、明鏡亦非台。本来無一物、何処惹塵埃」。また、『伝灯録』巻十五、徳山宣鑑章「雪峰問う、従上の宗風、何の法を以てか人に示す。師曰く、我が宗、語句無し、実に一法として人に与うる無し」。

○報恩有分＝恩を報じ得て相応である。「本来無一物」が禅僧の生き方であり、供うべき何ものもないのだが、お別かれに一偈を述べるのも、それなりの報恩になろう。「報恩有分」はまた後出［六八］［一一五］［一四六］。

○摘楊花＝送別の辞。さよなら。もと趙州の言った言葉。

『祖庭事苑』巻二、摘楊花に「僧有り趙州を辞す。州、払子を拈じて云く、有仏の処、住することを得ざれ、無仏の処、急に走過せよ、三千里外、人に逢うて錯って挙すことを得ざれ。僧云く、恁麼ならば則ち去らじ。州云く、摘楊花、摘楊花、摘楊花」。中川『禅語辞彙』「別離に際して歌ふ小曲の名。転じて離別をいふ」。また『諸録俗語解』摘楊花に「離別の歌曲の名なり。〈おさらば、おさらば〉と訳す」。

これに対して、無著道忠は『虚堂録犂耕』巻三で旧説を批判し「〈送行の語〉と作す可からず、直に是れ〈無憑拠〉〈無益事〉なり。言うこころは、〈桃花の香馥を弄することを知らずして、徒に楊花を摘む。甚辺の事をか成し得たる〉。故に知んぬ、摘楊花は〈無憑拠〉〈無益事〉を謂うことを。蓋し俗諺なり」としている。無著は『葛藤語箋』でも「肝要を捨てて無益の事に傚う」とする。『禅学大辞典』下巻（昭和五十三年）、摘楊花に「楊つまらないこと。無益なこと。数限りなく咲くやなぎの花を摘むことは無益であるとの俗諺から生れた語」とするのは、無著の見解を受けたものであろう。

しかし、日本の禅林では送別の語として用いられることが甚だ多い。来朝した清拙正澄の『禅居集』に「超首座が西州に遊ぶ」を送る詩あり、「銅沙鑼裏満盛油。浩浩塵中須辨主。有仏無仏倶莫住。手摘楊花送君去」。いまここでも、送別の語と解してよい。

【二一三】（二〇オ）［四の一四］

龍光禪院住居之日、綴一拙偈以追慕老師在日之辰云　慶長十六亥年二月晦日遷居

老漢匡徒古道場、這生薄福住龍光。春山應咲無慙愧、豚犬兒孫不自量。

龍光禅院に住居の日、一拙偈を綴り、以て老師在日の辰を追慕すと云う

慶長十六亥年二月晦日遷居す

老漢が徒を匡せし古道場、這の生、薄福にして龍光に住す。

春山も応に咲うべし、慙愧無しと、豚犬の児孫、自ら量らず。

〈訳〉

龍光院晋住の日、老師在まし日を追慕する

春屋老師が雲衲を指導なされた龍光院に、

徳もないわたくし江月が住職することになった。

恥も知らずに、と春の山に笑われよう、

不出来の弟子が、身の程知らずのことをして、と。

○龍光禅院住居＝『欠伸年譜草稿』慶長十六年辛亥に「師三十八歳。円鑑国師戢化す。師に遺嘱して龍光に住せしむ。晦日、居を遷す」と。二月晦日のこと。
○這生薄福住龍光＝「這生」は、自分のこと。「この生涯」の意のときもあるが、いまは別。「薄福」、普通は「薄幸」の意だが、禅録では「薄福住楊岐」などというように、徳が薄いこと。謙遜の辞。
○豚犬児孫＝普通は我が子に対する謙称。今ここでは春屋の嗣子である自分を謙称していう。
○不自量＝身の程を知らぬ。

【二四】（二〇オ）［四の一四］

甃菴主遠傳書信、見賀新年頭事。加之、坐我普賢境矣。芳恵不淺者也。野偈一章以伸謝之万乙云。

新年佛法問吾來、添得銀山情太哉。這裏將何報之去、可知本是絶塵埃。

甃庵主遠く書信を伝え、新年頭の事を賀せらる。加之、我れを普賢の境に坐せしむ。芳恵浅からざる者なり。野偈一章以て謝の万乙を伸ぶと云う

新年の仏法、吾に問い来たる、銀山を添え得て、情、太哉。
這裏、何を将てか之に報い去らん、知る可し、本と是れ絶塵埃。

〈訳〉

若槻甃庵が白銀を送ってくれた、そのお礼

年賀の挨拶とともに、白銀を送って来られたご厚情に感謝する。
お返しするものは、何もございません。
いただいたのは一点の塵もない白銀世界、
そして本来無一物、絶塵埃の龍光院なのですから。

○甃庵主＝黒田家に仕えた馬医の若槻伝右衛門尉家頼。道箇、甃庵と号す。『諸霊年忌鑑』に「甃庵道箇。元和六年七月二十二日。若槻道箇」。
甃庵号は春屋による命名。『一黙稿』乾に「甃庵禅人は髫歳より老僧が室に入り長養を為し、虚廓性体なり。禅人は在家にして菩薩行を修し、平生受用して太だ堅確たり。越に居士を以て左証と為す。深く念え好く念え。〈居士名高彭道玄、公今続得旧因縁、縦然平地起瀾去、不及西江吸尽禅〉。慶長十一丙午九月二十七日」。

また、『一黙稿』乾に「如水軒寿像」賛あり、「九州四海共安全、双剣常磨光満天。匪啻人丸赤人道、又添龍宝作家禅。右は若槻家頼公、如水軒主の像を描いて賛を請う。小偈を賦して其の責を塞ぐと云う。慶長第九仲春念一日」。福岡市博物館には『若槻家伝馬書』が残る。

孤篷庵本［四の三八］に甃庵の死を悼む偈あり、「甃庵居士は旧同参なり。逆順縦横の活機を具足す、矧んや復た医卜の術に該通せり。久しく維摩の床に臥す。今茲元申夷則下旬、牢関を踢倒し去る。妙智主盟、追悼の佳什有り、厥の厳韻に和し、以て霊前に備う。同参の人、世間の塵を掃う、何事ぞ、残生夕日纔かなり。一別、秋は来たる夜灯の下、争でか禁ぜん、月思と霜哀と」。

また、芳春院に春屋が描いた甃庵像がある。賛は次のとおり（『一黙稿』不載）。

超然居士旧同参（超然居士は旧同参なり）
驀路相逢共負慚（驀路に相い逢うて共に慚を負う）
我去住山君騎馬（我れ去って山に住まり、君は馬に騎る）
前三三与後三三（前三三と後三三と）
甃庵求這語、書以与焉（甃庵、這の語を求む。書して以て焉を与う）

慶巳孟正日（慶巳孟正の日）

前大徳春屋叟宗園

賛偈は『大慧年譜』紹興七年丁巳（大慧宗杲四十九歳）に、「超然妙喜両同参、驀地相逢各負慚、我去住山君躍馬、前三三与後三三」とあるのを援用したもの。

若槻甃庵と江月とは春屋下での同参である。そしてまた、『欠伸稿』によく出る、妙智院五世となった補仲等修は、若槻甃庵の息。孤篷庵本［四の四〇］に甃庵の母、春窓理栄禅尼七回忌の香語がある。

また『咨参緇素名簿』によれば、甃庵は龍野屋六郎兵衛、竹中采女正、那波屋九郎左衛門などを江月に参禅せしめる仲介をしている。

○坐我普賢境＝「普賢境界」は白銀世界、あるいは雪に譬える。『虚堂録』巻九に「六華現瑞、普賢境界全彰」。「坐」は「文殊境界普賢坐、普賢境界文殊坐」（偏中に正あり、正中に偏あり）の語をふまえる。しかしいまは、白銀（銭）をいただいたことをいう。偈に「添得銀山情太哉」とあるように、銀（おかね）を送って来たことを、こう表現したもの。後出［二七一―二］にも「坐我普賢十境」と出る。

○新年仏法問吾来＝「如何なるか是れ新年頭の仏法」は歳旦の問答。ここでは年頭の挨拶をして来たことをいうのみ。

○這裏将何報之去、可知本是絶塵埃＝お返しできるものは何もない。無一物、絶塵埃のお寺ゆえ。「這裏」は「ここ」、いまは龍光院あるいは江月自身をさす。「絶塵埃」は、普賢境界をいうと同時に、「報ゆるに一物も無きこと」をあわせていう。

【二五】（二〇ウ）［四の一四］

山城之一佳人、壯年而扣予笏室、窺祖師公案。朝參暮咨、太奇哉矣。一日告曰、以故赴東關。卒綴俚語餞其行、以約歸洛云

君赴駿陽何日回、途中受用絶塵埃、活機手段力多少、忽挾士峯投我來。

山城の一佳人、壮年にして、予が笏室を扣き、祖師の公案を窺う。朝参暮咨、太だ奇なる哉。一日、告げて曰く、故を以て東関に赴くと。卒に俚語を綴り、其の行に餞し、以て帰洛を約すと云う。

君、駿陽に赴き、何れの日にか回る、途中の受用、絶塵埃。

活機の手段、力多少ぞ、忽せに士峰を挟んで我に投じ来たれ。

〈訳〉

京都の某氏、若い時からわたしに参禅し朝暮に工夫して来られた。まことに感心なことである。一日、わけがあって東のかた駿河に行かれるというので、一偈をつくって送り、無事帰還されることを願う。

駿河に行かれ、いつお帰りになるか。
道中、きっと絶塵埃の工夫をなされよ。
これまで参禅して得た力量はいかほどか。
こころみに、トウスミ（灯心）で富士山を縛って持ち帰りなされ。

○山城之一佳人＝未詳。孤篷庵本「洛陽居住人、……朝参暮咨、不怠慢也。……」。
○笏室＝十笏室とも。維摩の方丈。『祖庭事苑』巻六「方丈」に「今、禅林の正寝を以て方丈と為すは、蓋し則を毘耶離城維摩の室に取る。一丈の室を以て能く三万二千の師子の座を容る。不可思議の妙事有るが故なり。唐の王玄策、西域に使するが為に其の居を過ぎり、手版を以て縦横、之を量るに十笏を得たり。因って以て名と為す」。『釈氏要覧』上、住処部の「方丈」に「唐の顕慶年中、勅して……王玄策を差して西域に往かしめ使に充つ。毘耶黎城に至る。東北四里許り。維摩居士の宅、示疾の室なり。遺址、石を畳んで之を為る。王策、躬ら手版を以て縦横、之を量るに十笏を得たり。故に方丈と号す」。「笏」の音はコツだが、骨に通ずるを忌み、わが国では「シャク」と読みならす。
○以故赴東関＝わけがあって東のかた駿河まで行く。
○途中受用＝『碧巌録』三十九則垂示「会する則んば途中受用、龍の水を得るが如く虎の山に靠るに似たり。会せざる則んば世諦流布、羝羊、藩に触れ、株を守って兎を待つ」。「途中」は「家舎」（本分の処、絶対向上）の対。差別界で自在に行動すること。あるいはまた修行位の途中、道程の意も。また、『臨済録』上堂に「有一人論劫在途中不離家舎。有一人離家舎不在途中。那箇合受人天供養」。
○絶塵埃＝一点の汚れ、迷いもない。
○忽挟士峰投我来＝孤篷庵本は「試挟士峰投我来」。「忽」は和訓「ゆるがせに」、さりげなく。ヒョイと富士山をつまんでお出でなされまし。

【二六】（一〇ウ）［四の一五］

筑之前州宗琳首座、三四年來在洛陽、掛錫於龍光矣。今茲慶亥春、聞阿爺一任宗榮禪人遠別、津送十里松下。嘆息之餘、捨衣盂之資、齋一堂學般若衆。越予亦賦一祇夜、以助厥哀云

父在故郷兒洛涯、長逢此別不堪悲。訃音遠聞人因境、十里松風一任吹。

筑之前州、宗琳首座、三四年来、洛陽に在って、錫を龍光に掛けり。今茲慶亥の春、阿爺一任宗栄禅人が遠別し、十里松下に津送せるを聞く。嘆息の余り、衣盂の資を捨てて、一堂の学般若の衆に斎せしむ。越において予も亦た一祇夜を賦して、以て厥の哀を助くと云う

父は故郷に在り、児は洛涯、長く此の別れに逢い、悲しみに堪えず。

訃音遠く聞く、人因境、十里の松風、吹くに一任す。

〈訳〉

筑前の宗琳首座、三四年来、龍光院に掛錫していたが、慶長十六年の春、実父の一任宗栄禅人が亡くなり、博多で葬儀が行われたという知らせがあった。宗琳首座は追悼のために、金銭を寄付して斎会を開くことになったので、お悔やみの一偈を述べる。

父は筑前、子は京都、離れ離れになっていたが、
いま永遠の別れとなってしまった、悲しみはいかばかりか。
はるばる博多から届いたしらせ、
博多の十里松に吹く風よ、わたしに代わって無字経を唱えるがよい。

○宗琳首座＝未詳。
○慶亥春＝慶長十六年辛亥（一六一一）、師三十八歳。
○一任宗栄禅人＝未詳。
○津送十里松下＝博多で葬儀が行なわれた。「十里松」は、博多崇福寺の辺からつづいている箱崎松原、また千代の松原ともいう。万里集九『梅花無尽蔵』巻六「送超公然叟帰省詩序」に「超公然叟、迺石城人、其境有鳥津、有十里松、……」。もとは、中国西湖畔にある十里松。前出［一―三］。
○捨衣盂之資＝銭を寄付して。「衣盂」は「衣鉢」に同じ。「三衣一鉢」の略。三種の衣と一箇の鉢。インドでは、これ以外の物を私有することが許されなかったから、「衣盂」が僧の全財産である。しかし、これは原則であって、実際には銭も物も必要である。そこで、原義から転じて、「衣盂（衣鉢）」は、僧が所有する銭財のことも意味するようになった。『禅林象器箋』巻二十、銭財類の衣鉢に「『勅修清規』尊宿遷化に云く、疾を示して沈重なることを覚えば、預め両序勤旧を請じて点対して、衣鉢行李を封収して、就いて方丈に留めて、公謹なる行僕を差わして看守せしめて、以て估唱を俟つ」。これは、死後にその僧の私有物を競売（估唱）にするために、その僧の私有物を管理することをいう。この項の無著道忠の解にいわく「忠曰く、僧の銭帛を総じて衣鉢と言う。蓋

し銭財は元と僧の蓄う可き者に非ざる故に、詞を婉げて之を衣鉢と言うのみ」。
○斎一堂学般若衆＝前出［二一一］「供仏斎僧之会」の注を参照。
○越＝ここにおいて。『説文通訓定声』泰部、「越、叚に借りて粤と為す」、『広雅』釈詁三、「越は於なり」。
○祇夜＝偈頌のこと。梵語の音訳。
○助厥哀＝「助哀」は、弔意を示すこと。「助歎」「助哭」ともいう。中国の俗では、葬主が人を傭って哭かしめる風があるので、この語がある。
○父在故郷児洛涯、長逢此別不堪悲＝孤篷庵本は「児」を「渠」に、「長」を「忽」に作る。
○人因境＝難解。「因」字未穏。孤篷庵本は「耳消息」に作る。
○十里松風一任吹＝「一任」は、一任宗栄の名にちなんでいう。

【二七】（二一オ）［四の一五］

奉餞芳春和尚之東行

師赴東關期再逢、此身恨是不相從。袖中吟取重多少、三保松原富士峯。

芳春和尚の東行に餞し奉る

師、東関に赴く、再逢を期せん、此の身、恨むらくは是れ相い従わざることを。
袖中の吟取、重きこと多少ぞ、三保の松原、富士の峰。

〈訳〉
玉室和尚の東行を送る
江戸までお出かけになりますが、またお元気で再会できましょう。
それにしても、わたくし、お供できないのが、いかにも残念。
道中、さぞ名吟が多くできることでしょう。
三保松原や富士など数々の名所があるのですから。

○芳春和尚＝玉室宗珀。前出［一六］。
○東行＝慶長十六年（一六一一）春から夏ころか。
○此身恨是不相従＝孤篷庵本は「一身只恨不相従」。
○袖中吟取重多少＝孤篷庵本は「吟嚢可重幾多少」。「吟袖」の語あり、詩を詠じてそれを袖にすること。「吟嚢」は「詩嚢」というに同じ。李商隠の『李長吉小伝』に「恒に小奚奴を従え、疲驢に騎り、一古破錦嚢を背おい、遇たま得る所有れば、即ち書して嚢中に投ず」。

【二一八】（二一オ）［四の一五］
大仙堂頭大和尚遷居之日、予臥病床、無力企跬歩。債官醞賀之。越之先賜尊偈見謝之。可謂木瓜瓊琚報也。卒奉依嚴韻、以嘆予生涯云
昔年愧是在同居、師忽龍飛我故魚。八素十緇雲集處、庭前佳境眼中廬。

大仙堂頭大和尚遷居の日、予、病床に臥す。跬歩を企つるに力無し。官醞を債って之を賀す。越之先（難訓）尊偈を賜い之を謝せらる。謂っつ可し、木瓜瓊琚の報なりと。卒に其の厳韻に依り奉り、以て予が生涯を嘆ずと云う

昔年、愧ずらくは是れ同居に在りしことを、師は忽ち龍飛、我は故魚。
八素十緇、雲集する処、庭前の佳境、眼中の廬。

〈訳〉

沢庵和尚が大仙院に入られた日、わたしは病のため、その盛儀に臨席できなかったので、お祝いの酒をお届けしたところ、りっぱな詩をつけて、謝辞を届けられた。つまらないものを上げたのに、宝玉のお返しをいただいたようなものだ。その詩に和韻して、わが境涯をなげく。

昔、あなたと一緒に修行したのが畏れ多く思われます。
あなたは、このように禹門三級の滝を登って龍となられたのに、
わたくしなどは、いまだにもとの鯉のままなのですから。
名僧と貴顕の方々が集まられた大仙院は、
さながら廬山の白蓮社のようだったことでしょう。

○大仙和尚＝沢庵。『東海和尚紀年録』慶長十六年（一六一一）に「八月朔日、洛の大仙院に住す」。
○無力企跬歩＝歩くことができない。「跬歩」は「蛙歩」とも書く。
○官醞＝官府で醸造し、そこで専売する酒。また黄山谷の「醇道得蛤蜊、復索舜泉、舜泉已酌尽官醞、不堪不敢送」詩に「青州従事難再得、牆底数樽猶未眠、商略督郵風味悪、不堪持到蛤蜊前」。
○越之先＝「越」字未穏、「赴」か。孤篷庵本では「越之先賜尊偈見謝之」の部分を「謝以高偈」とするのみ。
○木瓜瓊琚報＝ボケを貰った御礼に宝玉を頂く。『詩経』衛風、木瓜の歌、「我に投ずるに木瓜を以てするに、之に報ゆるに、瓊琚を以てす」。

○以嘆予生涯＝いまの境遇をなげきかこつ。「生涯」には複義あり、ここは、現代語の「生涯」の意味ではない。
○昔年愧是在同居、師忽龍飛我故魚＝登龍門の故事をふまえる。前出［一五］。また、この句は僧橘州の「釣台図」詩（『錦繍段』巻九）をふまえよう。その詩にいう、

帝已龍飛我故漁（帝は已に龍飛し我は故(もと)の漁(すなどり)）
乾坤等是一蘧廬（乾坤等しく是れ一蘧廬）
夕陽曬却蓑衣了（夕陽、蓑衣を曬却し了って）
試問妻孥有酒無（試みに問う、妻孥(さいど)酒有りや無(いな)やと）

これは「子陵釣台」をうたったもの。子陵は厳光の字。後漢の光武帝となった劉秀と、少年時代にともに遊学していた。光武即位ののちに召されたが、これに応ずることなく、耕作と釣りをしていたという高士である。その釣りをしていた場所を厳陵瀬といい、「厳陵瀬」の詩題でよく詠われるテーマである。
○八素十緇雲集処＝孤篷庵本は「八素十緇聚頭話」。「八素十緇」は、十人の僧と八人の在家。廬山白蓮社の十八高人（『祖庭事苑』巻四、「十八人」の項）。『見桃録』巻三に「雨打池蓮、十緇八素、無縄自縛。風吹岸柳、六凡四聖、点鉄成金」。「聚頭」は「不是冤家不聚頭」（よくよくの縁あればこそ一堂に集まる）の俗諺をふまえる。
○庭前佳境眼中廬＝孤篷庵本は「一庭佳境眼中廬」。廬は、白蓮社のあった廬山。右注。

【二九】（二一オ）［四の一五］
仲秋前五日、寄駿州孤篷菴、書尾
漸近仲秋三五辰、人其思我我思人。江東洛北有何隔、萬里晴天月一輪。

仲秋前五日、駿州の孤篷庵に寄す、書尾
漸く近し、仲秋三五の辰、人其れ我れを思う、我れ人を思う。
江東洛北、何の隔てか有る、万里晴天、月一輪。

〈訳〉
仲秋の五日前、駿河の小堀遠州に寄せる。書簡の末尾に記す
仲秋の名月が近づいて来ると、お互いが偲ばれます。
駿河と京都と、少しも隔たりはありません。
万里の晴天に照る、同じ月をともに見ているのですから。

〇仲秋前五日＝慶長十六年八月十日。
〇孤篷庵＝小堀遠州。

○万里晴天月一輪＝『伝灯録』巻十二、鎮州宝寿沼和尚章に「問う、万里、片雲無き時は如何。師曰く、青天も亦た須らく棒を喫すべし」。『圜悟語録』巻一、「本分事上、直に万里片雲無きを得るも、猶お未だ放過す可からず」。『句双葛藤鈔』「万里無片雲」に「悟ノ見処ナリ」。

【三〇】（二一ウ）

道閑欲赴東關。話相坂嵐之古歌告別、以之送之

故人與我舊同參、明朝定聞相坂嵐。從是柴扉孤打睡、歸來何日又清談。

道閑東関に赴かんと欲す。相坂の嵐の古歌を話って別れを告げ、之を以て之を送る。

故人、我と旧同参、明朝定んで相坂の嵐を聞かん。

是より柴扉、孤り打睡せん、帰来、何れの日か又た清談せん。

〈訳〉

古歌の「相坂の嵐の風はさむけれどゆくゑしらねばわびつゝぞぬる」の歌のことを話して、道閑が関東に行くのを送る。

君とは春屋門下の同門。明日はきっと逢坂の関にいたり、（古の歌人と同じように）風の音を聞きながら、ひとり眠れぬ夜を眠ることでしょう。

いつになるか、お帰りになったら、その時はまた清談をいたしましょう。

○道閑＝清水道閑（一五七九～一六四八）。孤篷庵本［二の四八］に「半雪号、道閑禅人、洛陽人」とあり。『国史大辞典』（熊倉功夫氏執筆項）に「江戸時代前期の茶人。名は宗怡。渋紙庵、伝習庵と号し、孫の動閑に対して古道閑、あるいは仙台の風呂屋町に居住したので風呂道閑とも俗称される。天正七年（一五七九）に生まれる。京都の人。古田織部に茶を学び、のちに小堀遠州とも親交を結んで茶の湯の伝授を受けた。仙台伊達家に茶頭として出仕したのは、慶長・元和期に織部流の茶の湯が大いに流行した影響と思われ、出仕の時期も江戸時代初頭であろう。道閑が伊達家に出仕する時、遠州は茶入銘猿若を贈り、『とゞめさるわかれと君か袖の中にわかたましゐを入れてこそやれ』の歌を添え、ここから道閑を猿若とも呼んだ。慶安元年（一六四八）六月二十日没。七十歳」。『欠伸稿』には渋紙庵の名でもしばしば出る。

○相坂嵐之古歌＝『古今集』巻十八、雑歌下九八八、よみ人しらず「相坂の嵐の風はさむけれどゆくゑしらねばわびつゝぞぬる」。相坂の風は寒いけれども、どこへ行ったらよいのか分からないので、つらいけれども、ここで寝ることにします。

『欠伸稿』坤［七四〇］茶入れ「相坂銘」に「孤篷庵主、一日、小壺を袖にし來たって、一碗の茶を賜うの次いで、予に告げて云く、此の小壷、元来名無し、如何が焉に目づけん。茲に於いて傍人、不意に古歌を吟ずる者有り。〈相坂のあらしの風は寒けれど、ゆくゑしらねばわびつつぞねる〉。庵主、此の一吟を聴いて、卒に相坂と目づく。予曰く、何ぞ然りと為すや。庵主云く、臨江斎、山居の時、右の古歌を以て重ねて詠ず。〈相坂の嵐の風をわびてねし、人の心におもひやらるゝ〉。予曰く、喏々。是の故に、便ち一語を着くることを需めらる。遮裏、隻字無し、什麼に依ってか之に銘せん。然も斯の如くなりと雖も、庵主は予が二十余年来の旧識なり。厥の親しきを忘じ難く、古歌の心を以て戯れに一偈を賦して、醜拙を露わすと云う。柴扉独り閉ざし、去って何にか之く、紙被、寒を遮り、此の涯を楽しむ。昨日は非、今日は是、明朝の難易、誰有ってか知らん」。

【三一】（一一ウ）

喜人之歸京

君赴關西過數旬、怡然歸興告吾頻。明天温問遇花否、臘底何圖漏泄春。

人の京に帰るを喜ぶ

君、関西(かんぜい)に赴いて数旬(すうじゅん)を過ぐ、怡然(いねん)として、帰興(ききょう)、吾に告ぐること頻なり。
明天、温問(おんもん)、花に遇うや否や、臘底(ろうてい)、何ぞ図らん、春を漏泄(ろぜつ)せんとは。

〈訳〉

人が九州から帰ったのを喜ぶ

九州に滞在すること数十日でしたが、
ようやく京都に帰りました、と嬉しそうに手紙で告げて来た。
明日あたりお出でになったら、
九州はもう梅の花が咲いていていましたかとお尋ねしよう。
君の便りを得て、十二月末というのに、はや春が来たようだ。

○喜人之帰京＝孤篷庵本は「人自海西帰洛」。慶長十六年十二月。
○君赴関西過数旬＝孤篷庵本は「君逗関西幾過旬」。関西は九州であろう。右注に「海西」と。
○温問＝訪問して来られること。
○臘底漏泄春＝「臘底」は十二月末。「漏泄春」は、前出［二］に「和気靄靄、漏泄陽春九旬日」。

【三二】（一一ウ）

元旦試毫　慶長十七壬子年

時際新正興不斜、破生涯亦好逢花。春來此地微無酒、處處山山片片霞。

元旦試毫（しごう）。　慶長十七壬子年（みずのえねのとし）

時、新正に際し興（きょう）斜めならず、破生涯（はしょうがい）も亦た好（よ）し花に逢うに。
春来たって、此の地、酒無きに微（あら）ず、処処山山（しょしょさんさん）、片片（へんぺん）たる霞。

〈訳〉

慶長十七年元旦試筆

正月が来て、また梅の花を見ることができる、
詩興がわかないことはない。

それに、憂いを忘れる正月の酒もないではない。
が、わが心の奥底には、寝るに眠れぬ心の痛みがある。
どこもかしこも山々も、片々たる春霞。

○慶長十七壬子年＝一六一二年、師三十九歳。
○興不斜＝正月なのだから「興斜めならず」ではあるが、いかんせん「微無酒」であると、悲しみを表わす第三句につながる伏線。
○破生涯＝江月自身のいまの境遇、暮らしぶりのこと。「破」は接頭語、自嘲の気味。「破生涯」は、「閑家具（役に立たぬ道具）」の意味もあるが、いまはその義にあらず。
○微無酒＝『詩経』邶風、柏舟に「耿耿として寐（いね）られず、如（しか）して隠（いた）ましき憂い有り。我に酒の以て敖（たの）しみ以て遊ぶべきもの無きに微（あら）ねど（耿耿不寐、如有隠憂（ウレヒ）。微我無酒、以敖以遊）」。
清原博士『毛詩抄』二の注に「酒は患を忘るゝ物ぢや程に、一盃のめかしと云うずれ共、酒のないではないぞ。我患は一段悲いぢやほどに、遨遊した分で忘れうず患ではないぞ。遨遊せうずれどもと云心ぞ。其患は何ぞ。賢者を用いられば、三箇国から天下をも治うずれども、用られぬ程に、何たる目にか合うずらうぢやぞ。……」。
清原博士注にいうところ、江月和尚の当時の気分をよく言い表わしていよう。江月の患（うれ）いが具体的に何かは分からないが、前年には師の春屋禅師が遷化している。そして、この年の五月には実兄の聖伯宗凡が亡くなる（前出［一―一］）。天王寺屋はこのころ、どんな状況であったのだろうか。

【三三】（二一ウ）［四の一五］

和摠見和尚試春韻。　見示佳作之次、賜梅花一枝

一　渡曲黄鶯盈耳哉、山山處處報春來。老禪別示新年事、賜我庭前一朶梅。

摠見(そうけん)和尚が試春の韻を和す。佳作を示さるるの次いで梅花一枝を賜う

渡曲(ときょく)の黄鶯(こうおう)、耳に盈(あふ)る哉(かな)、山山処処(さんさんしょしょ)、春を報じ来たる。

老禅(ろうぜん)、別に新年の事を示さる、我に賜う、庭前(ていぜん)一朶(だ)の梅。

〈訳〉

摠見和尚の試筆に和韻。詩とともに梅花一枝をいただいた

山から里へ、ここかしこに、
春をつたえるうぐいすの声。
そして、玉甫和尚は梅一枝を添えて下さり、
格別の春信(はるだより)をお伝えいただいた。

○摠見和尚＝玉甫紹琮（大悲広通禅師）。摠見院二世。慶長十八年（一六一三）六月十八日遷化。いま、慶長十七年正月。

○渡曲＝孤篷庵本は「度曲」。「度（渡）」は「音色をととのえる」、「渡曲」は「歌曲を作ること」。今ここでは、鶯が音曲をさえずることをいう。

○山山処処報春来＝孤篷庵本は「千山万水報春来」。

○賜我庭前一朶梅＝孤篷庵本は「拈起庭前一朶梅」。

【三四】（一二オ）

同　芳春和尚

老禪試筆題華偈、度越故人新巧奇。本是佳名鳴洛下、兒童走卒總相知。

同じく、芳春和尚

老禅の試筆、華偈を題す、故人に度越す、新巧奇、本と是れ佳名、洛下に鳴る、児童走卒、総に相知る。

〈訳〉

玉室和尚の試筆に和韻

玉室和尚の書き初めの詩は、

王勃・蘇東坡・黄山谷にも勝る器量のもの。

いまに始まらぬ文才のほまれ、

都ではあなたの名を知らぬ者は誰もおりません。

○芳春和尚＝玉室宗珀。前出［一六］。

○度越故人新巧奇＝「新巧奇」は、詩の技巧、「新」と「巧」と「奇」。天恩寺旧蔵『葛藤集』に「其麗句也、友于蘇新黄奇」と。「蘇黄」は蘇東坡と黄庭堅の併称ゆえ、「蘇新黄奇」は、蘇東坡の「新」と黄庭堅の「奇」の意。「王」は王勃か。後出［七九］「楞少年試春韻」に「并看王巧又黄奇」、また［八一］「義辰少年云々」詩に「古今詩有巧奇新、蘇氏王黄又義辰」とあり。王勃、字は子安。『旧唐書』一九〇の伝に「勃は六歳にして解く文を属る。構思に滞る無く、詞情英邁なり」。

○児童走卒総相知＝わらべや足軽でさえもその名を知っている。『十八史略』巻七、哲宗に「児童走卒皆知司馬君実」。君実は司馬光の字。

【三五】（一二オ）

同　大仙和尚

従來甚恐睡同床、世僉如葵傾太陽。領衆董徒曾不別、諸侯禮義在明堂。

同じく、大仙和尚

従来（じゅうらい）、甚（はなは）だ恐る、同床（どうしょう）に睡ることを、世僉（よみ）な葵の太陽に傾くが如し。

衆を領（りょう）し徒を董（ただ）す、曽て別ならず、諸侯の礼義、明堂（めいどう）に在り。

〈訳〉

沢庵和尚の試筆に和韻

あなたのような方と、幼なじみだったことを恐縮しております。
いまや天下の貴顕ことごとくなびくのも、当然のことでしょう。
禅門の僧徒の指導だけではありません、
そのお徳の前には、諸侯もみな伏すことでしょう。

○大仙和尚＝沢庵。慶長十七年の正月はまだ大仙院にいる。
○従来甚恐睡同床＝「若不同床睡、焉知被底穿」。同じ床に寝たからこそ、蒲団に穴があいているのを知っている。よく知り合ったもの同士、知音底(ちいんてい)、よく分かりあった間柄をいう。『句双葛藤鈔』に「色ヲモ香ヲモ、知ル人ゾ知ル。知音ノ用ナリ」。「被」は夜具、ふとん。また前出［一］「阿兄聖伯宗凡居士小斂忌」では「本臥襁褓憶睡同床」とあり、兄弟として育った幼時の思い出を表現している。ここも、春屋門下での兄弟としての思いをいう。「甚恐」は「甚(なん)ぞ恐れん」とも訓めるが、こう訓ずれば、大仙和尚を恐れぬことになってしまう。沢庵に対して江月は一貫して畏敬の念をもっている。よって「甚だ」と訓ずるべきであろう。
○葵傾太陽＝「葵藿(かく)傾陽」「葵藿之心」とも。向日葵が太陽に向かうように、心を傾倒して慕うこと。曹植「親々に通を求むる表」に「葵藿の葉を傾けるや、太陽の光、之が為に回さずと雖も、然も之に向かう者は誠なり」。『東海和尚紀年録』によれば、前年慶長十六年には「豊臣秀頼公、師の道誉を聞いて、使をして師を大坂に召さしむも、師、固辞して起たず。……豊州主細川忠興、先考の為に一寺を豊之前州に建て、師の住持を請うも之に応ぜず。忠興、叔父の玉甫和尚に憑って再三堅請す。然れども師、終に起たず。前の関白近衛信尹公、一日、大仙の室を扣いて参問す。…」とあり、天下の貴顕ことごとくなびくという風であった。
○諸侯礼義在明堂＝「明堂」は王者の太廟で政教を行なう所。上帝を祭り、先祖を祀って、ここに諸侯を朝せしめ、養老尊賢など国家の大典礼に関することを行なった（『礼記』明堂位）。

【三六】（一二オ）

同　朝公侍丈

人人擧世見詩新、慕似衆星環北辰。織成筆下千機錦、閑却桃紅李白春。

同じく、朝公侍丈

人人世を挙げて詩の新しきを見る、

慕うこと、衆星の北辰を環るに似たり。

織り成す、筆下、千機の錦、

桃紅李白の春をも閑却す。

〈訳〉

朝公侍者の試筆に和韻

誰もが正月の詩を作るけれども、

あなたの作は、大小の星たちをしたがえる北斗星のよう。

錦のように織り出された佳句は、

桃や李の花に色どられた春も、かすむばかりです。

○朝公侍丈＝未詳。「侍丈」は、師の丈室に侍る侍者。喝食を終えたばかりの、十五歳くらいの少年のはず。
○衆星環北辰＝『論語』為政「政を為すに徳を以てするは、譬えば北辰の其の所に居て衆星之に共するが如し」。
○織成筆下千機錦＝佳句を制することを、機で錦を織ることに比す。「錦綉傾心」「錦心綉口」など。宋元詩のアンソロジーである『錦繍段』という書名にも、この意が込められている。
○閑却桃紅李白春＝（その詩の美しさには）桃李の春もおよばぬ、と侍丈の詩をほめちぎる。「閑却」は「〜を大したこともないとする」こと。等閑視する。「閑」は「さほどのこともない」「無用」の義。

【三七】（一二オ）

同　三君少年

清容見説思相加、截斷於君鈍莫邪。桃李春風有開落、少年顏色四時花。

同じく、三君少年

清容と見説くならく、思い相い加わう、君を截断するに鈍莫邪。
桃李は春風に開落有るも、少年の顔色は、四時の花。

〈訳〉

三君少年の試筆に和韻

かねてより美少年のほまれを聞いておりましたので、思いはいや増します。
名剣の龍光も君を前にしては、ただの鈍刀にほかなりません。
美しい桃や李の花も、開けばやがて落ちる。
けれども、この少年の美しさは四時枯れぬ花のよう。

○三君少年＝未詳。「少年」は喝食のこと。後出［七六］にも三侍丈試筆和韻あり（慶長十九年）。
○清容見説思相加＝室町以来の「喝食賛歌」「少年愛」の傾向は、ただに五山のみならず林下も一般なること、ここに見るとおり。「清容見説」は、前出［五］にも「清容見説煩何在」とあり、この「清容」は美婦人のことであるが、室町禅林では、「清容」はおおむね美少年のことをいう。そのことは次の例で分かる。希世霊彦『村庵藁』上、「文伯俊少の試筆に和し奉る」詩に「美名、巻に説き又た街に談ず、未だ清容に見(まみ)えず、毎(つね)に細(はる)かに懐う」、未だ面会したことのない、町中で噂の美少年への思い。また、『翰林五鳳集』巻十二、策彦が「潤叔尊契の春首の佳作に和韻」せるものに「君を思えば、心、花を恋うる蝶に似たり、清容、況してや素(もと)より聞きしに愜(かな)うをや」。
○截断於君鈍莫邪＝「莫邪」は名剣。干将と莫耶（鏌耶）のことは『晋書』張華伝。いま住院の龍光をふまえて言うが、また名剣「龍泉」の光。ただし今は「鈍」という。切れ味するどい名剣龍光（江月のこと）も君のような美少年にむかっては形なし。ここに意あり。右注をあわせ考うべし。
○桃李春風有開落＝次の句とあわせて「桃や李の花は風に吹かれて落ちるが、美少年の美しさは四時の移ろいに変わることもない」の意。孤篷庵本［三の三〇］「梅」図賛に「天下の尤物を絵(えが)き出だす、春風にも開落の時無し」、これは紙に描かれた墨梅だから、散ることがない、ということ。
○少年顔色四時花＝孤篷庵本［三の三三］「紅芙蓉」詩に「一朶芙蓉結画縁、風吹不入四時然。丹青須是駐顔薬、永

保紅粧美少年（一朶の芙蓉、画縁を結ぶ、風吹けど入らず、四時然り。丹青、須らく是れ駐顔の薬なるべし、永く保つ、紅粧の美少年）」。「駐顔薬」は、不老の薬。紅花（仙翁花、紅薬など。いまここでは芙蓉）を紅粧の美少年に譬えること、室町以来の「喝食賛歌」の特徴。

【三八】（一二ウ）［四の一六］

圓鑑老師一周回忌之日、芳春和尚見賦尊偈　謹奉依厥嚴韻云
小祥忌日設齋辰、添得貫華可煞新。六六旬過一彈指、今年又遇去年春。

円鑑老師が一周回忌の日、芳春和尚、尊偈を賦せらる。謹んで厥の厳韻に依り奉る
と云う
小祥忌日、斎を設くるの辰、貫華を添え得て可煞だ新たなり。
六六旬の過ぐること一弾指、今年又た遇う。去年の春。

〈訳〉
春屋老師一周忌、玉室和尚の尊偈に和韻
老師一周忌の斎会にあたって、
すばらしい詩偈を添えていただきました。

またたくまに過ぎたこの一年、
今年もまた、同じように春がやって来たが、故人はふたたび帰らない。

○円鑑老師一周回忌＝慶長十七年二月九日が正当。
○謹奉依厳韻＝沢庵『明暗双々』巻五に同和韻あり、「忌景相逢好箇辰、東風二月百花新、続其芳躅一株樹、戸底門頭臨済春」。
○貫華＝他人の詩偈の雅称。
○六六旬＝一年三百六十日。
○一弾指＝瞬時。指を鳴らしパチンという音がする間ほどの時間。
○今年又遇去年春＝春はまためぐり来るが、去りし人は再び帰らない。沈炯『幽庭賦』「故年花落今復新、新年一故成故人」。劉希夷の「代悲白頭翁」詩に「年年歳歳花相似、歳歳年年人不同」。

【三九】（一二ウ）［四の一六］

大用堂頭大和尚賦華偈、見追懐大清大禪佛之戢化、謹奉依嚴韻云　靈鑑
活機轉處絶塵縁、奴視藏通兼別圓。這聖人同涅槃日、禪翁東海佛西天。
大清和尚者、東關人。二月十五日遷化。

大用堂頭大和尚、華偈を賦し、大清大禅仏の戢化を追懐せらる。謹んで厳韻に依り奉ると云う　霊鑑

活機転ずる処、塵縁を絶す、蔵通と別円を奴視す。
這の聖人、涅槃の日を同じうす、禅翁は東海、仏は西天。
大清和尚は東関の人なり。二月十五日遷化。

〈訳〉

鍊叔和尚遷化、龍室和尚の尊偈に和韻

一塵もとどめぬはたらきでもって、
教外別伝の本分を示された鍊叔和尚のご生涯。
この聖人は、釈尊の入涅槃と同じ日に涅槃に入られた。
西天には仏陀、そして東海にはこの大和尚あり。

○大用堂頭大和尚＝大徳寺一五四世の龍室宗章（一五四八〜一六一四）。慶長十九年十一月十四日寂。大用庵は華叟・養叟両祖の塔所。
○大清大禅仏之戢化＝「大清」は太清軒、龍泉派下の一庵。大徳寺一三一世の鍊叔宗鉄のこと。『大徳寺世譜』に「諱ハ宗鉄、万仭松ニ嗣グ、奥州ノ人、天正十六戊子九月十一日出世、同十九辛卯九月十一日再住開堂、早雲十世、慶長十七壬子二月十五日示寂」。
○霊鑑＝霊界にあってご覧ください。
○奴視蔵通兼別円＝「蔵通別円」は天台四教、蔵教、通教、別教、円教。ここは、すなわち仏教を教理、理論的に究める立場をいう。文字理屈の立場を蔑視し、専ら教外別伝底を標榜した。前出［五］。

○禅翁東海＝奥州出身で、小田原早雲寺に住したことを「東海」という。

【四〇】（一二ウ）〔四の一六〕

横嶽山崇福寺裏專公後板、遠寄書信。加之、惠拂子一柄者、何賜如之。綴野偈、以述謝之万乙云
家無什物破生涯、麈尾惠來情不些。從此人言太麤漢、一時拂盡月兼花。洛北閑道人懵袋子

横岳山崇福寺裏(おうがくさんそうふくじり)の専公後板(せんこうこうはん)、遠く書信を寄す。加之(しかのみならず)、払子(ほっす)一柄(ぺい)を恵まるる者、何の賜(たまもの)か之に如(し)かん。野偈(やげ)を綴って以て謝(しゃ)の万乙(まんいつ)を述ぶと云う
家に什物(じゅうもつ)無し、破生涯(はしょうがい)、麈尾(しゅび)恵み来たる、情些(じょういささか)ならず。此より人は言わん、太麤(たいそ)の漢(かん)と、一時に払尽(ほつじん)す、月と花と。洛北の閑道人懵袋子(かんどうじんもうたいす)

〈訳〉

崇福寺の専公が払子を送ってくれた、そのお礼
さしたる什物もない庵暮らしに、

立派な払子をお贈りくださった、ご温情に深謝。
この払子で、月も花も払い尽くしたならば、
きっと太麤漢と呼ばれることだろう。

○横岳山崇福寺裏専公後板＝崇福寺の専首座。「後板」は首座。『禅林象器箋』巻二、殿堂門「前板僧堂」に「僧堂の聖僧の龕の左右を出入板と為す。出入板より已前を前板と為す。亦た前堂と曰う。即ち前堂首座、之を管領す。出入板より已後を後板と為す。亦た後堂と曰う。後堂首座、之を管領す」。
○破生涯＝いまの（貧乏な）暮らしぶり。孤篷庵本は「淡生涯」に作る。「破生涯」は、「閑家具（役に立たぬ道具）」の意味もあるが、いまはその義にあらず。「淡生涯」は枯淡な暮らしぶり。陸游「秋思」詩、「身は龐翁の出家せざるに似たり、一窗、自ら了ず、淡生涯」。
○麈尾＝払子。
○太麤漢＝荒々しい男。払子の因縁に因むらしいが、拠未詳。
○懵袋子＝江月の号。モウタイシ。「懵」は「懜」とも。暗い、おろか。『虚堂録』布袋頌に「夢裏昇兜率、閻浮待下生。不須呈懵袋、悪毒已流行」。『虚堂録犂耕』に無著道忠いわく「懵袋は布袋より語を作す。乃ち此の形骸皮袋なり。言うこころは、下生の時未だ到らざるに、而も出興するは太だ無用なり」。『古林録』『了庵録』に「乱呈懵袋」、愚かぶりを露呈する。

【四二】（一三オ）［四の一六］
一偈以悼洛陽磨劍人別阿爺云
人生七十電光過、不意今聞薤露歌。殺活臨時家業事、胸中一劍急須磨。

一偈以て、洛陽の磨剣の人、阿爺に別かるるを悼むと云う

人生七十、電光のごとくに過ぐ、意わざりき、今、薤露の歌を聞かんとは。
殺活臨時、家業の事、胸中の一剣、急に須らく磨すべし。

〈訳〉

京都在住の刀研ぎ師の父の逝去を悼む
たちまち過ぎ去った七十年の人生、
いま訃報を聞くとは、思いもせなんだ。
殺活自在の刀剣を扱う家業だったのだから、
臨済禅師が末期に示されたように、胸中の一剣を研ぎ磨くべし。

○磨剣人＝研ぎ師。
○薤露歌＝挽歌。前出［三―三］。
○殺活臨時家業事＝『碧巌録』九則、垂示「鏌鋣在手、殺活臨時」。ただし、ここでは「研ぎようによって殺人刀とも活人剣ともなる。それが家業」という含み。
○胸中一剣急須磨＝臨済の遺偈である「吹毛用了急須磨（吹毛用い了って急に須らく磨すべし）」をふまえる。この遺偈、本録には出ず、『圜悟心要』上、『林間録』下などに出る。「沿流不止問如何、真照無辺説似也。離相離名如不稟、吹毛用了急須磨」。
孤篷庵本［一の三〇］「示」で「我が宗に吹毛剣あり、活人と作さば即ち是か、殺人と作さば即ち是か」とある

ように、臨済禅の一大事義を象徴する言葉。「剣刃上事」も「宗門の一大事」「生死の一大事」をいい、孤篷庵本では［一の四〇］「月西宗半禅定門掩土」に「晴天半月、送夜行人。剣刃上事、断絶紅塵」、［四の一八］に「三叔宗句居士……一日自用剣刃上事而辞世去」、［四の六〇］に「月西宗半禅定門、以剣刃上事辞世去」などとあるように、末期、死の縁語として用いる例が多い。『句双葛藤鈔』「吹毛用了急須磨」に「截断ノ剣ノサビヌヤウニ、ダンダンニ油断ナク、ミガキタテヨ、ト云ウ心ナリ」と。

【四二】（一三オ）

慶純老翁者、傳敷嶋道佳名以鳴洛人也。日之昨不意敲予寂、清談得半日閑。加之、犢鼻褌二帯盡美物惠之。野偈一章伸厚意之謝云　咲擲

偶迎佳客興無涯、又寄鼻褌情更加。若曬曾非殺風景、人言錦上却鋪花。

慶純老翁は、敷嶋の道を伝え、佳名以て洛に鳴る人なり。日之昨、不意に予が寂を敲き、清談、半日の閑を得たり。加之、犢鼻褌二帯の美を尽くせる物、之を恵まる。野偈一章、厚意の謝を伸ぶと云う　咲って擲て

偶たま佳客を迎えて興無涯、又た鼻褌を寄せられ情更に加う。若し曬すも曾て殺風景に非ず、人言わん、錦上却って花を鋪くと。

〈訳〉

和歌の名人として都に知られる慶純翁が、きのう不意に訪ねて来られ、しばし清談をした。褌二帯を頂戴したので、つたない偈でお礼を申し上げる。お笑いください。

よき友をお迎えして、話はつきない。
ましてや土産が土産なのだから。
これほど素晴らしければ、花の下に干しても、殺風景にはなりますまい。
いやいや、それどころか、錦に花を添えたようだと言われましょう。

○慶純老翁＝孤篷庵本［二の五〇］「了庵説」あり、「洛陽の人慶純翁は、予が方外の友なり。壮年にして臨江斎主（里村紹巴）に循い、敷嶋の道を学び、厥の名は世に高し。自ら了庵と号す」。
○敷島道＝歌道。「敷島の大和歌の道」の略。
○日之昨＝読みは『蘭叔録』（美濃乙津寺旧蔵写本）によった。
○予寂＝「寂」は居室の意で用いられる。寂寂たる幽居。
○半日閑＝俗事を忘れたしばしの清閑。李渉「題鶴林寺」に「終日昏々、酔夢の間、忽ち春の尽くるを聞いて、強して山に登る。竹院を過ぐるに因って、僧に逢って話る、又た得たり、浮世半日の閑を」。
○犢鼻褌＝ふんどし。中国ではパンツあるいは腰巻き様のものをいう。
○咲擲＝駄作、お笑い下さい。
○若曬曾非殺風景＝李商隠『雑纂』巻上の「殺風景」の項に「花上晒裩（花の咲いた樹の下にフンドシを干す）」。「殺風景なるもの」として、この他に「花間喝道（花見の場所で「下にーッ、下にーッ」の先払いが叫ぶ）」「看花涙下（風流な花見の席で涙を流す）」「苔上鋪席（せっかくの苔の上に莫蓙を敷く）」などをあげている。『雑纂』は、わが国の『枕草子』にも影響を与えたとされる「事・物づくし」。いくつかの伝本があり、内容が異なるが、『詩人玉屑』巻十六に、『西清詩話』を引いていう、「義山の雑纂、品目数十。蓋し文を以て滑稽なる者なり。其の一に曰く、殺風景と。謂わゆる清泉濯足、花上晒褌、背山起楼、焼琴煮鶴、対花啜茶、松下喝道」。

【四三】（一三オ）

孤篷菴主東行之日、以和歌見寄牡丹花下。予聞之不獲默止、拙偈一章歩歌韻礎投之云

牡丹情薄不相留、此老胡爲赴駿州。去住浮雲與流水、元來無喜亦無憂。

孤篷菴主東行（とうこう）の日、和歌を以て牡丹花下（ぼたんかか）に寄せらる。予、之を聞いて默止（もくし）することを獲（え）ず、拙偈（せつげ）一章、歌の韻礎（いんそ）に歩（ほ）し、之を投ずと云う

牡丹、情は薄し、相い留まらず、此の老、胡為（なんそれ）ぞ駿州（すんしゅう）に赴く。
去住（こじゅう）、浮雲（ふうん）と流水（りゅうすい）と、元来、喜（き）も無く亦た憂（ゆう）も無し。

〈訳〉

遠州が東行する日、和歌を送って来られた。黙止（もだ）すべからず、それをふまえての一句。
（わたくしの室「牡丹花下」の庭に）牡丹が花ひらく好時節というのに、
都をあとにして、どうして駿河まで行かれるのか。

孤篷庵主よ、きっとあなたは去住さだめのない浮雲や流水のように、無喜無憂、万境にしたがって転ずるという心境なのでしょう。

○孤篷庵主＝小堀遠州。
○牡丹花下＝江月の居室の号。狩野探幽筆の佐久間真勝寿像（猫を抱く図、『国史大辞典』収、個人蔵）の江月和尚讃の末に「寛永十八辛巳稔、残春日、前大徳江月叟宗玩書于牡丹花下」とある。「牡丹花下睡猫児」の禅語あり、『禅林方語』にこの語を収め「心ハ舞蝶ニ在リ」あるいは「暗中ノ明ナリ」と釈す。拠るところは『聯灯会要』巻十三、潤州金山達観曇穎禅師章に「師問う、如何なるか是れ父母未生の時の事。（石門）聡云く、糞墼子。師云く、如何なるか是れ夜半正明、天暁不露。聡云く、牡丹花下睡猫児。師、愈いよ疑い駭く」とあるによる。また『大灯国師百二十則』の一「牛過窓櫺」の著語にも用いられている。『過庭紀談』巻二にいう、「又世上ニ牡丹ノ下ニ猫ノ眠リ居ル図ヲヱガケル多シ。是亦彼図ノ元来ノ起リニ相違セリ。彼図ノ猫ハ睡ラスル筈ニテハ無シ、本右ノ図ハ、唐ノ時或人サル能画師ニ、正午ノ牡丹ヲ図シクレヨト頼ミシニ、右ノ図師牡丹ヲヱガクハ易キコトナレドモ、日中正午ノ趣ヲイカガシテ画キ写サンヤト、色々工夫ヲメグラシテ思ヒ付キ、牡丹ノ傍ニ猫ヲアシラヒ、其猫ノ眼ヲ正午ノ眼ニヱガキテ、ソレニテ正午ノ牡丹ト云フ所ヲアラワセシナリ。左スレバ右ノ図ノ猫ハ眼コソ専一ノ主ナルニ、睡猫ニヱガキテハ何ノ面白キコトモ無シ」。また『狂歌鳩杖集』（法印信海）に、「小蝶牡丹猫のゐに、とぶ蝶を　ねらふこころの　ふかみ草　ねこかとみれば　そら寝いりかな」とあり。
○無喜亦無憂＝西天二十二祖摩拏羅尊者の付法偈に「心随万境転、転処実能幽。随流認得性、無喜亦無憂」。

【四四】（一三ウ）

下野氏信士、一日恵酒肴、見訪雨中之寂。卒賦野偈、以伸厚意之謝云　咲擲
美酒佳肴寄我時、寂寥霖雨慰生涯。三盃軟飽睡眠熟、杜宇催愁也不知。

下野氏信士、一日酒肴を恵まれ、雨中の寂を訪わる。卒に野偈を賦し、以て厚意の謝を伸ぶと云う　咲って擲て

美酒佳肴、我に寄する時、寂寥たる霖雨、生涯を慰む。
三盃軟飽、睡眠熟す、杜宇、愁いを催すも也た知らず。

〈訳〉

雨の日、下野九兵衛が酒と肴を持ってやって来た、そのお礼

美酒佳肴をもって、客が到来した。
鬱陶しい長雨の中、これほど気晴らしになるものはない。
一杯やれば、たちまちぐっすり。
夜半、愁いを催すホトトギスが鳴いても気づかずに眠れることだろう。

○下野氏信士＝『欠伸稿』坤［三三九］［四一九］にみえる下野九兵衛のことであろう。黒田如水の臣下。
○一日恵酒肴、見訪雨中之寂＝酒に肴をもって、庵を訪ねて来られた。「寂」は庵居のところ。
○寂寥霖雨慰生涯＝「生涯」は、暮らしぶり。

○三盃軟飽睡眠熟＝蘇東坡「発広州」詩に「三杯軟飽後、一枕黒甜余」、「公自注、浙人、飲酒を謂いて軟飽と為す」。黒甜は昼寝のこと。

○杜宇催愁也不知＝ホトトギスは、蜀王杜宇の魂が鳥になったものという。その鳴き声は「不如帰」あるいは「不如帰去」。前出［一一］。

【四五】（一三ウ）

中村可純公、與余約看仲秋月。前三日天晴月白。恨是公不來。漫述卑懷以寄玉机下云

三日先庚得月臺、陰蛩切切助吾哀。佳人若識節推意、有約今宵何不來。

中村可純(かじゅん)公、余と仲秋(ちゅうしゅう)の月を看ることを約す。前三日、天晴れ月白し。恨むらくは是れ公の来たらざることを。漫(みだ)りに卑懐(ひかい)を述べて以て玉机下(ぎょくきか)に寄すと云う

三日先庚(さんじつせんこう)、月台(げつだい)を得たり、陰蛩(いんきょう)、切切、吾が哀(あい)を助く。

佳人(かじん)、若し節推(せっすい)が意を識らば、約有るに、今宵(こよい)何ぞ来たらざる。

〈訳〉

中村可純公と仲秋の名月を見る約束をした。いま三日前、晴れてよい月だ。ただ、残

念なのは公がまだ御出でにならぬこと。思いを書に託す。
既に三日前に月見の台も準備できたというのに、待つ君は来ない。
コオロギも我が心に同情して、切々と鳴いている。
可純公よ、あなたも蘇東坡と李節推のことはご存じでしょう。
ならば、約束したのに、どうしてお出でにならないのですか。

○中村可純公＝後出［四八］に「日之昨、可純公の佳招に逢い、朝より暮に到るまで賑済さる。寔に雨中の寂寞を忘却す……」とある。この人物、未詳。
○仲秋月＝慶長十七年か。
○三日先庚」は前出［四―二］。ここでは単に「先だって」の意。「三日先庚」が蘇東坡詩をふまえることは左注。
○得月台＝「月台」は月見台。杜甫「徐九少尹過らるる」詩に「静なるを賞でて雲竹を憐れみ、帰るを忘れて月台に歩む」。
○助吾哀＝「助哀」は、もとは喪主に哀悼の意を示すこと。いまは、悲しみに同情する。
○節推＝原本は虫クイ、必ずしも分明ではないが、意によってこう読む。

蘇東坡詩に「富陽の新城に往いて、李節推先に行くこと三日、風水洞に留まって待たる」というものがある。李節推は李佖。蘇東坡は、李節推とともに富陽に遊ぶのを約し、李節推が三日先に出掛けて風水洞で待っていた。後から出掛けた蘇東坡が、待っているであろう李節推を想って作った詩である。
詩の底意はいろいろあり、さまざまに解釈されているが、詩中「少年清且婉」とあるように、李節推は美少年であったこともあり、室町禅林では「友道」（＝男色）の詩として解釈されるのが普通で、『翰林五鳳集』巻六十一に、この題で数首収められている。その他、「花間繋馬」「鶯辺繋馬」などのテーマでも歌われた。
いまここでは「先行三日」をふまえ、気のあった友人と佳期を約し、その到着を待つ気持を歌ったもの。待つ私

（江月）は李節推と同じ心持ち、中村公よ、それをお分かり下され、というこころ。五山禅林的風流の余流というべきであろう。李節推の故事は、孤篷庵本［三の五三］「李節推瓶」にも出る。

蘇東坡詩は次のとおり、

春山磔々として春禽鳴く、此間、我が吟無かる可からず。
路長うして漫々として江浦に傍う、此間、君が語無かる可からず。
金鯽池辺にも君を見ず、君を追って直に過ぐ定山の村。
路人皆な言う、君未だ遠からずと、馬に騎る少年、清くして且つ婉たり。
風巌水穴、旧より名を聞く、只だ山渓を隔てて夜行かず。
渓橋の暁溜、梅萼を浮ぶるは、知んぬ、君が馬を繋いで巌花の落つるらんと。
城を出でて三日、尚お逶遅たり、妻孥怪罵す、帰るは何れの時ぞと。
世上の小児は疾走に誇る、如し君相い待たば今ま安くにか有る。

【四六】（一四オ）

一偈以餞玄春老之歸遊云。　慶子閏十月中旬

日日來來拂我床、送君誰踏板橋霜。牡丹記閏千堆錦、富貴時哉歸故郷。

一偈以て玄春老の帰遊するに餞すと云う　慶子閏十月中旬

日日来来、我が床を払う、君を送れば、誰か板橋の霜を踏む。
牡丹、閏を記す千堆の錦、富貴、時なる哉、故郷に帰る。

〈訳〉

佐谷玄春の帰郷を送る　慶長十七年十月中旬

連日、参禅されていたが、九州に帰られることになった。
朝早く君の出立を見送れば、すでに誰か通ったものか、霜の上に足跡。
うるう月に幾重にも開いたみごとな紅牡丹が、
君のために、故郷に飾る錦を用意したくれたようだ。

○玄春老＝秋月の医家佐谷氏の元祖。孤篷庵本［二の四六］「歩月号」頌に「玄春医伯、筑前人佐谷氏」とある。『看松庵月中須知簿』に「碧松庵主歩月玄春居士。寛文二年壬寅十月二十六日卒。……興宗、智海両祖の参徒。興宗祖、法号を授与す。龍光の後林に塔す」。
○帰遊＝秋月に帰ったか。
○慶子閏十月中旬＝慶長十七年壬子（一六一二）、師三十九歳。
○日日来払我床＝「床」は禅牀。「払床」は参ずることか。
○誰踏板橋霜＝温庭筠「商山早行」の「晨起、征鐸を動かす、客行、故郷を悲しむ。鶏声、茅店の月、人跡、板橋の霜」をふまえる。朝早く出立したが、すでに誰かが通ったらしく、板橋の霜には足跡がのこされていた。
○牡丹記閏＝この年（慶長十七）に閏十月があったので「記閏」という。閏月があれば、すなわち十三月となる。このこと、牡丹とのからみで、室町禅林では「十三紅」などというが、平年に十二生じるものが、閏月のある年には十三生じるとの俗説に基づき吉祥とされる。十三は余閏、閏月、すなわち十三月をいうが、この十三に、牡丹の名に多くつけられる紅の字（「牡丹賦」など）をつけ、牡丹のことをいう。動植物の生成は月数に応じ、平年に十二生じるものが、閏月のある年には十三生じるとの俗説は古くからあった。『続博物志』一に「藕の生ずるは月に応ず。閏月には一節を益す」。『月令広義』二に「遁甲注、梧桐、毎年、十二葉を生ず。閏月有れば十三葉を生ず。閏月は葉小さし」。牡丹も同じように、閏月のある年は十三瓣を開くとされた。『瑣砕録』十六、物理門に「牡丹、花毎に一朶十二片なり。閏月には十三片」。『浙江名勝志』五に「禅智寺に紫牡丹一本有り、高さ丈余。毎に五百余花を開く。花、各おの十二瓣有り。閏年に値(あ)えば、各おの十三瓣なり」。この考証は、無著道忠の『風流袋』巻二十一、「月数応動植」に詳しい。いま、各種辞書を参考するに、いずれも「十三紅」の語を収めず、また中国の禅林偈頌には「十三紅」「牡丹記閏」をいうもの未見、日本室町禅林の偈頌に見るのみ。『欠伸年譜』天正十四年（一五八六）師十三歳の条に「春日、師、牡丹に題するの詩を賦す。其の末句に云う、十三紅是れ我が同年、と。円鑑一覧して焉を嘆美す」。景徐周麟『翰林胡盧集』第三巻の「詩」部、「賦十三紅牡丹」に「子細数花尤感情、今年有閏十三生。牡丹白髪若相似、一月猶添雪幾茎」。横川景三『小補東遊続集』「十三仏開光供養仏事」に「心仏衆生也太奇、円明之性不曾虧。牡丹春早来年閏、一十三紅雪内枝」。

○富貴時哉帰故郷＝「富貴」は牡丹の縁語。そして、前の句の「千堆錦」を承けて「衣錦還郷」をいう。富貴の衣を着て故郷に錦を飾る。「衣錦還郷」は、項羽が郷に入ろうとした時にいった「富貴不帰故郷、如衣錦夜行」の語に基づく（『漢書』巻四十二、項籍伝）。

【四七】（一四オ）［四の一六］

弘公後板者同郷人也。予當山再住之日、遠到洛北、見賀之。未幾日早告歸。

卒賦偈餞之云

別後相望日暮雲、吾郷難忘意紛紛。維時好去江南地、十月梅花須待君。

弘公後板は同郷の人なり。予が当山再住の日、遠く洛北に到り、之を賀せらる。未だ幾日もせざるに早に帰ることを告ぐ。卒に偈を賦し之に餞すと云う

別れて後、相い望む、日暮の雲、吾が郷、忘じ難し、意紛紛。

維れ時、好し去れ、江南の地、十月の梅花、須らく君を待つべし。

〈訳〉

弘首座はわたしと同じ堺の人である。わたしが本山に晋住した日、わざわざ賀儀を述べに来られた。いくばくもなく、堺に帰られるというので、一句もて送る。

君と別れてから、西のかた日暮れの雲を見ながら、

わたしは郷里へ思いをはせ、心が千々に乱れるだろう。

さらば、気をつけて行かれよ。

堺ではやがて花開くであろう梅が、君の帰りを待っているだろう。

○弘公後板＝孤篷庵本は「泉南弘後板」。「同郷人也」とあるから、江月と同じく堺の人。後板は前出［四〇］参照。

○予当山再住＝『年譜』慶長十七年壬子（一六一二）師三十九歳、「族兄宗凡、世を終え去る（五月二十九日）。郷に帰って之を弔い、唱導香語、冥福を資助す。……秋九月、綸命を降し本山に視篆せしむ。辱くも中使を賜う。其の勅に曰く、大徳寺再住の事、勅旨ある所なり……」。再住したのは十月六日。『鹿苑日録』慶長十七年十月二日に「江月和尚来六日再住…」。

○吾郷難忘意紛紛＝孤篷庵本は「吾郷」を「家郷」に作る。「意紛紛」は、長兄が死去し、天王寺屋の後継がいなくなった事情を思わせる。

○好去＝留まる者が行く者を送る語、「さらば」。去る者が留まる者にいう場合は「好在」。「維時」、孤篷庵本では「得時」に作る。

○十月梅花須待君＝還郷の時節をいう。前出［一〇］の「梅花十月故郷春」を参照。天王寺屋の後継問題は江月にとっても気がかりであったろう。「須待君」の三字、帰りたいが帰れない江月の心境を反映している。

【四八】（一四オ）

日之昨、逢可純公之佳招、従朝至暮賑濟。寔忘却雨中寂寞。冬來疑是開瓊筵坐花矣。宿醉之餘發狂吟之一篇　以謝之云

風雨聲聲吹不寒、主賓對酌竹林歡。笠前蓑底好遮莫、醉裏歸遊無路難。

日の昨、可純公の佳招に逢い、朝より暮に至るまで賑済さる。寔に雨中の寂寞を忘却す。冬来、疑うらくは是れ瓊筵を開いて花に坐するか。宿酔の余、狂を発して之を吟ずるもの一篇、以て之を謝すと云う

風雨声々、吹けども寒からず、主賓対酌、竹林の歓。

笠前蓑底、好し遮莫あれ、酔裏の帰遊、路の難きこと無し。

〈訳〉

昨日、中村可純公のお招きで、まる一日饗応され、鬱陶しい雨をすっかり忘れた。冬だというのに、まるで花見のよう。二日酔いの狂った頭で、お礼の一句。

ややさわがしい風と雨の中、でも寒くはない、
主客二人が盃をかわし、竹林七賢の酒徒にならって清談をかわす。
笠も蓑もどうなろうと、えいっ、ままよ。
これだけ呑んだら、酔漢に難路なし、帰り道、何の難儀もあるまい。

○日之昨＝草稿の前後から判断して、慶長十七年閏十月。
○可純公＝前出［四五］に出る中村可純。そこでは、ふたりを蘇東坡と李節推とになぞらえていた。
○疑是＝まるで〜のようだ。
○開瓊筵坐花＝李白「春夜宴従兄桃花園序」に「開瓊筵以坐花、飛羽觴而酔月」。雪月花を愛づる風流。
○宿酔之余発狂＝この年の五月二十九日には俗兄宗凡が亡くなった。七月五日には、大通庵で四十五日。天王寺屋は大黒柱を失って、その後継者もなかった。この半年間、天王寺屋の後継問題は、出家したとはいえ、江月にとって大きくのしかかる問題であったはずである。前項［四七］では、堺に帰る弘後板に「吾郷難忘意紛紛（吾が郷、忘れ難し、意紛々）」という率直な気持ちを吐露している。単なる望郷の念ではない、家長が死んで後継ぎの定まらない天王寺屋のことが気になって仕方がないのである。「宿酔」「発狂」の文字に、当時の江月の禅僧である以前の人間としての感情が読み取ることができるのである。
「発狂」は尋常の語ではない。後出［一〇九］、大坂夏の陣で堺の町が焦土と化したとの報に接した時の詩の序にも「乙卯孟夏念九日、泉南の故里、乱世に依って回禄。其の日の暮、孤篷庵主より告げ来たる。卒に発狂し之に

吟答す」と、ここにも「発狂」の語がある。実家である天王寺屋が夏の陣によって、ほぼ完全に消滅した時の詩である。

○竹林歓＝清遊の交わりをなした竹林の七賢、晋の嵆康・阮籍・山涛・向秀・劉伶・阮咸・王戎。ここでは酒および宿酔がテーマであるから、七賢の中でも劉伶のことをいう。劉伶は、性はなはだ酒を好み酒徳頌一篇を著わした。その飲みっぷりは『蒙求』下「劉伶解酲」にいう、「晋書にいう、劉伶字は伯倫、沛国の人なり。情を放ままにし志を肆ままにす。常に宇宙を細とし万物を斉しうするを以て心と為す。常に鹿車に乗り、一壷の酒を携え、人をして鍤を荷って之に随わしめ、謂いて曰く、死なば便ち我を埋めよ、と。其の形骸を遺ること此の如し。嘗に渇すること甚し。酒を妻に求む。妻、酒を捐て器を毀ち、涕泣し諫めて曰く、君、酒を飲むこと太だ過ぎたり。摂生の道に非ず。宜しく之を断つべし、と。伶曰く、善し。吾れ自ら禁ずる能わず。当に鬼神に祝りて自ら誓うべし。酒肉を具う可し、と。妻、之に従う。伶、跪いて祝って曰く、天、劉伶を生じ、酒を以て名と為す。一飲一斛、五斗、酲（ふつかよい）を解く。婦人の言は、慎んで聴く可からず、と。仍ち酒を引き肉を銜えて、頽然として復た酔う。……」。

○笠前蓑底好遮莫＝「遮莫」は、さもあればあれ。なるようになれ。「笠前蓑底」は、「東坡笠屐図」を連想させる。横川景三『補庵京華続集』（『五山文学新集』巻一、四五八頁）、「東坡笠屐図」詩の引にいう、「儋禿翁（蘇東坡のこと）、一日、黎家（海南島の少数民族、黎族のこと）を訪なう。雨に遇い笠と屐を借りて帰る。家人笑い、邑犬吠ゆる。……」。南海に左遷されていたときの蘇東坡を描いたもので、「東坡載笠図」ともいい、酒に酔った蘇東坡が蓑笠をつけて風雨の中を歩く姿で描かれる。時には、犬が吠えるところを描いたものもある。『中華若木抄』（岩波書店、新日本古典文学大系、一七五頁）に「東坡ガ南方へ流サレテアル時ニ、不思儀ナ（粗末な、という意）笠ヲ衣テ蛮村ニ伶俜ウ処ヲ画図ニ写シタル也。哀レナル体也」と。いささかやけくそ気味の自分を「東坡載笠図」に見立てているのである。

○酔裏帰遊無路難＝俗諺に「天子尚且避酔漢（天子すら尚お且らく酔漢を避く）」と。酔漢に難路なし。江月和尚は、なかなかの海量であったと察せられるが、ここの三四句、単なる酔余の詩ではない。兄宗凡の死によって、天王寺屋は瓦解に瀕していた。津田一族をおもんばかる江月の感慨がここにも吐露されていよう。

【四九】（二四ウ）［四の一六］

謹奉依鹿苑堂頭大和尚見追慕東求院殿忌辰尊偈高韻云
心清坐聞返魂梅、不意今朝侍御筵。十月牡丹新吐蕊、維時記閠富輝前。

謹んで鹿苑堂頭大和尚が東求院殿を追慕せらるる忌辰の尊偈の高韻に依り奉ると云う
心清らかにして坐ろに返魂梅を聞く、意わざりき、今朝、御筵に侍せんとは。
十月の牡丹、新たに蕊を吐く、維れ時、閠を記す富輝の前。

〈訳〉
鹿苑寺鳳林和尚が近衛前久公を追悼される偈に和韻
心しずかに返魂香をかいで、故人をしのぶ。
こうして龍山公を追悼することになろうとは、豈に思いきや。
閏十月、花ひらいた牡丹が、
故人の富貴をあらわしている。

○謹奉依……＝この偈、慶長十七年閏十月。
○鹿苑和尚＝鹿苑寺住持鳳林承章。
○東求院殿忌辰＝近衛前久（一五三六～一六一二）。号龍山。晩年、銀閣寺東求堂に隠棲した。法名は東求院龍山空誉居士。慶長十七年五月八日没。
『鹿苑日録』慶長十七年五月十六日条に、東福寺での葬儀の記事が出る。前久は自邸の方角が悪いとのことで、一時東求堂を借りていたが、その死後、慈照寺の明叟と法兄の光源寺玄室は、前久の子である信尹を相手どって、返還を求める訴えを起こした。光源院文書の覚書に「いまに無御返、迷惑の事」とある（『相国寺史料』巻一、二七九頁）。金地院崇伝の取り次ぎによって家康に裁可され、慈照寺に戻すことになった（『相国寺史料』巻一、二九四頁）。
○返魂梅＝返魂香。その香煙に死者の彿を見ることができるという。『瑯琊代酔編』巻四十。
○十月牡丹新吐蕊＝還郷の時節をいう語。前出［六］の「十月迎春紅牡丹」を参照。
○維時記閏富輝前＝「維時記閏」は、この年（慶長十七年）に閏十月があったことからいう。草稿の順序からしても、いまは閏十月であるはず。東求院殿の月忌か。ならば八日。「富輝」、ふつうは「富貴」と書く。牡丹の花言葉は富貴。近衛龍山公をいう。

【五〇】（二四ウ）［四の一六］
謹奉塵大用堂頭大和尚見追懐雄峯大禪佛之戠化金偈之嚴韻云　靈鑑
掀飜選佛選官場、手握龍泉三尺光。端的禪翁向他去、曹溪流水更無香。

客曰く、選官、何ぞ選仏に如かん。曰く、選仏、当に何れの所にか往くべき。禅客曰く、今、江西の馬大師出世す。是れ選仏の場なり、仁者、往く可し。遂に直に江西に造る」。雄峰宗韓は、出家前は官吏であったのかもしれない。今その経歴、未詳。

○龍泉三尺光＝雄峰宗韓は大徳寺龍泉派ゆえ「龍泉」という。「龍泉」は古の名剣の名。『晋書』巻三十六、張華伝に「斗牛の間に常に紫気有り。予章の雷煥曰く、宝剣の気なり、上って天に徹す。華問う、何れの郡にか在る。煥曰く、予章の豊城に在り。即ち煥を豊城の令に補す。煥は県に到って獄基を掘る。地に入ること四丈余にして、一石函を得たり。光気常に非ず、中に双剣有り。並つながら刻題あり。一を龍泉と曰い、一を太阿と曰う。是の夕、斗牛の間に気復た見えず」。前出［三七］注参照。

○曹渓流水＝未詳。普通は、曹渓六祖の法の流れをいうが、ここでは他の意がありそう。曹渓は大林宗套の塔の名をいうが、法系がことなる。

【五一】（一四ウ）

餞宗瓢韻人歸駿州

相逢相別思無涯、把手留邪又送邪。好去維時士峯雪、重來有約洛陽花。

宗瓢韻人が駿州に帰るに餞す

相い逢い相い別かる、思い涯無し、手を把るは、留まるか又た送るか。

好し去れ、維れ時、士峰の雪、重めて来たれ、約有り、洛陽の花。

〈訳〉

連歌師の宗瓢が駿河に帰るのを送る

お逢いしたと思ったら、もう別れねばならぬとは。
とりあったこの手は、歓送しているのか、それとも出で立ちを引き留めているのか。
お元気で行かれるがよろしい、富士が待っているのですから。
そして、花のころには、きっと京都にお帰りなさい。

○宗瓢韻人＝孤篷庵本［二の四八］「貯月号」頌あり、「宗瓢禅人、洛陽人」とする。韻人は連歌師か。
○好去＝お元気で行かれよ。前出［四七］。

【五二】（二五オ）

除夜偶作　三十九歳

四十明朝在此身、此身不意歴秋春。縦然今夜歳過去、處處山山花柳新。

除夜偶作　三十九歳

四十、明朝此の身に在り、此の身、意わざりき秋春を歴んとは。
縦然い今夜、歳過ぎ去るとも、処処山山、花柳新たなり。

〈訳〉

三十九歳の年の除夜にあたって
明日からは四十になる。
こうも早く歳をとるとは思わなんだ。
わたしは、今夜もう一つ歳をとるけれども、
いたるところの花や柳は、変ることなく年々歳々いつも新しい。

○三十九歳＝この年の五月二十九日、族兄宗凡逝去。小堀遠州、孤篷庵を創建。秋十月、本山に再住す。
○処処山花柳新＝沈炯『幽庭賦』「故年花落今復新、新年一故成故人」。劉希夷の「代悲白頭翁」詩に「年年歳歳花相似、歳歳年年人不同」。

【五三】（一五オ）［四の一七］

鷄旦口號　示諸徒　慶長十八癸丑年

新正更不著新衣、這懶生涯忘萬機。一睡工夫破蒲上、覺來三十九年非。

鶏旦口号　諸徒に示す　慶長十八癸丑年

新正、更に新衣を著けず、這の懶生涯、万機を忘ず。

一睡なり、破蒲（はふ）の上に工夫せるは、覚め来たれば、三十九年は非なり。

〈訳〉

慶長十八年元旦、弟子たちに示す

正月だからとて、新しい衣を着るのも面倒だ、

もはや、何のはからいもない。

これまでの坐禅修行も、思えばたった一睡。

その眠りから覚めてみれば、これまでの三十九年間は何だったのか。

○鶏旦＝慶長十八年元旦。「鶏旦」は『荊楚歳時記』に「正月七日を人日と為す、七種の菜を以て羹と為す、……」注に「……正月一日を雞と為し、二日を狗と為し、三日を羊と為し、四日を猪と為し、五日を牛と為し、六日を馬と為し、七日と人と為す」。

○口号＝『葛原詩話』巻一に「猶お口占のごとし。……クチスサミト訳スベシ」。

○忘万機＝一切のはからいがなくなった。

○三十九年非＝「四十九年非」のヴァリエーション。『淮南子』原道訓に「蘧伯玉、行年五十にして四十九年の非有り」。

【五四】（一五オ）

和宗通少年試春韻

一　新正報我寄詩頻、和氣靄然眉已伸。花自少年叢裏早、年頭先發一枝春。

宗通少年が試春の韻を和す

新正、我に報じて詩を寄すること頻なり、和気靄然、眉已に伸ぶ。
花は少年叢裏よりして早し、年頭、先に発く一枝の春。

〈訳〉

宗通少年の試筆に和韻

年頭の詩を持って挨拶にくる少年たち、
そのなごやんだ笑顔と笑顔が、はや春の到来をつげる。
そして、百花に先んじて開く、一枝の梅花。

○宗通少年＝未詳。喝食だから十五歳未満。
○眉已伸＝微笑。
○一枝春＝梅花。『太平御覧』巻九七〇、梅に「荊州記に曰く、陸凱、范曄と相い善なり。江南より梅花一枝を寄せて長安に詣して曄に与う、兼ねて詩を贈って曰く、花を折って駅使に逢う、隴頭の人に寄与す、江南、有る所無し、聊か一枝の春を贈る（折花逢駅使、寄与隴頭人。江南無所有、聊贈一枝春）」。

【五五】（一五オ）

同　椿少年

新色家家紫翠城、官梅御柳賞春晴。少年試筆蓬莱硯、激起波瀾學海盈。

同じく、椿少年

新色、家家、紫翠の城、官梅御柳、春晴を賞す。
少年の試筆、蓬莱の硯、波瀾を激起して学海に盈つ。

〈訳〉

椿少年の試筆に和韻

ひとりひとりが、新年を迎えて色あざやかな山のような、紫野の少年たち。
都の梅と柳が、おだやかな新春を楽しんでいる。
蓬莱山を硯にして書いたような、この素晴らしい詩は、
都の詩壇にきっと波瀾を起こすことでしょう。

○椿少年＝未詳。沢庵『万松語録』巻二（五七頁）に同じ和韻「和椿喝食韻」あり、「少年揮筆築詩城、引得東風

雪初晴。僉曰縦然吾器小、恩霖一寸不知盈」。
○紫翠城＝「紫翠」は山色の形容。「紫翠城」は、いまは紫野大徳寺をいうか。
○官梅御柳＝御所の梅と柳。都の春をいう祝語、正月の縁語。また左の杜甫詩にいうように「詩情」「詩興」を催すもの。「官梅」は、杜甫の「和裴迪登蜀州東亭送客逢早梅相憶見寄」詩に「東閣官梅動詩興、還如何遜在揚州」。「御柳」は、同じく杜甫「闘鶏」詩に「簾下宮人出、楼前御柳長」。
○蓬莱硯＝詩想の壮大なることをいう。『分別功徳品』巻四、「須弥を以て硯子と為し、四大海水を以て書水と為し、四天下の竹木を以て筆と為し、中に満つる人を書師と為し、身子（舎利弗のこと）の智慧を写さんと欲さば……」。『翰林五鳳集』巻四十四に「蓬莱硯」題で一首。「蓬莱様硯」一首あり。
○激起波瀾学海盈＝「学海」は詩壇。「学海波瀾」は詩才をたたえる。崔珏「哭李商隠」に「学海波瀾一夜乾」。

【五六】（二五ウ）

同　三公　芳春院裏人

日暖風輕逢夏正、花衢柳巷幾吟成。爲君添得文章錦、遷織芳春喬木鶯。

同じく、三公　芳春院裏の人なり

日暖かに風軽く、夏正に逢う、花衢柳巷、幾吟か成る。
君が為に添え得たり、文章の錦、遷って織る、芳春喬木の鴬。

〈訳〉
芳春院の三公少年の試筆に和韻
おだやかな正月を迎えた、
梅と柳にいろどられた都の正月、幾首の詩ができたであろうか。
君のために錦の文章を織り成そうと、
うぐいすもまた山から出て、芳春院の木々で春をつげている。

○三公　芳春院裏人＝未詳。詩の内容からすれば、芳春院の喝食。沢庵『万松語録』巻二（五七頁）に同じ和韻あり、紹三喝食の作とする。「年少如春在孟正、此時不学道何成、請君求友看花鳥、鶯伴梅兮梅伴鶯」。
○夏正＝夏朝の暦法（書）。斗柄が初昏に寅の方向を指す月を正月とする。「夏暦」とも。いまは正月のことをいう。『見桃録』巻一、歳旦上堂に「……有僧出問云、太平有象、三台鶴舞花間、睿算無窮、千歳亀遊葉上、時其至矣、徳惟大哉、頼値夏正、願沐周爂」。
○花衢柳巷＝常の義は遊郭、色里だが、ここでは別義。「柳巷花街」とも。いまは、梅と柳にいろどられた都をいうのみ。前出［五五］「官梅御柳」というに同じく、正月の祝語ともなる。惟肖得巌『東海璚華集』律詩絶句部、和湖上聴鶯二題之韻に「喬林掛蔓簇幢旌、終日相呼両箇鶯、柳巷花街人似淇、駐鞍何処送余声」、正宗龍統『禿尾長柄帚』巻上之下、中秘密蔵』、和少年試筆に「従斯日与同吟履、柳巷花街尤幾詩」。
○遷織芳春喬木鶯＝遷鶯が文章の錦を織る。「遷」は「遷喬」、鶯が谷から出て（出幽）木々に移ること。『詩経』小雅、伐木に「出自幽谷、遷于喬木」にあるにもとづく。

【五七】（二五ウ）

同　璠公
少年可畏後生年、燈下讀書無睡眠。人謂蒹葭依玉樹、野僧愧是和佳篇。

同じく、璠公（ばん）
少年畏る可し、後生（こうせい）の年、灯下（とうか）、書を読みて睡眠すること無けん。
人は謂（い）わん、蒹葭（けんか）玉樹（ぎょくじゅ）に依ると、野僧（やそう）、愧ずらくは是れ佳篇（かへん）を和すことを。

〈訳〉
璠公少年の試筆に和韻
末恐しいほどの才能のこの少年は、
夜も書を読んで眠らないのであろう。
この素晴らしい詩に和韻するなど、その威勢にすがるようなものではないかと、
省みて、みずから羞じるのです。

○璠公＝玉室宗珀の法嗣、玉舟宗璠（一六〇〇～一六八八）。芳春院二世。春睡・青霞山人・優遊自在・善哉などと号した。山城の人、伊藤氏。この年（慶長十八年）、十四歳である。璠公少年は後出［七七］［八二］にも。沢庵『万松語録』巻二（五七頁）に「和宗璠喝食韻」あり、いわく「美色兼詩佳少年、紅妝準擬海棠眠。物之勝不問多少、風月三千此一篇」とあり、沢庵もこの宗璠少年の「美貌」を楊貴妃に比して讃えている。
○少年可畏後生年＝『論語』子罕「後生畏る可し」。

○蒹葭依玉樹＝貴い親戚の威勢を借りること。「蒹葭」はオギとアシで自己をいい、「玉樹」は貴い親戚をいう。『世説新語』容止に「魏の明帝、后弟の毛曾と夏侯をして共に坐せしむ。時人、蒹葭玉樹に倚ると謂う」。

【五八】（一五ウ）

同　朝公侍丈

遥隔枌郷易地然、洛陽春富牡丹前。此生願是共君語、燈下一宵書十年。

同じく、朝公侍丈

遥かに枌郷を隔つも、地を易えて然り、洛陽、春は富む牡丹の前。

此の生、願わくは是れ君と共に語ることを、灯下の一宵、書十年。

〈訳〉

朝公侍者の試筆に和韻

はるか郷里を離れていても同じこと、
都の春をいろどるのは、やはり牡丹の富貴。
願わくはゆっくりとお話したいものです。
君と語る一夜は十年の読書にもまさるのですから。

○朝公侍丈＝［三六］にも出るが、未詳。
○枌郷＝漢の高祖の郷里に枌楡社があったことから、「枌邑」「枌郷」はひろく郷里をいう。
○易地然＝居る所が変っても同じこと。『孟子』離婁「禹、稷、顔子、易地則皆然」。後出［一九九］［二八四］にも。
○洛陽春富牡丹前＝「洛陽」「富（貴）」ともに牡丹の縁語。牡丹は花王、王正月の縁語。必ずしも実際に牡丹の花が咲いていることをいうわけではない。
○共君語、灯下一宵尽十年＝俗諺に「与君一夕話、勝読十年書（君と一夕話るは、十年の書を読むに勝る）」。中巌円月『東海一漚集』実翁住浄妙江湖疏に「共君半宵話、勝読十年書」。

【五九】（二六オ）［四の一七］

圓鑑老師二十五月忌之辰、芳春和尚見賦尊偈。謹奉塵嚴韻云　慈斤
華偈新裁在影前、卒依高韻語尤顛。三年無改老師道、嗣法慙吾木破天。

円鑑老師が二十五月忌の辰、芳春和尚、尊偈を賦せらる。謹んで厳韻を塵し奉ると云う　慈斤
華偈新たに裁して影前に在り、卒に高韻に依る、語、尤も顛なり。
三年改むる無し、老師の道、嗣法、慙ずらくは吾れ木破天なることを。

〈訳〉

円鑑老師二十五月忌、玉室和尚の作に和韻

円鑑老師の霊前にそなえられた芳春和尚の尊偈に、
倉卒に和韻させていただいたが、用語も支離滅裂です。
師の道を改めることなく、いま三年の喪が明けようとしている。
師の法を嗣いだけれども、顧みるに、我れ禅道において未だし、慚愧、慚愧。

○二十五月忌＝孤篷庵本は「大祥忌」。春屋禅師三回忌（没後二年）。慶長十八年（一六一三）二月九日。師四十歳。
○芳春和尚＝大徳寺一四七世、玉室宗珀。前出［一六］。
○謹奉塵厳韻＝沢庵『明暗双々』巻五（六一頁）に「次玉室和尚悼円鑑国師三周忌韻」あり、「三年慕跡影堂前、大地衆生叫倒顛、少室弓帰作家手、国師聖箭過西天」。
○華偈新裁在影前＝「裁」は、詩文を書くこと。『漢語大詞典』に「創作、写作」。
○三年無改＝『論語』学而に「三年父の道を改むること無きは、謂つ可し、孝なりと」。父の死後三年間は、父のなした事をそのままにしておくことが孝の道。
○嗣法＝孤篷庵本は「小嗣」。ともに法を嗣いだ弟子のこと。
○木破天＝「一木破天」の略。「未」の析字。上にある一（天）を木が破る形を「未」という。言うこころは「われ禅道において未だし」。『太平広記』巻十四、許真君に「……（王敦）真君に謂いて曰く、孤、昨（きの）う一夢を得たり、先生に擬して之を円（ゆめあわ）せせんことを請う、可ならんや。真君曰く、請う大将軍、具（つぶ）さに述べよ。敦曰く、孤、一木を将て上み其の天を破せんとするを夢む。……真君曰く、木の上み天を破するは是れ未字なり。明公、未だ妄動す可からず。……」。

【六〇】（一六オ）［四の一七］

功嶽紹勳居士者、山野十有餘年之舊也。去歳秋之孟、於濃州地、一日嬰微恙、而俄然易簀。忽傳訃音、不覺涙落袈裟角。濃之去京師也遠而遠。無便弔焉矣。今歳春之季、厥親眷隨家豐儉施淨財、就于予草廬、齋一堂學般若之衆。焼香之次、綴拙偈、以供靈前云

百花落盡緑陰新、端的當觀時節因。今雨寂寥天不見、一聲杜宇送殘春。

功岳紹勲居士は山野が十有余年の旧なり。去歳秋の孟、濃州の地に於いて、一日、微恙に嬰り俄然として易簀せり。忽ち訃音を伝う、覚えず、涙、袈裟角に落つ。濃の京師を去ること也た遠うして遠し。焉を弔するに便無し。今歳春の季、厥の親眷、家の豊倹に随って浄財を施し、予が草廬に就いて一堂の学般若の衆に斎す。焼香の次いで、拙偈を綴り、以て霊前に供うと云う

百花落尽して緑陰新たなり、端的、当に時節因を観ずべし。
今、雨ふって寂寥、天見えず、一声、杜宇、残春を送る。

〈訳〉

十数年来の知人である功岳紹勲居士が、昨年七月、濃州で病を得て、帰らぬ人となった。訃報を聞いて、思わず涙する。遠く離れた濃州のことゆえ、弔問にも行けなかった。今年の三月、親戚の者が龍光院で法要の斎会を催した。一偈を霊前に供える。

春の花はすべて落ち尽くし、新緑の芽吹くいま、
まさに時節因縁を観ずるべきとき。
そぼ降る雨で空はみえない。
「不如帰去」と、ホトトギスの一声、残春の終わりを告げ、故人を送る。

○功岳紹勲居士＝『過去帳来由』に「縄生権右衛門ト申古（居）士。関原以後、長政へ奉公致而暇乞、京都ニ浪人ニテ被居候内、死去。看松庵屋敷卵塔ノ時、土葬ニ致、石塔小斎有之候。此兄弟御旗本直参、濃州ニテ小知取被申、毎年盆前、人上セ弔祭有之候……」とあり、これによれば、京都で浪人中に死んだということになるが、いまここの詩序にいうように、七月、美濃で死んで、翌年三月、京都で葬ったものであろう。『過去帳来由』は江月の時代よりずっと後世に成ったもので、全面的に信をおけない。

○十有余年之旧也＝十余年来の友人。この年（左注）江月は四十歳だから、二十代からの知己。「旧」は「ふるなじみ」、孤篷庵本は「知己」に作る。

○去歳秋之孟＝慶長十七年（一六一二）七月。『諸霊年忌簿』慶長十七年条に「功岳紹勲、七月二日、縄生権右衛門」と。よって今は慶長十八年。

○易簀＝死ぬこと。曽参（そうしん）は危篤になった時、大夫から賜わって敷いていた簀（たかむしろ）を、身分不相応だとして取り易えさせたという話に基づく（『礼記』檀弓上）。

○涙落袈裟角＝孤篷庵本は「湿却袈裟角」。涙で衣が濡れる。
○無便吊焉矣＝「無便」は、方法、手だてがないこと。美濃まではそう簡単に行けないので。
○今歳春之季＝慶長十八年三月。
○随家豊倹＝分に応じて。『伝灯録』巻十五、清平山令遵禅師章「上堂。……若し仏意を会せんならば、僧俗男女貴賎に在らず。但だ家の豊倹に随って安楽にして便ち得」。
○学般若之衆＝僧徒。
○当観時節因＝「要識仏性義、当観時節因縁」。『伝灯録』巻九、潙山霊祐章に「百丈云く、……経に云う、仏性を見んと欲せば、当に時節因縁を観ずべし。時節既に至りぬれば、迷の忽ち悟るが如く、忘の忽ち憶するが如く、方に己物にして他より（従）得ざることを省す」。北本『涅槃経』二十八に「欲見仏性、応当観察時節形色」。
○天不見＝孤篷庵本は「人不見」に作る。
○一声杜宇送残春＝「杜宇一声」は真帰源（本来の家郷に帰る）の縁語。

【六二】（二六ウ）

謝人恵枕子

絶學無爲杜撰禪、仰山作略有人傳。破蒲團上工夫熟、十二時中一睡眠。

人の枕子を恵まるるを謝す

絶学無為、杜撰の禅、仰山の作略、人の伝うる有り。
破蒲団上、工夫熟す、十二時中、一睡眠。

〈訳〉

枕を頂いたお礼

学びもせず無為に時を過ごす、いいかげんなのがわたしの禅。
仰山禅師は、枕を用いて禅を示されたというが、
わたしの禅はといえば、
一日中、破蒲団の上で居眠り坐禅すること。

○絶学無為＝『証道歌』の冒頭にいう「君見ずや、絶学無為の閑道人。妄想を除かず真を求めず。無明の実性、即仏性。幻化の空身、即法身。法身覚了すれば無一物、本源自性天真仏」。「絶学無為の閑道人」は、もはや学ぶべきこともなくなった、大暇のあいたことをいうが、ここではさにあらず、右訳のように自らを貶して言うのみ。よって「杜撰禅」という。

○仰山作略＝『伝灯録』巻十一、仰山慧寂章に「僧問う、法身還た解く法を説くや。師曰く、我は説き得ず、別に一人有って説き得。曰く、説き得る底の人、什麽の処にか在る。師、枕子を推出す」。

○破蒲団上工夫熟＝普通は坐禅をいうが、ここでは坐睡。「蒲団」は、敷物、坐禅布団。「熟」は後の「睡眠」にも掛かる。

【六二】（二六ウ）［四の一七］

丁聖伯宗凡居士小祥忌之辰、出洛北蕞寺、赴江南枌郷矣。安居禁足、追慕林

才之風者乎。因賦一拙偈、以助親眷之餘哀云
臨此齋筵破夏來、忌辰今日一周回。香供養底好供養、五月荷花帶露開。

聖伯宗凡居士が小祥忌の辰に丁って、洛北の蕞寺を出でて江南の枌郷に赴く。安居禁足なるに、林才の風を追慕する者か。因って一拙偈を賦し、以て親眷の余哀を助くと云う

此の斎筵に臨まんと夏を破り来たる、忌辰、今日、一周回。
香供養底、好供養、五月の荷花、露を帯びて開く。

〈訳〉

俗兄聖伯宗凡居士の一周忌。郷里の堺に帰る。折しも安居禁足の夏中だったが、それを破って堺に来たのは臨済禅師の風を慕ったものといおうか。

一周忌のために敢えて夏を破って郷里に帰った。
（わたしが香を供えずとも）、蓮の花が露を帯びて咲き、よい香りをはなっている、これこそが自然の香供養か。

○聖伯宗凡居士小祥忌之辰＝俗兄、聖伯宗凡居士の一周忌。慶長十八年（一六一三）五月。命日は慶長十七年五月

二十九日（前出［一］の注）。
○江南枌郷＝堺の実家。「枌郷」は前出［五八］。
○安居禁足追慕林才之風者乎＝初句にも「破夏来」とあるように、臨済破夏の因縁をふまえたものだが、単に「夏中」であったことをいうだけで深意はない。『臨済録』「師、因みに半夏、黄檗に上り、和尚が看経するを見る。師云く、我れ、是れ箇の人と将謂いたるに、元来、是れ揞黒豆の老和尚、と。住すること数日、乃ち辞し去る。黄檗云く、汝、夏を破り来たり、夏を終えずして去る。某甲、暫く来たって和尚を礼拝す。黄檗、遂に打って趁い去らしむ。師、行くこと数里、此の事を疑い、却回して夏を終う」。
○助親眷之余哀＝「助哀」は前出［六］。
○臨此斎筵破夏来＝「破夏」は、一夏九十日の禁足を破って外出すること。右引の『臨済録』。
○香供養底好供養＝孤篷庵本では「不労我手香供養」に作る。

【六三】（二六ウ）［四の一七］

大慈廣通禪師遷化。賢谷座元有頌　和其韻

聲西一喝又聲東、五逆聞雷天地中。端的宗風吹斷處、禪林落日掛踈紅。

大慈広通禅師遷化、賢谷座元、頌有り、其の韻を和す

声西一喝、又た声東、五逆聞雷、天地の中。
端的、宗風吹断する処、禅林の落日、踈紅を掛く。

〈訳〉

玉甫和尚遷化（せんげ）、賢谷座元の偈に和韻

東廊下にも一喝し、西廊下にも一喝するという、
臨済の家風を挙揚した、禅師の宗風。
和尚の遷化によって、禅林は落日がわずかに赤く照らしているよう、
大徳寺の宗風が吹きやんでしまうのではないか、と恐れる。

○大悲広通禅師＝大徳寺一三〇世、玉甫紹琮（一五四六〜一六一三）。『大徳寺世譜』「古渓陳ニ嗣グ。自号半泥子。京ノ人、三淵伊賀守晴員ノ子ニシテ、細川幽斎ノ舎弟ナリ。天正十四丙戌（一五八六）十月十三日、奉勅入寺。天正十六戊子、古渓事アリテ揔見院ヲ退ケ、筑紫ノ博多ニ従サル。豊臣秀吉公、師ニ命ジテ其席ヲ継シメ二世トス。慶長中、本山ニ高桐院ヲ創ス。慶長十八癸丑（一六一三）六月十八日、後陽成帝特ニ大悲広通禅師ト賜フ。同日示寂。世寿六十八」。

○賢谷座元＝大徳寺一五九世、賢谷宗良。『紫巌譜略』に「土州の人。吉良氏。自ら泛梗と号す。……勅謚本覚広済禅師」。元和七年（一六二一）十月二十五日遷化。清巌宗渭の師。

○声西一喝又声東＝臨済下の喝。『碧巌録』第十則、頌評唱に「興化道わく、我れ你諸人を見るに、東廊下にも也（ま）た喝し、西廊下にも也（ま）た喝す。且らく胡喝乱喝（うかつらんかつ）すること莫かれ」。

○五逆聞雷＝臨済下の大事、臨済の喝。『五灯会元』巻十九、五祖法演禅師章「問う、如何なるか是れ臨済下の事（じ）。師曰く、五逆聞雷」。『句双葛藤鈔』「五逆聞雷」に「方語云、頭脳裂破、言ハ、ハツチト轟ク雷下デ五逆ノ罪ヲ殺シ尽シタナリ」。『虚堂録犂耕』に「五逆の人雷を聞くとは、一超直入の義、頭脳震裂、徹骨徹髄なるなり。蓋し五逆罪を造る者は、自ら罪の大なることを怖る、忽ち震雷を聞いて、魂飛び気絶す。偸心絶するに比す」。

○端的宗風吹断処、禅林落日掛疎紅＝師の遷化を、落日に譬え、宗門の衰微を憂える。

【六四】（一七オ）［四の一八］

道越居士、右田中筑後太守吉政公之法名矣。幕下臣松野主馬三正、爲報君恩、价人遠寄明楮、就于野釋、覓一語。不獲固辭、聊賦村偈、擧居士之盛徳云

聞説威名似子房、運籌帷幄冠扶桑。解言天奪人才去、智勇如斯今則亡。是安取次

道越居士、右は田中筑後太守吉政公の法名なり。幕下の臣、松野主馬三正、君恩に報ぜんが為め、人を价して遠く明楮を寄せ、野釈に就いて一語を覓む。固辞することを獲ず、聊か村偈を賦し居士の盛徳を挙ぐと云う

聞説くならく、威名は子房に似、籌を帷幄に運らすこと扶桑に冠たりと。

言うことを解くす、天、人才を奪い去ると、智勇斯の如くなるも、今は則ち亡し。

是安取次。

〈訳〉

道越居士は、田中吉政公の法名である。臣下の松野主馬三正が、是安の取り次ぎで、
はるばる一語を求めて来たので居士の盛徳をたたえる
漢の張良のように、軍略にかけては日本一の知将といわれている。
天は才ある人を奪うという言葉のように、
かくのごとき知将さえも、いまは亡き人となってしまった。

○道越居士＝田中吉政（一五四八〜一六〇九）。織田、豊臣、徳川に仕える。三河岡崎城主、のちに筑後柳川城主。慶長十四年二月十八日、江戸に赴く途次、伏見の旅亭で没す。年六十二。黒谷に葬る、と。『大日本史料』第十二編之六冊、慶長十四年二月十八日条に出る。また同書に収める「田中文書」（田中先祖書并古文書類写）には、実際に田中吉政に与えられたものの翻刻があるので、左に引く。異同には傍点を付す。誤読は傍点をして（　）内に訂す。

「田中吉政侯逝去之後、幕下之臣松野主馬三正、為報君恩、前大徳寺江月和尚へ一言ヲ乞候掛物壱軸、一軸左ニ記ス、

道越居士　右　田中築後守吉政公之法名并（矣なるべし）、幕下之臣松野主馬三正、為報君恩、价人遠寄明楮、就于野釈求一語。不獲固辞。聊賦村偈、挙居士之盛徳云。勇士威名鳴九州、運籌帷幕孰留侯。諸臣要職（「職」は「識」なるべし）酬恩底、問取江頭一白鴎」。

田中本の偈のみを訓読すれば次のごとし。
勇士の威名、九州に鳴る、籌を帷幕に運らすこと、留侯に孰れぞ。
諸臣、酬恩底を識らんと要せば、江頭の一白鴎に問取せよ。

○家臣松野氏主馬三正＝太田亮『姓氏家系大辞典』に「備前の松野氏。……（一本に）〈松野主馬は田中吉政に仕へ、一万三千石を領して、築後国山門郡松延城を守る〉と同人か。……横溝文書に松野主馬と載せ、田中藩知行

割帳に〈寄合組、一万二千石・松野主馬〉と見ゆ」。
○野釈＝原本では「釈」字の部分、虫クイ、右の『大日本史料』によって補う。
○子房＝張良のこと。漢の人。字は子房。その先は韓王の宰相。秦が韓を滅ぼすや、自ら刺客をやとい、博浪沙に始皇を狙撃すが果たせず。漢の高祖が兵を挙げるや、幕下に参じ、高祖の天下平定に貢献した。韓信、蕭何とともに三傑といわれる。『史記』巻五十五。
○運籌帷幄＝「運籌帷幄中、決勝千里外」。陣中で作戦を錬り指示するだけで勝利を得るような名将。
○冠扶桑＝日本随一。孤篷庵本は「甲扶桑」に作るが同じ意。
○解言＝「解道」に同じで、典拠ある言葉あるいは人の発言を引くのに用いられる。「～とはよく言ったものだ」。孤篷庵本［三の二三］「陶淵明対菊花」に「解言富貴非吾願」とあり、これは陶淵明「帰去来辞」に「富貴非我願、帝郷不可期」とあるのを引いたもの。
○天奪人才去＝本拠あるかどう、いま未詳。
○是安＝秀頼の祐筆、和久是安（一五七八～一六三八）。近衛信尹について近衛流の書を修めた。父の宗是は豊臣方につき大坂夏の陣で討死。是安は伊達政宗の嘆願によって許され、以後、政宗の庇護を受けた。江月の『墨蹟之写』にも「是安」の名が出る。

【六五】（二七オ）［四の一八］

卒賞仲秋月

佳辰翫月會城都、看看清光何處無。萬里天涯眼中眼、不移寸歩到西湖。

卒（そっ）に仲秋（ちゅうしゅう）の月を賞（め）づ

佳辰（かしん）の翫月（がんげつ）、城都（じょうと）に会（かい）す、看よ看よ、清光何（いず）れの処にか無からん。
万里の天涯、眼中の眼、寸歩を移さず、西湖に到る。

〈訳〉

　にわかに仲秋の月を賞でる

仲秋名月の夜、都で一堂に会した。
見よ見よ、真如の名月があまねく照らし出しているではないか。
「無辺の風月が、そのまま眼中の眼」とはまさにこのこと。
万里はなれた天涯の地におりながら、
まるで西湖の佳景に遊んだような心地。

○卒仲秋月＝慶長十八年八月十五日。「卒」は、にわかに。あわただしく。

○清光何処無＝『虚堂録』巻九、「中秋送鏡空西堂赴三塔上堂」に「……聚首龍峰、可無攀感。直得寒山拊掌拾得歓呼。何也。卓拄杖。此夜一輪満、清光何処無」。『虚堂録犂耕』巻二十七に「忠曰く、寒拾歓呼するは何ぞや。仲秋の月色の好きを歓賞するなり。月に託して他の道徳を称讃す。又た一輪は、月に託して鏡空の名を言う」。

○眼中眼＝『句双葛藤抄』に「無辺風月眼中眼、不尽乾坤灯外灯」、注に「無辺風月ガ其侭眼中眼トハ、心眼也。不尽乾坤ガ其侭灯外灯トハ、心灯也。ドツコモ心眼心灯ナラヌ処ハナイゾ」。

○不移寸歩到西湖＝ここがそのまま西湖の佳景。京都近辺の池のあるところでの観月会だった。

【六六】（一七オ）［四の一八］

三叔宗句居士、昔時扣老師圓鑑三玄之門戸、旦夕咨詢。後來入吾龍光之室、了未了公案。寔可嘉尚者也。一日自受（用）劍刃上事而辭世。（辭世）語曰、用來提起吹毛劍、我爲法王、於法自在矣。豈不快活乎。於于茲、舊知己人松倉氏豐州大守某、遠寄枯骨、就于予蕞寺、見求造立石浮圖。將謂彷彿墮淚碑者。感慨有餘、綴野偈一章以代薤露之歌云

會得三玄三要句、菊花先節一枝開。無端提起龍光劍、末後牢關絶點埃。

慶丑仲秋下旬

三叔宗句居士は、昔時、老師円鑑が三玄の門戸を扣き、旦夕に咨詢す。後来、吾が龍光の室に入り、未了の公案を了ず。寔に嘉尚す可き者なり。一日、自ら剣刃上の事を受用して世を辞す。辞世の語に曰く、用い来たり提起す、吹毛剣、我れ法王たり、法に於いて自在、と。豈に快活ならずや。茲に於いて旧知己の人、松倉氏豊州大守某、遠く枯骨を寄せ、予が蕞寺に就き、石浮図を造立せんことを求める。将に謂えり、墮涙の碑に彷彿たる者なりと。感慨余り有り、野偈一章を綴って以て

薤露の歌に代うと云う
三玄三要の句を会得し、菊花、節に先んじて一枝開く。
端無くも龍光の剣を提起す、末後の牢関、点埃を絶す。　慶丑仲秋下旬。

〈訳〉
三叔宗句居士は春屋老師に参じていたが、老師遷化のあとはわたしについて、未了の公案を済まされた。その辞世の句に、「用い来たり提起す、吹毛剣、我れ法王たり、法に於いて自在」と。まことに臨済の剣刃上の事に参じただけのことはある。友人の松倉豊州が遺骨を龍光院に送って来て墓塔を建てた。さながら堕涙の碑のようで、感慨を新たにした。弔いの一句。
春屋老師の三玄三要の禅を学んだ故人の遺骨が、
菊花節に先んじて、遠州から届いた。
ゆくりなくも、龍光の一剣を手にして切腹したのだが、
実にみごとな最後ではあった。

○三叔宗句居士＝大久保外記。大久保石見守長安の息。慶長十八年癸丑（一六一三）七月十日没（『諸霊月忌簿』）。末尾に「慶丑仲秋下旬」とあるから、同年八月下旬の作ということになる。
三叔の道号は春屋の命名。『一黙稿』乾に「三叔号。大久保外記、宗句禅人は、予が参玄の徒なり。遠く人を价

して道称を需む。三叔の二字を摘して命ず。短偈一章を賦し聊か其の義を矢ぬ。欲知体調、参雲門禅、若向外覓、蒼天蒼天。慶長十三戊申菊月初二日」。

また、『一黙稿』坤に「宗句居士は予が入室の徒なり。武事塵冗裏、朝扣暮参、孜孜として怠らず、工夫綿密なり。勝負の修羅、人我の無明、釘と斬り鉄と截る。謂っつ可し、僧にして俗、俗にして僧なりと。龎蘊が馬師に於ける、裴休が断際に於けると全く譲る可からず。今を視ること古の如し。孰か嘉尚せざらん。粤て私第の門闥を捨てて、仏宇の缺を補わしむ。外衛の恵貺、焉より厚きは蔑し。報ぜんと欲するに涓埃を絶す。野偈一篇、投贈して以て謝義の曼乙を述べて、兼ねて堅確の受用を賛揚す。軽忽すること莫くんば好し。之を思え。美を尽くせる門楣、輪奐新たなり。檀恩報じ難し、重きこと千鈞。請う看よ、戸牖豁開の処。入る者、元来無価の珍」。

また『過去帳来由』にいわく「大久保外記ト申人ニ候。親父石見守、生前ノ悪行、死後ニ露レ、外記ハ関東辺土へ被遣、御成敗。其砌、浄蔵院ノ宗円ト申浄土坊主、見舞ニ下リ合セ、切腹見届、……春屋へ為遺物、堆朱・茘芰・四方印蔵、并古田織部ノ杖一本、宗円ニ事伝、江月へ遺物上セ被申候。此外記ハ松倉豊後親敷知音故ニ、世上ヲ忍、龍光ニ石塔建立、常住へ入浴供養被仕候。其故、龍光ニモ位牌立申候。……」。

父である大久保長安は、もと猿楽衆大蔵大夫の次男。甲斐武田氏につかえ、はじめ土屋氏を名のったが、武田滅亡ののち家康に登用され、大久保忠隣の庇護を受け大久保姓となった。家康の側近勢力として、甲斐・信濃・美濃・越後・佐渡さらに伊豆・大和・近江・石見、百二十万石を領するに至った。佐渡・石見・伊豆の金銀鉱山の開発に驚異的な成果をあげ、東海道・中山道の交通網を確立した。

慶長十八年四月二十五日、駿府で病没。しかし、没後に金銀隠匿、幕府転覆の陰謀の発覚を理由として、遺子七人が死罪に処せられた。莫大な蓄財や新知識導入のためキリシタンへの接近などが疑惑を招き、反対勢力の切り返しにあったのではないかとされている。柏崎永以『古老茶話』中（元文頃か）にほぼ以上の説が載る。また、「遺言して金の棺に入、駿河より甲州へ送る」、また「諸国へ行には美女廿人、猿楽三十人召連、宿々にて乱舞遊宴す」などともある。

『徳川実紀』慶長十八年七月九日に、「故大久保石見守長安が諸子、父の罪によりて刑せらる。長子藤十郎某は兼て預られし遠州掛川の城にて切腹。外記某は松平式部大輔忠次の同州横須賀城にて切腹（駿府記）」と。

○自受（用）剣刃上事而（辞世）＝（ ）内、孤篷庵本によって補った。

「剣刃上事」は前出［四二］の「胸中一剣急須磨」。一たび用られれば必殺必死の、鋭く危険な機用。『臨済録』上堂「僧問う、如何なるか是れ剣刃上の事。師云く、禍事禍事。僧、擬議す。師、便ち打つ」。「宗門の一大事」「生死の一大事」の義だが、本書では、末期、死の縁語として用いる例が多い。ここは切腹したことをいう。

○松倉氏豊州大守某＝松倉豊後守重政（〜一六三〇）。大和五条（二見城）を領したのち、元和二年（一六一六）、肥前島原四万三千石に転封。祖父筒井氏から松倉を名乗る、祖父・父ともに筒井順慶の三老の一人。したがって、大久保の遺骨を龍光院に持って来たのは、大和にいた時のこと。

○将謂彷彿堕涙碑者＝「堕涙碑」は、中国晋の時代、陽襄の都監、羊祜の徳を偲んで民が建てた碑。これを見る者はみな涙を流したという（『蒙求』上「羊祜識環」）。つまり善政をした人の話である。しかし、右に引いた『過去帳来由』では、この江月の詩にあるような同情の感情は、もはや見られない。『過去帳来由』は後世の龍光院住職によって書かれたものだが、いつごろのものか分からない。

○薤露歌＝挽歌。前出［三―三］。

○三玄三要＝臨済の「三玄三要」、前出［五］の「会三句三玄」。ただし、ここは春屋宗園の三玄院に因んでいっただけで、公案そのものをいうわけではない。

○菊花先節一枝開＝「先節」が眼目。八月下旬に遺骨が届いたので、九月九日より先、ということ。

○龍光剣＝「龍光」はいにしえの名刀龍泉の光をいう。また名刀そのもののことをもいう。王勃の「滕王閣序」に「物華天宝、龍光射斗牛之墟」（『古文真宝後集』巻三）。もちろん、江月の住する龍光院をふまえていう。龍泉は前出［五〇］。『晋書』列伝、張華伝。

【六七】（二七ウ）［四の一八］

東山遊興楓時遇雨作、寄宗旦老人
萬里天涯入一窓、洛東佳景本無雙。浪浪今雨楓添色、山上還爲濯錦江。

東山に楓に遊興せる時、雨に遇うて作る、宗旦老人に寄す
万里天涯、一窓に入る、洛東の佳景、本と無双。
浪浪と今雨ふり、楓、色を添う、山上還って濯錦の江と為る。

〈訳〉
東山の楓狩りで雨にあう。宗旦老人に寄せる
洛東の紅葉はまさに天下無双の佳景、
万里離れた天涯から飛び来たった風景のようでもある。
そぼふる雨が楓をより赤く染め、
蜀錦の都を流れる錦江が、この山上ににわかに出現したかのように思えるのだから。

○東山＝東福寺か。
○宗旦老人＝未詳。江月と交渉があった人に那波宗旦がいる。月海宗旦信士。寛永二十年（一六四三）九月六日没（『諸霊年忌鑑』）。播磨国那波村から京都に出て、大名貸の金融で財をなした人物であるが、江月が宗旦の諱を与えたのは元和六年庚申（一六二〇）師四十七歳の時のこと。草稿はほぼ年代順に並んでおり、この偈の前後が慶長年間（十八年ころ）のものであることからすると、この宗旦老人は那波とは別人であろう。この前の［六六］

「三叔宗句追悼偈」は江月四十歳のもの。ちなみに孤篷庵本［二の四四］「一室号」には「宗旦禅人、賀州人今枝氏」とあり、これは那波とは別人。その頌は左のとおり。

一室号　宗旦禅人、賀州人今枝氏。
黙時有語語時黙、撼動雷声接得那。
不二門頭無別法、方方丈内老維摩。

○万里天涯入一窓＝孤篷庵本は「処処秋客満一窓」に作る。
○濯錦江＝蜀の成都を流れる錦江。ことに錦江の浣花谿のあたりは佳境として有名。王維「送王尊師帰蜀中拝掃」に「大羅天上神仙客、濯錦江頭花柳春」。「濯錦」は、錦を濯う、の意。蜀はまた錦の産地で、その錦は蜀錦といわれ、錦江で浣う。『文選』巻四、蜀都賦の注に「益州志に云く、成都、錦を織って既に成れば、江水に於て濯う。其の文分明にして、初成より勝る」。雨が降ったので、さながら錦江のよう。

【六八】（一七ウ）

丁春翁宗雲居士大斂忌之辰、不及老随家豐儉供養、無米飯、布施一錢銀。報恩有分者、感慨有餘矣。於茲□亦不克默止、賦拙偈供靈前云

報恩時節舊因縁、十月梅花沈水烟。若向齋筵□（再）來去、一錢直亦半文錢。

春翁宗雲居士が大斂忌の辰に丁って、不及老、家の豊倹に随って供養せんとするも米飯無く、一銭銀を布施す。報恩分有る者、感慨余り有り。茲に於て□も亦た黙止す

ことを克くせず、拙偈を賦して霊前に供うと云う
報恩の時節、旧因縁、十月の梅花、沈水の烟。
若し斎筵に向かって、再び来去せば、一銭の直も亦た半文銭。

〈訳〉

浅野幸長公四十九日忌。村井不及老が報恩のためにわずかな銀銭を施された。一偈を霊前に供える。

旧因縁によって、不及老人が、四十九日の手向けをする。
わずかな布施ではあるが、それはそれでよい。
十月の梅花が沈香にもまさる香りをはなっているのだから。
いま手元不如意だからといって、
もう一度、斎筵を設けたとしても、それは半文銭というもの。

○春翁宗雲居士＝浅野幸長（一五七六～一六一三）。清光院殿春翁雲公大居士。浅野長政の長男。室は池田恒興の女。室の姉はかつて秀次の妾であったため、秀次失脚事件では嫌疑を受け、一時は能登に流されたが恩赦。慶長の役では砲術で活躍。関ケ原では父長政とともに東軍につき、戦後、和歌山城三十七万石を与えられる。慶長十八年八月二十五日没。享年三十八歳。葛城、無右衛門という二人の遊女を買い上げるなど、女色に耽ったため早世したともいう。嫡子がなかった。『大日本史料』第十二編之十一冊、慶長十八年八月二十五日に関係史料あり。『一黙稿』乾に春翁号頌あり、「紀伊之国主幸長公、参話の次いで、諱号を求む。諱を宗雲と曰い、春翁を以て道

称と為す。山偈一章、厥の義を矢すと云う。老倒疎慵、無事の時、太平の一曲、黄鸝に属す。鏡中の両鬢、花を着け去る、東風の次第に吹くを待つこと莫かれ。慶長十五庚戌小春上浣」。

また玉室の『心源禅師諸稿新考』（三二四頁）に「長生院殿一宝宗玉大姉之肖像」賛あり（婦人の肖像）、「丹青を写出して遺像鮮かなり、掌中、百八の念珠連なる。長生の妙術、孫子に属す。以往綿延、幾万年。元和二丙辰稔仲秋上浣、前大徳玉室叟宗珀」。

またその後に「清光院殿前紀州太守春翁雲公大居士之肖像」（浅野幸長）賛あり、「義胆忠肝、況してや又た仁、威風凜凜、群倫に冠たり。腰間の宝剣、拈出すること莫かれ、普ねく平安を報じて、国政淳なり。元和二丙辰歳仲秋望、前大徳玉室叟宗珀書」。

○大斂忌之辰＝七七日。慶長十八年十月。『浅野考譜』に「大徳寺より、芳春院、龍光院両長老を招請して、紀州吹上に葬送す」とある。このほか都から藤原惺窩も参じた。

○不及老＝『咨参緇素名簿』慶長十五年十一月下旬に「村井不及　不及は山城人」とある。また江月の『墨蹟之写』にも名が出る。『欠伸稿』坤［三五八］面壁達磨賛に「紀州衆請、不及取次」とある、

○随家豊倹＝分に応じて。前出［六〇］。

○供養無米飯、布施一銭銀＝法要に参集した一堂の僧侶のためにお斎を出す（供養斎僧）ほどの金はないので、わずかなお金を出した。

○報恩有分＝その分に応じてよく恩に報い得ている。

○於茲□亦不克黙止＝一字あるいは二字、虫くい。「予」あるいは「山野」などの自称であろう。

○十月梅花＝「十月梅花」は前出［二］の「炎日梅花一朶香」の項を見よ。還郷をいう語。

○沈水烟＝沈香。

○若向斎筵□（再）来去、一銭直亦半文銭＝不明の一字は意から推して「再」か。三四句で「再来不直半文銭」をふまえる。またの解釈、「あるいは、もし不及老が七七忌にわざわざ参られたとしても、（もはや侯は不帰の人ゆえ）詮ないこと」。

【六九】（二八オ）

南溪宗無居士小祥忌之頌
一歳光陰覚昨非、今辰是亦雪霏々。寺前依舊長松樹、冬日鵑歸人不歸。十一月十九日

南溪宗無居士小祥忌の頌

一歳の光陰、昨非を覚う、今辰是れ亦た雪霏々。
寺前、旧に依って長松樹、冬日、鵑は帰るも人は帰らず。十一月十九日

〈訳〉

山岡宗無の一周忌

光陰のように過ぎ去った一年を思う。
去年と同じように、今年もまた霏々として雪が降っている。
去年と同じように立つ門前の松樹に、
冬のホトトギスが「不如帰去」と告げる。

○南渓宗無居士小祥忌＝住吉屋山岡宗無の一周忌。堺薬仙寺の開基。前出［二］。慶長十七年（一六一二）十一月十九日没。いまは小祥忌（一周忌）であるから、慶長十八年（一六一三）十一月十九日のこと。

○昨非＝陶淵明の「帰去来辞」に「帰去来兮。田園将に蕪れなんとす。胡ぞ帰らざる。既に自ら心を以て形の役と為す、奚ぞ惆悵して独り悲しまん。已往の諫められざるを悟り、来者の追う可きを知る、実に途に迷うも其れ未だ遠からず、今は是にして昨は非なることを覚る」。

○寺前依旧長松樹、冬日鵑帰人不帰＝顧況の「山中」詩（『三体詩』所収）に「野人自愛山中宿、況是葛洪丹井西。庭前有箇長松樹、夜半子規來上啼」。『由的抄』に三四句を解して「此山中尤愛スルニ足リトイヘドモ、トドマリ難キ事アリ。如何ントナレバ、庭前ニ一箇ノ長松樹アリ。夜半時分ニ子規来テ此樹へ上リテ啼。此声ヲ聞ケバ客思ヲ催シテ堪ガタキ故に不可留トナリ」と。

杜鵑の鳴く声を「不如帰」あるいは「不如帰去」と表わす。杜鵑は還郷の縁語。また、杜鵑は初夏の鳥ゆえ、いま「冬日鵑」というのは無可有の時節をいったもの。

【七〇】（一八オ）［四の一八］

紀三井寺偶作

佳境忘歸夕日春、紀三井寺一聲鐘。和歌吹上玉津嶋、見盡蘆洲布引松。

紀三井寺偶作

佳境、帰るを忘ず、夕日春、紀三井寺、一声の鐘。

和歌、吹上、玉津嶋、見尽くす、芦洲布引の松。

〈訳〉

紀三井寺偶作

この名勝の好風景を、帰るのも忘れて見とれていると、
日没の中、紀三井寺の鐘がゴオーン。
紀伊吹上の浦にある玉津嶋神社、
その布引の松の、えも言われぬ佳景。

○紀三井寺＝和歌山の名草山金剛宝寺護国院。浅野幸長の葬儀に、玉室とともに行った時の作である。
○夕日春＝「夕陽舂」とも「夕舂」とも。夕陽のまさに没せんとするさま。昔は夕陽の没する頃に米を舂（うすづ）いたという。
○和歌吹上玉津嶋、芦洲布引松＝紀伊吹上浦にある玉津嶋神社は和歌の神として崇敬される。「芦洲」は、芦の生えたる島。かつて秀吉が和歌の浦、玉津嶋に参って、その折に詠んだ和歌があり、かつこれに、古渓宗陳が和して偈を作っているが、これらをふまえた作である。
『太閤史料集』所収『天正記・紀州御発向記』（戦国史料叢書一、七二頁）「南は和歌の浦、西は吹上の浜、東より紀ノ川の北に流れて、紀の港に入る。麓は林深くして、諸木条を交ふ。寔に万景一覧の境致なり。卯月の初、内府、御陣廻りの次いで、和歌の浦、玉津嶋に参詣あり、一首の御詠歌に、
　打ち出でて玉津島よりながむればみどり立ちそふ布引の松
かの浦の布引の松、由緒あるかな。最も正風体の佳作なり。各々、これを吟味す。古に云はく、君子は一言を以て国の邪正を知ると。寔なるかな。時に太平山の院主古渓宗陳和尚、事を以て柳営の幕下に至る。御詠の佳作を感じ、祝事を伸べて、韻末によりて見る。其の辞に云はく。

画工景において未だ濃くなること能はず
浦は和歌と号す、誰か后蹤せん
神吾君を祝す、玉津嶋
緑は新たなり、布引万年の松

屡々陣営に在りと雖も、風流かくの如し。その後、五岳の名僧これを伝へ聞きて、皆以て高韻を和せらる。誠に一時の雅興なり」。

この古渓の頌は『蒲庵稿』に「乙酉之季春、吾内府豊君、以武事征紀州、不動干戈、坐致太平。遊山翫水之次、於岡山戯見詠和歌一首、字字金玉、不堪吟賞、謾奉塵厳韻、伸賀忱云　画工於景未能濃、浦号和歌誰後蹤、神祝吾君玉津島、緑新布引万年松」とある。

【七一】（一八オ）［四の一九］

和大仙和尚和歌天神金偈之韻

吹上白沙如晒霜、吟遊立盡惜西陽。請看神慮梅花蘂、春未來先漏暗香。

大仙和尚が和歌天神の金偈の韻を和す

吹上の白沙、霜に晒せるが如し、吟遊立ち尽くして西陽を惜しむ。
請う看よ、神慮、梅花の蕊、春未だ来たらざる先に暗香を漏らす。

〈訳〉
　沢庵和尚の和歌天神の偈に和韻
真っ白な吹上浦の砂浜を愛で、
詩を吟じて陽の沈むのも惜しむ。
まだ春も遠いというのに、あれ、あそこに梅一輪が香を漏らしているのは、
　きっと、和歌天神のご神慮によるもの。

○大仙和尚題和歌天神＝前項と同じく和歌山での作。沢庵『明暗双々』巻六（三六頁）、「詣紀州和歌浦天神祠」詩に「霊廟依然歴雪霜、和歌浦浪蘸斜陽。関南北野又西府、三処梅花一様香」。
○請看神慮梅花蕊＝「梅花蕊」、『句双葛藤鈔』「一点梅花蕊、三千刹界香」に「一点トハ此一心ヲサスゾ。ドツコモ此ノ心法デサゝヘタホドニ、三千刹界香ルト云也」。
○春未来先漏暗香＝孤篷庵本、「先」の一字を欠く。「暗香」は、林逋「山園小梅」詩「疎影横斜水清浅、暗香浮動月黄昏」。梅の代名詞。「先漏」は、蘭坡景茝『雪樵独唱集』絶句一の「題扇面」に「月黒江南烟水涯、尋梅無路到君家、東風夜度短籬外、但有時香先漏花」。また『句双葛藤鈔』「百草総不知、梅花先漏泄」に「梅ハ百花ノサキガケヂヤホドニ、春意ヲ梅ガモラシタゾ」。

【七二】（一八ウ）［四の一九］
　和三玄和尚見追悼琨後板逝去韻
心是平常休歇地、山陰樹下弄閑幽。時哉雪後月奇夜、興盡歸人似子猷。

三玄和尚が琨後板の逝去を追悼せらるる韻を和す
心は是れ平常、休歇地、山陰樹下、閑幽を弄す。
時なる哉、雪後、月の奇なる夜、興尽きて帰る、人は子猷に似たり。

〈訳〉

万江和尚が琨首座を追悼する偈に和する
もはや、涅槃に入ったのだから、心を用いることはない、大暇があいたのだ。
山など森など、心のままにのんびりと遊ばれるがよい。
折しも雪が降ったあとの、素晴らしい月夜。
興が尽きたら、途中でもいい、
あの子猷のように帰ればいいのだ、本源の家郷に。

○和三玄和尚…韻＝草稿の順序からすれば、慶長十八年（一六一三）十二月の作か。三句に「雪後」とある。
○三玄和尚＝大徳寺一三四世、万江宗程（徳輝普灯禅師、慶長十九年七月八日遷化）。
○琨後板＝未詳。
○山陰林下弄閑幽＝孤篷庵本は「山林樹下任閑遊」に作る。「山陰」は末句（左注）でいう王子猷の故事にかかるが、また琨後板の出自にもかかるか。
○興尽帰人似子猷＝琨後板の逝去を「興尽きて帰った」王子猷になぞらえる。晋の王子猷が、雪の夜に興に乗じて、友人の戴逵を山陰に訪うたが、途中で興尽きて会わずに船をかえしたこと。『晋書』巻八十、王徽之伝「王徽之、字は子猷。……嘗て山陰に居す。夜、雪ふり、初めて霽(は)れ、月色清朗、四望浩然たり。独り酒を酌んで、左思が招隠の詩を詠じ、忽ち戴逵を懐う。逵、時に剡に在り。便ち、夜、小船に乗じて之れに詣(けい)す。宿を経て方に至らんとす。門に造(いた)って前(すす)まずして反(かえ)る。人其の故を問うに、曰く、本と興に乗じて行く、興尽きて反る。何ぞ必ずしも安道に見えんや」。『蒙求』上に「子猷尋戴」の題で収める話。

【七三】（一八ウ）〔四の一九〕

試兎　慶長十九甲寅

家家試筆賦詩頻、愧這生涯閑道人。一語寄花花可笑、不如緘口迎新春。

試(し)兎(と)　慶長十九甲寅(きのえとら)

家(か)家(か)、筆を試み詩を賦すること頻(しきり)なり、愧ずらくは、這(こ)の生涯(しょうがい)、閑道人(かんどうにん)なるを。
一語もて花に寄すれば、花は笑う可し、如(し)かじ、口を緘(とざ)して新春を迎えんには。

〈訳〉

慶長十九年元旦試筆

誰もが新年頭の試春の詩を作るのに、
そういう気にもなれぬ。わたしは世間には用のない坊主だ。

何か、花に言寄せて詩を作ろうかとも思うが、かえって花に笑われよう。
口をつむいで詩も吟じないで、新春を迎えることにしよう。

○試兎＝年頭試筆。「兎」は「兎毫」、筆のこと。
○慶長十九甲寅＝慶長十九年甲寅（一六一四）師四十一歳。
○試筆賦詩頻＝無着道忠『風流袋』巻十五「日本人歳旦」にいわく「和国の風俗に、平生、詩を言わざる者も、亦た歳旦には詩を作り、亦た人にも、歳旦の詩有りや、と問う。中華には此の事なし。遇たま歳旦の詩歌有ると雖も、必ずしも和俗の如くならず」。
○愧這生涯閑道人＝孤篷庵本は「慙愧闍梨好箇辰」に作る。「閑道人」は、『証道歌』の冒頭に「君見ずや、絶学無為の閑道人。妄想を除かず真を求めず。無明の実性、即仏性。幻化の空身、即法身。法身覚了すれば無一物、本源自性天真仏」。「絶学無為の閑道人」は、もはや学ぶべきこともなくなった、大暇のあいたことをいうが、ここでは、そのような高次の意味ではなく、自己を抑下したもの。前出［六一］に出る「絶学無為杜撰禅」の「絶学無為」と同じように、杜撰の禅をいう。よって三句に「花可笑」という。
○不如緘口迎新春＝緘口に如かず、といわしめた事情は何か、いま未詳。

【七四】（一八ウ）
和三玄和尚試春韻
擧揚臨濟宗風處、三要三玄門戸開。依舊新春登宝殿、師翁萬福大王來。

三玄和尚試春（ししゅん）の韻を和す

臨済の宗風を挙揚する処、三要三玄、門戸開く。
旧に依って、新春、宝殿に登る、師翁、万福、大王来。

〈訳〉

万江和尚の試筆に和韻

三要三玄の玄関を開いて、
臨済の宗風を挙揚される三玄院の大和尚。
「大王が宝殿に登れば、野老が謳歌する」という、
臨済の宗風は、そのまま三玄和尚のもの。
めでたや、めでたや、三玄院大王様のお出まし、お出まし。

○三玄和尚＝大徳寺百三十四世、万江宗程（徳輝普灯禅師）、慶長十九年七月八日遷化。

○三要三玄門戸開＝臨済の「三要三玄」と三玄院の寺名をふまえる。前出［五］。

○登宝殿＝克符道者が「人境倶不奪」を問うたのに対して臨済が「王登宝殿、野老謳歌」と答えた句をふまえる。「王」は第四句の「大王来」にもつながる。『五灯会元』巻十一、紙衣和尚章に「涿州紙衣和尚［即ち克符道者なり］、初め臨済に問う、如何なるか是れ奪人不奪境。済曰く、煦日発生して地に鋪く錦、嬰児髪を垂れて白きこと糸の如し。師曰く、如何なるか是れ奪境不奪人。済曰く、王令已に行われて天下に遍し、将軍塞外に煙塵を絶す。師曰く、如何なるか是れ人境倶奪。済曰く、并汾絶信、独処一方。師曰く、如何なるか是れ人境倶不奪。済曰く、王登宝殿、野老謳歌。師、言下に於て旨を領ず」。

○万福大王来＝「万福大王来」は、以下に引く趙州の語にちなむが、ここでは三玄和尚を大王になぞらえるのみ。

前出［一六］「芳春法兄試春偈に和す」偈に「換旧添新又一回、維時万福大王来。匡徒領衆住山日、好箇商量演法梅」とあり、その二句目と同じ趣旨。
「万福」は、祝賀のことば。おめでとう。『趙州録』行状に「孟春猶寒、伏惟和尚尊体、起居万福」。大王は春王。室町禅林において歳旦偈でよくうたわれる、天恩寺旧蔵『葛藤集』「春王万福太平今」「至祝春王第一機」「今日春王逢法王」など。
「大王」は、ここでは「その分野で卓出した人」の意。

【七五】（一八ウ）

同　大仙和尚

翁其尊宿罵天漁、法社明珠爲衆娯。匪啻道風鳴闔國、禪餘暗誦五車書。

〈訳〉

同じく、大仙和尚

翁は其れ尊宿、罵天漁、法社の明珠、衆の娯しみと為す。
啻（ただ）に道風を闔国（かっこく）に鳴らすのみに匪（あら）ず、
禅余、五車の書を暗誦す。

沢庵和尚の試筆に和韻

翁は其れ尊宿、罵天漁、法社の明珠、衆の娯しみと為す。
その道徳が日本中に知れ渡っているばかりではない。
禅以外でも、常に万巻の書を読んでおられる。

○大仙和尚＝沢庵。『東海和尚紀年録』慶長十九年条に「五月朔日遷養徳院。……秋八月、建大仙之書院」。沢庵の偈は「不隔樵翁与釣漁、野生朝士共相娯。祇今聖代帰無事、不読七書読四書」。

○翁其尊宿罵天漁、法社明珠為衆娯＝難解。「罵天漁」は未詳。「漁」字はなお未穏。大慧宗杲のことを「杲罵天」「罵天翁」というが、そのこととかかわるか。「法社明珠」は宗門の宝。

○五車書＝五台の車につむほどの多くの本を読むこと。恵施の故事。『荘子』の天下に「恵施は多方にして、其の書は五車」。杜甫の「柏学士が茅屋に題する」に「富貴は必ず勤苦に従って得、男児須らく読むべし、五車の書」。

【七六】（一九オ）

同　三侍丈

春風緩度一吟加、霞簇山山萬里涯。好爲佳人助詩興、宮前柳與寺前花。

同じく、三侍丈

春風緩やかに度って、一吟加う、霞簇がる山山、万里の涯。

好し、佳人の為に、詩興を助くるに、宮前の柳と、寺前の花。

〈訳〉

三侍者の試筆に和韻

おだやかな春風に、一吟を試みる。

春霞に煙る山々が、万里のはてまでつづく。

花と柳で彩られる都の新春は、

さぞ詩興をうながすことでしょう。

○三侍丈＝前出［三七］に「和三君少年試春韻」あり、その三君少年と同人物か。

○宮前柳与寺前花＝王建の「華清宮」詩（『三体詩』収）に「酒幔高楼一百家、宮前楊柳寺前花。内園分得温湯水、二月中旬已進瓜」。『三体詩由的抄』に二句を釈して「宮前ニハ楊柳打乱レ、寺前ニハ花ガ咲乱レテ、折カラ一入面白ナリ」。

横川景三『補庵京華別集』「文明十六年甲辰、謹奉和御製新年瑞雪」詩に「自是皇天雨露深、春回朝市又雲林、寺前花動宮前柳、吹面不寒看雪吟」。

【七七】（一九オ）

同　璠少年

接如孟氏有芳隣、勳業勤哉學日新。花自佳人手中早、番風爭及筆頭春。

同じく、璠少年

接すること孟氏に芳隣有るが如し、勲業、勤むる哉、学、日びに新たなり。
花は自ずから佳人の手中に早し、番風、争でか筆頭の春に及ばん。

〈訳〉

璠少年の試筆に和韻

少年の日の孟子のように、よき友と交わり学んで、
一日一日、日々着実に進歩しておられる。
きみのすぐれた詩才は、すでに花開いている。
二十四番の花ごよみの第一、梅花もすでに及ばないほど。

○璠少年＝玉室の嗣となった玉舟宗璠（一六〇〇～一六八八）。いま慶長十九年（一六一四）、十五歳。
○接如孟氏有芳隣＝よき仲間と交わること。王勃の「滕王閣序」に「非謝家之宝樹、接孟氏之芳隣」。孟氏云々は、孟子の母が、子の教育のために、よき隣人を求めて、三度その居を移した故事（『列女伝』母儀伝）。王勃詩の意は「わたくし王勃は、謝玄が宝樹に譬えたようなすぐれた子弟ではないが、孟母が子弟教育のために選び定めたよき隣人と接し交わり、よい影響を受けようと思う」ということ。
○日新＝日々新たに、絶えず進歩すること。『大学』に「湯之盤銘曰、苟日新、日日新、又日新（湯の盤銘に曰く、苟みて日に新たに、日日に新たに、又た日に新たなり、と）」。
○番風争及筆頭春＝「番風」は「二十四番花信風」をいうが、ここでは、二十四番第一の梅のこと。孤篷庵本［二

の四〇］「梅林号」に「花信番風称第一」とあるように「第一梅花」をいう。前出［四―一］注参照。「筆頭春」は、李白の「夢筆頭生花（筆頭に花の生ずるを夢む）」という故事をふまえるもの。李白は幼少の時に、筆頭に花が開いたのを夢み、文才が大いに進んだという。『雲仙雑記』巻十、「李太白少夢筆頭生花、後天才贍逸、名聞天下」。今いうこころは、少年の詩がすでに花開いていて、第一梅花にも勝ると、ほめちぎる。孤篷庵本［四の八五］「江南郷里親眷人長十郎、志学年春□賦詩寄之。依其韻」に、「春来忽試筆花前、遠到平安城北伝、将和佳篇和猶拙、残生愧及者稀年」。『一黙稿』坤「見公同和（見公者江南人也）」に、「一春風自筆花催。天下群紅第二開」。また「渭公同和」に、「尤喜佳人才力加。一篇詩語帯烟霞。春風亦是手飜覆。不始梅花始筆花」。

【七八】（一九オ）

同　椿少年

試筆春風落九天、題花妙語幾芳鮮。須當吟取涪翁句、夜雨窓前燈十年。

同じく、椿少年

試筆の春風、九天に落つ、花に題する妙語、幾くの芳鮮ぞ。
須らく当に涪翁が句を吟取すべし、夜雨窓前、灯十年。

〈訳〉

椿少年の試筆に和韻

この世のものとも思えぬ、たくみな言葉使い。

花をテーマに歌った、芳しいばかりに斬新な詩語。

まさに、黄山谷の「桃李春風、一杯の酒、江湖夜雨、十年の灯」を思わせる名吟である。

○椿少年＝未詳。前出［五五］。

○落九天＝詩語が巧みなことをいう。黄山谷「宿旧彭沢懐陶令」詩に「空余詩語工、落筆九天上」とあり、注に「謂は、世間の語に非ざるなり。太白詩に、欬唾落九天、随風生珠玉。此の句、頗る其の意を采る。孫子曰く、善く攻むる者は、九天の上を動かす」。両足院蔵『山谷抄』に「落―九天――トハ、淵明ガ語ハ、世俗ノ語デハナイト云心ゾ」。

○幾芳鮮＝「芳鮮」は、ふつうは、魚鳥獣の新鮮な肉、あるいは美味新鮮な食べ物のことをいうが、ここではさにあらず。孤篷庵本［二の二三］「正宗院殿卒哭忌」語に「頓書一部荘厳妙法。筆吐芳鮮」とあり、また、蘇東坡「送鄭戸曹」に「遊遍銭塘湖上山、帰来文字帯芳鮮」とあるように、妙語、新鮮な語句をいう。

○涪翁＝黄山谷。右に引いた黄山谷詩の「落筆九天上」、また「寄黄幾復」詩に「我居北海君南海、寄雁伝書謝不能。桃李春風一杯酒、江湖夜雨十年灯。持家但有四立壁、治病不蕲三折肱。想得読書頭已白、隔渓猿哭瘴渓藤」とあるのをふまえていう。「桃李春風一杯酒、江湖夜雨十年灯」、両足院蔵『山谷抄』に「昔ハ、春ハ花ヲ看テ、酒ヲ飲デ共（ニ）遊ンダガ、今ハ独酌ゾ。昔ハ江湖ノ雨ヲ聴テハ共ニ対灯学問ヲシタガ、今ハ相別后、十年バカリハ、灯モ独対ゾ」。

―【七九】（一九オ）―

同　楞少年
君賦新詩試筆時、并看王巧又黄奇。春風織出文章錦、莫道餘寒花較遅。

同じく、楞少年

君、新詩を賦す、試筆の時、并せ看る、王巧又た黄奇。
春風織り出だす、文章の錦、道うこと莫かれ、余寒、花較って遅しと。

〈訳〉

楞少年の試筆に和韻

君の試筆の作品は、蘇東坡や黄山谷をうわまわるできばえ。
錦を織り出すように名詩ができたのだから、
春まだ浅く花も遅いだろうなどとは言うまじ。

○楞少年＝未詳。後出［九七］にも出る。そこに「濃抹淡粧尤美哉」とあるような美少年である。
○王巧又黄奇＝景徐周麟『翰林胡盧集』第四巻、詩部、画賛に「不愧此君軒下春、某黄奇又某蘇新……」。天恩寺旧蔵『葛藤集』に「其麗句也、友于蘇新黄奇」と。「蘇新黄奇」は、蘇東坡の「新」と黄庭堅の「奇」の意。「王」は王勃か。前出［三四］。

【八〇】（一九ウ）［四の一九］

送不二和尚東遊

師出皇州赴駿州、這生恨是不同遊。吟嚢可重歸來日、富士千峯一杖頭。

不二和尚が東遊を送る

師、皇州を出でて駿州に赴く、這の生、恨むらくは是れ同に遊ばざることを。
吟嚢重かる可し、帰り来たる日、富士千峰、一杖頭。

〈訳〉

集雲和尚の東遊を送る

京都から駿河にお出かけになる禅師、
そのお供をできないのは、何とも残念です。
さぞかし名吟のお土産が多いことと期待いたします、
きっと、富士山を杖の先に引っ掛けてお帰りになることでしょう。

○不二和尚＝東福寺二二三世、集雲守藤。元和七年（一六二一）七月六日遷化。孤篷庵本は「不二・集雲和尚東行」。

○送不二和尚東遊＝慶長十九年三月九日、「幕府、以心崇伝の密計により、五山長老を験せん為め、駿府に急召して懸題作詩せしむ」（『東福寺誌』八〇九頁）。東福寺からは集雲守藤らが参上した。一行は二月二十八日に京都を出発、三月七日に駿府に着いた。なお、集雲守藤のこの行に沢庵も同行している。『万松語録』巻二（五九頁）に「慶長甲寅春二月、征夷大将軍の鈞命に依って、五岳の諸彦と与に駿府に赴く。慧日山不二堂頭大和尚、河東を出で、江州勢多に至る。先に佳作有り、是に従って一一、其の紀行の韻を和す」として十三首がある。五山僧の駿府召喚の目的は、家康の前で詩文を作って披露するということで、表面的には学問奨励に見えたが、実際は五山僧徒の学力が食禄に値するかの試験であり、またこのあと八月に、大問題として顕現することになる「大仏殿鐘銘」問題で、五山僧たちに、清韓が作った「国家安康」の鐘銘を批判させるための布石でもあった（辻善之助『日本仏教史』第八巻、近世篇之二）。江月の壮行の偈も、名誉の旅への出で立ちをたたえているのであるが、当時は、やがて起こる厄難を予見するものは誰もいなかったであろう。

○皇州＝帝都。岑参の「奉和中書舎人賈至早朝大明宮」詩に「鶏鳴紫陌曙光寒、鶯囀皇州春色闌」。

○這生恨是不同遊＝「這生」は自分、江月のこと。将軍さまの前で詩を披露するという名誉を得た五山の大徳の文芸の旅に、沢庵和尚のようにお供できないのは、実に残念です、と。

○吟嚢可重帰来日＝富士を見て佳詩あらずんばあるべからず。前出［二七］「奉餞芳春和尚之東行」偈に「師赴東関期再逢、此身只恨不相従。袖中可重幾多少、三保松原富士峰」。

○富士千峰一杖頭＝孤篷庵本は「千峰」を「由旬」に作る。後出［二七一—二］にも「白於富士千峰雪」とあるが、富士をいうのに「千峰」の語を用いる例は見えない。古剣妙快『了幻集』「礼上主の建長に回るを送る」詩に「富士千尋飛白雪、他日孤峰正令行」とあるが、「千尋峰」という意味であろうか。やはり、孤篷庵本の「富士由旬一杖頭」がいいだろう。「由旬」は、里程の単位で、帝王一日の行程。わが室町禅林では富士山を一由旬あるいは四十由旬などと言い表わす。ただし、「四十」という拠未詳。孤篷庵本［三の六七］「富士石」に「以白作千秋雪、以寸作由旬山、則片石富士」とある。天恩寺旧蔵『葛藤集』に「不屑士峰一由旬者」「士峰高聳一由旬」「四十由旬士峰雪」「士峰四十由旬之白雪」などとある。

「一杖頭」は「拄杖頭上挑日月」また「清風明月杖頭挑」という気味。

【八一】（一九ウ）

義辰少年、於藤黄門連詩歌之席、有梅契萬春之詩。卒和其韻
古今詩有巧奇新、蘇氏王黄又義辰。郁郁清香君子徳、梅花保得萬年春。

義辰少年、藤黄門が連詩歌の席に於て、「梅万春に契う」の詩有り。卒に其の韻を和す

古今、詩には巧奇新有り、蘇氏・王黄又た義辰。
郁郁たる清香、君子の徳、梅花、保ち得たり、万年の春。

〈訳〉

義辰少年、烏丸光広中納言の詩歌の席で「梅契万春」詩を作る。これに和韻。
昔から漢詩の技巧を巧・奇・新というが、
義辰少年の詩たるや、蘇東坡・王勃・黄山谷にも匹敵するもの。
君が織り成す詩文の綾は、君子の清らかな徳香をかおらせ、

気高い梅の花がとこしなえの春を約束しているよう。

○義辰少年＝未詳。この詩の内容からすれば、かなりの貴顕の出自であろう。
○藤黄門＝烏丸光広（一五七九〜一六三八）。中納言。烏丸家は藤原北家の流れをくむので「藤」という。いま慶長十九年（一六一四）、三十六歳。
○連詩歌之席＝和漢連句。
○巧奇新＝前出［七九］に「并看王巧又黄奇」。
○蘇氏王黄又義辰＝「蘇氏」は蘇東坡、「王」は王勃。「黄」は黄山谷。前出［三四］を参照。また前出［七九］に「并看王巧又黄奇」。

【八二】（一九ウ）

芳春院裏璠公佳人落髮、便見轉位於侍局日、大仙堂頭和尚有尊偈。謹奉依嚴韻、以祝遠大云

後生可畏後生辰、年少賢賢易色頻。遮莫風來花落盡、黄鶯侍者幾芳春。四月六日落髮

芳春院裏の璠公佳人、落髪し、便ち位を侍局に転ぜらるる日、大仙堂頭和尚尊偈有り。謹んで厳韻に依り奉って以て遠大を祝すと云う

後生畏る可し、後生の辰、年少、賢を賢とし色を易うること頻なり。
遮莫あれ、風来たって花落ち尽くすことを、黄鶯侍者、幾芳春ぞ。四月六日落髪。

〈訳〉

瑶公喝食が落髪して侍者となる日、沢庵和尚の尊偈に和韻

まことに後生畏るべき才能のこの少年、
風流世界を卒業して、いよいよ賢人の仲間入りをされる。
風に花が散るように、あたら緑の黒髪が剃られるか、さもあらばあれ。

○芳春院裏瑶公佳人＝玉室の法嗣となった玉舟宗璠（一六〇〇～一六八八）。前出［五七］「和璠公試春韻」に「少年可畏後生年、灯下読書無睡眠、人謂蒹葭依玉樹、野僧愧是和佳篇」、また、［七七］「璠少年試春韻」に「接如孟氏有芳隣、勲業勤哉学日新、花韻佳人手中早、番風争及筆頭春」。
○落髪＝有髪の喝食であるのをやめて、禿頭の僧になる。ほぼ十五歳で落髪する。
○大仙堂頭和尚＝沢庵。
○四月六日落髪＝慶長十九年（一六一四）四月六日。宗璠十五歳、師四十一歳。
○祝遠大＝その志、前途、地位などの遼遠ならんことを祈る。
○後生可畏後生辰、年少賢賢易色頻＝『論語』の語を引いて、少年の才能を賞嘆する気持と、美貌を棄てて落髪するのを惜しむ気分とこもごものところを言い表わしたもの。
「後生可畏」、『論語』子罕「後生畏る可し」。
「賢賢易色」、『論語』学而に「賢を賢とし色を易う、父母に事うるに能く其の力を竭す（賢賢易色、事父母能竭

其力)」。人の賢を賢とし、これを好むこと、色を好むごとくにすること。
この「易色」、古来、解釈の分かれるところ。一に「平生の顔色を慎む」の意、二に「色を好むの心をもって賢を好む」、三に「女色をかろんずる」などだが、ここはやはり二の「色を好む」であろう。室町以来の喝食（美少年）の美貌をたたえる風潮が背後にあるからである。『句双葛藤鈔』「賢賢易色」の解には「君ヲ思フ心ニ勧学ヲ易ヘヨ、サアラバ賢人トナラフズゾ。色トハ女色ナリ」とある。むろんここでは「女色」でなく「少年愛」。

○遮莫風来花落尽＝あたら緑の黒髪が風に吹かれる雲のよう。左に引いた無名作「緑髪今日風擾雲」と同じ気分。落髪は僧となる門出であり、祝賀すべきことであるが、室町禅林では必ずしも賀するだけではなく、むしろ落髪を惜しむ気分が強調されること、左の例のごとし。

『翰林五鳳集』巻六二、無名作「一一佳丈、落飾前の一夕、辱なくも草廬を下訪さる。卒に筆を走らせ其の謝忱を致すと云う」に「緑髪今日風擾雲、円頂明朝月生嶺。明朝今日無両般、雨奇晴好西湖景」とあり。「緑髪」は有髪の喝食をいう語、「緑髪佳人」ともいう。

また同書巻六四に、喝食の落髪を詠う偈、三首あり。南江の「魁叔辱友求詩」に「肩搭畛衣僧夏新、落鬢勿復少年春」、同じく南江の「某少年落髪、戯れに寄す」に「惜春隣客情難忍、為問花飛有底忙」。また雪嶺の「人の落髪するを賀す」に「風力一陣有遺恨、掃尽巫山十二鬟」。

○黄鴬侍者幾芳春＝「黄鴬侍者」、喝食また侍者を鴬になぞらえること、天恩寺旧蔵『葛藤集』に頻出。後出［一〇〇］に「鴬児可笑酔和尚、日日対花傾寿杯」。［一四一］「知識如花侍者鴬」。［一八八］「後五百年多別情、落花飛葉涅槃城。黄鴬侍者阿難也、啼向春風不惜声」など。

○幾芳春＝芳春院をふまえる。

【八三】（二〇オ）［四の一九］

佛誕生日

古徳云、諸佛時時降生、諸佛時時成道、諸佛時時滅度。若言過去未來現在、大似無事生事矣。今茲慶長甲寅佛生日、予偶丁住持之任焼香之次、綴川八句拙偈、以呈華堂前、聊充酬恩之供養。人謂無事生事。汗顔汗顔

無端一佛出興後、子子孫孫盡大千。窮古窮今今又古、指天指地地兼天。
薔薇入夏暗香動、芍藥留春紅色鮮。昔日昭王時再到、惟年頼遇甲寅年。

仏誕生日

古徳云く、諸仏時時に降生し、諸仏時時に成道し、諸仏時時に滅度す。若し過去未来現在を言わば、大いに似たり、事無きに事を生ぜるに、と。今茲慶長甲寅の仏生日、予、偶たま住持の任に丁たり焼香する次いで、川八句の拙偈を綴り、以て華堂前に呈し、聊か酬恩の供養に充てんとす。人は謂わん、事無きに事を生ぜりと。汗顔汗顔

端無くも一仏出興してより後、子子孫孫、尽大千。
窮古窮今、今又た古、指天指地、地兼た天。
薔薇、夏に入って暗香動く、芍薬、春を留めて紅色鮮かなり。

昔日（そのかみ）の昭王の時、再び到れり、惟（こ）れ年、頼（さいわ）いに甲寅（きのえとら）の年に遇う。

〈訳〉

仏誕生日。古人いわく「諸仏は常に誕生し、常に成道し、常に滅度している。だから、過去・現在・未来にとらわれて見るのは、事無きにわざわざ事を生じるようなものである」と。慶長十九年四月八日、たまたま本山住持に任にあり、仏生日の焼香をするに際し、一句を供う。これもまた事無きに事を生ずるというものか。慚愧、慚愧。
ついうっかり、この男が生まれて来たために、
世界中がその末裔だらけ。
今も昔も、昔も今も、
天を指し地を指して、天上天下唯我独尊。
いま四月、芍薬は春の名残りをとどめ、
あらたに開いた薔薇が香っている。
さながら、釈尊が誕生した、周昭王二十四年が再来したよう、
しかも干支も同じ甲寅である。

○仏誕生日＝慶長十九年（一六一四）四月八日（「茲慶長甲寅仏生日」）。師四十一歳。
○古徳云、諸仏時時降生…＝『増集続伝灯録』巻六、台州龍華会翁清海禅師章、上堂に「諸仏時時降生、諸仏時時成道、諸仏時時滅度。若言過去未來現在、大似無事生事。畢竟如何。飳籮裏に還って屎を著得するや。喝一喝、

下座」。
○無事生事＝本来そのままでよいのに、よけいなことをする。
○川八句＝「川八」ともいう。七言八句詩のこと。無著道忠の『風流袋』巻十五、「川八」に「中古の禅林にて、七言八句詩を称して川八と為す。蓋し自ら作る所にして謙称するならん。未だ其の義を詳らかにせず」。『翰林五鳳集』『無孔笛』など室町禅林のものにその例を見るのみ。
○無端＝ゆくりなくも。こうなるとは思いもしなかったに。
○無端一仏出興後、子子孫孫尽大千＝抑下の語。誕生仏を抑下するのは、雲門の「世尊初生下、一手は天を指し、一手は地を指して、周行七歩、四方を目顧して、天上天下唯我独尊と云えるを挙して、師云く、我れ当時（そのかみ）、若し見ば、一棒に打殺して狗に与えて喫却せしめて、天下太平なることを貴図（ほっ）したらんに」（『雲門録』巻中）をはじめとして常套の表現。
○指天指地＝『瑞応経』上「……従右脇生堕地、即行七歩。挙右手住而言、天上天下唯我独尊」。
○薔薇入夏暗香動＝薔薇は仏誕生の縁語。古剣妙快『了幻集』仏誕生偈に「薔薇含露暁初開。惹得薫風匝地来」。天恩寺旧蔵『葛藤集』の仏誕生偈に「于今跛脚一棒雨、滴到薔薇刻骨寃（今に跛脚の一棒の雨、滴でて薔薇に到って、骨に寃を刻む）」、「無端跛脚棒頭雨、滴作薔薇一杓湯（端無くも、跛脚の棒頭の雨、滴でて薔薇一杓の湯と作る）」、「周行七歩太無力、彷彿薔薇雨後姿（周行七歩、太だ無力、彷彿たり、薔薇が雨後の姿）」など。
「暗香」は、林逋の「山園小梅」詩に「疎影横斜水清浅、暗香浮動月黄昏」とあるによって、「暗香」といえば、通常、梅に限る如くであるが、また菊、蓮荷にも用いると。『風流袋』巻十五に「常には梅に用う。又た菊にも用い、蓮荷にも用う」。
○芍薬留春紅色鮮＝「芍薬」は菩薩のイメージ。『大灯国師語録』仏生日上堂に「僧云、指天指地道、天上天下唯我独尊、聻。師云く、芍薬花開菩薩面」。惟肖得巌『東海璚華集』南禅寺語録の仏殿に「芍薬菩薩面、棕櫚夜叉頭」。
○昔日昭王時再到、惟年頼遇甲寅年＝『伝灯録』巻一、釈迦牟尼仏章に「普耀経に云く、仏初め刹利王家に生まれ……東西及び南北に各おの行くこと七歩、分手して天地を指して師子吼の声を作す、上下及び四維、能く我より尊き者無しと。即ち周昭王の二十四年甲寅の歳四月八日なり」。

【八四】（二〇オ）［四の二〇］

丁聖伯宗凡居士大祥忌之辰、其親眷就于大通禪菴、設小齋會。越賦一偈供靈
前。予亦聊寄兄草弟麻思云

地是江南蘆荻洲、忽隨流水更無憂。三年光景孰三日、作舊時看一睡鷗。

聖伯宗凡居士の大祥忌の辰に丁って、其の親眷、大通禅庵に就いて、小斎会を設く。越いて一偈を賦し霊前に供う。予も亦た聊か兄草弟麻の思いを寄すと云う

地は是れ江南、芦荻洲、忽せに流水に随って、更に憂い無し。
三年の光景、三日に孰れぞ、旧時の看を作す、一睡鴎。

〈訳〉

俗兄宗凡居士三回忌。親戚が大通庵に集い斎会。一偈もって兄弟の思いを述べる。
アシとオギの生える水辺の堺。
その水の流れに身をまかせれば、もはや何も憂うることもない。

この三年は、さながら三日間のようだった。
浜辺で眠るカモメは何のかわりもない、昔のままだ。

○聖伯宗凡居士大祥忌＝俗兄の三回忌（没後二年）。慶長十九年（一六一四）五月二十九日。
○大通禅庵＝津田家の寺。前出［一］。
○兄草弟麻思＝「兄草弟麻」の語、未見。兄弟のあいだ柄を「梅花山礬（さんばん）」ということ、黄山谷の「王充道、水仙花五十枝を送らる、欣然として心に会し、之れが為に作り咏ず」詩に「山礬是弟梅是兄」とあるに拠る。山礬は、沈丁花に似た常緑樹で、春には清香を放つ白花をつける。前出［八］。今ここでは「梅花山礬」のかわりに「草麻」を用いて謙譲の義を表わしたものであろう。「兄弟としての思い」を謙称したのみ。
○地是江南芦荻洲＝前出［一－一］に「地霊江南古道場」。泉州堺。「芦荻」はアシとオギ（ハギに非ず）。
○随流水更無憂＝『伝灯録』巻一、西天二十二祖摩拏羅尊者の付法偈に「心随万境転、転処実能幽。随流認得性、無喜復無憂」。「忽」はここでは「ユルガセニ」と訓む。気にかけぬ、無心のさま。何も思うことなく流れに身をまかせる。
○三年光景孰三日＝「孰」は「孰与」などとも。「AはBに比べてどうであろう」「AはBにくらべてほとんど同じ」。
○一睡鴎＝前出［二］「南渓宗無居士初願忌」の香語に「問取江南一白鴎」とあり。白鴎は、自然無心の象徴。また、江月においては堺（あるいは博多）の縁語ともなる。李白の「江上吟」に「仙人有待乗黄鶴、海客無心随白鴎」。時には波のこともいう。「問白鴎」「白鴎閑」「閑似白鴎」「盟白鴎」など。また黄山谷の「演雅」詩に「江南野水碧於天、中有白鴎閑似我」。

【八五】（二〇ウ）［四の二〇］

> 大悲廣通禪師一周回忌之辰、賢谷座元見賦華偈、奉和其嚴韻云　靈鑑
> 鐵樹崑崙絶始終、一枝花發領番風。分明歷歷大悲眼、照破三千刹界中。

大悲広通禅師一周回忌の辰、賢谷座元、華偈を賦せらる。其の厳韻に和し奉ると云う　霊鑑

鐵樹崑崙、始終を絶す、一枝、花発いて、番風を領す。
分明歴歴、大悲眼、照破す、三千刹界の中。

〈訳〉

玉甫禅師一周忌、賢谷座元の偈に和韻
始まりもなければ終わりもない、時空以前のところの鉄崑崙に、
二十四番の花信風にさきがけ、一枝の梅花が開いて、天下に春が来た。
そこにありありと見えるではないか、
禅師が大慈悲の眼でもって、この全世界をみそなわしておられるのが。

○大悲広通禅師一周回忌＝大徳寺一三〇世、玉甫紹琮。慶長十八年六月十八日寂。寿六十八歳。一周忌正当ならば慶長十九年（一六一四）六月であるが、「一枝花発」あるいは「一枝楊柳」（孤篷庵本）とある。春をいう語であるから、六月より前に行われた預修であろう。

○賢谷座元＝大徳寺一五九世となった賢谷宗良。前出［六三］。
○鉄樹崑崙絶始終＝孤篷庵本は「空劫深根無始終」。「鉄樹崑崙」も「空劫深根」もともに威音劫外、すなわち宇宙生成以前の消息をいう語。「崑崙」はまるまるそのまま、よって始まりもなければ終わりもない。
○一枝花発領番風＝孤篷庵本は「一枝楊柳起真風」。「番風」は、二十四番花信風。前出［四］。「一枝花」「領番風」は、花信風第一の梅。花の魁。

【八六】（二〇ウ）［四の二〇］

筑之前州冷泉津、片雲齋主紹府老翁者、予二十年來之耐久也。予曾以事泊西海數旬、翁之厚意盡美盡善矣。今茲甲寅孟夏上旬、航海觀光上國、得得來也。一日訪予安否。喜抃有餘。乃止野僧草廬側、而栖心於旅窓之下者一夏。于朝于暮參請。俗而不俗、其志可嘉尚者也。或打蘿月談、或有松風和。日日連床説二十年之舊事矣。今也秋來見月、要辭華洛告歸枌郷。於于茲、見覓予之一語。勉強不得留、綴拙偈一篇、以漏睽別萬乙之懷、兼傳語某州之舊識、庶幾報平安、云爾

明日歸舟赴冷泉、海門依舊白鷗前。知吾人若問吾事、一把茅中一睡眠。

筑の前州冷泉津の片雲斎主紹府老翁は、予が二十年来の耐久なり。予曾て事を以て西海に泊まること数旬、翁の厚意、美を尽くし善を尽くす。今茲甲寅孟夏の上旬、

海を航して観光のため上国し得得として来たる。一日、予が安否を訪う。喜抃余り有り。乃ち野僧が草廬の側に止めて、心を旅窓の下に栖ましむる者一夏。朝に暮に参請す。俗にして俗ならず。其の志、嘉尚す可き者なり。或いは蘿月の談を打し、或いは松風の和する有り。日日、床を連ねて二十年の旧事を説く。今や秋来たって月を見、華洛を辞して枌郷に帰ることを告げんと要す。此に於いて、予が一語を覓めらる。勉強するも留むることを得ず。拙偈一章を綴って、以て睽別万乙の懐を漏らし、兼ねて某州の旧識に伝語す。庶幾くは平安なりと報ぜよ、と爾か云う

明日、帰舟冷泉に赴く、海門、旧に依る、白鴎の前。
吾を知る人、若し吾が事を問わば、一把茅中、一睡眠と。

〈訳〉

博多の田中紹府翁は二十年来の友である。かつて、事情があって博多に数十日滞在したとき、はなはだお世話になった。今年、慶長十九年四月上旬、観光のためはるばる上京され、一日、わたしを訪ね龍光院に止宿して一夏、参禅された。俗人とは思えぬ熱心さである。時には清談をし、二十年前の昔を親しく語り合った。そして今や秋、

月見も終えて、郷里に帰るにあたって一語を覓められたので、拙偈を綴ってお別れの言葉とする。博多の旧知の方々に、江月が元気であるとお言伝を願う。

明日はいよいよ、舟で博多へお帰りか。

昔のまま何も変らぬ姿の白いカモメが、迎えてくれることでしょう。

むこうの知己がわたしのことを尋ねたら、
和尚は毎日いねむりの庵ぐらし、とお伝えくだされ。

○冷泉津＝博多。
○片雲斎紹府老翁＝『咨参緇素名簿』慶長十九年四月二十三日条に「田中紹府　筑前博多人」。武人ではなく、茶人・商人であろう。また孤篷庵本［一の三九］「太翁紹府禅人活下火」の語があるが、この語も同じく慶長十九年に上洛した時のもの。全文、左のとおり。
太翁紹府禅人活下火
久発芳声鳴筑府、斯老従来高気宇。直是要到涅槃堂、一条活路有門戸。夫以預修功徳主某、克始克終、中規中矩。話尽海月、結交於親明佗。敲磕門庭、問道於吾師祖。悟了過現未之因縁、観念生老病之困苦。有時吟取十里青松風。有時聴得一夜落花雨。五四三二一、一二三四五。挙火把云、言未説、丙丁童子下露柱突出云、上来事禅人平常受用強打、這般談則不可勝数兮、且百年之後頓度越凡聖境底一句、請為佗如何有所取。
拋火把云、泥牛哮吼過西天、木馬嘶鳴震東土。普。
○二十年来耐久＝江月はこの年に四十一歳ゆえ、二十一歳ごろからの知り合い。「耐久」は、いつまでも交友の道義を保ってその心の変わることのない友。「耐久人」とも。「ナイキュウ」と読む。
○予曾以事泊西海数旬＝今から二十年前といえば、江月二十一歳、文禄年間（一五九二〜九五）のことだが、『欠仲年譜草稿』の二十一歳前後には九州行きのことを記さない。「以事」は「因事」に同じ。「事」は世諦雑事（宗門の本分に関わらぬ世間的なこと）、あるいは「事件」のこと（『虚堂録犂耕』巻九、三七二頁）。孤篷庵本［四の五四］に「寛巳季秋念五日は、宝林院竹窓宗節大姉（禅師の生母）が一周忌の辰なり。山野、事を以て武陵江戸城外に在り、家郷に帰るを得ず。一偈を賦し心事を伸ぶ」とあるが、これは、寛永六年（一六二九）秋、紫衣事件に坐して江戸滞在中だったことをいう。まさしく事件である。二十一歳の時も、当時の世情に関わることがあって、そのために博多に下ることがあったらしいが、その事情が何かは未詳、待攷。

○甲寅孟夏上旬＝慶長十九年（一六一四）四月上旬。師四十一歳。

○喜抃＝嬉しさのあまり手を拍つこと。

○栖心於旅窓下＝「栖心」は、心をやすめる。

○或打蘿月談或有松風和＝清談をした。「蘿月」は、蔦葛にかかって見える月。李白「贈嵩山焦錬師」詩「蘿月掛朝鏡、松風鳴夜絃」。

○日日連床説二十年之旧事也＝思い出話。「連床」は「対床」に同じで、親しい友同士の間柄をいう語。「夜雨対床」「風雨連床」の語あり、親しき者どうしが交談歓楽するをいう。室町禅林ではまた「友道」を表わすキーワードでもある。基づくところは蘇東坡が弟の子由を思って作った詩。

蘇東坡の「辛丑十一月十九日、既に子由と鄭州西門の外に別かる、馬上に詩一篇を賦して之に寄する」詩。

不飲胡為酔兀兀（飲まざるに胡為（なんそれ）ぞ酔うて兀々たる）
此心已逐帰鞍発（此の心、已に帰鞍を逐うて発す）
帰人猶自念庭闈（帰人すら猶自（な）お庭闈を念（おも）う）
今我何以慰寂寞（今我れ何を以てか寂寞を慰めん）
登高回首坡壠隔（高きに登って首を回らせば、坡壠隔つ）
但見烏帽出復没（但だ見る、烏帽の出でて復た没するを）
苦寒念爾衣裘薄（苦寒には念う、爾が衣裘の薄くして）

独騎瘦馬踏残月（独り瘦馬に騎って残月を踏むを）
路人行歌居人楽（路人は行歌し、居人は楽しむ）
童僕怪我苦悽惻（僮僕は我が苦だ悽惻するを怪しむ）
亦知人生要有別（亦た知る、人生、要ず別かれ有ることを）
但恐歳月去飄忽（但だ恐る、歳月の去って飄忽たることを）
寒灯相対記疇昔（寒灯相い対せる疇昔を記す）
夜雨何時聴蕭瑟（夜雨、何れの時か蕭瑟を聴かん）
君知此意不可忘（君、此の意の忘る可からざるを知らば）
慎勿苦愛高官職（慎んで高官の職を苦だ愛する勿かれ）
自注、「嘗て夜雨対牀の言有り、故に爾か云う」

右の詩は、蘇軾と蘇轍の兄弟が、それぞれ任地を異にして、初めて別れ別れになるときに、蘇軾（二十六歳）が蘇轍（二十三歳）に送ったものである。最後の二聯の意は「寒い夜、灯火のもとで語り合ったあの日のことを思う。床を並べてしめやかな夜雨の音を聴こう、という約束はいつ実現できるだろうか。君よ、この約を忘れてはならないと分かっているなら、高位官職に心を奪われてはならない」ということ。

自注に「夜雨対牀」とあるのは、韋応物の「示全真元常（全真、元常に示す）」詩につぎのようにあるのをいう。

余は郡府を辞し去り、爾は外事に牽かる
寧ぞ知らん風雨の夜、復た此に牀を対して眠らんとは（寧知風雨夜、復此対床眠）
始めて話る南池の飲、更に詠ず西楼の篇
一会の易るを将て、歳月の坐らに推し遷る無し

蘇東坡は、この「寧知風雨夜、復此対床眠」の句に深く感動を覚えたという。そして、蘇軾と蘇轍の兄弟の詩のやりとりには、この句をふまえた表現がしばしば見られる。そのこと、『王直方詩話』（『漁隠叢話前集』巻三十八）に、左のようにいう。

「東坡、〈寧知風雨夜、復此対牀眠〉を喜ぶ。故に鄭に在って子由と別かるるに云う、〈寒灯相い対して疇昔を記す。夜雨、何時か蕭瑟を聴かん〉と。又た初秋、子由、坡と彭城に相い従って詩を賦して云う、〈娛しみ喜ぶ、牀を対して旧約を尋ぬるを、知らず飄泊して彭城に在り〉と。子由、虜に使し、神水の館に在って詩を賦して云う、〈夜雨従來、榻に対して眠る、茲の行万里、胡天を隔つ〉と。坡は御史の獄に在って云える有り、〈他年夜雨、独り傷神〉と。東府に在って云える有り、〈牀を対して定めて悠々たり、夜雨、今は蕭瑟〉と。其の同じき転対に云える有り、〈牀を対して貪り聴く、連宵の雨〉と。又た曰く、〈牀を対して連夜の雨と作らんと欲す〉。又た曰く、〈牀を対す老兄弟、夜雨、竹屋に鳴く〉と。此は其の兄弟が賦する所なり。退休を相約す、謂っつ可し、之を忘るるに日無しと。然れども竟に其の約を成す能わず。其の意は趙遥堂詩の敍に見ゆと云う」。

すなわち、蘇兄弟にあっては「夜雨対床」は、夜雨のしたたる静謐な時間の流れをともにすることで、その兄弟愛の深さを確認するキーワードとなっているのである。

『禅林疏語考証』巻三、「薦兄弟」の項に「夜床之雨、韋応物詩、寧知風雨夜、復此対床眠」。

○睽別＝ケイベツ。別れ。睽離（けいり）とも。

○万乙＝「万一」「曼乙」とも書く。気持は千万あるけれども、十分に意を尽くして表現できません、といった、謙譲の意。前出［一九］。

○某州之旧識＝某州は筑前（博多）のこと。某は、判明している名を簡称するのみ。具体的には、次項に出る嶋井宗室のことであろう。田中紹府は、この上洛のとき嶋井宗室の手紙と土産を預かって持参して来ていた。

○白鴎＝黄山谷の「演雅」詩の「江南野水碧於天、中有白鴎閑似我」。白鴎については前出［二］。

○知吾人若問吾事＝孤篷庵本は「友人若是問吾事」。

○一把茅中一睡眠＝「一把茅」は庵のこと、「把茅」とも。「一睡眠」の語、『欠伸稿』に多し。前出［六一］「謝人恵枕子」に「破蒲団上工夫熟、十二時中一睡眠」。孤篷庵本［三の四］「舩子」賛に「釣竿釣得夾山後、万事無心一睡眠」、孤篷庵本［三の一九］「対月図」賛に「縦使了残課、不如一睡眠」、孤篷庵本［三の五八］「飛鳥川茶器」銘に「昨非今是又明日　三世醒来一睡眠」。

【八七】（二一オ）［四の二〇］

九州博多津、虚白軒主宗室老翁、其爲人也、參祖師禪、慕藺江南林才、歸聖人仁、希顔關西孔子矣。山野二十年來之舊同參也。每得西風便、遠傳音書。頃同州片雲齋觀光之次、又傳書、加之、見寄絞文綺色明楮者三五枝。厥深情也、塵視百花紅、厥厚意也、塊看萬柳緑矣。因媒所惠一葉、而題村偈一章、以隨西江逆流、伸謝之萬乙云　至矧

博學多聞虛白翁、寄書潮信幾回通。乾坤紙上寫情看、萬里江天一掌中。

九州博多津、虚白軒主宗室老翁、其の為人たるや、祖師の禅に参ずることは江南の林才を慕藺し、聖人の仁に帰することは関西の孔子を希顔す。山野二十年来の旧同参なり。西風の便を得る毎に、遠く音書を伝う。頃ろ同州の片雲斎観光の次いで、又た書を伝う。加之、絞文綺色の明楮を寄せらるる者三五枝。厥の深情たるや百花の紅を塵視し、厥の厚意たるや万柳の緑を塊看す。因って恵まれし所の一葉を媒にして村偈一章を題し、以て西江の逆流に随って、謝の万乙を伸ぶと云う　至矧

博学多聞、虚白翁、書を寄す、潮信、幾回か通ず。
乾坤紙上に情を写し看よ、万里の江天、一掌の中。

〈訳〉

博多の嶋井宗室翁は、博多の臨済、博多の孔子ともいうべき方で、わたしとは二十年来の同参である。幸便のあるごとに、はるばる書簡を寄せてくださる。先ごろ田中紹府翁が上京した時も、書簡とともに紋模様の入った紙をお贈りくださった。まことに有り難いお志である。いただいた紙の一枚に拙偈を書し、船便に託してお礼を申し上げる。拙い作とお笑いください。

まことに教養の深い嶋井翁。船を運ぶ潮にのせて、幾たびお便りを戴いたことか。
このたび頂戴した素晴らしい紙を天地に見立てて、わたしの思いを綴りました。
万里離れた博多と京都ですが、
こんな素晴らしい、天地のような紙で書信を通じるのですから、
ひとつ掌の中にあるようなものです。

○虚白軒主宗室老翁＝博多の豪商、茶人の嶋井茂勝（?～一六一五）。元和元年（一六一五）八月二十四日に没した（後出［一一八］）。号は端翁宗室。堺の天王寺屋道叱とも関わりがあり、津田宗及、山上宗二らの茶人とも交わった。初め信長に近づき、のち秀吉に接近した。秀吉の九州征伐後、神屋宗湛とともに博多の復興を命ぜられた。『大日本史料』第十二編之二十二冊（四五四頁～）に江月の「宗室居士肖像賛」二種（いずれも語録に未収）

あり。また後出［一四六］に小祥忌の語あり。
○慕藺〜希顔〜＝ともに、ある偉人の為人の芳蹤を慕うこと。前出［六］。
○江南＝江月のいう江南は、堺あるいはまたは博多のこと。ここは後者。孤篷庵本［二の九〇］「随流号」頌に「江南野水自横舟」というに同じ。関西も九州（博多）。
○山野二十年来之旧同参也＝『一黙稿』に宗室のことは出ない。
○片雲斎観光之次＝片雲斎は前項［八六］。この項も前項と同じく慶長十九年（一六一四）、江月四十一歳の時に書かれたもの。
○紋文綺色明楮＝模様入りの紙。
○至矧＝お笑い下さい。「矧」は歯茎。『礼記』曲礼、上に「笑不至矧」、注に「歯本を矧と曰う、大笑するときは則ち見ゆ」。「矧笑」は（歯茎を見せて）大笑すること。
○博学多聞＝博多の二字をよみ込んだもの。
○寄書潮信幾回通＝「潮信」は、しおどき、転じて期約の義があるが、今は別義。書簡を運ぶ潮のこと。『三体詩』七絶、顧況の「葉道士山房」詩に、「水辺の楊柳、赤欄橋、洞裏の神仙、碧玉の簫。近ごろ麻姑の書信を得るや否や、潯陽江上、潮を通ぜず（水辺楊柳赤欄橋、洞裏神仙碧玉簫。近得麻姑書信否、潯陽江上不通潮）」とあり、この三四句をふまえた表現であろう。
『三体詩幻雲抄』で、この詩を釈していう、「村云、……一ノ句ハ、此道士所居ノ体也。二ノ句ハ、此道士ガ行状也。洞裏ニイツモイテ、碧玉簫ヲ吹也。サテ、此道士ノ処ヘハ仙人麻姑ナンドゝ云者、音信バシアル歟、ナニトアルゾ、潮ニコソ、書信ノ書ドモヲ事付テ、遣ル事モアルカ。潮ハ潯陽ニシテ回ルホドニ、潮ノ道路モ通ゼズ。然ラバ則チ豈ニ音書ナンドノ、潮ニ事付クルアランヤ。書ヲ潮ニ付ス（ヲ）、今潮信トモ云フゾ。又、潮ノ定マリテサス時アリ、其レヲ潮信トモ云ゾ。……」。

【八八】（二一ウ）［四の二〇］

徳輝普燈禪師戢化。三玄法兄和尚賦金偈見追悼之。謹奉依嚴韻云　靈鑑
單傳葉落箇時節、吹斷西風夕日遷。從此阿誰提鈯斧、草深一丈法堂前。

徳輝普灯禅師戢化。三玄法兄和尚、金偈を賦して之を追悼せらる。謹んで厳韻に依り奉ると云う　霊鑑
単伝葉落、箇の時節、西風を吹断して、夕日遷る。
此より阿誰か鈯斧を提ぐ、草深きこと一丈、法堂の前。

〈訳〉
　万江和尚遷化、天祐和尚の偈に和韻
祖庭の秋、宗門衰退のこの時に、
またひとつ「徳輝普灯」という太陽が沈んだ。
師なきあと、鈯斧をひっさげて入山し、
大徳寺で法を説くのは誰であろう、宗門衰退のこの時に。

○徳輝普灯禅師＝三玄院二世の万江宗程（一五四二〜一六一四）。慶長十九年七月八日寂。寿七十三歳。玉林院に塔す。
○三玄法兄＝三玄院三世は天祐紹杲。万江宗程に嗣ぐ。
○単伝葉落＝わが室町禅林でよく使われるいいまわしで、複数のニュアンスをもつが、ここでは右訳のような意味。『欠伸稿』坤の達磨賛に多く出る。
「単伝」は、単伝心印。『祖庭事苑』巻五に、単伝の説に「伝法の諸祖、初めは三蔵の教乗を以て、兼ね行う。後、達摩祖師が心印を単伝して、執を破り宗を顕わす。謂ゆる教外別伝不立文字、直指人心見性成仏なり」。「直指単伝」を略して「単伝」という。教乗の説などの方便によらず、直ちに第一義を指し示して、祖々相伝の正脈を伝えること。以心伝心。

「葉落」、少林寺を「二株嫩桂」とし、達磨の宗旨を「祖庭」と言い、あるいはまた「一花五葉開く」と言い表わすのにちなむ表現。
○吹断西風夕日遷＝「西風」は、ここでは死の縁語。孤篷庵本［一の三五］「了然城句検校秉炬」語に「一陣西風落葉声」、孤篷庵本［一の四四］「正宗院殿向東宗陽居士下火」語に「西風翻葉送還郷」など。
○従此阿誰提鉏斧＝孤篷庵本は「阿誰」を「無人」に作る。「鉏斧」は鈍斧。住山を象徴する。本拠は『伝灯録』巻五の青原章に「師（青原）、（石頭）希遷をして書を持って南岳譲和尚に与えしめて曰う、汝、書を達し了らば速かに回れ。吾に箇の鉏斧子あり、汝に与えて住山せしめん。……」。無著道忠『五家正宗賛助桀』にいわく「青原の意は、石頭を勘検せんと要す。故に之をして書を南岳に馳せしむ。鈍刃の斧は、山に住む者、木を斫るに之れ用う」。
○草深一丈法堂前＝孤篷庵本が「法堂」を「法道」とするは非であろう。『伝灯録』巻十、長沙景岑章の上堂に「我れ若し一向に宗教を挙揚せば、法堂裏、須らく草深きこと一丈なるべし」。ただし、長沙のいう意は、「本分のところをもって示すならば、誰も寄りつけぬゆえ、法堂も草むしてしまうであろう」ということ。いまここでの意は、宗門が衰退して草むしてしまう、というところ。

【八九】（二一ウ）

遇茶喫茶、遇飯喫飯。一老人覓這語之次、請解這意。信口亂道
是非得喪、曾不相干、好箇公案、大難大難。南都玄齋請

「茶に遇うては茶を喫し、飯に遇うては飯を喫す」と。一老人、這の語を覓むるの次いで、這の意を解せんことを請う。口に信せて乱りに道う
是非得喪、曾て相い干わらず。
好箇の公案、大難大難。南都玄斎の請。

〈訳〉

奈良の玄斎が「茶に遇うては茶を喫し、飯に遇うては飯を喫す」の語を求め、その意味も書けというので、思いつきを書く。
是だの非だの、得だの失だのという世間の価値にいっさいかかわらぬこと。
「茶に遇うては茶を喫し、飯に遇うては飯を喫す」と、いかにもよい言葉ではあるが、それを受用して実践することは、大難大難。

○遇茶喫茶、遇飯喫飯＝『伝灯録』巻十一、長慶大安章「問、生死到来時如何。師云、遇茶喫茶、遇飯喫飯。僧云、誰受供養。師云、合取鉢盂」。

○是非得喪、曾不相干＝「是非得喪」は、浮生の穿鑿、俗世間の価値観。洞山と密師伯が山中に隠山（龍山和尚）を尋ねて来た時の和尚の偈に「三間の茅屋、従来住す、一道の神光、万境閑。是非を把り来たって我を辨ずる莫かれ、浮生の穿鑿、相い関せず」（『五灯会元』巻三、龍山章）。

○好箇公案、大難大難＝『碧巌録』第九則、本則評唱に「有般底の人は道う、本来一星事も無し、但只だ茶に遇うては茶を喫し、飯に遇うては飯を喫するのみと。此は是れ大妄語なり。之を未得謂得、未証謂証と謂う。元来曾て参得透せず。人の心と説き性と説き、玄と説き妙と説くを見ては便ち道う、只だ是れ狂言なり、本来無事なりと。謂つ可し、一盲衆盲を引くと。殊に知らず、祖師未だ来たらざる時、那裏か天を喚んで地と作し山を喚んで水と作し来たる。什麼と為てか祖師更に西来せる。……」。

○南都玄斎＝『墨蹟之写』慶長十九年条にこの名あり。

【九〇】（二二一オ）

一日詣澁紙菴茶床下、且坐矣。予五世之先祖大聖國師、賛于三祖同幀圖之一軸、掛在壁上。菴主挽予袂與一飯。予云、欲語無友、只催歸興。菴主云、頼有三祖在、別何求友。予應喏、而終日對畫圖而一默。將謂無句中有言句矣。

　卒綴一野偈、翌日書之、投菴主床下、代飯錢云

話盡山雲夕日傾、座中無友却多情。達磨徳嶠又臨濟、松竹梅花同社盟。

一日、渋紙庵の茶床下に詣り、且坐す。予が五世の先祖大聖国師が三祖同憕図の一軸に賛せるもの、壁上に掛在す。庵主、予が袂を挽いて一飯を与う。予云く「語らんと欲して友無し、只だ帰興を催す」と。庵主云く「頼いに三祖の有る在り、別に何ぞ友をか求めん」。予応喏して、終日、画図に対して一黙す。将に謂えり、無句中に言句有りと。卒に一野偈を綴り、翌日之を書して、庵主が床下に投じ、飯銭に代うと云う

山雲を話り尽くし、夕日傾く、座中友無し、却って多情。
達磨、徳嶠、又た臨済、松竹梅花、社盟を同じうす。

〈訳〉

ある日、清水道閑の茶席に招かれた。床には古岳和尚が賛をした達磨・徳山・臨済像が掛かっていた。食事はどうか、と誘うので、「話し相手もおらんので、もう帰ろうと思う」というと、「そんなことはありますまい。この軸中に三人の祖師方がおられるじゃありませんか」という。「なるほど、そうかそうか」と。一日、この軸を前にして一黙したのであった。無句中に言句有りとはよく言ったものである。一偈を作り、翌日に清書して庵主に送り、飯銭に代える。

茶の席で清談をつくし、いつしか夕方になった。
みな帰って、話し相手もいなくなったが、そこからが情趣の深いところ。
なぜならば、軸の中には達磨・徳山・臨済の三祖師が、
まるで歳寒三友のように、わたしのお相手をしてくれたのだから。

○渋紙庵＝茶人の清水道閑（一五七九—一六四八）。前出［三〇］。
○且坐＝「且坐喫茶」を略して、喫茶の意に用いたもの。
○五世之先祖大聖国師＝大聖国師、古岳宗亘（一四六五〜一五四八）。大徳寺七六世。大仙院開山。天文十七（一五四八）年六月二十四日寂。法系は古岳宗亘—伝庵宗器—大林宗套—笑嶺宗訢—春屋宗円—江月。
○三祖同㡧図＝達磨を中心に両脇に徳山と臨済を配した祖師像。
○応喏＝ここでは、（提案を）受諾する意。「喏」は、もとは「ハハアーッ」という挨拶。
○無句中有言句＝「無句中有句」「無語中有語」とも。「無句」は、言語以前の絶対の真実（正位）、「有句」は現実世界のあらゆる事実。
『曹洞五位顕訣』上巻に「正位却って偏、偏に就いて辨得すれば是れ両意を円かにす。偏意、偏なりと雖も亦た両意を円かにす。縁中に辨得すれば是れ有語中の無語なり。或いは正位の中より来たる者有り、是れ無語中の有語なり」。

『大慧普説』巻十五に「老漢、衆中に在りし時、嘗て一尊宿を請益す。禅門中に有語中の無語、無語中の有語を説く。尊宿、我が為に引証して云く、有語中の無語。路に死蛇に逢わば打殺すること莫かれ、無底の籃子に盛り将ち帰れ。這箇を喚んで有語中の無語と作す。又た喚んで無語中の有語と作す。如何なるか是れ有語中の無語。路に死蛇に逢わば打殺すること莫かれ。如何なるか是れ無語中の有語。無底の籃子に盛り将ち帰れ。只だ這の一句のみ、便ち此の両義を具す。路に死蛇に逢わば打殺すること莫かれ、是れ無語中の有語なり。無底の籃子に盛

り将ち帰れ、乃ち是れ有語中の無語なり。既に是れ死蛇ならば、更に打殺することを消いざるを謂う」。
○話尽山雲夕日傾＝ここでは、知音同志をいう。『碧巌録』五十三則「百丈野鴨子」の頌に「野鴨子、知んぬ何許ぞ。馬祖見来たって相い共に語る、話り尽くす山雲海月の情」。『句双葛藤鈔』の「話尽山雲海月情」に「山雲海月トハ、ヨモ山ノコトヲ、知音ニ逢テカタリツクス也」。
○座中無友却多情＝「無句中に言句有り」という所以。座中に友はいないが、軸の中に真の知己がおる、これこそ情趣があるというもの。
○徳嶠＝徳山。「嶠」は山、峰。雪峰を雪嶠、薬山を薬嶠などと言い換えて表わす。
○松竹梅花＝歳寒の三友とよび、寒気に堪え節を守る良賢に譬える。いま三祖師の徳香、その風格をいう。

【九一】（二二オ）

偈以餞小堀氏遠州太守出師、兼祝遠大云

吹毛三尺點無塵、呼作吾家掃地人。君是破城功第一、歸來話可夜燈親。

大坂陣之時、遠州旌又有掃地二字。

偈以て小堀氏遠州太守の出師に餞し、兼ねて遠大を祝すと云う

吹毛三尺、点として塵無し、呼んで吾が家の掃地の人と作す。
君は是れ破城の功第一、帰来、話可ならん、夜灯親しむ。

大坂陣の時、遠州の旌に又た掃地の二字有り。

〈訳〉

小堀遠州の出陣を送る

一点の曇りもない剣をひっさげたる、
あっぱれ、禅門における徹底勦絶（そうぜつ）の人。
それが証拠に、旗印には掃地の二字。
君こそは城を突破して、最高の殊勲を挙げるでしょう、
お帰りになって、夜更けるまで戦功のみやげ話を聞くのが楽しみです。

○小堀氏遠州太守出師＝大坂冬の陣への出陣。慶長十九年十月。

○吹毛三尺点無塵＝「吹毛三尺」は吹毛剣。吹きかけた毛をふたつにするほどの名剣。『碧巖録』百則、巴陵吹毛剣話の評唱に「剣刃上に毛を吹いて之を試みるに、其の毛自ずから断つ」。『一黙稿』の宗甫禅人寿容賛の序に「小堀遠江守也、図裡有剣有几」とあり、賛に「活機透過万重関、宝剣光寒天地間、一戦功成退身日、安眠凭几対青山」とある。これは、いまより五年前の慶長十四年八月に春屋宗園が賛したもの。この寿容賛に書かれた吹毛剣をふまえたもの。

○呼作吾家掃地人＝末尾に記すように、旗印に「掃地」の二字があった。

【九二】（二一ウ）［四の二二］

昌林堂頭大和尚賦金偈見追悼龍泉大禪佛戢化。謹奉塵厥玉韻云　靈鑑

―龍泉三尺截源流、蹈倒牢關萬事休。端的一言駟難及、青霄獨歩沒蹤由。―

昌林堂頭大和尚、金偈を賦して龍泉大禅仏が化を戢めらるるを追悼せらる。謹んで厥の玉韻を塵し奉ると云う　霊鑑

龍泉三尺、源流を截る、牢関を蹈倒し万事休す。

端的、一言すれば駟も及び難し、青霄独歩、蹤由没し。

〈訳〉

昌林和尚が龍室和尚の遷化を悼む偈に和韻

龍泉の名剣で生死の根源を断ち切って、
最後の関門を透過して、何のはからいもない、大休歇のところに到られた。
もはや追いつくことはできぬ。
大空を闊歩している和尚の法身、それはまったく跡形を絶している。

○昌林堂頭大和尚…＝慶長十九年十一月。昌林庵はもと霜筠軒と称す。この昌林堂頭は、三世の南隣宗頓か。

○龍泉大禅仏＝大徳寺一五四世、龍室宗章（一五四八～一六一四）。『大徳寺世譜』に「明叟普に嗣ぐ。自ら一禿と号す。信州の人。慶長十四己酉十二月十四日出世。龍泉に住す。……慶長十九甲寅十一月十四日示寂。世寿六十七」。

○龍泉三尺截源流＝「龍泉」は古の名剣。前出［五〇］。「源流」は生死の根源。
○踏倒牢関万事休＝「牢関」は、末後の牢関。それを踏倒するは、死。「万事休」、普通は「もはや施すべき手段がない」という意だが、禅録では、もはや何の計らうべきこともない、大休歇、大閑のあいたことをいう。
○一言駟難及＝「一言已に出づれば、駟馬も追い難し」、元に戻すことはできぬ。語録に頻出する諺。古くは『論語』顔淵に「駟不及舌」の語あり。「駟馬」は四頭の馬で馬車をひくこと。『句双葛藤鈔』に「一言已出駟馬難追」に注して「トリ返サレヌ也」とあるように否定的なニュアンスだが、下火の語でいう場合は、もはや追いつけぬ、本分のところに還った、という肯定的な意味を持つ。前出［一〇］「忠叔宗言首座掩土語」に「一言已出活機転、駟馬難追面目真」とあるのも同じ用例。
○青霄独歩＝和尚の法身のありさま。遷化の端的をいう語。後出［一〇一］［一七二］にも。
○没蹤由＝法身、本来の面目は蹤跡・由来を絶している。『伝灯録』巻二十、襄州鳳凰山石門寺献禅師章「曰く、如何是れ境中の人。師曰く、無相不居凡聖位、経行鳥道没蹤由」。「蹤由」は、蹤跡・由来。

【九三】（二二ウ）

中秋夕　各來光即席

佳客迎來酌壽泉、仲秋今夜月無邊。不轉寸歩吟筵上、坐到西湖萬里天。

中秋の夕　各おの来光、即席

佳客迎え来たって、寿泉を酌む、仲秋の今夜、月無辺。
寸歩を転ぜず、筵上に吟ずれば、坐らに西湖に到る、万里の天。

〈訳〉
中秋の夕、客を迎えた席での作
よき友をお迎えして、酒を酌み交わす、
仲秋の今夜、明月に照らされて、至るところが月光。
一歩も動かずに、この席に坐ったままで、
万里かなたの西湖で月見をしているよう。

○中秋夕＝草稿の順序からすれば、慶長十九年八月か。大坂冬の陣の前であろう。
○各来光即席＝（おそらく龍光院以外のところで）客を迎えた席での作。
○佳客迎来酌寿泉＝「酌寿泉」は、酒を酌み交わすことか。その水（またはそれで造った酒）を飲めば長寿を得るという「菊水」による想か。菊慈童はこれを飲んで七百歳をへて彭祖と名をかえたという（謡曲『菊慈童』）。
○仲秋今夜月無辺＝絶景佳勝。『句双葛藤抄』に「無辺風月眼中眼、不尽乾坤灯外灯」、注に「無辺風月ガ其侭眼中眼トハ、心眼也。不尽乾坤ガ其侭灯外灯トハ、心灯也。ドツコモ心眼心灯ナラヌ処ハナイゾ」。
○不転寸歩吟筵上、坐到西湖万里天＝さながら西湖畔での月見のよう。

【九四】（二二ウ）
仲秋此夕幾多情、洛下耆英修社盟。四序同條曾不別、月依吟賞甚分明。同代本也

仲秋此の夕、幾多情、洛下の耆英、社盟を修す。
四序同条、曾て別ならず、月は吟賞に依って甚だ分明。同、本に代わる。

〈訳〉
仲秋の今夜、その情趣やいかばかりか、
洛中の名士貴顕のつどう風雅の席。
四季それぞれに、いつも楽しみをともにするが、
秋の名月だけは、やはり詩がなくては。

○耆英修社盟＝耆英洛社、洛陽耆英会。宋の文彦博が、西京留守であった時、唐の白居易九老会にならって、同時の富弼、司馬公ら十三人の学徳を会して、洛陽耆英会と名づけたのをいう。酒を置いて詩を賦し、相い楽しんで序官にこだわらず、ただ年令を順序とした（『宋史』巻三百十三）。「耆」は六十歳以上、あるいは七十歳以上のこと。
○代本也＝本は人名、未詳。

【九五】（二三オ）［四の二一］
試毫　慶長廿乙卯年、舊冬亂世、到臘尾無爲、故作此語
舊歳世危過舊歳、新正國治遇新正。曉來自是人心別、一曲黄鶯唱太平。

試毫（しごう）　慶長廿乙卯年（きのとうのとし）、旧冬乱世、臘尾（ろうび）に到り無為、故に此の語を作る

旧歳（きゅうさい）、世は危し、旧歳を過ぐ、新正、国治まって、新正に遇う。
暁来（ぎょうらい）、自ずから是れ人心別なり、一曲、黄鶯（こうおう）、太平を唱う。

〈訳〉

慶長二十年元旦試筆。　昨年は戦乱、十二月に講和成る。

去年の冬、大坂冬の陣で世は大いに乱れたが、
ようやく講和が成って、新年を迎えることができた。
元旦の朝が明けて、人心も一変したかのようだ、
ホーホケキョ、鶯が一声、太平の曲を唱える。

○慶長廿乙卯年＝慶長二十年（一六一五）正月。
○旧冬乱世＝前年十月から十二月、大坂冬の陣。
○到臘尾無為＝十二月十九日、両軍講和。

【九六】（二三オ）

和通毛頭試年韻。

一新詩見説幾吟成、年少勤哉畏後生。窓雪爭如春日永、群書可了讀殘聲。一

通毛頭が試年の韻を和す

新詩、見説らく、幾ばくか吟じ成すと、年少、勤むる哉、後生を畏る。
窓雪、争でか如かん、春日の永きには、群書、了ず可し、読残の声。

〈訳〉

浄髪をつかさどる通侍者の試筆に和韻
いくつもの新詩を作られたということだ。
まことに、後生畏るべし。
日も長くなった、雪明かりよりひとしおよかろう、
読み残しの書を読んで、大いに学ばれるがよろしい。

○通毛頭＝「毛頭」は未詳。『禅林象器箋』巻八、毛頭に「忠曰く、毛頭は未詳。蓋し人の毛髪を浄むる者、浄髪侍詔の類か」。すなわち、禅林で僧の頭を剃髪する職の者か、としているが、ここの詩の内容からいって、単なる浄髪人ではなさそう。浄髪をつかさどる役目をもった少年侍者であろう。
○新詩見説幾吟成＝「幾」は、ここでは「多くの」。
○畏後生＝『論語』子罕「後生畏る可し」。前出［五七］［八二］。
○窓雪＝『蒙求』上「孫康映雪」に「康、家貧にして油無し、常に雪を映して書を読む。少より清介、交遊不雑、

後に御史大夫に至る」。

【九七】（二三オ）

同　楞少年

濃抹淡粧尤美哉、春風緩度壽陽梅。柴門幸在君隣寺、鐘鼓聲中敲月來。

同じく、楞少年

濃抹淡粧、尤も美なる哉、春風緩やかに度る、寿陽の梅。

柴門、幸いに君の隣寺に在り、鐘鼓声中、月を敲き来たれ。

〈訳〉

楞少年の試筆に和韻

濃い化粧でも薄化粧でも美しい西施を思わせる美貌。
そしてまた、梅の花びらを額につけた寿陽公主の美しさ。
わたくし江月は幸いにも隣寺。
聞こえて来る鐘鼓の音に、君が推敲するのを想像しています。
また月下にこちらの柴門も敲いてください。

○楞少年＝前出［七九］にも試春和韻あり。
○濃抹淡粧尤美哉、春風緩度寿陽梅＝楞少年の美しさを賛える。「濃抹淡粧」は美女の西施。「寿陽梅」は、梅花の妝いで有名な寿陽公主。この二美人に少年をなぞらえる。蘇東坡「飲湖上初晴後雨」二首の二に「若把西湖比西子、淡粧濃抹総相宜」。『太平御覧』巻九七〇所引『宋書』、「宋武帝の女、寿陽公主、人日、含章簷下に臥す。梅花、公主の額上に落ちて、五出の華と成る。之を払えども去らず、皇后、之を留む。自後、梅花妝という有り。後人、多く之に効う」。美人の寿陽公主の額に落ちた梅花を「梅花妝」という。
○柴門幸在君隣寺、鐘鼓声中敲月来＝「隣寺」は玉林院か。「敲月」は三句の「柴門」を受けて、「推敲」をいう。賈島の「題李疑幽居」に「閑居少隣並、草径入荒園。鳥宿池中樹、僧敲月下門」。すなわち苦吟して推敲することと、龍光院の門を推敲して訪問することと、この二義をあわせたもの。

【九八】（一二三オ）

同　春髩年

日夜琅音鳴四隣、勤哉好學染斯人。又添筆下千機錦、字字題花字字新。

同じく、春髩年

日夜、琅音四隣に鳴る、勤むる哉、好学、斯の人を染む。
又た筆を添えて下す、千機の錦、字字花に題して、字字新たなり。

〈訳〉

　春少年の試筆に和韻

隣寺のわたしは、君が日夜、玉をころがすような美しい声で吟ずるのを聞いています。
ほんとうに勉強熱心なことです。
声が美しいだけではない。筆をおろせば、
たちまち錦繍のような詩ができる、一字一字が花のよう。

○春髫年＝「髫」はたれがみ。「髫年」は、垂髪の小児のことだが、室町禅林では喝食のことをいった。喝食は長髪を束ねて後ろに垂らしていたからである。
『咨参緇素名簿』寛永三年五月十三日条に「春蔵主、玉林院之僧」。また寛永三年四月十日に「春首座、筑前衆、在玉室会下」とあり。今、慶長二十年（一六一五）ゆえ寛永三年（一六二六）まで十一年。春少年十五歳とすれば、寛永三年で二十六歳となる。
また［一二七］に「和春少年試毫之韻」あり「必ずや是れ他時、御前に侍さん、君に際して登第するは、合（まさ）に誰か先なるべし。青陽日は永し、宜しく書誦すべし、窓下、須らく当に学鞭を著くべし」。いずれも同一人物であろう。

○琅音＝「音吐琅琅」「玉音琅琅」「琅琅木鐸音」「徳音琅然」「玉音琅々」などという。美貌だけでなく美声も、美しい喝食の条件だった。室町期には、最も美声かつ美貌の者は「楞厳頭」に選ばれた。

○染斯人＝「染」字、難訓。「斯の人を染むる」という訓では、義未穏。「染むる斯の人」と訓じて、「染錦」「染筆」の「染」字の義に解して三四句へ係けるべきか。

○字字題花字字新＝「題花」は、正月また試筆の縁語。孤篷庵本［四の一九］「元旦」偈に「一語題花花可笑」。ま

た前出［七八］「椿少年試春和韻」に「題花妙語幾芳鮮」。

【九九】（一二三ウ）

筑之前州宗玻藏主、從我者二三年來。今茲乙卯之春有試毫詩。卒次厥韻、以勵厥志云

一期計在壯年辰、亹亹書窓添學新。洛寺風光幾詩興、逢花何戀故郷春。

筑之前州宗玻蔵主、我に従う者二三年来。今茲乙卯の春、試毫の詩有り。卒に厥の韻を次いで、以て厥の志を励ますと云う

一期の計は壮年の辰に在り、亹亹たり、書窓、学を添えて新たなり。

洛寺の風光、幾くの詩興ぞ、花に逢うて、何ぞ故郷の春を恋わん。

〈訳〉

筑前の宗玻蔵主は、二三年来わたしに随侍している。慶長二十年正月、試筆の詩に和韻して励ます。

一生の計は若いときにあり、

日々に勉めて倦まぬ君は、つねに新しきを学ぶ。

都の風光は、さぞよい詩をもたらすだろうから、
新春になっても、筑前をそう恋しく思うことはないだろう。

○筑之前州宗玻蔵主＝筑前石城山妙楽寺の玉成宗玻。『沓参緇素名簿』慶長十九年八月九日条に「玻蔵主　筑前僧」とある。また孤篷庵本［二の三五］「玉成号」の偈あり「宗玻首座、筑前石城山妙楽寺裡。荷葉団団滴露清、清香吹渡価連城。不須切磋琢磨力、風動池塘迸水晶」。また孤篷庵本［四の七四］「結制日送宗玻首座帰郷」に「今日安居禁足辰、何為独作起単人、吾山不立杜鵑榜、止止家郷帰思頻」。
○従我者二三年来＝右の『沓参緇素名簿』に記帳される前、慶長十七〜十八年ころから参じていたことになる。
○今茲乙卯之春＝慶長二十年正月。
○一期計在壮年辰＝「一日計在晨」「一年之計在春」「一年之計在元日」などとも。後世の『金言童子教』に「一生計在幼」。一生は若い時に決まる。
○亹亹＝勉めて倦まぬさま。

【一〇〇】（二二三ウ）

筑之前州瓢隠齋主、遠傳書信見覓幽居一偈矣。吾宗元來無言句、以何與之。雖然如斯、厥志所責不克揶揄。一日得東風、便卒投鴉臭、塞厥請云。一咲
翁在關西遠洛東、曾忘塵事意無窮。一瓢貯得三千界、堯舜何人深隱中。

筑之前州（ちくのぜんしゅう）瓢隠斎主（ひょういんさいしゅ）、遠く書信を伝え、幽居（ゆうきょ）の一偈を覓（もと）めらる。吾が宗、元来言句無

し、何を以てか之を与えん。然も斯の如くなりと雖も、厥の志の責むる所、揶揄するに克えず。一日、東風を得て、便ち卒に鴉臭を投じ、厥の請を塞ぐと云う。一咲。

翁は関西に在って洛東を遠る、曾て塵事を忘じ、意窮まり無し。

一瓢、貯え得たり三千界、尭舜何人ぞ、深隠の中。

〈訳〉

筑前の瓢隠斎主が、書信で「瓢隠斎」のいわれを書くよう求めて来た。禅は元来、言語を絶したものだから、何も言うべきことはない。と言って、お断りするわけにもいかぬので、一偈を作り、幸便に託してお送りする。愚作、お笑いください。

都をとおく離れた九州におられるあなたは、
世間の塵事などすっかり忘却され、その澄みきった心中はいかばかりかと思います。
その瓢箪の中での隠遁生活からみれば、
現実の天下の騒乱など、何するものぞ、というところでしょう。

○瓢隠斎主＝未詳。『参徒緇素名簿』にも見えず。
○見覓幽居一偈＝「瓢隠斎」命名のいわれを文にすることを請うた。
○吾宗元来無言句、以何与之＝『五灯会元』巻七、徳山宣鑑章に、「雪峰問う、従上の宗乗、学人還た分有りや。師打つこと一棒して曰く、甚麼と道うぞ。曰く、不会。明日に至って請益す。師曰く、我が宗に語句無し、実に一法として人に与うる無し。峰、此に因って省有り」。

○不克揶揄＝断わることができない。「揶揄」には複数の義があるが、『五家正宗賛助桀』巻八に無著道忠いわく「禅録にては揶揄は、皆な約免の義と為す」。『禅林僧宝伝』巻十九、西余端禅師章「端、僧官の宣が此に至れりと聴いて、手を以て耶揄して曰く『止みね』……」。賛辞を求められた時などに「断る」意味で頻用する語。

○一日得東風、便卒投鴉臭＝「鴉臭」は、「鵶臭」「鶻臭」「胡臭」「狐臭」とも。ワキガ。時に知見解会に譬えるが、ここでは自分の偈を謙遜していうのみ。「当風鴉臭気」「鴉臭当風立」などともいう。風上に悪臭を放つ。「東風」は東の京都から西の九州へとふく風。

○曾忘塵事意無窮＝「曾」は、疾うに忘れた。

○一瓢貯得三千界、尭舜何人深隠中＝三句は「瓢」字、四句は「隠」字をいう。

かつて尭が許由に天下を譲ろうとしたところ、許由はこれを恥とし、拒絶して箕山に隠れた。天下は尭から舜へと禅譲され徳治が行なわれたが、かかる天下の事には関わらず、隠遁生活を送ったという高士許由のごときこの人である。『蒙求』上「許由一瓢」に「逸士伝に、許由、箕山に隠る。杯器無し、手を以て水を捧げて之を飲む。人一瓢を遺る。以て操りて飲むことを得たり。飲み訖って木上に掛くるに、風吹いて瀝瀝として声有り。由、以って煩と為し、遂に之を去る」。「一瓢貯得三千界」は、「壷中天」。別天地、別次元の世界。

時あたかも大坂の陣、天下は豊臣から徳川へと移りつつあった。時勢と関わる感情か。

【一〇一】（二三ウ）

宗珝禪人者、山野籌室之一數也。今茲慶卯三月七日、俄然而逝矣。予以事歸江南鄕里、不聞這訃音。赴洛寺之日、厥舊識人傳之。追慕之餘、就于當院見設齋會。予亦不覺淚落袈裟角、仍賦一拙偈、以供靈前云

―青霄獨歩絶西東、透過萬重關戸中。春亦不春人去後、任他三月落花風。―

宗翊禅人は、山野が籌室の一数なり。今茲慶卯三月七日、俄然として逝けり。予、事を以て江南の郷里に帰り、這の訃音を聞かず。洛寺に赴くの日、厥の旧識の人、之を伝う。追慕の余り、当院に就いて斎会を設けらる。予も亦た覚えず、涙、袈裟角に落つ。仍て一拙偈を賦し、以て霊前に供うと云う

青霄に独歩し、西東を絶す、透過す、万重関戸の中。
春も亦た春ならず、人去って後、任他あれ、三月落花の風。

〈訳〉

宗翊禅人はわが会下の一人である。慶長二十年三月七日、にわかに不帰の人となった。事情があって堺に帰っていたので、その訃報を知らないでいたが、京都に戻って、故人の知り合いからはじめて聞いたのである。当院で斎会を設け、追慕の涙を流したのだった。一偈を霊前に供える。

青空を独歩して、西も東もない世界へ、
最後の関門を透過して行ってしまわれた。
この人がいなくなったと思えば、春の明るさもうせる。

花を吹き落とす、三月の風よ、故人を悼んで吹くがよい。

○宗珝禅人＝未詳。
○慶卯三月七日＝慶長二十年三月七日。江月四十二歳。
○予以事帰江南郷里＝慶長二十年二月、亡父宗及居士の二十五回忌を堺で行う。前出［四］「天信受世法眼宗及二十五回忌」を参照。「以事」は、前出［八六］を参照。
○不聞這訃音＝宗珝禅人が（おそらくは京都で）三月七日に亡くなった報を、堺にいたために聞かなかった。つまり、江月は三月始めまで堺に滞在していたことになる。
○青霄独歩絶西東、透過万重関戸中＝一二句、逝去の端的をいう。「青霄独歩」は前出［九二］「次韻昌林和尚悼龍泉和尚」にも「青霄独歩没蹤由」。「絶西東」は［八］「聖伯宗凡居士秉炬」にも「機輪転処絶西東」。
○落花風＝入涅槃、遷化などの縁語。孤篷庵本［一の三七］「一言宗忠禅人掩土」語に「忽転機輪観時節、佳城埋玉落花風」、孤篷庵本［三の七二］「仏茶毘」偈に「看看二月落花風」。

【一〇二】（二四オ）［四の二二］

　　甃菴主、別後及九年。不意再會西山下。賦野偈一章、以求一笑云

今日奇逢任自然、知音更有舊因縁。曾遊屈指九年事、話盡宗門面壁禪。

甃庵主（しあんじゅ）別れて後九年に及ぶ。意（おも）わざりき、再び西山下（せいざんか）に会（かい）せんとは。偈一章を賦して以て一笑を求むと云う

今日の奇逢、自然に任す、知音、更に旧因縁有り。
曾て遊びしは、指を屈すれば九年の事、話り尽くす、宗門面壁の禅。

〈訳〉

若槻甃庵と別れて九年、はからずも天龍寺で再会する
こういう所でお逢いするとは、何という奇遇であろう。
思えば、あなたとは昔から、切っても切れぬよくよくの縁がある。
ともに春屋門下で修行した時代を思い、指を折って数えてみれば、早や九年。
かつてともに参じたことを語り尽くした。

○甃庵主＝春屋門下同門の若槻甃庵。前出［二四］。元和六年庚申（一六二〇）七月下旬没。
○別後及九年＝いま慶長二十年ゆえ、慶長十一年ごろ以来の再会。
○西山下＝天龍寺。次の［一〇三］の偈作と時と所を同じくする。
○知音更有旧因縁＝孤篷庵本は「知音好結旧因縁」。いま、江月と甃庵は天龍寺妙智院四世三章令彰の葬儀の場（次項［一〇三］）で「不意」に出会い、そこで、江月は甃庵の息子の補仲等修が妙智院にいることを初めて聞いたのであろう。このこと後出［二五五］参照。
○曾遊屈指九年事＝「九年」を達磨の「面壁九年」にかける。

—【一〇三】（二四オ）［四の二一］—

龜阜方丈大和尚、有見追悼妙智大禪佛之戢化之尊偈。謹奉塵其高韻云　伏
乞□正
天下龍門天下僧、平常特地法雲興。宗風吹滅乾坤暗、誰點大乘燈外燈。　宗玩拜

亀阜方丈大和尚、妙智大禅仏の戢化を追悼せらるる尊偈有り。謹んで其の高韻を塵し奉ると云う。伏して乞う□正
天下の龍門、天下の僧、平常、特地に法雲興こる。
宗風吹滅し、乾坤暗し、誰か点ぜん、大乗灯外の灯。宗玩拝す。

〈訳〉
妙智院三章和尚遷化、天龍寺梅真和尚の偈に和す。
天下に名だたる天龍寺で、
越格なる法雲をおこされた三章和尚。
あなたが逝かれて、法灯は消えんばかり。
その灯火を継ぐのは誰か。

○亀阜上方和尚＝「亀阜」は天龍寺のこと。天龍寺一九六世の梅真玄湜（一五五〇〜一六一五）。
○妙智和尚＝天龍寺龍寺第一九五世、妙智院四世、前住天龍三章令彰。慶長二十年（一六一五）三月二十二日示寂、

六十六歳。以上、玉村竹二校『扶桑五山記』第二集（鎌倉市文化財資料、一九六三頁）。また『本光国師日記』の慶長二十年四月朔日条に「天龍寺妙智院之内修蔵主方ヨリ飛脚下、妙智院三月廿二日に遷化之由申来」。

〇□正＝一字不明。

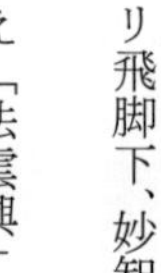

〇天下龍門天下僧、平常特地法雲興＝龍と雲とは縁語ゆえ「法雲興」という。「龍吟雲生」。

〇宗風吹滅乾坤暗、誰点大乗灯外灯＝「灯外灯」、『句双葛藤抄』に「無辺風月眼中眼、不尽乾坤灯外灯」、注に「無辺風月ガ其侭眼中眼トハ、心眼也。不尽乾坤ガ其侭灯外灯トハ、心灯也。ドツコモ心眼心灯ナラヌ処ハナイゾ」。

【一〇四】（二四ウ）

慶卯二月十日歸江南鄕。天瑞和尚有送門偈、和其韻

愧是歸鄕人更知、負春出洛野生涯。貫華賜我文章錦、未必禪林有此枝。

慶卯（けいのう）二月十日、江南の郷に帰る。天瑞和尚、送門の偈有り。其の韻を和す

愧ずらくは是れ帰郷、人の更に知るを、春に負（そむ）いて洛を出づ、野生涯（やしょうがい）。

貫華（かんか）、我に賜う文章の錦、未だ必ずしもせず、禅林に此の枝有ることを。

〈訳〉

慶長二十年二月十日、堺に帰る。宝叔和尚の餞別の偈に和韻

花期を待たずに、こっそり郷里に帰ろうと思ったのに、

大和尚に知られることになったのは、まことに恐縮のいたり。
あなたから頂戴した素晴らしい詩にくらべれば、
わたしなどまだまだ、未熟者です。

○慶卯二月十日帰江南郷＝慶長二十年二月十日、堺に帰り、中旬、宗及居士二十五年忌を修する。ここのところ、草稿の順序前後する。
○天瑞和尚＝大徳寺一三五世、宝叔宗珍（一五五四〜一六一七）。『紫巌譜略』に「泉の境の人。玉仲に嗣ぐ。……向春庵に住す。元和三丁巳六月六日寂。寿六十四歳」。天瑞寺は摠見院の西にあったと伝えられる。天正十六年（一五八八）、秀吉の母、天瑞寺殿春巌宗桂大姉のために建てられた。
○愧是帰郷人更知＝津田一族の私的なこと（法要）で帰省したのに、そのことを天瑞和尚に知られ、はなむけの華偈まで頂戴したこと（三句「貫華、文章の錦を我に賜う」）を恐縮に思い、恥じる。
この時は津田宗達五十回忌および宗及の二十五回忌のために帰ったのだが、既に宗凡も死んでおり、天王寺屋の後継をどうするかは大きな課題であったはず。しかも、時あたかも大坂冬の陣の直後、堺周辺も風雲急を告げていたはずである。そんな情況の中で、天王寺屋をどうするか、その問題の処理にあたっては、出家者とはいえ、江月がその中心にならざるを得なかったのではないか。この詩の背景には、そんな事情も感じられる。
○負春＝「背春」「背花」とも。花期を待たずに他方に行くなど、花の咲く時期にそこにいないこと。花遊を逸すること。室町禅林文芸に頻出する語。
○未必禅林有此枝＝まだまだ若い、という謙遜。この時、師四十二歳。
『五家正宗賛』応庵華禅師章の偈に「江上青山殊未老、屋頭春色放教遅。人言洞裏桃華嫩、未必人間有此枝（江上、青山殊に未だ老いず、屋頭、春色をして遅からしむ。人は言う洞裏桃華嫩なりと、未だ必ずしも人間に此の枝有らず）。応庵が虎丘で維那をしていた時の話。応庵が首座に命ぜられようとした時、圜悟下の老者宿たちが「まだ若い」と言って反対したのを聞いて、壁にこの一偈を書したという。しかし、江月は謙遜の意味で用いている。

【一〇五】（二四ウ）［四の二二］

重到泉南賜偈。和其韻。此和返書尾書之
亂世移來寂寞濱、歸舟歩歩屢迷津。梅花落盡江南地、想像洛陽三月春。

重ねて泉南に到って偈を賜う。其の韻を和す。此の和は返書の尾に之を書す
乱世移り来る、寂寞の浜。帰舟の歩歩、屡しば迷津。
梅花落ち尽くす、江南の地。想像す、洛陽三月の春。

〈訳〉
宝叔和尚が堺まで重ねて偈を送って来られた、それに和韻
この堺にも戦乱の様相が移りつつあります。
舟でここに帰って来る途中の、いくつかの渡し場は、
ことごとく迷津に他なりませんでした。
梅の花はすっかり散り尽くした（風雲急の）堺ですが、
そちら京都の春は如何でしょうか。

○重到泉南賜偈…＝孤篷庵本は「天瑞和尚到江南寄偈来和其韻」とする。堺に滞在していた江月のもとに、また天瑞和尚（宝叔宗珍）から偈が送られて来たので、書簡の末尾に和韻してつけた。
宝叔宗珍も堺の出身である。堺の動向は大いに気になったはずである。江月は書簡の中で、堺の状況について報じたことであろう。この偈にもそんな雰囲気が窺える。
○乱世移来＝前年十二月は大阪冬の陣、そして今は夏の陣の直前、一か月前。すでに堺の町にその予兆は「移り来たって」いたのである。
○寂寞浜＝うらさびしくひっそりとした浜。また、自分の寺を指すこともあり。ここでは戦争で荒れた堺をいうとともに、堺の大通庵を指す。ただし、堺が本当に焼けて烏有に帰してしまうのはこの直後の夏の陣でのこと。
○帰舟歩歩屡迷津＝孤篷庵本は「帰舟一棹奈迷津」。「津」は河海の渡し場。「迷津」は、生死輪廻の迷界である此岸。天王寺屋の崩壊を控え、その善後策にあたっていた江月自身の心境もまた「迷津」であった。
○梅花落尽江南地＝堺崩壊への予感。

【一〇六】（二四ウ）
了倭老人、丁慈父岌屋淨閑五十年諱之辰、施齋之日、宗稑翁有追慕之歌。卒依厥韻末云
遠忌回來年五十、一首詠歌須悟入。孝于惟孝孝子心、今日齋筵傳時習。

了倭（りょうわ）老人、慈父岌屋浄閑（きゅうおくじょうかん）五十年諱の辰、施斎（せさい）の日に丁（あた）り、宗稑（そうりく）翁、追慕（ついぼ）の歌有り。

卒に厥の韻末に依ると云う
遠忌回り来たる年五十、一首の詠歌、須らく悟入すべし。
孝なるかな惟れ孝、孝子の心、今日、斎筵、時習を伝う。

〈訳〉

了倭老人、亡父の五十回忌。宗稑翁の追慕の歌の韻によるもうすでに五十年にもなった。

宗稑翁の追悼の一首、ここに大いに思量すべきものがある。

了倭老人の、まことの孝心より出た今日の斎筵は、

「学びて時に之を習う、亦た説ばしからずや」のこころを伝えている。

○了倭老人＝未詳。句意からすると、学者の家柄でもあろうか。
○岌屋浄閑＝未詳。
○宗稑翁＝未詳。
○孝于惟孝＝『論語』為政第二に「或ひと孔子に謂いて曰く、子奚ぞ政を為さざると。子曰く、書に云う、孝乎惟孝（孝なるかな惟れ孝）。兄弟に友に、有政に施すと」。
○時習＝時にあたって復習する。又、常に練習する。『論語』学而に「学而時習之、不亦説乎（学びて時に之を習う、亦た説ばしからずや）」。

【一〇七】（二一五オ）

大仙和尚正傳寺白櫻下之遊興。予不同伴。和尚有華偈。翌日依嚴韻、應道閑老之覓、書焉

櫻雪知無興盡回、剡溪還落二三來。懶生涯若陪遊宴、醉後杯添醉後杯。

大仙和尚、正伝寺白桜下の遊興、予同伴せず。和尚、華偈有り。翌日厳韻に依り、道閑老の覓めに応じて焉を書す

桜雪、知んぬ、興尽きて回ること無くんば、剡渓も還た二三に落ち来たらんことを。懶生涯、若し遊宴に陪せば、酔後の杯に酔後の杯を添えん。

〈訳〉

大仙和尚が正伝寺の観桜会に行かれたが、わたしは同伴できなかった。和尚から華偈をいただき、翌日、道閑に求められ、それに和韻する。

王子猷は雪見の興に乗じて友人の戴逵を訪ねたが、興尽きて途中で帰ったからこそ風流というもの。

戴逵を訪ねて、そこで一献(いっこん)交わしていたら、
やはり無風流(ぶふうりゅう)に堕していたことでしょう。
わたくしごときが、花見の宴にお相伴していたら、
酔後の添杯、余分というものだったでしょう。

○大仙和尚＝このときの輪住、未詳。大仙和尚が佳会の模様を伝え、江月の不参加を惜しむ詩でも贈ったのであろう。それに対する返事。
○正伝寺＝京都市北区西賀茂鎮守庵町にある、臨済宗南禅寺派の寺。
○道閑老＝茶人の清水道閑（一五七九～一六四八）。名は宗怡。渋紙庵、伝習庵と号す。前出［三〇］。
○桜雪＝桜を雪に見立てたもの。『中華若木詩抄』太白真玄の「松間桜雪」の第一句に「桜雪可看松可聴」。『翰林五鳳集』巻七、村庵「源典厩公庭桜」の連詩の中に「庭桜如雪雪如絮」、「似雪似雲千万枝」、「数樹庭桜雪不如」、「隔墻仰看雪連天」など。蘭坡景茝「松間残桜」に「風吹不散数枝雪」。横川「松間残桜」に「香雪飛過一夜松」、ここでは桜を「香雪」という。また右の太白の詩も載せる。蘭坡景茝「松間晩桜」に「晩桜吹雪一枝新」、驢雪「桜雪洒衣」に「風攪残桜雪似冬」。また策彦の「桜花」に「巍紫姚黄蔑以加、山桜紅白雪交霞。倩誰誇説中華去、日本不名唯此花」、この三句で「誰を倩ってか中華に誇り説き去らん」というように、桜を愛でるのは日本の特色。
○興尽回、剡渓…＝晋の王子猷が、雪の夜に興に乗じて、戴逵を訪い、興尽きて会わずに船をかえしたこと。前出［七二］「興尽帰人似子猷」の注を参照。
○還落二三来＝「還」は「やはりなお。さらにまた」。「落二三来」は、第一義諦でなく第二義諦、第三義諦に落ちる。脇道へそれてしまう。
○懶生涯＝自分の謙称。
○酔後杯添酔後杯＝「酔後添杯不如無（酔後、杯を添えるは無きにしかず）」の語をふまえる。

【一〇八】（二五オ）［四の二二］

去歳佛生日、予丁住山之任、呈一偈。今歳亦丁住山之任。今朝雨下。因賦一偈、以代菲奠云

去年今日一回新、輪次住持時節因。杓柄不労山野手、天公洒雨浴金身。慶長廿乙卯年

去歳の仏生日、予、住山の任に丁り、一偈を呈す。今歳亦た住山の任に丁る。今朝雨下る。因みに一偈を賦して、以て菲奠に代うと云う

去年今日、一回新たなり、輪次住持、時節因。

杓柄、山野の手を労せずとも、天公、雨を洒いで金身を浴す。慶長廿乙卯年。

〈訳〉

去年の仏生日、わたしは本山住持として一偈を呈したが、今年もまた住山の任にあたった。朝から雨。一偈を作って供える。

去年の降誕会も輪次住持に当たっていたが、

奇しくも今年の降誕会もまたこうなるとは、まさに時節因縁の巡り合わせ。
私が柄杓で香湯をそそがずとも、
幸い天の神が潅仏の雨を降らせてくださった。

○仏生日＝慶長二十年四月八日。降誕会。
○住山之任＝当時、大徳寺住持は、出世した者の間で月ごとの輪住制になっていた。
○菲奠＝粗末な供物。

【一〇九】（二五オ）

乙卯孟夏念九日、泉南故里依亂世回祿。其日暮、從孤篷菴主告來。卒發狂吟答之
野僧元是不欒巴、爭救八人亡故家。識得開山師祖偈、由他建立事豪奢。

乙卯孟夏念九日、泉南の故里、乱世に依って回禄。其の日の暮、孤篷庵主より告げ来たる。卒に狂を発し之に吟答す
野僧、元と是れ欒巴にあらず、争でか八人の故家を亡ずるを救わん。
識得す、開山師祖の偈、他に由る建立、豪奢を事とす。

〈訳〉

　四月二十九日、堺が戦乱で焼けたと、同日の夕方、小堀遠州から知らせて来た。気も狂わんばかりで、一句を作り返事をする。

欒巴のように遠方の火事をとめる神通力を持たないわたしは、
生家が燃えるのを救うこともできない。
開山祖師が言われているように、建立も掃蕩もすべては一心に由る。
あれほど豪奢を誇った堺の町が壊滅したとは、
まことに、永遠の富貴を続けることができる家がいかほどあるだろうか。

○乙卯孟夏念九日＝慶長二十年四月二十九日。
○泉南故里依乱世回禄＝「回禄」は火の神、転じて火事のこと。二十八日、大坂方の将、大野治房、槙島玄蕃（大野道犬）ら、住吉、堺に放火、終夜燃える。『大坂御陣覚書』中（『大日本史料』第十二編之十八冊、四四九頁）「堺をも大野道犬下知致し不残焼払申候、其放火の光に、廿八日闇夜にて候へ共、人数を押侯に便有之候、……」。『沢庵紀年録』慶長二十年（元和改元）条に「夏四月、大阪の寇来たって泉南の地を燬く。南宗も亦た焦土と成る。去歳、東兵大阪を囲む。師、泉南に災有らんことを慮って、親ら南宗に到り、開山国師の伽梨及び先師の証書を肩にして大徳に帰る」。
○其日暮従孤篷庵主告来＝火が放たれたのは二十八日。翌日の夕方に、早くも戦陣にあった小堀遠州からの知らせが届いた。詩に「故家」とあるように、天王寺屋も大通庵もこのときに焼けた。
○欒巴＝後漢の人。京師の酒宴中に郷里成都の火災を察知して、酒を含んで西南を望んで噀き、火災を滅したという（『神仙伝』）。また『蒙求』下にも「欒巴噀酒」の題で収める。

酒（あるいは水）を噀いて遠方の火を消す話は、これ以外にも多い（『琅琊代酔編』巻二十一、潠酒など）。『梁高僧伝』巻九、仏図澄章に「又た嘗て虎と共に中堂に昇る。澄、忽ち驚いて曰く、変、変、幽州当に火災なり。仍って酒を取って之れを灑ぐ。久しうして笑って曰く、救うこと已に得たり。虎、遣わされて幽州を験して云く、爾の日、火は四門より起こる。西南に黒雲の来たる有って、驟雨、之れを滅せり。雨も亦た頗る酒気有り、と」。

○八人＝「火」の拆字。

○識得開山師祖偈＝開山師祖は誰か。大通庵とすれば、開祖は春屋。ただし、師祖偈は具体的に何をいうか未詳。

○由他建立事豪奢＝この句、難解。原本「申」字に見えるが「由」字の書き損じ。古岳宗亘の著とされる『大徳寺夜話』（一名『眼裏砂』）の冒頭に「師曰、禅僧ハ建立モ由他、掃蕩モ由他也」とある。

「建立（門）」は、化門を立てること、法門を設けること。大通庵のような一宇を建てることもそのほんの一部である。その逆に、一切差別の相を否定し、その拠ってたつところを掃い去り否定するのが「掃蕩門」。「建立由他、掃蕩由他」は、建立門も掃蕩門もすべては那一心に由るということ。孤篷庵本［二の六五］「宗立首座請頂相自賛」に「……那乃祖本光禅師、依円鑑師之請、三要印開。円鑑師依山野請、三玄三要旧公案、今日拈来付嘱他。他是阿誰。今日以三玄語、分付来以称他字矣。建立由他、掃蕩由他」。いまの偈の「由他建立」は「建立由他」また「建立由他、掃蕩由他」の略と見てもよい。建立も掃蕩もすべてそれに由る。大通庵、否、あれだけ栄えた堺の町そのものの建立も焼尽もまたこれに由って発現したものである、と。

「事豪奢」は、いっそう難解である。典拠は『三体詩』羅鄴の「牡丹」詩に「落尽春紅始見花、花時比屋事豪奢……」であろう。春の花がすべて散ったころに、牡丹は咲き始める。その時期になれば、都の家々は軒並みにこの花を植えて豪奢を誇る、ということである。

『三体詩由的抄』に、「一二句、……比屋ハ、比ハ比屏ノ比ナリ。ナラビタル家屋ナリ。…豪奢ハ、…人ノ意気サカンニシテ威権ヲ事トスルヲ豪放ト云。此豪ノ字、彊豪ノ意ニ見ル可シ。……詩ノ意ハ、初春ヨリ晩春ニ至ルマデノ間ノ、千紫万紅、皆落ツクシテ後、始テ牡丹ノ華ヲ見ル。牡丹開時ハ暮春ノ末ナリ。此華時ハ洛陽ハ言ニ及バズ、其余ノ国郡マデモ、門々戸々、皆華ノタメニ其処ヲカザリ、或ハ華見ニアリクトテ、豪気奢意ヲ事トスルナリ」。

『素隠抄』は一二句を「春三月ノ花ドモガ皆落尽シテ後、四月ノ初メ時分ニ、此ノ花ヲ見タゾ。サテ此ノ花ノ時節ニハ、京都ノ人ハ貴ト無ク賎ト無ク、ソレゾレノ家ニテ花見ノ会ヲナシテ、豪放奢侈ナル体ヲナスゾ。比屋トハ、五家ヲ比ト為ス、ヂヤホドニ、家五ホドアレバ、ハヤ花見ノ会ヲシテヲゴルゾ」と解している。

「事豪奢」の句は、『欠伸稿』にも頻出すること左のとおり。

孤篷庵本［二の三六］「慶岳号」に「今古、積善の家と伝え言う、門闌の喜色、豪奢を事とす。……」。

孤篷庵本［二の五七］「花屋号、宗栄禅尼」に「東風を吹起し、興幾くか加う、群芳開く日、豪奢を事とす。……」。

孤篷庵本［三の二三］「陶淵明対菊花」に「隠逸の心は深し、元亮の家、独り嫌う、比屋、豪奢を事とすることを……」。

孤篷庵本［三の三一］「牡丹」に「国色天香、洛涯に冠たり、料り知る、比屋、豪奢を事とすることを。……」。

羅鄴詩この一二句だけならば、右でみたように都の奢った風を意味するし、右の四例もその解で通じる。しかしいま、故郷堺は壊滅し亡びてしまったのである。それなのに、江月はなぜ、都の奢った風をいう「事豪奢」の語を用いたのであろうか。江月が羅鄴の「牡丹」詩を引いたのは、実は、羅鄴の七言律詩のそれに続くところ、つまりこの詩の全体の意味するところをふまえてのことではないか。一二句以降は次のようになっている。

　買栽池館恐無地（池館を買って栽えんとするも、地無きことを恐る）
　看到子孫能幾家（看て子孫に到るは、能く幾家ぞ）
　門倚長衢攅繡轂（門は長衢に倚って、繡轂を攅め）
　幄籠軽日護香霞（幄は軽日を籠めて、香霞を護る）
　歌鍾満座争歓賞（歌鍾満座、争って歓賞す）
　肯信流年鬢有華（肯ぞ信ぜんや、流年、鬢に華有らんことを）

全体の意を村上哲見訳（朝日文庫、中国古典選三〇）で見ておこう。

春の紅の散りつくしたのち、やっとこの真の花、花の中の花ともいうべき牡丹があらわれる。
この花の咲くころ、家々は軒なみこの花を植えて豪奢を誇ろうとする。
花の株を買って池のほとりの邸に植え、庭いっぱいに咲かせて、まだ場所が足りないことを気づかうが、
家産を敗ることなく、子々孫々までその花を鑑賞するのはその中に何軒あるだろう。
大通りにむかう門に、多くの賓客を迎えて、美しく飾った車馬をつらね、
香しい霞のような花をまもる日よけのとばりには、おだやかな日ざしがたちこめる。
鐘をうちならして歌いさざめき、花の宴に列席する人々は、みなこぞって感嘆しつつ鑑賞するが、
やがて過ぎゆく年月に、両鬢に花（白髪）を生ずることを信じようとしないとは。

『三体詩由的抄』では三四句を「此ノ華ノ比類ナキヲ見テ買取テ、池館ニ栽タク思ヘドモ、飄蓬ノ身ナレバ、栽ウ可キ地ノナキヲ恐レ思フトナリ」と解釈していて、村上訳とは少し異なるけれども、詩の全体は、豪奢な暮らしを誇っていても、それが子々孫々まで続くことはないのだ、それを分かる者がどれほどおろうか、というものである。

あれほど繁栄していたわが故郷の堺が、一朝にして焼け野が原になったのである。豪奢を誇った天王寺屋の当主はすでに亡くなり後継者もない。そして今、堺の街そのものが燃えてしまったのである。「発狂」せんばかりの万感の思いを、江月は羅鄴詩の一二句だけで表わしたのである。まことに、永遠の富貴を続けることができる家はいかほどあるであろうか、と。

栄華を誇った故郷堺の町が烏有に帰したという報を受けた時に、即座にこのような詩を作る江月に、やはり禅僧本分の姿を見るのである。

―【一一〇】（二五ウ）―

茅小菴主者予耐久人也。適來觀光、頭痛平臥、故不打閑話、以一偈問安否
云　茅小者井上右近也

君到洛陽雖暫留、不安恨不促同遊。有人傳是病床事、會得西堂舊話頭。

茅小庵主は予が耐久の人なり。適来観光するも頭痛に平臥せるが故に閑話を打さず。
一偈を以て安否を問うと云う　茅小は井上右近なり

君、洛陽に到って暫く留まると雖も、不安にて、同遊を促さざるを恨む。
人有って、是れ病床の事なるを伝う、西堂が旧話頭を会得せよ。

〈訳〉

旧友の井上右近が、先ごろ九州から観光に来られたが、頭痛で寝込んだため、話もゆっくりできていない。一偈を作り、どうしておられるかお尋ねする。

せっかく九州から来られたのに、
病気のために、ご一緒できないとは残念至極。
人が伝えて来て、あなたが頭痛で寝ていることを知りました。
頭痛といえば、碧巌録七十三則の西堂和尚のことを思い出してください。

○茅小庵＝黒田如水の旧臣井上右近。『墨蹟之写』慶長十八年正月十五日条に「筑前井上右近」とある。『一黙稿』

乾「如水肖像」賛に「参得祖宗門下句、一時透過万里関。平生磨出吹毛剣、振起威風満世間。茅小庵主、就于予需如水禅人肖像之賛、以一偈答之云。慶長十乙巳載仲秋廿日。茅小庵者、井上吉左衛門也」。

○適来観光＝筑前から上洛して来た。

○頭痛平臥＝後に「問安否」とあるのを考慮すると、頭痛になったのは井上右近。

○問安否＝無事かどうか、様子を尋ねる。

○西堂旧話頭＝『碧巌録』七十三則、馬祖離四句絶百非の公案。僧が馬祖にこのことを尋ねると、馬祖は「今日は疲れているから智蔵に聞け」という。僧が智蔵の所へ行って尋ねると、智蔵は「我れ今日頭痛、汝が為に説く能わず、海兄に問取し去れ」といったという話。

【一一一】（二五ウ）

天瑞和尚賜酒肴、以偈謝

世間有味意紛紛、甘是三分苦七分。賜我佳肴兼美酒、一盃初識忘憂君。

天瑞和尚、酒肴を賜う、偈を以て謝す

世間味わい有り、意紛紛、甘きは是れ三分、苦は七分。

我に賜う佳肴と美酒と、一盃、初めて識る、忘憂君なることを。

〈訳〉

天瑞和尚から酒と肴をいただいたお礼に。
世間の味わいというものも、いろいろ、
思うに、甘いが三分に苦いが七分というところか。
ここに美酒と佳肴をお贈りいただき、さっそく一盃。
いやいや、甘いの苦いのではない、これこそ憂さ忘れの良薬だ。

○天瑞和尚＝前出［一〇四］。
○甘是三分苦七分＝拠あるかどうか未詳。
○忘憂君＝酒の異名。「忘憂物」とも。陶淵明の飲酒詩に「汎此忘憂物、遠我遺世情」。

【一一二】（二五ウ）［四の二二］

故郷亂後、予親眷卜養軒主、客于紀州和歌山。以一偈慰旅愁云

吾郷亂後世推移、諸弟胡爲各別離。知是和歌吹上浦、秋來見月忘歸思。

故郷乱の後、予が親眷卜養軒主、紀州和歌山に客たり。一偈を以て旅愁を慰むと云う

吾が郷乱れし後、世は推移す、諸弟、胡為ぞ各おの別離す。

知んぬ是れ、和歌吹上（ふきあげ）の浦、秋来たって月を見、帰思（きし）を忘るならん。

〈訳〉

　堺の戦乱後、和歌山に逃れている親戚の半井卜養軒に
堺が焼かれてから、世は一変しました。
一族の者が、どうしてこのように別れ別れになってしまったのか。
きっと、和歌の浦、吹上浦の名所で、
名月を楽しんで、帰ることも忘れているのでしょう。

○卜養軒主＝医師、半井卜養軒。半井云也（一五六八～一六三六）。卜養軒奇雲、牧羊とも（奇雲云也居士）。春屋に参ず。いま元和元年（一六一四）だから、卜養軒は四十七歳。江月は四十二歳。江月和尚の姉（南窓栄薫禅尼）が嫁いでいるので、江月とは義兄弟になる。狂歌で名高い半井卜養（一六〇七～七八。号、慶友、宗松）はその子。和歌山への疎開のことを卜養軒は「書置申事」という文でつぎのように記している（森川昭「堺半井家代々資料考（五）」、『愛知県立大学文学部論集』語学・文学二〇、一九六九年所収）。
「我等身上之事、大坂一乱の時、紀州へ落行候時、椀二ぜんともなく、皿鉢一つも無之、銀子五匁余りに成候事、十日斗にて候、紀州にて其年事外薬代取申候、十月ニ堺へ帰り、何かと仕合能候而、其後、我等家の作事如此候而、又道忻のやしきかい申、作事候而、慶友に銀子をもつけて渡し申、……」。
ほとんど家産を持たずに、一家で紀州に逃れ、その地で医業で暮らしをたて、やがて堺に戻り、家屋敷を構えた、というのである。堺半井家の関連系譜は左のとおり。

慶友（古仙）─卜養（云也）
　├江月
　├栄薫
　├慶友（雪嶺・宗松・卜養）
　├珉首座
　├女子
　├女子
　└小十郎（真伯・宗珠）
宗巴
　├琢首座
　└多聞院

○故郷乱後＝草稿の前後から判断して、元和元年八月までのもの。半井の一族は、四月二十八日、堺が焼き討ちされるまでに、既に堺を脱出して和歌山に避難していた。右に引いた「書置申事」によれば「十月ニ堺へ帰り」とあるから、ほぼ半年間、紀州に滞在したことになる。
○知是＝孤篷庵本では「遮莫」。
○和歌吹上浦＝紀伊国、紀の川口の湊と雑賀のあいだの浜。古来、歌枕として名高い地。

【一一三】（二六オ）［四の二二］

元和乙卯元年八月初二日者、予俗家祖父大通宗達居士五十年遠忌之辰也。阿爺宗及辭世二十五歳、阿干宗凡辭世五歳。予獨憖遺。慙愧不少。于以雖（可）到故郷伸吊儀、去夏依亂世、泉南一炬盡（成）焦土矣。郷里大通草菴亦作烏有。加之、親眷男女各在處處異郷。予客于洛北蕞寺、聊點麁茶幽燈充小蘋蘩之次、賦一偈供之云

無父無兄誰共親、獨挑燈火吊歸眞。殘生夢覺忌辰日、五十年間幾欠伸。欠伸亂道。

元和乙卯元年八月初二日は、予が俗家の祖父、大通宗達居士が五十年遠忌の辰なり。阿爺宗及、世を辞して二十五歳、阿干宗凡、世を辞して五歳。予のみ独り憖いに遺る。慚愧少なからず。于以故郷に到って弔儀を伸ぶ可きとは雖も、去夏、乱世に依って泉南は一炬にして尽く焦土と成る。郷里の大通草庵も亦た烏有と作れり。加之、親眷の男女は各おの処処の異郷に在り。予、洛北の蕞寺に客たり、聊か麁茶を点て幽灯もて小蘋蘩に充てんとする次いで、一偈を賦し之に供うと云う

父も無く兄も無し、誰と共にか親しまん、独り灯火を挑げて帰真を弔う。
残生、夢は覚む忌辰の日、五十年間、幾くの欠伸ぞ。欠伸、乱りに道う。

〈訳〉

元和元年八月二日は、祖父大通宗達居士の五十回忌。父宗及が亡くなってから二十五年、そして兄宗凡が亡くなって五年になる。みな亡くなって、わたし一人だけが、望みもせぬのに生き残ってしまった。何とも申し訳ない。堺に戻って弔うべきなのだが、去年の戦乱で堺はすっかり焼け野が原になってしまい、大通庵もなくなった。そればかりか、親戚もみなちりぢりになった。ひとり龍光院で、茶を点てて灯をそなえる。

父も兄も、もはやいない、ひとり灯燭をかかげ、祖父の霊を弔う。

祖父が亡くなってから五十年の幾変遷、思えば、欠伸何回ほどのものであったろう。

○元和乙卯元年八月初二日＝元和元年（一六一五）八月二日。禅師、四十二歳。大通宗達居士の毎年忌は八月二日に行われていた（『宗及茶湯日記』天正九年（一五八一）八月条）。
○大通宗達居士五十年遠忌＝大通宗達居士は、永禄九年丙寅（一五六六）八月二日没（『諸霊年忌鑑』）。
○宗及辞世二十五歳＝宗及は、天正十九年（一五九一）四月二十六日、禅師十八歳の時に没した。この年の二月、堺で二十五回忌をおこなっている。前出［四］。
○阿干宗凡辞世五歳＝兄、宗凡が没したのは、慶長十七年（一六一二）五月二十九日。
○憖遺＝「憖」は「しいて、なましいに」。『詩』小雅、十月之交に「憖遺一老」。心には欲しないが、せめて一人の老人なりとも残し置きたい、の意。ここでは、祖父も父も兄も逝き、ひとり自分のみが、そう希望したのでもないのに生き残ってしまった、ということ。
○雖（可）到故郷伸吊儀＝「可」字、孤篷庵本によって補う。
○去夏世乱泉南尽（成）焦土＝「成」字、孤篷庵本によって補う。慶長二十年四月二十八日、堺燃える。「去夏」は「去年の夏」ではなく「この夏」「今年の夏」の意。孤篷庵本［四の五四］に「寛午季秋念五日者、廼阿弥宝林院竹窓宗節大姉三回忌之辰也。去歳小祥忌日、在東武不帰泉南之郷里、今年亦到東武、而去夏留洛寺」とある「去夏」も同じ意。
○親眷男女各在処処異郷＝半井一族が和歌山に難を逃れたこと、前出［一一二］。
○予客于洛北蕞寺＝「客」は出家遁世の身で、この世に仮寓しているということ。
○五十年間幾欠伸＝「五十年間」、江月はいま四十二歳だが、五十回忌にあわせて、わが生涯を概数でいう。孤篷庵本［四の四四］「元旦元和甲子（一〇年、今から九年後）」の試筆に「甲位東方春已孟、子生陽気日弥新、晨鶏驚起昨非夢、五十年間幾欠伸」。『西源録』巻二、「妙讃大姉下火」語に「百年光景一欠伸」。この一生、思えば欠伸一回ほどのものだった。『一黙稿』乾、「削翁号頌」に「老来、受用、別に事無し、只だ青山に対して、一睡眠」。

「欠伸」は、盧生の邯鄲夢の話をふまえよう。沈既済の『枕中記』にいう「……盧生、欠伸して悟むるに、其の身の方に邸舎に偃す。呂翁は其の傍に坐して、主人の黍を蒸して未だ熟せざるを見る。……翁、（盧）生に謂いて曰く、人生の適なる、亦た是の如きか」。

【一一四】（二六ウ）

寶叔和尚、退天瑞到黄梅。有偈和其韻

這老功成將退身、高僧七百望其塵。黄梅半夜單傳旨、呈示宗門面目眞。

宝叔和尚、天瑞を退いて黄梅に到る。偈有り、其の韻を和す

這の老、功成り将に身を退かんとす、高僧七百、其の塵を望む。

黄梅半夜、単伝の旨、呈示す、宗門面目の真。

〈訳〉

宝叔和尚が天瑞院を退いて黄梅院に入られる。その偈に和す

功成っていま、黄梅院に隠棲される老和尚。

黄梅派下の高僧方も、まさにその後塵を拝するでしょう。

また、五祖弘忍が、黄梅七百の高僧の中からただ一人、六祖慧能に単伝したように、

その法を伝え、宗門の真面目をあらわされるでしょう。

○宝叔和尚退天瑞到黄梅＝大徳寺一三五世の宝叔宗珍。前出［一〇四］。『大徳寺世譜』に「宝叔珍和尚、慶長年中建之、於黄梅院門左。爾後、清水美作守景治重修。天明年中廃」。ここの偈によれば、元和元年に初めて入ったことになる。
○功成＝本山の鐘楼、寝堂、徳禅の客殿などを一新したことをいう。
○高僧七百＝黄梅山の五祖下に七百余の高僧が集まっていたことをふまえる。『伝灯録』巻三、五祖弘忍章に「時会下七百余僧」。後出［一六七］注も参照。
○望其塵＝後塵を拝する。
○黄梅夜半単伝旨＝右の『伝灯録』巻三、五祖弘忍章のつづきに「…夜に迨(およ)んで乃ち潜かに人をして碓坊(たいぼう)より能行者(あんじゃ)を召して入室せしむ。告げて曰く……」。七百の高僧の中には一人も弘忍に心契する者がなく、ただ一人、盧行者（慧能）だけが認められ、夜半、密かに付法された。いずれも黄梅院の名に因んで、六祖慧能の事を引いたもの。「単伝」は前出［八八］。

【一一五】（二六ウ）［四の二二］

元和元年季秋十有三日者、削翁宗是居士小祥忌之辰也。和邦呼今夜成明月。恰似展上巳展重陽。頼當忌辰、月下點麁茶、伸小供養次、賦一拙偈云

別後年移已一回、齋筵有分爲他開。今霄月亦稱明月、何事斯翁不再來。

元和元年季秋十有三日は、削翁宗是居士が小祥忌の辰なり。和邦には今夜を呼んで明月と成す。恰も似たり、上巳を展べ重陽を展ぶるに。頼いに忌辰に当たり、月下に麁茶を点て、小供養を伸ぶる次いで、一拙偈を賦すと云う

別れて後、年は移り已に一回、斎筵、分有り、他の為に開く。
今霄、月も亦た名月と称す、何事ぞ、斯の翁、再来せざる。

〈訳〉

元和元年九月十三日、削翁宗是居士一周忌。わが邦ではこの十三日を「のちの月」というが、桃の節句や菊の節句を十日のばして行う展上巳や展重陽のようなものだろう。月下で茶を点ててお供えする。

亡くなられて、はや一年。茶を供えるだけの斎筵であっても、
それなりに居士の恩義に報いることになろう。ましてや今日は名月なのだから。
今宵は栗名月だというのに、削翁居士よ、なぜお出でにならぬ。

○元和元年季秋十有三日＝元和元年（一六一五）九月十三日。師四十二歳。削翁宗是居士は慶長十九年（一六一四）九月十三日が命日（『諸霊年忌鑑』）。
○削翁宗是居士＝『過去帳来由』にいう「滝川豊前殿長男、左兵衛。江月を信仰、一句ノ聴聞モ在之。豊前殿ヨリ先へ御相果、為遺物、兆殿司琴碁ノ六枚屏風、村薄ノ香炉、参候。是ハ江雪へ参候。屏風ハ龍光ニ有之。……」。

削翁号は春屋による。『一黙稿』削翁号頌に『一黙稿』乾、「削翁号頌」に「滝川氏の信士は、予が参玄の徒なり。一日、人を价して諱号を求む。其の諱を宗是と謂い、雅号を削翁と曰う。野偈一絶もて厥の義を述ぶと云う。吹毛を磨き出だして、光満天、仏魔倒退三千と叫ぶ。老来、受用、別に事無し、只だ青山に対して、一睡眠」。滝川豊前は滝川忠征。滝川一益に仕え、忠功によって滝川姓を与えられた。秀吉に仕え、関ケ原後、徳川に仕える。元和二年、家康の遺命により尾張大納言義直に附属せられ家老となった。その子、法直がこの削翁宗是居士。『寛政重修諸家譜』巻六四九によれば「佐兵衛、父にさきだちて死す。妻は伊東豊後守祐兵が女」。削翁宗是居士没後は、豊前守忠征の孫養子の直政が跡をついだ。

江月と滝川氏との関係は以下の二資料に見えるとおり。

『杏参緇素名簿』慶長十六年十一月条に「滝川左兵衛　豊前子也　駿河府中衆」。

『墨蹟之写』に「滝川左兵衛、祝弥三郎（慶十八）」「滝川豊州（元二）」「恩田筑州、滝川壱州（元二）」「滝川豊前、郡主馬、黒田筑前（元三）」「滝川豊前殿（元三）」などとある。また宗是の名は「中国宗是（慶十六）」「紀州宗是（慶十七）」の二つがある。さらに［一四七］に大祥忌（三回忌）語、［二五八］に七回忌語がある。

○小祥忌＝一周忌。

○和邦呼今夜成明月＝陰暦九月十三日の月は「十三夜」「のちの月」ともいわれ、八月十五夜の月についで美しいとされた。八月十五夜の月を「芋名月」といい、十三夜の月を「豆名月」「栗名月」という。醍醐天皇あるいは宇多法皇の観月に始まるともいう。

○恰似展上巳展重陽＝「上巳」は三月三日、桃の節句。「重陽」は九月九日、菊の節句。それを延ばして、十日遅れ、一月遅れなどで行うことを「展上巳」「展重陽」という。『容斎続筆』巻一「重陽上巳改日」に「唐文宗開成元年、帰融、京兆尹たりし時、両公主、府司に出降して、供帳事繁なり。……上曰く、去年、重陽は九月十九日に取りしは、未だ重陽の意を失せず、今、改めて十三日に取るは可なり。且つ上巳重陽、皆な定まれる日有り、而して一旬を展すに至る」。

五山文芸にはしばしば「賞展重陽菊（展重陽の菊を賞す）」の題があり、十日遅れの菊花を楽しむ風があった。また、「十九日重陽」「十九重陽」、そして「展重九」ともいう。

『小補艶詞』（美濃大仙寺蔵写本、横川景三が一人物に宛てた艶詞を集めたもの。『花園大学国際禅学研究所論叢』一号に翻刻所収）の、文明七年（一四七五）九月十四日の詩に「按唐故事、以九月十九日、為展重陽、一時美談也」、また文明八年「唐文宗、九月十九日を以て展重陽と為す。蓋し王事繁多なるを以てなり」。『日本国語大辞典』「展重陽」に、『続猿蓑』に「菊花ひらく時則重陽といへるこゝろにより、かつは展重陽のためしなきにしもあらねば、なを秋菊を詠じて、人々をすゝめられける事になりぬ」とあるを引いて「国忌などのために、宮中で重陽の宴をひと月延ばすこと」とするのは、拠無きに似たり。「ひと月」ではなく「十日」延ばすなり。

いまの意は、あたかも八月十五日の中秋の名月を月遅れにしたかのよう。

○斎筵有分為他開＝「有分」は「報恩有分」の略。

【一一六】（二六ウ）

宗級首座、丁慈母西月妙法禪尼十七回忌之辰、飯一堂僧。賦野偈以代飯錢云

一夢驚回十七年、孝心析肉爲他還。西風吹掃浮雲淺、月白江山萬里天。元和元乙卯九月十六日

宗級首座、慈母西月妙法禅尼が十七回忌の辰に丁って、一堂の僧に飯す。野偈を賦し、以て飯銭に代うと云う

一夢、驚回す、十七年、孝心、肉を析いて他の為に還す。
西風吹き掃って、浮雲浅し、月は白し、江山万里の天。　元和元乙卯九月十六日。

〈訳〉

宗級首座が亡母の十七回忌の斎会を設け、僧たちにふるまった。一偈を作り、その飯代とする。

夢のようなうたかたの十七年の生涯が終った。
いま首座は父母のために法要を執り行い、那吒太子のように孝心をあらわす。
西風がうっすらとした浮雲を吹く、江山のかなた、
万里の天に冴えている真っ白な月（これが西月禅尼の真面目）。

○宗級首座＝孤篷庵本［一の三七］に「三峰宗級首座掩土」語あり。
○西月妙法禅尼＝未詳。
○飯一堂僧＝供仏斎僧が法供養。前出［二―一］「供仏斎僧」。
○以代飯銭云＝「斎僧」のお礼がわりに。
○一夢驚回十七年＝「驚」は、夢からさめる。夢幻のごときうたかたの、十七年間の現世から醒めて、真理の世界、涅槃に入った。
○析肉為他還＝那吒太子が骨を折って父に還し、肉を折って母に還し、本来身を現じて説法した話。前出［四―二］。
○西風吹掃浮雲浅、月白江山万里天＝禅尼の法号「西」と「月」を打字して「妙法」をいう。「西風」は死の縁語。前出［一四］「了然城句検校秉炬語」に「一陣西風落葉声」、前出［八八］「追悼徳輝普灯禅師遷化」に「吹断西

風夕日遷」など。
○元和元乙卯九月十六日＝元和元年九月十六日。

【二一七】（二七オ）［四の二三］

贈孤篷菴主赴海西備陽
別日其多逢日稀、孤窓打睡掩柴扉。江頭遊興不無我、必有閑鷗遶釣磯。

孤篷庵主が海西備陽に赴くに贈る
別るる日は其れ多く、逢う日は稀なり、孤窓に打睡し、柴扉を掩う。
江頭の遊興、我れ無きにあらず、必ず閑鷗の釣磯を遶れる有らん。

〈訳〉
小堀遠州が備陽に行くのを送る
いつも離れ離れのことばかりだ。
君がおらねば語る友もない、わたしは門を閉じてひとり眠ることとしよう。
向こうに行って、河辺に遊んでも、友がいないことはない、
無心に飛ぶ鷗を、わたしと思ってくれ。

○送孤篷庵主赴海西備陽＝元和元年秋か。
○江頭遊興不無我＝孤篷庵本では「我」を「友」に作る。

【一一八】（二七オ）［四の二三］

筑前州冷泉津居住人虚白軒主宗室老翁者、予二十年來耐久也。累歳罹沈痼、百藥無効、華陀拱手、越人攢眉。于時元和乙卯元年仲秋念四日、掃世間塵、葬于十里松下。遠傳訃音者。予不覺涙濕却袈裟角、飲氣呑聲。于以、雖爲講吊禮、海西洛北水遠山長、不隨意者、遺憾而已。一日得東風便、卒賦拙偈投之、以漏胸懷之一哀云

翁是關西眞舊知、訃音傳聞思無涯。上來回向代吾説、十里松風一任吹。

筑前州冷泉津居住の人、虚白軒主宗室老翁は予が二十年来の耐久なり。累歳沈痼に罹り、百薬効無く、華陀も手を拱き越人も眉を攢む。時に元和乙卯元年仲秋念四日、世間の塵を掃い、十里松下に葬う。遠く訃音を伝うる者なり。予、涙、袈裟角を湿却するを覚えず、気を飲み声を呑む。于以、為に吊礼を講ぜんとすると雖も、海

西と洛北と水遠山長にして意に随わざる者、遺憾なるのみ。一日、東風の便を得て、卒に拙偈を賦して之に投じ、以て胸懐の一哀を漏らすと云う

翁は是れ関西の真旧知、訃音伝え聞き、思い無涯。
上来の回向、吾に代わって説け、十里の松風、吹くに一任す。

〈訳〉

博多の嶋井宗室翁は二十年来の旧知である。ここ何年か病だったが、百薬効無く、元和元年八月二十四日、ついに帰らぬ人となり、博多で葬儀をしたと報せてきた。思わず涙があふれる。弔問に参りたいが、遠いところだから行けない。一日、幸便があったので、思いを綴って託す。

博多でもっとも古い知人、
そのあなたが亡くなられたと聞いて、思い万感。
博多十里松に吹く風よ、思いに任せて吹くがよい、
そして、わたしに代わって老翁のために回向してくれ。

○虚白軒主宗室老翁＝嶋井宗室。前出［八七］。
○予二十年来耐久也＝この年、江月四十二歳であるから、二十二歳のころからの友誼があったことになる。江月は二十一、二歳の時に博多に行っているので、そのころに知り合ったか。前出［八六］「予曾以事泊西海数句」の

注を参照。
○華陀拱手越人攢眉＝名医も手を拱く。「華陀」は、華佗。後漢の人で養生の術に通じたという。「越人」は、戦国時代の名医、扁鵲のこと。原名は「秦越人」という。両方をあわせて「秦扁鵲」ともいう。医者の代名詞に用いられる。前出［六］。
○元和乙卯仲秋念四日＝元和元年乙卯（一六一五）八月二十四日。師四十二歳。この四月、大坂夏の陣。五月、大坂落城。
○掃世間塵＝死去。
○一日得東風便＝たまたま九州への幸便があったので。東風は前出［一〇〇］。
○葬于十里松下＝博多に葬る。「十里松」は前出［一一六］。

【一一九】（二七ウ）［四の二三］

本光禪師三十三年忌、聚光和尚有尊偈、和其韻
看來白日與青天、天地何言元自然。三十三年夢醒後、松風吹説祖師禪。

本光禅師三十三年忌、聚光（じゅこう）和尚、尊偈（そんげ）有り。その韻を和す
看来（みき）たれば、白日と青天と、天地、何をか言わんや、元と自然（じねん）。
三十三年、夢醒（さ）めて後、松風（しょうふう）吹き説く、祖師の禅。

〈訳〉

本光禅師三十三回忌、聚光和尚の偈に和韻

白日青天、堂々とあらわれている。
天地は何をいうでもなく、無言のうちにその道を行じている。
禅師が行かれて三十三年、
松に吹く風、そこに今も変わることなく、禅師の法が説かれている。

○本光禅師三十三白忌＝大徳寺一〇七世、笑嶺宗訢（しょうれいそうきん）（一五〇五〜八三）。祖心本光禅師。堺の南宗寺二世、聚光院の開祖。天正十一年（一五八三）十一月二十九日遷化。
○聚光和尚＝沢庵宗彭。『東海和尚紀年録』元和元年条に「十一月二十九日、本光祖三十三年忌。師、聚光院を領す、泉岸より帰る。…臘月に至って、又た泉岸に抵る…」。
○看来白日与青天＝「青天白日」、明々白々で何の包み隠すところもないこと。
○天地何言＝『論語』陽貨第十七に「天、何をか言うや。四時行われ、百物生ず。天、何をか言うや」。天地は何をいうでもない、しかも、その間、四時は移り、無言のうちにその道を行じている。

【一二〇】（二七ウ）

黄梅和尚有酒肴賜、謝之

浴後三盃軟飽辰、北窓冷坐暖於春。這生竊比仲康否、恩賜看來有雉馴。

黄梅和尚、酒肴の賜わる有り、之を謝す
浴後、三盃軟飽の辰、北窓冷坐、春より暖かし。
這の生、窃かに仲康に比さんや否や、恩賜、看来たれば雉の馴るる有り。

〈訳〉

黄梅院宝叔和尚から酒と肴をいただいたお礼
風呂上がりに、いただいたお酒を一杯やる。
この北側の部屋にいても少しも寒くはない、はや春が来たようだ。
今のわたしは、徳化で雉までがなついたことで有名な、
あの魯恭のようなものといってよろしかろうか。
なにしろ、よく味のしみた雉焼豆腐まで頂戴して味わっているのだから。

○黄梅和尚＝天瑞を退いて黄梅院に入っていた宝叔宗珍。前出［一〇四］。
○三盃軟飽＝一杯やる。前出［四四］。
○北窓＝禅師の私室。客室は南側、書斎など私的な部屋は北側。また「北窓」は「北窓三友（琴・酒・詩）」のうちの「酒・詩」を含意。白居易「北窓三友」詩に「今日北窓下、自問何所為。欣然得三友、三友者為誰。琴罷輒挙酒、酒罷輒吟詩。…」。
○這生＝自称。わたくし。
○窃比＝『論語』述而に「窃比我於老彭」とあり、「わが身をひそかに～になぞらえる」という意で、謙遜しなが

らも、著名な人物に我が身をなぞらえて自ら楽しむという語気。

○仲康＝後漢の魯仲康は仁政を行ったので、雉までが馴れて逃げることがなかったという話。

『蒙求』上「魯公馴雉」に、「後漢の魯恭、字は仲康、扶風平陵の人なり。粛宗の時、中牟の令に拝せらる。専ら徳化を以て理むることを為し、刑罰に任ぜず。郡国、螟の稼を傷うも、犬牙の縁界すら、中牟には入らず。河南の尹袁安、之を聞いて、其れ実ならずと疑い、仁恕の掾肥親をして往いて之を廉さしむ。恭、阡陌を随行し、倶に桑下に坐す。雉有り過って其の傍に止まる。傍に童児有り。親曰く、児、何ぞ之を捕えざる。児言わく、雉方に雛を将いる。親、瞿然として起って、恭と訣れて曰く、来たる所以の者は、君の政迹を察せんと欲するのみ。今、虫は境を犯さず、化、鳥獣に及び、竪子（こども）に仁心有り。三ながら異なりと。……」。

○雉馴＝第三句に「仲康」とあるのだから、この「雉馴」が「魯公馴雉」の話をふまえることは当然である。いただいた「恩賜」は「酒肴」である。肴に雉肉でもいただいたかのようにも思えるのだが、もし、雉肉など食べてしまったならば、「魯公馴雉」の話の内容とは大いに齟齬してしまうであろう。「雉馴」をどう解したものか。じつは、ここに江月らしい、ちょっと厄介なユーモアが仕組まれているのである。

「雉」は、『日本国語大辞典』「きじ」の項に「雉焼のこと」。同じく「きじやき」の項に、「雉の味のよいのにならって工夫された料理。魚肉や豆腐を材料にしたものがある。『石山本願寺日記』私心記、天文十一年十一月二十七日〈きじやきあり〉」。また同項の三に「雉焼豆腐の略」とある。

つまり、江月が頂戴した「肴」とは「雉焼豆腐」のこと。また「馴」は和訓で「なるる」。和語の「熟（なるる）」に通ずる。「なるる」は「熟鮨」の「熟」、味が「ほどよく浸みて」食べごろであること。味がよくなれて、程よく染み込んだ豆腐である。「雉馴」の語は、この二つの和語の意味もかけているのである。

『松屋筆記』巻九十二、十七「雉子焼豆腐」に、「雉焼豆腐は豆腐を広二寸四方許、厚五六分に切て焼き、それを薄醤油にて味をつけ、茶漬茶碗やうのものに盛て、その上より煖酒をつぎいれて呑をいふ、こは禁中又は宮の御所などにて正月の佳例也、一献に一ツもりて酒をつぎ二献には二ツ三献には三ツ、だんだんに豆腐をもり上て酒をもる也、豆腐は食事なし、宗鑑が新撰犬筑波集三十六丁オ、女房私記四丁ウ、御歯固の条に、二献きじやき云々、又十二丁オ、物の呼名を記せる条に、きじやきとは豆腐に塩付やく也云々」。

【一二一】（二七ウ）［四の二三］

日之昨、蒙黄梅堂頭和尚之恩賜。以卑詞奉伸謝之万乙處、便有尊和。句句磨玉、言言錬金、可謂木瓜瓊琚之報也。重賡厥韻以呈金猊下云。伏乞慈斤

芳和含花盡美辰、臘前不意忽迎春。都都平丈吾孤陋、郁郁乎文師雅馴。

日之昨、黄梅堂頭和尚の恩賜を蒙る。卑詞を以て謝の万乙を伸べ奉りし処、便ち尊和有り。句句磨玉、言言錬金、謂っつ可し、木瓜瓊琚の報なりと。重ねて厥の韻を賡いで以て金猊下に呈すと云う。伏して乞う、慈斤

芳和花を含む、美を尽くすの辰、臘前、意わざりき、忽ち春を迎えんとは。

都都平丈たり、吾が孤陋、郁郁乎文たり、師の雅馴。

〈訳〉

昨日、黄梅和尚からいいものをいただいたので、お礼の一句を差し上げたところ、それに和韻した句を頂戴した。その詩の素晴らしいこと。これでは、ボケの花のお礼に

宝玉を頂いたようなものだ。もう一度、和韻してお返しする。
花のような素晴らしい和韻をいただいて、
まだ十一月というのに、まるで春になったかのような気分です。
いいかげんなわたしの詩に対して、
こんなに素晴らしい詩をお返しいただき、恐縮です。

○以卑詞奉伸謝之万乙処、便有尊和＝［一二〇］の対する和韻のお返しがあった。［一二〇］の江月の機知に富んだ詩は、宝叔宗珍もさぞ興がったことであろう。
○句句磨玉、言言錬金＝詩のすばらしいこと。
○木瓜瓊璣之報＝ボケをあげた御礼に宝玉を頂いたようなもの。『詩経』衛風、木瓜の歌、「我に投ずるに木瓜を以てするに、之に報ゆるに瓊璣を以てす」。「瓊璣」は宝玉。前出［二八］参照。
○芳和含花尽美辰＝「芳和」は和韻、後出［一五〇］にも「芳和含花」。
○都都平丈吾孤陋、郁郁乎文師雅馴＝わたくしの間違いだらけで出来損ないの詩は「都都平丈」ですが、あなたの詩は正しくすばらしい「郁郁乎文」です。
「雅馴」は、字句が正しく、文章が穏当であること、「孤陋」はその反対。「郁郁乎文」は、『論語』八佾の「郁郁乎文哉」をふまえたもの。「郁郁乎文」は、文物の盛んなことをいうが、この文字を読めずに「都都平丈」と誤読すること。「郁郁乎文哉」を「都都平丈我」と読み間違える、とするものもある。景徐周麟『翰林胡盧集』第一巻、「叢茂彦住真如疏」に「槃背読東魯書、質都都平丈我之錯」。『翰林五鳳集』巻四十九、江西の「扇面賛」に「何郷村学両書生、載酒沙辺鞭蹇行。想得都都平丈我、三盃夜雪諷経声」。

【一二二】（二八オ）

泉南鄕里人淡齋主、予三十年以降耐久也。平常慕宗風、于洛北于泉南、扣諸老門、爲道勵志。寔可嘉尚而已。加之、以孝爲心。倒退活機黄檗具眼織鞋米山者乎。其萱堂小英正青禪尼、頃染微疾趨寂乎。小春之十又一日也。聞此訃音、于以雖爲講弔禮、予客于洛北水遠山長。不任意者、遺憾而已。孝子追慕之餘、有一首和歌遠寄之來矣。可默而辭乎。歩韻礎賦拙偈投之云
代我江南梅一枝、伸香供養小春時。小春時又逢秋否、臨別圖知宋玉悲。

泉南郷里の人、淡斎主は、予が三十年以降の耐久なり。平常、宗風を慕い、洛北に泉南に諸老の門を扣き、道の為に志を励ます。寔に嘉尚す可きのみ。加之、孝を以て心と為す。活機の黄檗、具眼の織鞋米山をも倒退せしむる者か。其の萱堂小英正青禅尼、頃ろ微疾に染み寂に趨くか。小春の十又一日なり。此の訃音を聞いて、于以、為に弔礼を講ぜんすると雖も、予、洛北の水遠山長に客たり。意に任せざる者、遺憾なるのみ。孝子、追慕の余り、一首の和歌有り、遠く之を寄せ来たる。

黙して辞する可けんや。韻礎に歩して、拙偈を賦し、之を投ずと云う

我に代わって、江南の梅一枝、香供養を伸べよ、小春の時。
小春の時、又た秋に逢うや否や、別れに臨んで、宋玉の悲しみを図り知る。

〈訳〉

堺の淡斎主は三十年来の知己である。堺や京都で諸禅師について禅を学んだ。その親孝行なことは、禅録に出る親孝行の黄檗や睦州にもまさる。その母上が十月十一日にみまかられたという。弔問したいのだが、京都におるので行けない。淡斎主が追慕の思いを歌にして来たので、それによって一句を作りお送りする。

堺に行くことのできぬわたしに代わって、江南の梅一枝よ、香供養をささげておくれ。
小春とはいえ、時は秋。
永久の別れの悲しみは、死者の魂を招き寄せようとした宋玉にもまさるものでしょう。

○淡斎主＝未詳。
○活機黄檗＝黄檗とその母のことは、大義渡の話。無著道忠『五家正宗賛助桀』一五四頁にいうところ次のとおり。『中峰録』七の『不二抄』に曰く『群玉集』に、黄檗の運禅師、得道の後、忽ち父母に省侍せんことを思う。一婆子出でて問う、何れの処ぞ。曰く、江西。婆曰く、我が家にも亦た一子有り、江西に在って、多年帰らず。因みに宿を借る。婆親しく為に足を洗う。運が足心、一つの誌あり甚だ大なり。婆、是れ其の子なることを失記す。次の日、運、辞し去る。三里外に於て、郷人に説与して云く、吾が母、山僧を識らず。但だ母子一見すれば足れ

り。郷人、報じて其の母に知らしむ。母趕って福清渡に至る。運、已に舟に登る。母一跌して終る。運、回らず。但だ隔岸に於て炬を秉って、法語に云く、一子出家すれば、九族天に登ると、若し天に生ぜずんば、諸仏妄言せんか、と。炬火を擲って然やす。両岸の人、皆な其の母、火焔中に転じて男子身と為って、大光明に乗じて、夜摩天宮に上生するを見る。後に官司、福清渡を改めて大義渡と為す」。

○織鞋米山＝草鞋を作って、これで母を養った陳尊宿こと睦州道明（道蹤）のこと。『禅林僧宝伝』巻二、雲門禅師章に「初め睦州に至る。老宿の飽参して古寺に門を掩いて、蒲屨を織って母を養う有りと聞く。往いて之に謁す。……老宿、名は道蹤、黄檗断際禅師に嗣ぐ。高安の米山寺に住して、母の老いたるを以て東のかたに帰る。叢林、陳尊宿と号す」。

○小英正青禅尼＝未詳。

○小春之十又一日＝元和元年十月十一日。

○臨別＝字体判然とせぬが、意によって「臨」と読んだ。

○宋玉悲＝宋玉は屈原の弟子。屈原の死を悲しみ、その魂を招き寄せようとして「招魂」を作った。『楚辞』巻九の招魂の序、注に「招魂は宋玉の作る所なり。招とは召なり。手を以てするを招と曰う、言を以てするを召と曰う。魂は身の精なり。宋玉は屈原が忠にして斥棄され山沢に愁懣して、魂魄放佚、厥の命の将に落ちんとするを憐哀す。故に招魂を作る。以て其の精神を復し、其の年寿を延ばさんと欲す」。

【一二三】（二八ウ）［四の二三］

元卯元年仲冬上旬、出花洛到蘆浦、湖中偶作

身是浮生水上漚、一朝不意赴江州。大津浦浪動漁釣、比叡山風送客舟。

湖上擧帆行路遠、沙邊晒網落陽幽。無花無月入佳境、眼裏塊看春與秋。

元卯元年仲冬上旬、花洛を出でて芦浦に到る。湖中偶作

身は是れ浮生、水上の漚、一朝、意わざりき、江州に赴かんとは。

大津の浦浪、漁釣を動ず、比叡の山風、客舟を送る。

湖上、帆を挙ぐ、行路遠し、沙辺、網を晒す、落陽幽かなり。

花無し月無し、佳境に入る、眼裏塊看す、春と秋と。

〈訳〉

元和元年の十一月上旬、江州芦浦に行く。湖中での偶作

水面に浮く泡のような、一介の禅坊主のわたしが、
どうしたことか、芦浦の観音寺に出向くことになった。
大津の浦あたりでは釣舟が浪にゆられている。
わたしの舟は比叡の山風に送られて進む。
帆をあげて進むが、行く手はまだはるか。
網を干した岸辺のかなたに陽が沈もうとしている。
いま十一月、花もなく明月もないが、
この素晴らしい景は、花の春、明月の秋にもまさる。

○元卯仲冬上旬＝元和元年の十一月上旬。
○芦浦＝江州芦浦観音寺。芦浦は、現在の草津市。天台宗の観音寺がある。
○一朝不意赴江州＝「一朝不意」の事情、いま未詳。可攷。観音寺は戦国時代から江戸初期にかけて琵琶湖の水上交通を支配した重要な寺であったため、織田信長や豊臣秀吉、徳川家康の支配下におかれていた。一二句、何らかの政治的事情があったようにもとれる。

【一二四】（二八ウ）［四の二四］

元和丙辰新年、住持吾山。鶏旦試毫之次、賦一偈云
試虚空筆住虚空、瑞雪祥雲祝聖躬。花竹元來有和氣、殿中古佛主人公。

元和丙辰（ひのえたつ）新年、吾が山に住持す。鶏旦（けいたん）、試毫（しごう）の次いで、一偈を賦すと云う
虚空の筆を試み、虚空に住す、瑞雪祥雲（ずいせつしょううん）、聖躬（せいきゅう）を祝す。
花竹（かちく）、元来、和気有り、殿中の古仏、主人公。

〈訳〉
元和二年正月、本山に住持しての試筆
大虚空を筆にして書き初めの詩を試み、虚空の寺に住持する。
正月の瑞雪と祥雲が天子の万歳をいのっている。

殿中の古仏、大徳寺の主人公たる国師の徳をうけて、
花竹にもまた和気があるようだ。

○元和丙辰新年＝元和二年（一六一六）正月。師四十三歳。
○試虚空筆住虚空＝「虚空筆」は、『希叟広録』巻三、開善崇慶禅寺録の府疏に「錦綉の文を摛べ、虚空の筆を判てる。万丈の光を騰げ、三分の石に入る」。また『雑壹阿含経』巻三六の三「四大海水を以て墨と為し、須弥山を以て樹皮と為し、閻浮地の草木を現じて筆と為し、復た三千大千刹土の人をして、尽く能く舎利弗が智慧の業を書かしめんと欲す」。『分別功徳品』巻四の一「須弥を以て硯子と為し、四大海水を以て書水と為し、四天下の竹木を以て筆と為し、中に満つる人を書師と為し、身子（舎利弗のこと）の智慧を写さんと欲さば……」。
○花竹元来有和気、殿中古仏主人公＝黄山谷「次韻答斌老病起独游東園」二首の二に「主人心安楽、花竹有和気」。主人の心が安楽ならば、花竹にもまた和気があるようだ。「殿中古仏」は大徳寺開山。

【一二五】（二八ウ）

和宗才喝食試毫之韻

書誦勉旃春日長、學來須望孔丘墻。縦然其寄番風信、花木爭如惟徳香。

宗才喝食の試毫の韻を和す

書誦、旃を勉む、春日長し、学び来たって、須らく孔丘の墻を望むべし。

縦然（たと）い其れ番風（ばんぷう）の信（たより）に寄するも、花木、争（いか）でか如（し）かん、惟（こ）れ徳の香るには。

〈訳〉

宗才喝食の試筆に和韻

春の日長、ひたすら学ぶ。
君の学徳の高さは、とうてい窺うことができない。
花信風第一番の梅でさえも、
君の徳香には及ばないことでしょう。

○宗才喝食＝『咨参緇素名簿』元和七年（一六二一）条に「宗才　同（博多）」とあり。また孤篷庵本［二の五六］に「三渓号、宗才禅人、冷泉津人」とあり、また後出［一五七］「和宗才侍者試年韻」に「壮年不学悔衰躬、須覔言言句句工。従古駟賢無□賎、李花白又杏花紅」とある。

○望孔丘墻＝「夫子牆」とも。道徳の高遠なることを孔子に託していう語。高い墻で遮られて家の中が見えないごとく、孔子の深遠な徳行は容易には窺うことはできない。『論語』子張「夫子之牆数仞。不得其門而入、不見宗廟之美、百官之富」。柳宗元「弘農公五十韻詩」に「独棄傖人国、難窺夫子牆」。

○番風信＝二十四番花信風。前出［四］。いまは新春ゆえ、花信風第一の梅花のことをいう。

【一二六】（二九オ）

同　楞少年

一吟取新詩試孟陬、看來字字一塵無。少年莫笑和篇拙、酔裏乾坤我忘吾。一

同じく、楞少年

新詩を吟取して孟陬を試む、看来たれば、字字一塵も無し。
少年、和篇の拙なるを笑うこと莫かれ、酔裏の乾坤、我れ吾を忘ず。

〈訳〉

楞少年の試筆に和韻

正月元旦、吟じられた新詩、
拝見するに、どの一字もが洗練された、すばらしい詩。
それにくらべて、わたしの和韻が拙いとお笑いなさるな。
君の詩のすばらしさに酔いしれて、我をも忘れたのですから。

○楞少年＝前出［七九］では「君賦新詩試筆時、并看王巧又黄奇、春風織出文章錦、莫道余寒花較遅」とベタほめし。［九七］では「濃抹淡粧尤美哉、春風緩度寿陽梅、柴門幸在君隣寺、鐘鼓声中敲月来」と、その美少年ぶりを絶賛している。
○孟陬＝正月の別称。
○酔裏乾坤我忘吾＝「酔裏乾坤」、孤篷庵本［三の二一］「遠法師」詩に「淵明修静共同行、橋上過来奈社盟。酔裏乾坤広長舌、笑談忽作虎渓声」。天恩寺旧蔵『葛藤集』［七五一］盛岳の瑶池春宴図に「仙凡一種紅桃雨、酔裏乾

坤・日月遅」。「我忘吾」は美少年への心情、露醜というべきか。

【一二七】（二九オ）

同　春少年

必是他時侍御前、際君登第合誰先。青陽日永宜書誦、窓下須當著學鞭。

同じく、春少年

必ずや是れ、他時、御前に侍さん、君に際して登第するは、合に誰か先なるべし。
青陽、日は永し、宜しく書誦すべし、窓下、須らく当に学鞭を著くべし。

〈訳〉

春少年の試筆に和韻

いずれの日か、君の側に侍りたく思います。
あなたの詩に和韻して合格するのは、果たして誰でしょう。
春の日長、ますます励んでください。
学問では、きっと、他に先んじてあなたが一番でしょう。

○春少年＝『咨参緇素名簿』寛永三年（一六二六）五月十三日条に「春蔵主　玉林院之僧」、また同年四月十日に「春首座　筑前衆　在玉室会下」とあり。今、慶長二十年（一六一五）ゆえ寛永三年まで十一年。いま、春少年が十五歳とすれば、寛永三年で二十六歳。
○侍御前＝難解。室町以来の「御前給仕」のことをいうか。将軍の御前に侍することは喝食として最高の出世栄誉だった。あるいは、わたくし江月が、いつの日か、きっと春少年の御前に侍したいものだ、という意か。室町以来の喝食讃歎においては、年少の少年を君主に、年長の念者はみずからを臣下に比するのが常である（『若気勧進帳』）。二句に「際君登第合誰先」とあり、この「際君」の語によって、後者の意に解した。
○青陽＝春。『爾雅』巻八、釈天に「春を青陽と為し、夏を朱明と為し、秋を白蔵と為し、冬を玄英と為す」。
○著学鞭＝「著鞭」は「一鞭先著」。「祖生鞭」の事をふまえた表現で、「先んずる」の意。祖生は、晋の祖逖。『晋書』巻六十二の劉琨伝に「范陽の祖逖と友たり。逖が用いられると聞いて、親故の書を与うるに曰く、吾れ戈を枕にして旦を待つ、逆虜を梟せんと志して、常に祖生が吾に先んじて鞭を著けんことを恐ると」。

【一二八】（二九オ）
同　宗本藏主
慈言在你意相融、讀向窓前莫困窮。可惜寸陰時易過、開花回首落花風。

同じく、宗本蔵主
慈言、你に在り、意、相融す、読んで窓前に向かって、困窮すること莫かれ。
寸陰惜しむ可し、時は過ぎ易し、花開くも、首を回らせば落花の風。

〈訳〉

宗本蔵主の試筆に和韻

慈悲に満ちた忠言をどう受け止めるかは君次第、
取り方によっては、己にとってうちとけたものにもなろう、
窓前で読書するのに、疲れ込んではならない。
時のたつのは早い。花は開いてもすぐに散る。少年老い易し。

○宗本蔵主＝『参徒緇素名簿』元和九年（一六二三）五月十一日条に「中嶋小六郎　寺沢志摩殿ノ奉公人　中嶋道見ノヲイ　本蔵主イトコ也」。これによれば、宗本蔵主の父は「寺沢志摩殿ノ奉公人中嶋道見」か。寺沢志摩は、寺沢広高（一五六三〜一六三三）。肥前唐津、肥後天草あわせて十二万石を領す。『鹿苑日録』に、伏見・京都において、佐久間将監・西笑承兌などと交流する記事が出る。『本光国師日記』では、前年末、寺沢は江戸へ、金地院としばしば書状のやりとりがある。また［一五八］に宗本蔵主の新春偈和韻あり。
○慈言在你意相融、読向窓前莫困窮＝一句と二句のつながり、解しがたし。宗本に与えた偈は後出［一三二］［一五八］［一八二］に出るが、いずれも、他の者に与えたものに比べれば、より叱咤激励のニュアンスが強いように思う。よって、右のように解してみた。

【一二九】（二九オ）

南宗堂頭大和尚、元和丙辰歳、在泉南山中極樂寺、見擧揚新年頭佛法貫華、

遠見寄于予洛北客舍、句句言言磨玉錬金。謹奉塵尊韻者三首。愧是被白鷗笑
必矣。伏乞慈斤
法身堅固百年身、道徳元來必有隣。想像山花開似錦、此翁閑却洛陽春。
堪羡浮雲流水身、江南暫下白鷗隣。洛城翁去共誰愛、柳巷花衢春不春。
湖上新正風月身、梅花先發接芳隣。無量壽佛獻萬壽、極樂城中萬歲春。

南宗堂頭大和尚、元和丙辰の歳、泉南山中極楽寺に在って、新年頭仏法の貫華を挙揚せられ、遠く予が洛北の客舍に寄せらる。句句言言、磨玉錬金なり。謹んで尊韻を塵し奉る者三首。愧ずらくは是れ、白鷗に笑われんこと必せり。伏して乞う慈斤

法身堅固、百年の身、道徳、元来必ず隣有り。
想像す、山花開いて錦に似たるを、此の翁、洛陽の春を閑却す。
羡むに堪えたり、浮雲流水の身、江南、暫く下る白鷗の隣。
洛城、翁去って、誰と共にか愛でん、柳巷花衢、春は春ならず。

湖上、新正、風月の身（しん）、梅花先に発（ひら）いて、芳隣（ほうりん）に接す。

無量寿仏（むりょうじゅぶつ）、万寿（ばんじゅ）を献ぐ、極楽城中（ごくらくじょうちゅう）、万歳（ばんぜい）の春。


〈訳〉

元和二年正月、泉南の極楽寺にいた沢庵和尚が、すばらしい新年の偈を送って来られた。これに和韻するもの三首。駄作、江南のカモメにきっと笑われましょう。乞うご添削。


形ある堺の町はなくなったが、和尚の堅固法身は永遠に無事。

あなたのように徳ある人を、世間が放っておくはずはありません。

だから、堺の隣に仮寓の地が得られたのでしょう。

堅固法身の端的をいった「山花開いて錦に似たり」の句を思います。

錦のごとく法身の花が開いているあなたは、さだめし都の春など眼中にないのでしょう。

浮雲流水のよう自由な身、
泉南で白鴎を友にしているあなたの境涯をうらやましく思います。
あなたが京都を去られたので、花を愛で共に語る知己もいません。

花の都も春ならず、という昨今です。

風月を友にする岸和田の正月、
そちらは暖かですから、早や梅が咲いて、これを友とされていることでしょう。
極楽寺の無量寿仏とともに、
万寿万歳の春を言祝(ことほ)いでください。

○南宗堂頭大和尚＝沢庵宗彭。前年四月の大坂夏の陣で南宗寺は灰燼に帰していた。『東海和尚紀年録』元和元年条に「秋九月、師、京師を出で泉南に到る。南宗の焼地に綿蕝(めんぜつ)す。直に岸和田に到り、日光教寺を借りて寓居す。十一月二十九日、本光祖三十三年忌、師、聚光院を領す、泉岸より帰る。……臘月に至って、又た泉岸に抵り、日光寺に居る。然れども此の寺、州城の内に在って、城主及び侍士日夜来訪して、太(はなは)だ禅寂を妨ぐ。師深く之を厭い、居を当国天下(アマカ)村に遷して極楽寺に寓す」。また『東海和尚紀年録』元和二年条に「師四十四歳。師、天下の極楽寺に淹留す。元旦の頌に曰く、行処随縁寄此身、嶺雲渓月好為隣。烏藤七尺一華発、我掌握中天下春（行く処、縁に随って此の身を寄す、嶺雲渓月、好し隣と為すに。烏藤七尺、一華発く、我が掌握の中、天下春なり）」。この詩への和韻。
○元和丙辰歳＝元和二年丙辰（一六一六）、師四十三歳。
○極楽寺＝右注。浄土宗の寺院。天下(アマカ)村は有真香とも。今の岸和田市極楽寺町。
○新年頭仏法貫華＝年頭の偈。
○句句言言磨玉錬金＝詩文の素晴らしいこと。
○愧是被白鴎笑必矣＝お恥ずかしいことに、江南の白鴎にきっと笑われるような拙い詩です。「白鴎」は、自然無心の象徴。『欠伸稿』では江南（堺あるいは筑前）の縁語として用いられる。

○法身堅固＝『碧巌録』八十二則、本則に「僧大龍に問う、色身敗壊、如何なるか是れ堅固法身。龍云く、山花開いて錦に似たり、澗水湛えて藍の如し」。
○道徳元来必有隣＝『論語』里仁、「徳不孤、必有隣」。「有隣」は、灰燼に帰した堺の隣、岸和田に仮寓の地を得たことをいう。
○山花開似錦＝右の『碧巌録』八十二則。
○閑却＝等閑視する。なおざりにする。後出［一三二］「等閑」参照。
○堪羨浮雲流水身、江南暫下白鴎隣＝「白鴎」は、自然無心の象徴、ここでは「浮雲流水」と対する。自然無碍、何らの羈絆もない自由な存在。
○柳巷花衢＝黄庭堅詞に「纔勝羅綺、便嫌柳巷花街」とあるように、遊郭、色町の義であるが、禅録では繁華街の意に用いる。いまは都の街をいう。『欠伸稿』での例、孤篷庵本［四の三］に「花衢柳巷共知春、和気温風可煞新」。前出［五三］和三公試春韻に「日暖風軽逢夏正、花衢柳巷幾吟成」。いずれも都の春をいう。
○春不春＝蘭坡景茝『雪樵獨唱集』絶句一「和万年旭岑試筆」に「寺近皇居氣色新、楼々花似雪晴晨、錦囊満否三千首、一日無詩春不春」。『翰林五鳳集』巻十一、策彦の「和大光試筆韻」に「人自旧交年自新、従今何処賞芳辰。余寒花晩旅檐雨、若是無詩春不春」。
○湖上新正風月身＝「湖上」は、湖のほとり。「海上」が海辺をいうに同じ。今ここでは単に岸和田のことをいう。孤篷庵本［二の五二］「春谷号（宗富禅人、冷泉津人）」に「山頭湖上共新正」、孤篷庵本［四の四二］「元旦（住横岳山元和壬戌）」に「関西湖上遇正新、崇福梅花旧故人」とあり、これは博多のことであり、特に湖に関わるものではなさそう。
○無量寿仏献万寿、極楽城中万歳春＝「無量寿仏」「極楽」、ともに浄土宗の極楽寺に因んでいう。

【一三〇】（二九ウ）

的公雅藏者予久年友也。今茲元和二歳春示試毫二首之佳作。其詩也雲情月思、其筆也烟霏霧結。若不和之則似違舊盟。卒次嚴韻以索一笑云
元和第二丙辰年、公賦禪詩説我禪。

聖代祗今太平日、春來帶暖打安眠。

王巧黄奇蘇子新、一詩并得寄吾頻。

波涛入筆驚龍勢、正月桃花第二春。


的公雅蔵は予が久年の友なり。今茲元和二歳の春、試毫二首の佳作を示さる。其の詩たるや雲情月思、其の筆たるや烟霏霧結。若し之に和せずんば則ち旧盟に違するに似ん。卒に厳韻を次いで以て一笑を索むと云う

元和第二、丙辰の年、公は禅詩を賦し、我が禅を説く。

聖代、祗今太平の日、春来、暖を帯び、安眠を打す。


王巧、黄奇、蘇子の新、一詩に并せ得て、吾に寄すること頻なり。

波涛、筆に入る、龍を驚かす勢い、正月の桃花も第二春。

〈訳〉

旧友の的公蔵主、元和二年の正月、試筆二首を送って来た。風雅な詩で字もすばらしい。和韻せねば友としての盟(ちかい)に背くというもの。

元和の御代になって初めての正月、
君は禅詩を作って、我が宗旨を挙揚する。
先年の夏の陣で天下は既に決し、いまや太平の御代。
わたくし江月は、君のように禅はよう説かぬ。
ただ眠るだけ、この暖かな春なのだから。

王氏の巧、黄山谷の奇、蘇東坡の新、
一つの詩にこの三つをあわせたような、すばらしい詩を贈ってくださった。
しかもその波のような筆跡は、まさに龍をも驚かす勢い。
桃花の春も、はや二番手でしょう。

○的公雅蔵者予久年友也＝『咨参緇素名簿』元和二年正月十九日条に「的蔵主　高桐院之僧」とあるから、この正月に参徒となったことになる。「雅蔵」は、蔵主の雅称。喝食を雅丈と呼ぶのと同じ。
○其詩也雲情月思＝風流の情思。『碧巌録』五十三則の頌に「話尽山雲海月情」。
○其筆也烟霏霧結＝「煙霏霧結」あるいは「煙霏霧集」。カスミが散り霧が集まるように、絶えてはまたつらなるさま。筆跡の妙をいう語。『晋書』王羲之伝論に「観其点曳之工、裁成之妙、煙霏霧結、状若断而還連。鳳翥龍蟠、勢如斜而反直」。後の詩では「波涛入筆驚龍勢」という。

○若不和之則似違旧盟＝「盟」は、僧盟、詩盟。そしてまた「友道」。

○説我禅＝よく似た例、孤篷庵本［二の三七］「巌松号」に「十里風声澗壑辺、経霜愈茂幾千年。現成公案別何覓、一夜吟中談我禅（十里の風声、澗壑の辺、経霜愈いよ茂る幾千年。現成公案、別に何をか覓めん、一夜、吟中に我が禅を談ず）」。また、孤篷庵本［三の四五］「寸松庵」に「手裡栽子、他日参天。臨済標榜、道明欣然。風声十里、寒色千年。此小盧底、聞説我禅（手裡の栽子、他日参天。臨済の標榜、道明欣然たり。風声十里、寒色千年。此の小盧底に、我が禅を聞説す）」。

この例からすれば、「我が禅」は「我が宗旨」といった意であろう。

○春来帯暖打安眠＝堺は灰燼に帰し、大通庵も沢庵の南宗寺もなくなった。そして、天王寺屋の本家は絶えた。そんな状況の中で「安眠を打す」というのである。江月の号「欠伸」も、その深意をここに見るべし。

○王巧黄奇蘇子新＝前出［七九］「楞少年試春韻」に「君賦新詩試筆時、并看王巧又黄奇」。［八一］「和義辰少年韻」にも「古今詩有巧奇新、蘇氏王黄又義辰」とある。蘇黄は蘇東坡と黄庭堅の併称ゆえ、「蘇新黄奇」は、蘇東坡の「新」と黄庭堅の「奇」の意。「王」は王勃。前出［三四］。

少年の詩を、オベンチャラを言うごとくべたほめすることは、室町禅林以来の特色である。しかし、このこと、あながちに軽視し嫌うべからず。これも室町禅林の友道（男色）文化の一特徴だからである。過大に見るも不可、過少にとらえるも不可。現代の常識によって判断すれば、室町文芸の本質を見誤る。

○波涛入筆驚龍勢＝筆跡のすばらしいこと。『古文真宝』前集、韓退之の「桃園図」に「……南宮先生、之を得るを忻ぶ。波涛筆に入って文辞を駆る。文工みに画妙に、各おの極に臻る」。「驚龍」は草書が巧みなことをいう。梁武帝「論書」に「王羲之、尤も草を善くす。其の筆法、飄として浮雲の若く、矯きこと驚龍の若し」。

○正月桃花第二春＝「第二春」は、白楽天の勧令云開宴詩に「宜須九数謀歓会、好作開成第二春」。この句『点鉄集』に収む。しかし、ここではこれとは別義で、「落第二」の義。正月の花のあでやかさも（あなたの詩に比べれば）もはや二番手。

【一三一】（三〇オ）［四の二四］

元宵　因雪示諸徒

積雪千堆谷變陵、元宵因問坐禪僧。無端照徹窓前去、看看乾坤燈外燈。

元宵（がんしょう）　雪に因んで諸徒に示す

積雪千堆（せきせつせんたい）、谷は陵（おか）と変ず、元宵、因みに坐禅の僧に問う。

端（はし）無くも窓前に照徹（しょうてつ）せられ去んぬ、看よ看よ、乾坤灯外（けんこんとうがい）の灯。

〈訳〉

元旦の夜、雪に因んで諸徒に示す

一面の積雪で、谷も丘のようになった。

元日に坐禅する諸君、この銀世界をどう見て取るか。

坐禅しているところを、ゆくりなくも雪あかりですっかり照らし出された。

一面の白銀世界、いずこも心眼心灯ならざるところはないぞ。看よ看よ。

○元宵＝元和二年。

○因雪示諸徒＝この年、元日早朝から雪が降った。『鹿苑日録』元和二年正月朔日条に「早朝雪。……開山諷経。上堂。今朝俄雪故、改旧年製之索話」。

○坐禅僧＝『五家正宗賛』永明智覚禅師章の偈に「孤猿叫落中巌月、野客吟残半夜灯。此景此時誰得意、白雲深処坐禅僧」。

○無端＝『虚堂録犂耕』に「端由無くして不合に」。「無意」の義。「かくしようと思ってここに至ったのではないが」。「ゆくりなくも」「思わずも」「つい」。前出［四—三］参照。

○看看＝「看よ看よ」と訓ずる場合と「看看（みるみる、みすみす）」と訓ずる場合あり、ここは前者で可。孤篷庵本［四の八七］「全叟宗完居士七周忌」偈に「告げ来たる忌景、幾年なるや、荏苒として、光陰、坂を下る車のごとし。臘月、看す看す将に日を尽くさんとす、一枝、雪を掃う七梅花」。この場合の「看看」は和語の「みすみす」「みるみる」。

○乾坤灯外灯＝『句双葛藤抄』に「無辺風月眼中眼、不尽乾坤灯外灯」、注に「無辺風月ガ其侭眼中眼トハ、心眼也。不尽乾坤ガ其侭灯外灯トハ、心灯也。ドツコモ心眼心灯ナラヌ処ハナイゾ」。前出［六五］［一〇三］参照。

【一三二】（三〇オ）

一偈以餞宗本蔵主省母云

何事等閑帰故家、重來不日慰吾涯。縦然慕北堂萱去、莫忘城南処処花。

一偈、以て宗本蔵主（そうほんぞうす）が母を省（せい）するに餞（はなむけ）すと云う

何事ぞ等閑（なおざり）に故家（こか）に帰る、重ねて来たって、不日（ふじつ）、吾が涯（がい）を慰（い）せよ。

縦然（たと）い北堂の萱（わすれぐさ）を慕い去るも、城南（じょうなん）、処処の花を忘るる莫かれ。

〈訳〉

宗本蔵主が帰省するを送る

どうしてまた、ふいと帰ることになったのか。
きっとまた、いつか戻って来て、わたしの話し相手になっておくれ。
母上を思う気持ちは分かるけれども、
伏見の花の数々を忘れないでおくれ。

○宗本蔵主＝前出［一二八］。

○省母＝帰省。九州に帰ったか。宗本蔵主の父は、肥前唐津、肥後天草あわせて十二万石を領した寺沢志摩殿の奉公人中嶋道見。前出［一二八］。

○何事等閑帰故家＝「等閑」は、『虚堂録犂耕』に「疎略、尋常」とあり、『日葡辞書』の「ナオザリニ」に「大方、または、おおよそ、大体」、「ナオザリナ」に「平凡な」などとするのに通ずる。現代語で「等閑視（おろそかにする）」などというのもこの延長。しかし、ここはその意では通じない。『詩轍』（江戸中期の漢学者、三浦梅園の撰。『日本詩話叢書』）に「等閑ハ、ナヲザリト訓ズ、何トモナキ意ナリ、尋常也ト注スレドモ、意少シカハリアルベシ、瀟湘何事等閑帰（瀟湘ヨリ何事ゾ等閑ニ帰ル）、等閑識得東風面（等閑ニ識得ス東風ノ面）ノ類、不用意也」と。銭起の「帰雁」詩「瀟湘何事等閑回、水碧沙明両岸苔。二十五弦弾夜月、不勝清怨却飛来」。和語の「ゆくりなくも」（一、予想もしないようなさまで。不意に。突然に。思いがけもなく。二、軽はずみにも。不注意にも）の一の意。『漢語大詞典』に「一、尋常、平常。二、軽易、随便（かろがろしく、おいそれと）。三、無端、平白（何のいわれもなく）」。ここは一のニュアンス。宗本蔵主ではなく江月にとって、蔵主の帰郷が「予想もしないような」ことであるという心情。
〇北堂萱＝北堂の庭に咲いている忘れ草。すなわち母の意。前出［四—二］。
〇城南処処花＝『欠伸稿』でいう「城南」は伏見、あるいは松花堂のいた八幡。いま、なにゆえに「城南」をいうのか。さだめし因由があろうが、いま未詳。「処処花」、『句双葛藤鈔』に「春入千林処処花、秋沈万水家家月」。

【一三三】（三〇ウ）

謝昉公首座芳惠

忽蒙恩賜幾傾盃、不識餘寒雪作堆。正月桃花好時節、金鱗衝浪踍跳來。

昉公首座が芳恵を謝す
忽ち恩賜を蒙り、幾たびか盃を傾く、識らず、余寒、雪の堆を作すことを。
正月の桃花、好時節、金鱗、浪を衝いて踍跳し来たる。

〈訳〉
昉公首座からの贈り物を謝す
はからずも、すばらしい贈り物をいただき、しばし盃を傾け、雪の寒さも忘れたほどです。
正月桃花の時節、
まさに鯉が滝を登って龍と化するときです（あなたこそ龍になる人物）。

○防公首座＝未詳。
○忽蒙恩賜幾傾盃＝「忽」は、思ってもいなかったのに、ふいに、という気味。
○不識余寒雪作堆＝この年、正月元旦雪降る、十五日また大雪。前出［一三一］に引いた『鹿苑日録』参照。
○正月桃花好時節、金鱗衝浪跨跳来＝桃花は正月の縁語。そして桃花・金鱗は禹門三級の滝の故事をふまえる。防公首座を、滝を登ってやがて龍となるべき人材と讃える。
禹門三級の滝を鯉（修行者）が登って龍（禅傑）となる登龍門の話は、『碧巌録』七「法眼答慧超」の頌の評に「三級の波高く魚は龍と化す、痴人、猶お夜塘の水を戽むという如きんば、禹門三級の波、孟津、即ち是れなり。龍門は禹帝鑿って三級と為す。今三月三、桃花開く時、天地の感ずる所。魚有って龍門を透得すれば、頭上に角を生じ鬃鬣の尾を昂げ、雲を拏んで去る。跳不得なる者は点額して回る」。

【一三四】（三〇ウ）［四の二四］

元辰二歳季春兩十日者、酒龍光院殿如水圓清居士十三年遠忌之辰也。今朝雨下。曰法雨便是、曰恩雨便是。因賦一偈以充香供云

本磨霜刃稱龍光、遠忌回來好思量。出現十三華藏海、曼陀洒雨一枝香。

元辰二歳の季春両十日は、迺ち龍光院殿如水円清居士が十三年遠忌の辰なり。今朝雨下る。法雨と曰うが便ち是か、恩雨と曰うが便ち是か。因って一偈を賦し以て香供に充つと云う

本と霜を磨ける刃、龍光と称す、遠忌回り来たる、好思量。
十三華蔵海を出現し、曼陀、雨を洒ぐ一枝の香。

〈訳〉

元和二年三月二十日、黒田孝高公十三回忌。朝から雨。法雨か、はた恩雨か。一偈を供える。

霜を磨きたてた名刀龍光のような武人の本分を持った方であった。
いま十三回忌をむかえ、思い無量。
この法要の場に蓮華蔵世界が出現し、
芳香の曼陀羅華が雨ふらされたよう。

○元辰二歳季春両十日＝元和二年三月二十日。
○龍光院殿如水円清居士十三年忌之辰＝黒田孝高（一五四六～一六〇四）。慶長九年三月二十日、京都伏見で没した。
○磨霜刃＝霜を磨きあげたように白く鋭い刃。
○龍光＝いにしえの名刀「龍泉」の光、また名刀そのもののことをもいう。王勃の「滕王閣序」に「物華天宝、龍

光射斗牛之墟」。「龍泉」は前出［五〇］。『晋書』列伝、張華伝。いま院号をあわせいう。
○遠忌回来好思量＝孤篷庵本では「諱日回来好思量」。
○十三華蔵海＝「華蔵海」は「華蔵界」というに同じ。蓮華蔵世界。『華厳経』に説く毘盧紗那仏所居の世界。最底には風輪があり、その上に香水海があり、そこに一大蓮華があり、この蓮華中に含蔵される世界。十三回忌の縁語として用いられる。
○曼陀＝「曼陀羅華」は天の花。芳香を放つ白い花。これを見る者に悦楽を感じさせる。諸仏出現の際に法悦のしるしとして天から降る。『法華経』寿量品に「諸天、天鼓を撃ち、常に衆もろの伎楽を作す。曼陀羅華を雨ふらし、仏及び大衆に散ず」。

【一三五】（三〇ウ）［四の二四］

佛恵大圓禪師三萬六千遠諱之日、龍源堂頭大和尚有金偈。謹奉依高韻云　靈鑑

乃祖光輝天地看、兒孫日日幾多端。百年東海波瀾起、龍戲萬源威烈寒。

仏恵大円禅師が三万六千遠諱の日、龍源堂頭大和尚、金偈有り。謹んで高韻に依り奉ると云う。霊鑑

乃祖の光輝、天地看よ、児孫、日日幾多端ぞ。
百年、東海に波瀾起こる、龍、万源に戯れて、威烈寒じ。

〈訳〉

東渓宗牧禅師百回忌。龍源和尚の偈に和韻

開祖の徳光は天地に輝き、

その門下の児孫は、いまや日に日に増えている。

この百年間に、日本の禅海に一大波瀾を起こした巨龍の源からは、

万人もの法孫が出で来たった。

○仏恵大円禅師三万六千遠諱之日＝大徳寺七二世、東渓宗牧。龍源院開祖。永正十四年（一五一七）四月十九日示寂。いま元和二年四月。

○龍源堂頭大和尚＝未詳。

○児孫日日幾多端＝「多端」は普通は「多忙」の義。「渉多端」などマイナス方向の意で用いられるが、ここでの「端」は端緒、児孫が（この百年で）二派に分かれたことをいう。龍源門下に玉雲派と瑞峰派がある。

○龍戯万源＝「龍源」を打字。「万源」は、多くのものが派生する源。

【一三六】（三一オ）［四の二四］

五月赴泉南故郷。一日南宗和尚閑談。其翌和尚見赴泉之天下村。書來、回書尾書之

偶赴江南熟處鄕、尋師不意好商量。再來欲愧半錢直、昨日胡爲又假裝。

五月、泉南の故郷に赴く。一日、南宗和尚と閑談す。其の翌、和尚は泉の天下村に赴かる。書来たり、回書の尾に之を書す

偶たま江南に赴く、熟処の郷、師を尋ねて、意わざりき、好商量せんとは。
再来、愧じんと欲するも半銭の直、昨日、胡為ぞ又た装を傚う。

〈訳〉

元和二年五月、堺に帰る。一日、沢庵和尚と話した。その翌日、和尚は天下村へ行かれ、やがて書簡が来た。その返書の終わりに記す。

たまたま郷里に帰ったところ、
思いがけずも、あなたとゆっくりお話することができました。
過日はゆっくりお話し、いままた書をいただき、
あなたのいまの境涯に、我が身をくらべ、
二度までもみずから愧じる思いですが、時すでに遅し。
あなたは昨日、天下へ去って行かれたのですから。

○五月赴泉南故郷＝元和二年五月二十九日、俗兄の年忌のこともあって堺に帰ったか。
○南宗和尚＝沢庵。
○和尚見赴泉之天下村＝前出［一二九］の注を参照。

○熟処＝よく見知った土地。
○尋師不意好商量＝孤篷庵本では「尋師閑話打商量」。
○再来欲愧半銭直、昨日胡為又俶装＝難解。右のように解してみた。三句は「再来不直半文銭」をふまえる。「再来」は、過日ゆっくり話し合い、いままた書をいただき、沢庵に対して我が身を顧みて、二度まで自らを愧づる思いをした、ということか。「愧」は「慚愧」、いまは、相手を尊敬するあまり、自らを愧づる思い。孤篷庵本では三四句を「乗涼速入深林去、独戴炎雲立夕陽（涼に乗じて速やかに深林に入り去る、独り炎雲を戴いて夕陽に立つ）」とあらため作る。この場合、三句は、天下に去った沢庵、四句は、堺に一人残った江月自身をいう。
沢庵の年譜『東海和尚紀年録』によれば、元和元年「……秋九月、師、京師を出で泉南に到る。南宗の焼地に綿蕝す。直に岸和田に到り、日光教寺を借りて寓居す」という状態であった。江月はこのような「焼地に綿蕝し「日光教寺を借りて寓居」する沢庵の近況に接して畏敬の念をもって「欲愧」といったものであろう。
○俶装＝「身支度する」、「俶」は「ととのえる」。沢庵が堺を発って仮寓先の岸和田天下村に旅だったことをいう。

【一三七】（三一オ）

同月仲甫書來。回書尾書之。仲甫病中也
久不問安心不常、忽傳書信興無量。喚公竊比温公去、保百年身五月涼。

同月、仲甫より書来たる。回書の尾に之を書す。仲甫は病中なり
久しく安を問わず、心常ならず、忽ち書信を伝う、興無量。

公を喚んで窃かに温公に比し去らんか、百年の身を保す、五月の涼。

〈訳〉

元和二年五月、仲甫への返書に、仲甫は病中久しくお見舞いもしていないので気になっていたところへ、お手紙をいただき、感無量です。
今のあなたは、消渇を病んだ司馬相如のようです。
でも、この涼しさですから、きっと治って長生きしましょう。

○同月＝第四句に「五月涼」とあるので、元和二年五月であろう。
○仲甫＝未詳。
○問安＝見舞う。「問安否」に同じ。
○喚公窃比温公去＝漢の武帝の寵を得た司馬相如は消渇の病に苦しんだという。その故事を「相如渇」という。『史記』司馬相如伝に「常に消渇の病有り」。「消渇」は、喉がかわいて流動物を欲しがり、小便の通じない病。いまの糖尿病だともいう。李商隠「漢宮詞」に「青雀は西に飛んで、竟に未だ回らず、君王は長く集霊台に在り。侍臣最も相如の渇有り、金茎の露一杯をも賜わず」。「窃比」は前出［一二〇］に「這生窃比仲康否」。『論語』述而に「窃比我於老彭」とあり、「ひそかに～になぞらえる」、著名な人物になぞらえる、という意。
○百年身＝（まずはあり得ないほどの）長生き。『王梵志詩』に「未有百年身、徒作千年事」。

【一三八】（三一オ）［四の二四］

五月念九日、阿兄宗凡居士年忌。俶女見設齋。賦一偈供之云
偶遇阿兄年忌辰、吾郷亂後絶纖塵。蘋蘩薀藻無尋處、何以今朝羞鬼神。

五月念九日(ねんく)は宗凡(そうぼん)居士が年忌なり。俶女(しゅくじょ)、斎(さい)を設けらる。一偈を賦し之に供(そな)うと云う

偶(たま)たま阿兄(あひん)が年忌の辰(しん)に遇う、吾が郷、乱の後、繊塵(せんじん)を絶す。
蘋蘩薀藻(ひんぱんうんそう)、尋ぬるに処(ところ)無し、何を以てか、今朝(こんちょう)、鬼神(きじん)に羞(ささ)げん。

〈訳〉

五月二十九日、兄宗凡居士の年忌、その妻が斎会を設ける。一偈を供える。
亡兄の年忌を迎えたが、
郷里の堺は夏の陣ですっかり焼けて、何ひとつ残っていない。
お供えを上げようにも何もない。
何をお供えしたものか。

○五月念九日宗凡居士年忌＝元和二年。大通庵は焼けて今はない。この法要はどこで行なわれたものか。
○俶女＝孤篷庵本では「其室」。俶は淑に通ず、貞淑なる婦。宗凡の妻。
○蘋蘩薀藻＝神仏へのお供え。前出［四―三］。
○羞鬼神＝「羞」は、食物を進献すること。『礼記』月令「羞以含桃、先薦寝廟」、また右注の『春秋左氏伝』。「鬼神」は亡霊。

【一三九】（三一ウ）［四の二五］

一偈以追悼月浦妙林禪尼逝去、而助親眷之餘哀云
明月清風浦水邊、看來没後舊因縁。老彭八百夢驚去、況住人間十五年。
壺屋道味息女也。十五歳而死。

一偈以て月浦妙林禅尼の逝去を追悼し、親眷の余哀を助くと云う
明月清風、浦水の辺、看来たる、没後、旧因縁。
老彭は八百にして夢より驚め去る、
況してや人間に住すること十五年においてをや。
壺屋道味が息女なり。十五歳にして死す。

〈訳〉

壺屋道味の娘の逝去を悼む
明月が冴えわたり、清風のすがしい堺の地で逝った、
わが姪との旧因縁を思う。
彭祖は八百歳も生きたというのに、
この娘はたった十五年のはかない生涯を終えた。
はかなき夢のような一期であることよ。

○月浦妙林禅尼＝壺屋道味の娘。元和二年十月二日逝去。壺屋道味には、江月の兄宗凡の娘が嫁いでいた。従って江月の姪の子供。『龍光院月忌簿』にこの名は見えない。道味には子息（惟月宗明、すなわち月浦妙林の弟）がおり、これを天王寺屋の後継にしようとしたが、これより六年のちの元和八年八月八日（『龍光院月忌簿』）若くして死んでしまった。このこと、『過去帳来由』「惟月宗明」の項に「是ハ壺屋道味ノ子息、宗凡孫惣領故、宗凡死去ノ節、是ヲ跡目ニト□才角無、大坂□不申、跡断申」。これによって天王寺屋は完全に断絶することになった。孤篷庵本［一の五〇］「月浦妙林禅尼掩土」語あり。「新物故某、俄然として逝けり。時説因縁を観ず。伽陀一章を唱え、以て行色を壮すと云う。小林落葉の枝、三日庚に先んずるの時。五障、頓に離却す、総持は真の総持。喝一喝」。「小林落葉枝、三日先庚時」とあるから、達磨忌（十月五日）より三日前の十月二日に逝去した。

○明月清風浦水辺＝「月浦」の法号を打字したもの。

○看来没後旧因縁＝難解。孤篷庵本では「掉頭帰去絶塵縁」とするが、そのほうが分かりよい。「掉頭」は、頭を振るの意もあるが、ここでは、頭を向こうに振り向けること。顧みずして去り行くことに喩える。死出の出立のさま。杜甫「送孔巣父謝病帰游江東」詩「巣父掉頭不肯住、東将入海随烟霧」。孤篷庵本［一の四三］「福昌院殿前羽林怡伯宗悦居士掩土」語に「抛擲人間情話悦、虚空背上掉頭帰」とある。「絶塵縁」は入涅槃のさま。

○老彭八百夢驚去＝彭祖は、中国古代の伝説の長寿者。導引の術を善くし、気を治め生を養い、寿八百余まで生きたという。『列仙伝』上に「彭祖は殷の大夫なり。……夏を歴て殷末に至る。八百余歳なり。常に桂芝を食し、導引行気を善くす」。仙術を修めての長生きをした彭祖でさえも八百歳で死んだのだから。「夢驚」は、浮世の夢からさめ、涅槃に入ること。孤篷庵本では「老彭八百夢驚覚」。

○壷屋道味＝号は一仲。春屋の命名。『一黙稿』に「一仲号」頌あり、「泉之南道味信士、予入室之徒也、一日求雅号、不能峻拒、字曰一仲、……慶長十一丙午歳仲春廿日　道味者宗凡婿也」と。

【一四〇】（三一ウ）

楮國有餘境、伸卑懷者一篇、賀入湯兼慰旅窓寂寞云

墮馬宜分有馬湯、忽然治病壽無量。呼公若竊比羊祐、常愛風光吟興長。

了菴落馬湯治、便風投之。

楮国に余境有り、卑懐を伸ぶる者一篇、入湯を賀し兼ねて旅窓の寂寞を慰むと云う

堕馬、宜しく有馬湯を分かつべし、忽然、病を治さば、寿無量ならん。

公を呼んで若し窃かに羊祐（祜）に比さば、常に風光を愛し、吟興長からん。

了庵、落馬して湯治す。風の便に之を投ず。

〈訳〉

有馬で湯治中の人へ

落馬の傷には有馬の温泉がよろしい、
やがて全治すれば、無量寿を得ることができましょう。
あなたも、かの羊祜のように落馬して骨折しなさったのだから、
このついでに、羊祜の山歩きにならって、山水をお楽しみなさい。

○楮国有余境＝紙に余白があるので。「楮国」は紙の異名。唐の薛稷が紙を造って、楮国公を拝したので「楮国公」が紙の名となった。また、「楮先生」「楮夫子」「楮公」などともいう。楮は紙の原料のコウゾ。

○堕馬宜分有馬湯＝「宜分」の義、分明ならず。同じく怪我して一緒に湯治している者がいるか。

○呼公若窃比羊祐＝「窃比」は前出［一二〇］［一三七］に二例あり。『論語』述而に「窃比我於老彭」とあり、「わが身をひそかに～になぞらえる」という意で、謙遜しながらも、著名な人物に我が身をなぞらえて自ら楽しむという語気。従って「羊祐」は人名で有名な人物でなければならない。

羊祐、正しくは羊祜（ようこ）、晋の時の襄陽の太守。民がその徳を慕って堕涙碑を建てたことで有名。『蒙求』上に「羊祜識環」の話あり、その中に「初め善く墓を相する者有り、言わく、祜が祖の墓所に帝王の気有り、若し之を鑿れば則ち後（あとつぎ）無からん、と。後、遂に之を鑿る。相者見て曰く、猶お折臂の三公を出ださん、と。祜、竟（つい）に馬より堕ちて臂を折る。仕えて公に至るも、子無し」とある。了庵居士にも後継がいなかったのかもしれない。

○常愛風光吟興長＝『蒙求』上「羊祜識環」の続きに「祜、山水を楽しみ、風景毎に必ず峴山に造り、置酒言詠し、終日倦まず」とある。

○了庵＝歌人の慶純翁のことか。孤篷庵本［二の五〇］「了庵説」あり、「洛陽の人慶純翁は、予が方外の友なり。

壮年にして臨江斎主に循い、敷嶋の道を学び、厥の名は世に高し。自ら了庵と号す」。

【一四一】（三一ウ）

追悼親眷一女之逝去云　革屋善左衛門女中也

二十餘年一日榮、槿花還到夕陽傾。人間自古雖無定、臨別鐵心驚鳥聲。

親眷の一女の逝去を追悼すと云う　革屋善左衛門が女中なり。

二十余年、一日の栄、槿花還た到る、夕陽傾くるに。

人間、古より定め無しと雖も、別かれに臨んでは、鉄心も鳥声に驚く。

〈訳〉

親戚の女の逝去を悼む

たった二十年、むくげの花のようにはかない命であった。

若い者が年寄りに先立つこともある無常の世とはいえ、

子に死なれた親の悲しみはいかばかりか。

わが鉄の心も砕けんばかり。

○親眷一女＝革屋とも親戚であったらしい。
○革屋善左衛門女中＝革屋の娘。『咨参緇素名簿』の慶長十七年六月条に「壷ヤ道味」「革屋善左衛門」と並んである。
○二十余年一日栄、槿花還春夕陽傾＝「槿花一日栄」の語あり。白居易の「放言詩」に「松樹千年終是朽、槿花一日自為栄」。むくげの花は朝に開いて夕に凋むところから、ほんのしばしの栄華をいう。今は、はかない命のこと。
○無定＝「無定」は「老少不定」、年寄りが必ず先に死ぬとは定まらないこと。謡曲『藤戸』に「老少不定の境なれば、若きを先き立てて、つれなく残る老い鶴の」と。娘が親に先立ったのである。
○臨別鉄心驚鳥声＝「驚鳥声」、鳥の鳴き声を聞くにつけても故人が偲ばれ、哀しみを新たにする。『見桃録』義海超公大禅定門秉炬の語に「滴尽袈裟無限涙、感花驚鳥両三声」。

【一四二】（三一ウ）［四の二五］

一偈送宗琳首座關西之行、以述睽離之懐、代祖餞贐云

海西萬里等閑歸、鷗鷺修盟遶釣磯。林下元來人不見、夕陽掃葉掩柴扉。

一偈もて宗琳首座が関西の行を送り、以て睽離の懐を述べ、祖に代わって餞贐すと云う

海西万里、等閑に帰る、鴎鷺、盟を修し、釣磯を遶らん。
林下、元来、人見えず、夕陽、葉を掃いて柴扉を掩う。

〈訳〉
宗琳首座が九州に行くを送る。
ふいに九州に帰られるか。
向こうに行けば、盟友とすべき鴎や鷺が無心に磯を飛んでいることだろう。
誰もいない林下で、残ったわたしは一人、
夕陽に落ち葉を掃き、柴の扉を閉ざして、暮らそう。

○宗琳首座＝未詳。
○睽離之懐＝「睽」もはなれる意。
○代祖餞饑云＝「祖」は未詳。
○海西万里等閑帰＝「海西」は九州。「等閑帰」は、前出［一三二］「何事等閑帰」という気味。
○林下元来人不見、夕陽掃葉掩柴扉＝鄭谷「慈恩偶題」（『三体詩』所収）の「林下聴経秋苑鹿、渓辺掃葉夕陽僧」をふまえる。『三体詩由的抄』に「カシコノ林下ニ鹿ノタタズミ遊ブハ、僧侶ノ経ヲ読誦スルヲ聴ナルベシ。苑ハ寺辺ノ苑。時秋ナル故ニ秋苑ト云。又ココノ渓辺ニ僧ノ、夕陽ノ時分ニ落葉ヲ掃フハ、定テ薪ニセントナルベシ。二句共ニ寂寞タル体ナリ」。

【一四三】（三二オ）［四の二五］

中秋遇雨　維時予病臥

―中秋還是動愁情、雨滴檐前天不晴。獨閉柴門病床上、任他今夜月無明。―

中秋、雨に遇う　維(こ)れ時、予病臥す

中秋、還って是れ愁情(しゅうじょう)を動かす、雨滴檐前(うてきえんぜん)、天晴れず。
独(ひと)り柴門(さいもん)を閉ず、病床の上、任他(さもあらば)あれ、今夜、月無明(つきむみょう)。

〈訳〉

雨の中秋、病床で
中秋の佳き日というのに、かえって愁いが増す。
軒の雨垂れがうらめしい。
門を閉じてひとり病床によこたわる。
ままよ、今宵は無月。

○中秋遇雨、維時予病臥＝元和二年。孤篷庵本では「中秋遇雨、況是山野在病床」。後出［一四八］に「初秋上旬臥瘧病。小春念一日、偶病起欲出門戸」とある。すなわち七月上旬に病にかかり、十月二十一日ころまで臥していたことになる。瘧病は「わらわやみ」ともいい、古くは『源氏物語』にも出る病名であるが、現代医学の病名でいえば何にあたるかは定かではない。辞書によっては、マラリヤとか腎盂炎と記すものもあるが、そうではない。症状としては、『倭名類聚抄』に「寒熱並作二日一発之病也」とあるように、寒気と熱が交互に繰り返すものである。いま八月十五日だから、この時ですでに一か月以上も病床にあった。

【一四四】（三二オ）［四の二五］

明月照宵帷　題

中秋明月照霄帷、萬里無雲天一涯。借手嫦娥織成否、恰如翠障繍西施。

明月、宵帷を照らす　題

中秋の明月、霄帷を照らす、万里、雲無し、天一涯。

手を嫦娥に借って織り成したるや否や、恰も翠障に西施を繍せるが如し。

〈訳〉

「明月、宵帷を照らす」という題で
夜の帳を照らす中秋の明月、
万里のかなたまで、一点の雲なき空。
この帳は、月中の仙女姮娥が織ったものか、
病床でまどろんでいた眼には、
この月夜は、さながら屏風に美女西施を刺繍したかのよう。

○明月照宵帷＝夜のとばりを照らす月。
○題＝「明月照宵帷」の題が設けられて、それを詩にするもの。前出［一四三］の詩と同じ仲秋の日の作だから、江月は仲秋の日には病臥していたことになる。どこかで詩の席があって、この題が設けられたか、あるいは、病床のなぐさみに自ら題詠をなしたものか。恐らくは後者。［一四三］でいうように無月の仲秋だったので、題詠で自ら慰めたものであろう。
○万里無雲天一涯＝無月の夜に、一片の雲もない明月を想像して吟じたもの。『伝灯録』巻十二、鎮州宝寿沼和尚章に「問う、万里、片雲無き時は如何。師曰く、青天も亦た須らく棒を喫すべし」。『圜悟語録』巻一、「本分事上、直に万里片雲無きを得るも。猶お未だ放過す可からず」。『句双葛藤鈔』「万里無片雲」に「悟ノ見処ナリ」。
○嫦娥＝月中にいるという仙女、転じて月のことも。姮娥ともいう。『後漢書』天文志上の注に「羿、無死の薬を西王母に請う。姮娥窃みて以て月に奔る。……姮娥遂に月に託身す。是れ蟾蠩（ヒキガエル）と為る」。また『淮南子』覧冥訓にも。
○恰如翠障繍西施＝想像した満月の姿が、まるで屏風に美女西施を刺繍したようだ、というのだが、この発想は、蘇東坡の「太白山下早行、横渠鎮に至り、崇寿院の壁に書す」詩を承けたものではないかと思われる。その詩にいう、

馬上続残夢、不知朝日昇（馬上、残夢を続ぐ、朝日の昇るを知らず）
乱山横翠障、落月澹孤灯（乱山、翠障を横たえ、落月、孤灯を澹し）

『四河入海』では三四句を解して「白云、…乱山ヲバ、イママデイネタル処ノ屏風障子ト、ネムル目ヨリ見ナシ、落月ヲバ、イママデイネタル処ノ灯燭ト、ネムリ目ヨリ見ナスニヨリテ、馬上ト云ヘドモ残夢ヲ続也」。

蘇東坡は、馬上で居眠りをし、屏風のところで寝ている夢を見ていたが、ふと目覚めても、眠り眼であたりの乱山を屏風と思ったというが、わたくし江月の、病で臥せっている眼には、夜の帳を照らす月は、さながら屏風に美女西施を刺繍したかのように見えた、と。江月の詩想をこの蘇東坡詩に結びつけるのは、一見、唐突に思われるかもしれないが、必ずしもそうではあるまい。

「乱山横翠障、落月澹孤灯」の句は『禅林句集』の成立に大きな影響を与えた『点鉄集』にも収録されている。蘇東坡のこの詩はまた、五山文学の好材料ともなっていたからである。たとえば、横川景三の『補菴京華外集』（『五山文学新集』巻一、七七二頁）に「馬上残夢」と題する左のような詩が三首あるが、みなこの蘇東坡詩に拠るものである。

攬轡城門天欲明、入山数里睡中行。夢耶非夢断還続、鞍馬寺前鐘一声。

出城馬上日初移、不識醒騎与夢騎。月是孤灯山翠障、早行人似読坡詩。

馬上不堪鞭暁風、拋鞍半睡月朦朧。長安一日見花夢、留在楓林霜葉中。

いずれも、夢かうつつか、朦朧としたところを詠ったものである。五山詩のアンソロジーである『翰林五鳳集』巻三十八には「馬上続夢」「馬上残夢」の題で五首（横川のもの三首を含む）がおさめられている。また『蔭凉軒日録』延徳元年十月二十三日条には、右の横川の詩が制作された事情が記されていて興味深い。

小補云、去廿日一家詣鞍馬。以馬上残夢為題。各作詩。々云、攬轡城門天欲明、入山数里睡中行、夢耶非夢断還続、鞍馬寺前鐘一声。

小補は横川景川のことである。何人かわからないが、一同で鞍馬山に出かけたときに、蘇東坡詩をモティーフにして「馬上残夢」というテーマで作詩したというのである。鞍馬へは馬に騎って行ったのであろうから、恰好の題詠である。各自、鞍上で蘇東坡を追体験しながら、吟玩したのであろう。このような題詠が即席に課せられても、即座に対応できるような教養が、室町の禅林では普通に共有されていたのである。そして、江月の時代も、依然として、そうした教養体系に裏づけられていたのである。『翰林五鳳集』（全六十四巻）というような、膨大な五山文学のアンソロジーがこの時代に編纂されたことが、そのことの証左であろう。

【一四五】（三二オ）［四の二五］

病中示衆

―久作毘耶城裏人、長生髮爪混埃塵。此身不借林榮手、清淨元來山色新。―

病中、衆に示す

久しく毘耶城裏の人と作って、長生せる髪爪、埃塵に混ず。
此の身、林栄が手を借らず、清浄、元来、山色新たなり。

〈訳〉

病中、衆に示す

長らく病に臥して、髪も爪も伸び放題だ。
だが、わたしは虚堂和尚のように（髪を伸ばしているわけではないから）、
整髪職人の手は借りずに、自分で剃る。
本来清浄、絶塵埃とはいうものの、こうして久しぶりに剃髪して見れば、
やはりいい気分、山色一新した心地である。

○病中＝瘧病か。前出［一四三］参照。
○毘耶城裏人＝病人。『維摩経』問疾品の「維摩臥疾」をふまえる。あるとき、維摩居士が病臥したおり、釈尊は、舎利弗、目連、大迦葉の三弟子に慰問を命じたが、皆辞退して行かなかったので、文殊師利に問疾させる。文殊を始めとする諸菩薩は維摩の方丈の室に至って「不二の法門」について問答をする、云々。
○林栄＝鬚髪を剃る職人の名。『虚堂録』に「剃剪林栄」詩あり。いわく、「衆技爾為得、養生何所親。篋中三寸鉄、

雲外一閑身。黒白已無幾、修治転失真。畏寒宜少伐、未愧舀渓人」。また『虚堂録』には「浄髪」の呉生という男も出る。浄髪は理髪または剃髪を業とする者。「浄髪呉生」詩に「適意多雲水、尋幽訪所知。曾於笠峰下、会見宝渓時。巧理数茎髪、清分両点眉。忽忘心手処、何謂不如斯」とある。これからすれば、諸方の叢林を渡り歩いていた模様。虚堂禅師は、その頂相で見ることができるように、有髪だったから、剃髪ではなく整髪してもらったのであろう。

○山色新＝剃髪し終わったところ。山を仏頭に見立てることは、仏頭は青かったという相伝によるもの。林逋『西湖』詩に、「春水浄於僧眼碧、晩山濃似仏頭青」。『西遊記』四十一回、「好雨、真箇是。瀟瀟洒洒、密密沈沈、……高山洗出仏頭青」。天恩寺旧蔵『葛藤集』亡名詩（七九五）に「山色仏頭青」とあり「門外、山は離る五濁の塵、白雲散ずる処、仏頭新たなり。支遁が為に銅臭に汚されず、雨後の奇峰、浄法身」。「雨中見廬山」（七九七）に「廬僧閑似白鴎閑、飽見雨奇晴好山。二八西施退三舎、仏頭洗出碧孱顔」。碧孱顔は、山の高く嶮しいこと。

【一四六】（三二オ）［四の二五］

元辰仲秋兩十又四日者、端翁宗室居士小祥忌之辰也。賦一偈供靈前云

諱辰今日思無涯、一歳回來下坂車。林寺風寒吾有分、獨焼落葉點龜茶。

元辰仲秋両十又四日は、端翁宗室居士が小祥忌の辰なり。一偈を賦し霊前に供うと云う

諱辰今日、思い無涯、一歳回り来たること、坂を下る車のごとし。

林寺(りんじ)、風は寒し、吾れ分(ぶ)有り、独(ひと)り落葉を焼(た)き、麁茶(そちゃ)を点(た)つ。

〈訳〉

嶋井宗室居士一周忌

忌日をむかえて、思いは胸にあふれる。
一年が過ぎること、何と早いことか。
風寒いこの寺で、たった一人、落葉を焚いて茶を供えるだけの法要ではあるが、
それなりに居士の恩義に報い得ることになろう。

○元辰仲秋両十又四日＝元和二年（一六一六）八月二十四日、一周忌。師四十三歳。
○端翁宗室居士＝嶋井宗室。前出［八七］。
○下坂車＝時の経過の速いこと。「下坂走丸」、勢い、時の流れなど止めようもなく早いこと。
○林寺風寒吾有分＝「寒」字は、また「寒寺」をもあわせ含意。
「有分」は「報恩有分」の略。「分」は本分、分際、持分、責務。それなりに責務を果たす。［一一五］「削翁宗是居士小祥忌」偈に「別後年移已一曲、斎筵有分為他開。今霄月亦称名月、何事斯翁不再来」とあるが、「この麁茶による斎筵であっても、それなりに居士の恩義に報いることになろう、まして今日は名月であるから」の意。これと同じ用例。

―【一四七】（三二ウ）［四の二五］―

追慕削翁宗是居士大祥忌之辰云
忌日回來掣電奔、麁茶一點代蘋蘩。三年光景有誰記、節後黄花問不言。九月十三日

削翁宗是居士を大祥忌の辰に追慕すと云う
忌日回り来たること、掣電の奔るごとし、麁茶一点、蘋蘩に代う。
三年の光景、誰有ってか記す、節後の黄花、問えども言わず。九月十三日。

〈訳〉
削翁宗是居士三回忌
月日はめぐり、早や三年もたった。
茶をたてて霊前にそなえる。
この三年に何があったのか。
重陽を過ぎた菊にたずねても、何も言わぬ。

○削翁宗是居士大祥忌＝滝川氏、前出［一一五］。三回忌。慶長十九年（一六一五）九月十三日没（『諸霊年忌鑑』）。［二五八］に七周忌の語あり。
○節後黄花問不言＝いま九月十三日、菊花節重陽九月九日の後ゆえ、「節後」という。「既に遅し」の意をふくむ。

【一四八】（三二ウ）［四の二六］

初秋上旬臥瘧病。小春念一日、偶病起欲出門戸。此日青天怒雷走。黄達磨曰、炎洲冬無氷、十月雷虺々、及春瘧癘行、用人祭非鬼。卒吟取此詩求愚作。破戒不期明日、愧我期來春、汗顔汗顔

微恙久嬰生可憐、今朝初起出單前。春來瘧癘又堪恐、十月雷聲虺々然。

初秋上旬、瘧病に臥す。小春念一日、偶たま病より起って門戸を出でんと欲す。此の日、青天に怒雷走る。黄達磨曰く、「炎洲は冬に氷無く、十月に雷、虺々たり、春に及んで瘧癘行る、人を用いて非鬼を祭る」と。卒に此の詩を吟取して愚作を求む。破戒、明日をも期せざるに、愧づらくは我れ来春を期することを。汗顔汗顔。

微恙、久しく嬰る、生、憐れむ可し、今朝、初めて起きて、単前に出づ。

春来、瘧癘、又た恐るに堪えたり、十月の雷声、虺々然。

〈訳〉

七月上旬に瘧病にかかり病臥。今日十月二十一日、起きて外に出て見ようとしたとこ

ろ、青天に雷が走った。黄山谷の詩に「炎洲は冬に氷無く、十月に雷殷々たり、春に及んで瘧癘行る、人を用いて非鬼を祭る」と。この詩によって一句を作る。明日も分からぬ自分なのに、また春の来るのを待つとは。

久しく病臥していたので、生きることへのいとおしさを一しお感ずる。

今朝は初めて床から起きてみた。

春になれば、また瘧病が出るのだろうか。

山谷の詩にあるように、いま十月、雷が轟いているのだから。

○初秋上旬臥瘧病＝前出［一四三］に「中秋遇雨、維時予病臥」とあるから、元和二年七月上旬に病にかかり、十月二十一日まで、あしかけ四か月のあいだ臥していたことになる。

○小春念一日＝十月二十一日。

○此日青天怒雷走＝『鹿苑日録』（居諸集）元和二年十月二十一日条に「及晡雷大鳴。時雨微洒。追懐山谷十月雷殷々、及□□春瘧癘行の句也」とある（□□は原本のママだが、黄山谷詩で見るように、□□は不要）。「晡」は、ゆうがた、さるのとき（午後四時ころ）。『居諸集』の執筆者である昕叔顕晫も江月と同じように、雷を聞いて、やはり黄山谷の詩を思い出したわけである。室町以来、三体詩はいうまでもなく、黄山谷詩は蘇東坡詩とならんで、禅林の基礎教養としての双璧だった。十月に雷が鳴れば、春になって瘧が流行るという、常識に近い共通認識があったのである。

○黄達磨＝黄山谷のこと。ちなみに、陶淵明を陶達磨、第一達磨という。『韻語陽秋』十二に「淵明第一達磨の評有り。皆な詩家の評論なり。固に取るに足らず。且らく何をか達磨と曰うや。豈に夢にも見んや」。わが室町禅林ではしばしばもちいられる称。ここに引くのは黄山谷の「次韻定国聞蘇子由臥病績渓」詩の一節。

○炎洲冬無氷＝「炎洲」は南海にあるという島。東方朔『海内十洲記』に「炎洲在南海中。地方二千里。去北岸九万里」。南海は瘴癘（マラリヤ）の地というイメージがある。『南史』任昉伝に「流離大海之南、寄命瘴癘之地」。
○十月雷虺々＝両足院蔵『山谷抄』に「南方ノハテヽ有ホトニ、ツヲウアツイソ。去ホトニ十月ナレトモ雷ハ鳴ソ。虺虺ハ雷ノ鳴フテ、トヽメク声ソ」。
○及春瘧癘行＝両足院蔵『山谷抄』に「カウアルホトニ、春ハ疫病カ、ハヤルソ」。
○用人祭非鬼＝両足院蔵『山谷抄』に「方ニハ死人ヲ鬼神ト云ソ、……我先祖テナイヲ祭ハ、ヘツラウト云ソ、コヽハ我父母等ノ鬼コソ、子孫ニツイテ、ヲコリヲモ、ヤマセウスカ、他人モトリツクホトニ、非鬼ヲモ祭ソ」。
○破戒＝単なる自称。
○微恙久嬰生可憐＝「可憐」はニュアンスの多い言葉だが、ここでは「可愛」の義。『古林語録』「生可恋乎。死可避乎」。

【一四九】（三三オ）

向春和尚賜酒茶并松江水謝。回書尾書之
恩賜青州問我安、壺中天地別盃観。敲氷夜汲松江水、欻點芳茶禦歳寒。

向春和尚、酒茶并びに松江水を賜うに謝す。回書の尾に之を書す
恩賜の青州、我に安を問う、壺中の天地、別盃に観る。
氷を敲いて、夜、松江の水を汲む、欻ち芳茶を点てて、歳寒を禦ぐ。

〈訳〉
向春庵の宝叔和尚から酒茶と名水をいただく
病気見舞いにとお酒をいただいた。
病み上がりゆえ、また格別の味わい、壷中天の別世界に遊ぶようです。
夜には、いただいた松江水で茶を点(た)てて飲む。
きびしい歳寒を、これで防ぐことができます。

○向春和尚＝黄梅院にあった向春庵は、慶長年中に宝叔宗珍が建てた。いま元和二年。宝叔は前出［一一四］に「宝叔和尚退天瑞到黄梅」とあり、黄梅院内向春庵に退隠した。
○賜酒茶＝江月は既に病も癒えていたのであろう。
○松江水＝未詳。京近辺の名水のことか。白居易の「晩起」詩に「明朝更濯塵纓去、聞道松江水最清」。この松江は呉淞江のこと。
○青州＝酒の異名「青州従事」の略。『世説新語』術解に「桓公、主簿有り、善く酒を別かつ。酒有れば輒ち先ず嘗めしむ。好き者は青州従事と謂い、悪しき者は平原督郵と謂う。青州に斉州有り、平原に鬲県有り。従事とは、臍に到るを言う、督郵とは、鬲上に在って住まるを言う」。
○問我安＝「問安」は、見舞う。
○壷中天地＝「壷中日月長」「壷中別有天」などの禅語による。拠は後漢の仙人壷公が一壷を己が住処にしたという「壷中天」の故事。『漢書』方術、費長房伝に「費長房は汝南の人なり。曾て市椽と為る。市中に老翁者って薬を売る。一壷を肆頭に懸け、市の罷むに及んで、輒(すなわ)ち壷中に跳り入る。市人之を見る無し。唯だ長房のみ楼上より之(これ)を観て焉を異とす。因って往いて再拝す。……翁乃ち与に倶に壷中に入らしむ。唯だ見る、玉堂厳麗にして、旨酒甘肴、其の中に盈衍することを。共に飲み畢って出づ」。また『雲笈七籤』には「壷中に日月あり、化して天地と為す」と。
○別盃＝格別の一杯。病み上がりゆえ、また格別の味わい、よく効く。また「壷中別有天」の「別」にもかける。
○敲氷夜汲松江水＝「敲氷」は、寒中に湯を沸かして茶をたてることの詩的表現。『錦繍段』、元唐卿の「雪夜訪僧」詩に「一天明月晒銀沙、童子敲氷夜煮茶」とある。『翰林五鳳集』に「敲氷煮茶」「稚子敲氷図」の題あり、「敲氷煮茗」なども。

【一五〇】（三三オ）

日之昨、蒙向春和尚之恩賜、以拙偈述謝詞處、有尊和。荐而乞慈斤云

雪中温問覓心安、這老元來傳壁觀。芳和含花向春日、臘前好是不知寒。

日之昨、向春和尚の恩賜を蒙り、拙偈を以て卒に謝詞を述べし処、尊和有り。荐ねて慈斤を乞うと云う

雪中の温問、心安を覓む、這の老、元来、壁観を伝う。
芳和花を含んで、春日に向かう、臘前、好し是れ、寒を知らざらん。

〈訳〉

向春庵の宝叔和尚、昨日のお礼の一句に和韻して返される。ふたたび和韻

二祖慧可は雪中に立って安心を求めたが、面壁のこころを示された。
向春和尚は、雪中に酒をお送りくださることで、
あなたの素晴らしい和韻は、春の日に向かう花のようで、
十一月というのに、すっかり寒さを忘れております。

○日之昨＝元和二年。「臘前」とあるから十一月。
○蒙向春和尚…＝原本、訂正あり、訂正前は「蒙向春大和尚之恩賜、以拙偈卒奉述謝詞処、辱有尊和」。傍点部分が削除されていることに注目すべし。向春和尚は宝叔宗珍。前出［一〇四］ほか。同じ堺出身で、江月より二十歳年長にあたるが、かなり親しみをもっていたことが伺える。
○以拙偈述謝詞処、有尊和＝［一四九］に和韻して返して来た。
○荐＝かさねて、ふたたび。
○芳和含花向春日＝「向春日」は、向春庵をふまえる。

【一五一】（三三オ）［四の二六］

佛機大雄禪師十三回忌之辰、黄梅和尚有金偈、謹奉依厥嚴韻云　照鑑
須記十三光景遷、齋筵今日絶塵縁。徳輝別有僧中月、萬里無雲萬里天。

仏機大雄禅師十三回忌の辰、黄梅和尚、金偈有り。謹んで厥の厳韻に依り奉ると云う　照鑑

須らく記すべし、十三光景遷って、斎筵の今日、塵縁を絶することを。
徳輝、別に僧中の月有り、万里雲無し、万里の天。

〈訳〉

仏機大雄禅師十三回忌、黄梅和尚の偈に和韻

光陰が過ぎ去って、今、十三回忌の法要、
一塵もとどめぬ禅師の本分が、この斎筵日に現わになっている。
衆星の中にひときわ輝く月のように、
一片の雲もない万里の天を照らしている、それが禅師の真面目。

○仏機大雄禅師十三回忌＝大徳寺一一二世、玉仲宗琇（一五二二～一六〇四）。慶長九年甲辰十一月十六日示寂。世寿八十三。十三回忌の正当は元和二年十一月十六日。

○黄梅和尚＝黄梅三世の宝叔宗珍は前出［一四九］のように、既に向春庵に退隠しているので、その後の四世春岳宗勝（一五七五～一六二二）。元和七年五月十三日に示寂、世寿四十七。よってこの年には四十二歳。

○僧中月＝義堂周信『空華集』「送俊上人帰信陽」偈に「汝師今代僧中月、光彩輝輝映万星」。禅界を照らす存在。

○万里無雲万里天＝『伝灯録』巻十二、鎮州宝寿沼和尚章に「問う、万里片雲無き時は如何。師曰く、青天も亦た須らく棒を喫すべし」。『圜悟語録』巻一、「本分事上、直に万里片雲無きを得るも、猶お未だ放過す可からず」。『句双葛藤鈔』「万里無片雲」に「悟ノ見処ナリ」。

【一五二】（三三ウ）［四の二六］

謹奉和黄梅堂頭大和尚見追悼心渓大禪佛之掩室金偈嚴韻云　靈鑑

久響清名盈耳哉、常臨流水遠塵埃。世尊落二叫成道、雪裏新開一朶梅。

謹んで黄梅堂頭大和尚が心渓大禅仏の掩室を追悼せらるる金偈の厳韻に和し奉る と云う　霊鑑

久しく響く清名、耳に盈る哉、常に流水に臨んで塵埃を遠ざかる。
世尊も二に落ちたり、成道と叫ぶ、雪裏、新たに開く一朶の梅。

〈訳〉

心渓禅師遷化を悼む黄梅和尚の偈に和韻

つねに世塵を離れて臨流軒に隠棲された、
その清適のお噂は、皆が知るところです。
世尊が成道したところで、それも二番手。
なぜならば、それより先に雪中に梅が花開いているのだから（それが禅師の法身）。

○黄梅堂頭大和尚＝前項の春岳宗勝。この偈、「世尊落二叫成道」とあるところからすれば、元和二年十二月成道会のころのもの。心渓は十一月二十九日に遷化（左注）、十二月に葬儀があったのであろう。
○心渓大禅仏＝大徳寺一三六世の心渓宗安（一五四三〜一六一六）。『正統世譜』に「文禄二年癸巳六月二日出世。創臨流軒于本山。元和二年丙辰十一月二十九日示寂。世寿七十四。自号了々子」。
○掩室＝釈尊が成道ののち、三七日中、坐思して説法しなかったこと。転じて、いまここでは「丈室を閉じること」すなわち遷化をいう。
○久響清名盈耳哉＝「久響」、『禅語辞典』「久響」の項で「〈響〉は正しくは〈嚮〉と書くべきで、かねてから一度お目にかかりたいものと景慕しておりました、という意。……従来〈久しく……と響く〉と読み、〈ご高名は久しく鳴り響いておりました〉と解するのは誤り」とするが、「ヒビク」と解して可なり。「久聞大名」というに同じ。
『碧巌録』五十二則「久響趙州石橋到来只見略彴」。『宋高僧伝』巻十二、徳山宣鑑伝「久聞龍潭、到来龍之与潭倶不見歟」。『伝灯録』巻七、帰宗智常章「久嚮帰宗、到来祇見箇麁行沙門」。以上三例の「久響」「久聞」「久嚮」、意においてすべて同じ。「響」「聞」「嚮」はいずれも「（名声が）天下に聞こえている」。『荘子』在宥に「大人之教、若影之於影、声之於嚮」。『儒林外史』十四回「叮叮噹噹的嚮」。以上二例、響・嚮通用。この他、燉煌文献でも響・嚮通用の例は頻出する（『燉煌願文集』など）。
○常臨流水遠塵埃＝「臨流水」は、禅師が創建した臨流軒の名をふまえる。
○世尊落二叫成道、雪裏新開一朶梅＝前出［一］［一六］の注でふれた、室町以来の「梅花成道」。

【一五三】（三三ウ）［四の二六］
和芳春和尚成道頌之韻

成道元同未悟時、入山何事出山來。三千刹界惡芽蘖、謬在禪林攀此枝。

芳春和尚が成道の頌の韻を和す

成道も元と未悟の時に同じ、山に入りたるに、何事ぞ山を出で来たる。
三千刹界、悪芽蘖、謬りは禅林に在り、此の枝を攀づる。

〈訳〉

玉室和尚の成道の頌に和韻

道を成じたなどというが、悟も未悟も本来同じこと、
山に入ったままでおればよいのに、どうしてまた出て来るのか。
釈尊成道がそもそもわざわいの本源、
禅門ではみなその先例に慣おうとしているが、錯、錯。

○芳春和尚成道頌＝玉室宗珀。元和二年十二月八日。

○成道元同未悟時、入山何事出山来＝全句、釈尊を抑下する調子。一般に釈尊（降誕・成道・出山）および達磨については、このような抑下（の托上）の調子で言われるのが特徴。

「同未悟」は、『伝灯録』巻一、第五祖提多迦章の偈に「通達本法心、無法無非法。悟了同未悟、無心亦無法（本法の心に通達すれば、法も無く非法も無し。悟了は未悟に同じ、心も無く亦た法も無し）」。

○悪芽蘖＝「悪芽根」「悪芽」とも。「蘖」は、「わきばら（妾腹）」「ひこばえ」、また「わざわい」。ここでは後の

義。すなわち「悪芽孼」は「わざわいの根源」。『見桃録』に「此山近移栢樹於法堂前、不是乃祖悪芽孼」、また「石上油麻生悪芽」。達磨（石上油麻）の悪芽が日本で花開いた、と。横川景三『補庵京華前集』半身達磨賛に「歯折耳穿無脚跟、西天東土銕渾崙、春風吹入悪芽孼、一葦又添豊葦源」。また等持入寺法語の嗣香に「向炉中薫徹、……只要使人知三十年後、生悪芽孼」。初祖忌語に「……五派之党継踵此方、閑枝葉横出于嫩桂、悪芽根屈起于扶桑、……」など。

○攀此枝＝枝によぢる、すがって上る。また「攀例」の義も重ねる。「枝」は悪芽孼から発した禅という樹（一花五葉開）の枝。

【一五四】（三三ウ）［四の二六］

開山忌辰、初遇雨

高仰開山諱日時、大燈無盡照天涯。檐前忽奏雲門曲、法雨聲聲聽愈奇。

開山忌の辰、初め雨に遇う

高く仰ぐ、開山諱日の時、大灯無尽、天涯を照らす。

檐前、忽ち奏づ雲門の曲、法雨、声声、聴けば愈いよ奇なり。

〈訳〉

開山忌、初め雨に遇う

天の涯までを照らす、
大灯国師の無尽灯を仰ぐ。
軒端の雨垂れが雲門の奇曲を奏でる、
この雨滴声、一滴々々、聴けば聴くほど素晴らしい。

○開山忌辰＝大灯国師忌。元和二年十二月二十二日。
○大灯無尽照天涯＝開山大灯国師の法灯が、天地古今を貫いている。「無尽灯」は、『維摩経』菩薩品四に「無尽灯とは、譬えば一灯の百千灯を燃すが如し。冥き者は皆な明となり、明は終に尽きず」。
○檐前忽奏雲門曲＝『雲門録』「問う、如何なるか是れ雲門の一曲。師云く、臘月二十五。進めて云く、唱うる者如何。師云く、且らく緩緩なれ」。いま十二月ゆえにいう。「檐前雨」は、軒の玉水。檐頭の雨滴声。

【一五五】（三四オ）［四の二六］

試毫　元和三丁巳年

隣寺告春敲我扉、暁天風暖脱寒衣。新年今與舊年昨、一夢覺來分是非。

試毫　元和三丁巳年

隣寺、春を告げて、我が扉を敲く、暁天、風暖かなり、寒衣を脱す。
新年の今と旧年の昨と、一夢覚め来たって、是非を分かつ。

〈訳〉
元和三年試筆
隣寺から新春の挨拶にやって来た。
今朝はことに暖かいので、冬衣を脱いでもいいくらいだ。
また新しい年をむかえ、
夢からさめたように、あらためて昨非を思う。

○元和三丁巳年＝元和三年（一六一七）。
○一夢覚来分是非＝「是非」は「今是昨非」。これまでの非（あやまち）をいまさとった。前出［六九］。

【一五六】（三四オ）
和春公少年試年韻
書誦勤哉心不常、佳名彌顯秀才長。曉風欲助君吟玩、花有清香月有光。

春公少年が試年の韻を和す
書誦（しょじゅ）、勤むる哉、心常（しんつね）ならず、佳名（かめい）、弥（いよ）いよ顕わる、秀才の長（ちょう）。
暁風（ぎょうふう）、君が吟玩（ぎんがん）を助けんと欲す、花に清香（せいこう）有り、月に光有り。

〈訳〉

春公少年の試筆に和韻

書に誦によく学ばれる君を、わたしは常ならぬ心で見ています。

その秀才ぶりは一番とのうわさです。

新春の風ばかりか、香しい花や輝く月までが君の作詩を手助けしているようです。

まさに春、花に清香あり、月に光あり。

○春公少年＝隣寺玉林院の喝食。前出［九八］にでる春髻年に同じ。

○書誦勤哉心不常＝「心不常」の語、江月に特徴的なもの。ここを含めて三か所に出る。前出［一三七］「久不問安心不常、忽伝書信興無量」、これは「久しくお見舞いもしていないので気になっていたところへ、お手紙をいただき、感無量」。後出［二五九］に「愛景江天心不常、誰知別有好思量」。尋常ならざる心で気にかける、という意。

○花有清香月有光＝蘇東坡「春夜」詩に「春宵一刻値千金、花有清香月有陰」。

【一五七】（三四オ）

和宗才侍者試年韻

壯年不學悔衰躬、須覓言言句句工。從古馴賢無□賤、李花白又杏花紅。

宗才侍者が試年の韻を和す

壮年（そうねん）に学ばざれば、衰躬（すいきゅう）を悔まん、須らく言言句句（ごんごんくく）の工を覓（もと）むべし。
古より馴賢無□賤（難訓）、李花は白、又た杏花は紅なり。

〈訳〉

宗才侍者の試筆に和韻。
若い時に学んでおかねば、年老いて悔いることになる。
詩作の工夫を鍛錬しなさい。
従古馴賢無□賤、李花は白、又た杏花は紅なり。

○宗才侍者＝前出［一二五］。
○壮年不学悔衰躬＝「衰躬」は、衰えた体、老齢のこと。朱文公「勧学文」に「謂うこと勿かれ、今日学ばざるも、而も来日有りと。謂うこと勿かれ、今年学ばざるも、而も来年有りと。日月逝きぬ。歳、我と延びぬ。嗚呼老いたり。是れ誰が愆（あやま）ちぞ」。
○従古馴賢無□賤＝不詳。馴字、未穏在。つくりが川の字は「釧・順・訓・馴」。□字、遍は酉。酉＋蜀、この字なし。

【一五八】（三四オ）

宗本藏主有新春試兔。因醉萬花之語、以和其韻云
詩須摛錦織雲霞、學道勉旃何有涯。醉裏乾坤謫仙夢、年頭先發一枝花。

宗本蔵主、新春の試兔有り。「酔万花」の語に因んで、以て其の韻を和すと云う
詩は須らく錦を摛き雲霞を織るべし、学道、旃を勉めよ、何ぞ涯有らん。
酔裏の乾坤、謫仙の夢、年頭、先に発く一枝の花。

〈訳〉
宗本蔵主の試筆、酔万花の語に因んでの作。これに和韻する。
詩は美しい言葉でなければならない。
学道に終わりはない、しっかりと勤めなさい。
酔中の夢を見ている李白より先に、
いま新年頭、ここに君の詩の花が開いた。

○宗本蔵主＝前出［一二八］。
○詩須摛錦織雲霞＝「摛」は「しく、のべる」。「摛錦」「摛翰」「摛藻」は詩文を作ること。
○酔裏乾坤謫仙夢＝「謫仙」は、李白あるいは蘇東坡のことをいうが、ここでは李白のこと。『翰林五鳳集』雪嶺の賛李白詩に「天上謫仙詩鬓荒、百篇一斗洗愁腸。長安花与夜郎月、酔裏乾坤置大唐」。
○年頭先発一枝花＝少年の詩がすでに花開いていて、梅花にも勝る。「先発一枝花」は「筆頭春」、李白の「夢筆頭

生花（筆頭に花の生ずるを夢む）」という故事をふまえるもの。李白は幼少の時に、筆頭に花が開いたのを夢み、文才が大いに進んだという。前出［七七］「番風争及筆頭春」の注を参照。

【一五九】（三四ウ）

予宗富喝食、十歳春首、試于筆於江南故郷、寄于詩於洛北客舎。卒和其韻、
祝遠大、以投之云

新年試筆寄新詩、莫道江南隔洛涯。他日吾家騰茂處、喚稱子葉又孫枝。

予が宗富喝食、十歳の春の首、筆を江南故郷に於て試み、詩を洛北の客舎に寄す。卒に其の韻を和し、遠大を祝し、以て之に投ずと云う

新年、筆を試み、新詩を寄す、道うこと莫かれ、江南は洛涯を隔つと。

他日、吾が家の騰茂する処、喚んで子葉又た孫枝と称さん。

〈訳〉

十歳の宗富喝食が堺で作った試筆に和韻

堺で作り、送ってくれた新年の詩、

これを読むと、堺と京都と、離れ離れになっているとはとても思えない。

きっとわが宗を嗣ぐ、すぐれた法孫となることでしょう。

○宗富喝食＝孤篷庵本［二の五一］に「春谷号、宗富禅人、冷泉津人」とあり。後出［二一八］［二四四］にも。

○騰茂＝「騰茂霏英」。『漢書』司馬相如伝「俾万世得激清流揚微波、蜚英声騰茂実（万世をして清流を激し微波を揚げ、英声を蜚ばし茂実を騰げしむ）」。蜚・霏は飛に同じ。「茂実」は、すぐれた実質。名実ともにすばらしいこと。

○子葉孫枝＝法孫。達磨伝法偈に因んでいう。『伝灯録』巻三、達磨章、達磨伝法偈に「吾本来茲土、伝法救迷情。一花開五葉、結果自然成」。『虚堂録』に「孫枝益茂」、『虚堂録犂耕』に「枝上に枝を生ずる、此を孫枝と為す。今は法孫に比す」。「子葉孫枝」「子葉」の語、いま中国のものに未見。五山文学には頻出。

【一六〇】（三四ウ）［四の二七］

圓鑑老師七周忌之辰、芳春法兄和尚見賦尊偈。謹奉依厥嚴韻云　慈斤

選佛當時一道場、喚稱二月涅槃郷。酬恩未足晩梅骨、粉碎將來作瓣香。

円鑑老師が七周忌の辰、芳春法兄和尚、尊偈を賦せらる。謹んで厥の厳韻に依り奉ると云う　慈斤

選仏、当時の一道場、喚んで二月の涅槃の郷と称す。

酬恩未だ足らず、晩梅の骨、粉砕し将ち来たって瓣香と作す。

〈訳〉

春屋老師七周忌、玉室和尚の尊偈に和韻
まもなく涅槃忌、いまこの七周忌法要の場を、
二月涅槃の郷と申し上げる。
ご恩に酬いるにはとても足りませんが、
晩梅のごときわが臭骨を粉砕して、報恩のための一瓣の香とさせていただきます。

○円鑑老師七周忌＝元和三年二月九日。
○選仏当時一道場＝「選仏道場」は法要の場をいう。孤篷庵本［二の二一］「天教院殿初願忌」語に「厳設斎筵選仏場」、また孤篷庵本［二の二二］「天教院殿小祥忌」語に「痴子必曰、心狂莫拈却箇悪芽於選仏場…」などとある。龐居士投機の偈「此是選仏処、心空及第帰」と必ずしも関わらぬ。「当時」、ここでは「今ここの」。
○喚称二月涅槃郷＝二月十五日の涅槃会に近いので、こういったもの。
○酬恩未足晩梅骨、粉砕将来作瓣香＝「晩梅骨」は前出［四―三］宗及二十五回忌偈に「二月晩梅元臭骨、無端粉砕叫酬恩」とある。［四］では先に「那吒太子折骨」のことを言っており、それをふまえて「臭骨」という。つまり、江月が自らを貶称したもの。「晩梅」は二月の梅。また晩梅は早梅の対。梅は早いものが可。遅きものは駄。

【一六一】（三四ウ）［四の二七］

花間葉　題　澤菴和尚催之

―日日吟遊興豈殫、花間浅緑玉欄干。白櫻枝上若微葉、縦得春風雪冷看。―

花間の葉　題　沢庵和尚、之を催す

日日の吟遊、興、豈に殫きんや、花間の浅緑、玉欄干。
白桜枝上、若し葉微っせば、縦い春風を得るも、雪のごとく冷やかに看ん。

〈訳〉

花間の葉　沢庵和尚が催した詩会の題

毎日、詩を吟じて興の尽きることがない。
欄干から見える庭の桜にまじる浅緑の若葉。
白桜に、もしこの若葉がなかったならば、
いくら和やかな春風の中でも、きっと雪と見まがうであろう。

○花間葉＝『頌古聯珠通集』孤峰深の頌に「雨前不見花間葉、雨後渾無葉底華、胡蝶紛紛過牆去、不知春色落誰家」。
○沢庵和尚催之＝『東海和尚紀年録』元和三年条に「二月九日、円鑑七回忌、師、泉南より洛に抵って、三玄塔を拝す」。花期まで京都に滞在したのであろう。
○花間浅緑玉欄干＝「玉欄干」は、すばらしい「おばしま」のこと。ここはどこか貴顕の邸か。あるいは、左注にいう正伝寺か。
○縦得春風雪冷看＝「雪冷看」は訓みにくい。いちおう、右のように訓じた。

「白桜」は前出［一〇七］に「大仙和尚正伝寺白桜下之遊興。予不同伴。……」とあり、詩に「桜雪知無興尽回、剡渓還落二三来」とある。その色の白さから、しばしば雪になぞらえる。『翰林五鳳集』にでる例、左のとおり。

「白桜二月映雲霞。人傑地霊春別加。吹面不寒枝上雪。書窓願只対斯花」三章。

「野外霞遮松亦斑。白桜吹雪大原山。霊神知是噬臍否。栽此風枝雨葉間」英甫。

「白桜吹雪映紅霞。天気不寒春日斜。更有晴湖一枝水。尋常風浪四時花」仁如。

「白桜樹下雪飛辺。強把旧題懐旧年。唯有春游今不忘。坐花酔月侍瓊筵」江心。

【一六二】（三五オ）［四の二七］

惜餘春。題　同人催之

可惜群花落作塵、縦然雖見緑陰新。胡爲夫子與曾點、我別風光傷暮春。

余春を惜しむ　題　同人之を催す

惜しむ可し、群花落ちて塵と作る、縦い然りと雖も、緑陰の新たなるを見る。

胡為ぞ、夫子、曾点に与せる、我は風光を別にす、暮春を傷む。

余春を惜しむ　同じく沢庵主催の詩会での題詠

あれほどみごとに咲いていた花が、みな落ちて塵となってしまった。

けれども今は、そのかわりに美しい新緑が萌えている。

大いに春を楽しみましょう、と言った曾点を、孔子はよしとされたが、私はそうではない、この過ぎ行く春を惜しみ、むしろ悲しむのだ。

○同人催之＝同じく、沢庵の主催の詩会。
○惜余春　題＝『翰林五鳳集』に、「惜余春」の題で四首あり。
○夫子与曾点＝『論語』先進に出る話をふまえる。子路・曾晳・冉有・公西華が侍している時に、孔子が「わが人物を知って認めてくれる人がいたら何をするか」とそれぞれの抱負を尋ねた。子路は、「千乗の大国の難を救う政治を行ない、三年で民に勇気をもたせ、正しい道を行なわせる」と述べた。曾晳（冉求）は「五、六十ないし六、七十里四方ていどの国ならば、礼楽の教えをもって感化させます」と答えた。公西華（赤）は謙遜して礼楽のことは述べずに「宗廟の祭祀、諸侯の会議などの輔佐である小相を勤めさせていただきます」と答えた。最後に、ポツポツと瑟を引いていた曾晳（曾点）に「おまえはどうか」と尋ねたところ、曾晳は「三子者の撰には異なり」。子曰く「何ぞ傷まんや。亦た各おの其の志を言うなり」。すると曾晳は「暮春には春服既に成り、冠者五六人、童子六七人、沂に浴し、舞雩に風じて詠じて帰らん」。夫子、喟然として歎じて曰く「吾れは点に与せん」と。「晩春の好時節、春の服に着がえ、元服したばかりの青年を五六人、童子六七人を連れて、郊外に散策し、沂の温泉につかり、舞雩の雨乞い台で涼み、吟詠しながら帰って来たいものです」と。
○我別風光傷暮春＝難訓。「我は別に風光あり、暮春を傷む」、あるいは「我は風光を別にす、暮春を傷む」。

【一六三】（三四ウ）［四の二七］

題六地藏小堀遠州庭前之絲櫻　即席

人傑春遊地亦靈、有茶有酒幾延齡。絲櫻一樹瀑千丈、引下銀河漲此庭。

六地蔵の小堀遠州が庭前の糸桜に題す　即席

人は傑、春遊、地も亦た霊、茶有り酒有り、幾くか齢を延ばす。
糸桜一樹、瀑千丈、引いて銀河より下らしめ此の庭に漲らす。

〈訳〉

六地蔵の小堀遠州邸の糸桜を詠う　即席

傑出したお方が、秀麗な地、伏見で春の園遊を催された、
仲間もよし所もよし、春の宴。
酒あり茶あり、ああ、きっと仙人のように長生するだろう。
ましてや、庭の主人公である糸桜といえば、
詩仙李白が詠じた、銀河から流れ下る三千丈の滝のようなのだから。

○六地蔵小堀遠州庭前＝遠州の邸宅は、『甫公伝書』に「遠州屋敷初ハ伏見ノ六地蔵、次大坂ノ天満、次伏見豊後橋ノツメ、京都にてハ三条」。孤篷庵本には「六地蔵小堀遠州刺史私第庭前」とある。

○人傑地霊＝傑出した人物を出だす土地がら。また、傑出した人物は秀麗な土地から出づるをいう。前出［一―一］。

○延齢＝「長生きすること」をいうが、「延齢丹」「延齢何用九還丹」「延齢道士」などの例に見るように仙道のイメージ。「詩仙」、李白への導入となる語。

○糸桜一樹瀑千丈、引下銀河漲此庭＝李白「廬山瀑布」詩に「日照香炉生紫烟、遥看瀑布掛長川。飛流直下三千尺、疑是銀河落九天」。

【一六四】（三四ウ）［四の二七］

元和三丁巳歳五月朔未之下刻、天降雹如氷大似梅子　戯作

疾風暴雨動樓臺、五月朔辰逢此災。佳節先庚三十日、天公疑是賜氷來。

元和三丁巳歳、五月朔未の下刻、雹降る、氷の如く大いさ梅子に似たり　戯作

疾風暴雨、楼台を動かす、五月朔辰、此の災に逢う。

佳節に先庚すること三十日、天公、疑うらくは是れ氷を賜わり来たるか。

〈訳〉

元和三年五月一日午後三時、梅の実ほどの雹が降った　戯れに作る

風雨が建物を揺らし、突然、雹が降った。

五月一日にこんなことになるとは、どうしたことか。

氷室の節供をちょうど一月早めて、

天の神が氷を賜うたというものであろうか。

○元和三丁巳歳五月朔未之下刻、天降雹如氷大似梅子＝『鹿苑日録』同年の同じ日に「未刻、天雨雹。大如梅子或

如豆。大小相雑。雷鳴雨降。清風起而木葉散。少頃而快晴。皆言未見如此大雹、奇異哉」。「未之下刻」は、午後三時ころ。

○五月朔辰逢此災＝「逢此災」、孤篷庵本では「災不災（災か災にあらざるか）」に作る。「災不災」の方が三四句につながりやすい。

○佳節先庚三十日＝「佳節」は、六月一日の氷室の節供。前年冬の雪水で作った折餅、あるいは氷餅を食べた。またこの日に氷を宮中へ献上した。「先庚」は、前出［四—一二］。『欠伸稿』では単に「先だって」の意に使われることが多い。

【一六五】（三四ウ）［四の二七］

謹奉依三玄法兄和尚見追悼逢室座元禪師逝去金偈嚴韻云　慈斤

蹈飜末後牢關處、呼喚聲聲更不歸。從此溪邊誰掃葉、夕陽僧去夕陽微。

謹んで三玄法兄和尚の逢室座元禅師が逝去を追悼せらるる金偈の厳韻に依り奉ると云う　慈斤

末後の牢関を蹈飜する処、呼喚する声声、更に帰らず。

此より、渓辺、誰か葉を掃く、夕陽の僧、去って、夕陽微なり。

〈訳〉

三玄和尚の尊偈に和韻して逢室座元の逝去を悼む
最後の難関を透って涅槃に入られた。
いくら呼んでも、もはや戻ることはない。
あなたがいなくなって、これから渓辺の葉を掃くのは誰か。
夕陽がかすかに照らしている。

○三玄法兄和尚＝前出［八八］に「徳輝普灯禅師遷化、三玄法兄和尚賦金偈見追悼之云々」とある。三玄院二世の万江宗程は慶長十九年（一六一四）七月八日寂。その後の三玄院三世は天祐紹杲。万江宗程に嗣ぐ。ただし「法兄」というのはなぜか。
○逢室座元禅師＝未詳。
○呼喚声声更不帰＝「羅籠不肯住、呼喚不回頭」（柴山『禅林句集』収）。本拠は『玄沙広録』「道人行履の処は、火の氷を消するが如し、終に却って氷と成らず。箭既に絃を離れて、返回の勢い無し。所以に、牢籠すれば肯えて住まらず、呼喚すれども頭を回らさず、と」。
○従此渓辺誰掃葉、夕陽僧去夕陽微＝鄭谷「慈恩偶題」（『三体詩』収）の「林下聴経秋苑鹿、渓辺掃葉夕陽僧。吟余却起双峰念、曾看庵西瀑布冰」をふまえる。前出［一四二］の「林下元来人不見、夕陽掃葉掩柴扉」の注を参照。

【一六六】（三五ウ）［四の二七］

半井古仙法印者、至醫學百家之説、頤神換骨、保氣延生、通知其方術。高名嗚世有年矣。是故、經九十有餘之春秋。人僉奇之仰之矣。今茲元和三丁巳載端午前五日、俄然而逝矣。傳聞這訃音、于以雖爲講弔禮、予客于洛北。洛北隔泉南、遠而遠矣。思而止矣。遺憾而已。越令子卜養軒主、有追慕之和歌。歩厥韻礎、拙偈一章、以代弔儀云

不屑倉公扁鵲醫、古今欽若久稱師。匪唯孝子惜斯別、家國人人總耐悲。

半井古仙法印は、医学百家の説に至り、頤神換骨、保気延生、其の方術を通じ知る。高名、世に鳴って年有り。是の故に、九十有余の春秋を経たり。人僉な之れを奇とし之れを仰ぐ。今茲元和三丁巳載、端午前の五日、俄然として逝けり。這の訃音を伝え聞き、于以、為に弔礼を講ぜんすると雖も、予、洛北に客たり。洛北の泉南を隔つこと遠うして遠し。思うて止む。遺憾なるのみ。越において令子の卜養軒主、追慕の和歌有り。厥の韻礎を歩して、拙偈一章以て弔詞に代うと云う

倉公・扁鵲の医を屑ともせず、古も今も欽若し、久しく師と称う。
唯だに孝子のみ斯の別れを惜しむに匪ず、家国の人人、総に悲しみに耐う。

〈訳〉

半井古仙法印は、あらゆる医学や養生の説を修めた名医として、世に知られた方である。九十歳の長命は、人がうらやみ尊敬するところであったが、今年元和三年五月一日、逝去された。訃報を聞いて、弔問に参りたいと思うが、京都に居るため、行けない。子息の卜養軒主が追悼の和歌を送って来られたので、これをふまえて一偈を作り弔儀とする。

いにしえの神医もおよばぬその手腕、
皆からひとしく名医とたたえられた。
法印の死は、ひとりご子息だけの悲しみではありません、
国中の者がみな悲しんでおります。

○半井古仙法印＝この一段に後出するように、卜養軒主、半井云也の父。堺半井家の慶友（古仙）。前出［一一二］の注に引いた系譜を参照。
○頤神換骨＝『碧巌録』普照序の冒頭に「至聖命脉、列祖大機。換骨霊方、頤神妙術」。後二句は、碧巌録の効用をのべる、すなわち、凡骨を仙骨に換え、精神を養い安心を得る霊妙なる方術を示したものである。いま医術のことをいう。
○保気延生＝「保気」は養気、元気を養い保つ（使い尽くさないで保つ）。「延生」は延年。
○九十有余之春秋＝九十余歳、きわめて長寿である。
○今茲元巳載端午前五日＝元和三年丁巳（一六一七）五月朔日。
○于以＝ここに。「是以」に同じ。
○卜養軒主＝半井云也（一五六八〜一六三六）。奇雲云也居士。津田宗及の女（南窓栄薫禅尼、江月和尚の姉）が嫁いだ。堺半井家の系図は前出［一一二］。

○不屑倉公扁鵲医＝「不屑」は、「意に介するに値いせずと、一顧もせぬ、目もくれぬ」の意。「倉公扁鵲」、ともに古代の名医の名。倉公は、漢代の人。姓は淳于、名は意。『史記』巻一〇五。扁鵲は前出［一一八］。
○古今欽若久称師＝「欽若」、つつしみ順う。敬順。「久称師」、孤篷庵本では「称久師」。

【一六七】（三六オ）［四の二七］

謹奉和大慈堂頭大和尚見追悼黄梅大禪佛之戢化金偈之芳韻
常靠烏藤兎角床、威風凛凛幾千霜。黄梅半夜拂衣去、七百高僧一慟傷。

謹んで大慈堂頭大和尚の黄梅大禅仏が戢化を追悼せらるる金偈の芳韻を和し奉る
常に、烏藤を兎角の床に靠け、威風凛凛たり、幾千霜。
黄梅、半夜、払衣し去る、七百の高僧、一慟傷。

〈訳〉

大慈和尚の偈に和韻して宝叔和尚の遷化を悼む
拄杖を禅牀に靠けて説法されたお姿は、まさに威風凛々、
幾千年を経た古梅のような風格でした。
密かに黄梅山を去った六祖慧能のように逝かれたので、

黄梅院に残された者たちはみな嘆き悼んでおります。

○大慈和尚＝大徳寺一二九世、天叔宗眼。前出［一二二］参照。
○黄梅和尚之戢化＝黄梅院三世、宝叔宗珍。前出［一〇四］ほか。
○常靠烏藤兎角床＝「烏藤」は拄杖。「兎角杖頭挑日月、亀毛払子指乾坤」（『点鉄集』）の語あり、また『一山録』「三尺亀毛信手揮、烏藤冷靠禅床角」。『義堂録』「亀毛払横掌握、兎角杖靠縄床。夢中説法未了、量外応機無方」。あり得ぬものである「兎角」や「亀毛」という表現を用いて「空華谷響」の説法・接化をいう。拄杖を禅牀に靠（よせか）けることは、説法の時（に一転語を吐く）しぐさ。『希叟広録』「靠主丈軃入禅床角頭」。『大応語録』に「驀拈拄杖靠禅牀云……」「……正恁麼時、黒漆拄杖子又作麼生。靠拄杖云、等閑靠却禅牀角、無限風光付与誰」。
○威風凛凛幾千霜＝「幾千霜」、霜は年。普通は古松を形容するのに「幾千霜」などという。いま、右の訳のように古梅と解した。
○黄梅半夜払衣去、七百高僧一慟傷＝『伝灯録』巻三、五祖弘忍章に「…夜に迨（およ）んで潜かに人をして碓坊より能行者を召して入室せしむ。告げて曰く……今、法宝及び所伝の袈裟を以て用って汝に付す。善自（よ）く保護して断絶せしむること無かれ。……能居士跪いて衣法を受く。……是の夜、南邁（なんまい）す。大衆知ること莫し。忍大師、此より復た上堂せざること凡そ三日、大衆疑怪して問を致す。祖曰く、吾が道行われり、何ぞ更に之を詢（たず）ねん。復た問う、衣法、誰か得たる。師曰く、能なる者得たり。……」。
七百の高僧の中には一人も弘忍に心契する者がなく、ただ一人、盧行者（慧能）だけが認められ、夜半、密かに付法された。いずれも黄梅院の名に因んで、六祖慧能の事を引いたもの。前出［一一四］参照。「払衣去」「払袖去」は、座を起って出で去るしぐさ、ここでは遷化をいう。「一」は「皆」。「慟傷」は、なげきいたむ。

【一六八】（三六オ）［四の二八］

元巳三歳仲秋日、大樹公依賜衣［帛］赴伏見城。及昏鴉歸。於五條橋上看月之偶作
出伏見城歸路頻、今霄秋半遇佳辰。輿儓有意停輿處、第五橋頭月一輪。

元巳三歳仲秋の日、大樹公、帛を賜わるに依って伏見城に赴く。昏鴉に及んで帰る。五条橋上に於いて月を看ての偶作
伏見城を出でて、帰路、頻なり、今霄秋半ば、佳辰に遇う。
輿儓意有り、輿を停むる処、第五橋頭、月一輪。

〈訳〉

元和三年八月十五日、将軍様から衣帛を賜わるため伏見城に赴き、夕方に帰る。途次、五条大橋で月を見ての作。

伏見城をあとにして帰路をいそぐ。

今宵は仲秋の名月。

駕籠かきが気をきかせてとめてくれたところは、五条の大橋。
空に一輪、まんまるな明月。

○元巳仲秋日＝元和三年八月十五日。
○大樹公於伏見城賜帛＝『徳川実記』元和三年八月十五日条に「伏見西城に於て、五山をはじめ京中の寺社人に時服を頒賜せらる」。『本光国師日記』同日条に「伏見西之丸にて、京中其外諸寺社へ御帷子被下」。
○昏鴉＝日暮にねぐらに帰る鴉、転じて黄昏のこと。杜甫「復愁詩」「釣艇収緡尽、昏鴉接翅帰」。また「対雪」詩に「無人竭浮蟻。有待至昏鴉」（浮蟻は酒のうわべに浮いた酒滓。酒のこと）。
○輿儓＝ヨタイ。駕籠かき。

【一六九】（三六オ）

竹中采女正、於伏見江上新地、盤結草菴、而賜鳳團。卒賦野偈、以伸厚意之謝云

中秋三五後庚辰、逢此佳招情更新。且坐茅廬喫茶去、瓊樓玉殿棄如塵。

八月十七日。懵袋子

竹中采女正（うねめのしょう）、伏見江上の新地に於て草庵を盤結（ばんけつ）し、鳳団（ほうだん）を賜う。卒（そっ）に野偈（やげ）を賦して以て厚意（こうい）の謝を伸ぶと云う

中秋三五、後庚の辰、此の佳招に逢い、情更に新たなり。
茅廬に且坐して茶を喫し去る、瓊楼玉殿、棄てて塵の如し。
八月十七日。懵袋子

〈訳〉

竹中采女正が伏見の河辺に新たに設けた草庵での茶会　そのお礼

仲秋後二日、このお招きにあずかり、うたた感あり。
一服のお茶を頂戴して坐している、この茶席に比べれば、
月中にあるという宮殿など、もののかずではないでしょう。

○竹中采女正＝竹中重義（～一六三四）。豊後国府内藩主。父は重利（竹中半兵衛の甥。一五六二～一六一五）。重利のあとをうけて二万石を領した。寛永六年（一六二九）長崎奉行となり（～同十年）、キリシタン多数を捕えて、熱湯責めなど残忍な拷問を考案して、改宗を強行し、キリシタン禁制に辣腕をふるった。前任の水野河内守（寛永三～五）が始めた踏絵のあらためを引き継ぎ、メダリオンやプラケットを板にはめ、いわゆる板踏絵をつくらせた。いまは長崎奉行に就任する十二年前のこと。
また金銭にも女性に関しても、きわめて貪欲であった。長崎の豪商平野屋の妾で美貌の瑠璃を奪い取るほか、美女とあれば片端から我がものにしようとした性格だったらしいこと、鈴木康子「長崎奉行竹中采女正重義の醜聞」（『花園史学』二五号、二〇〇四年）に詳しい。
やがて不正の廉で訴えられ、寛永十年（一六三三）二月罷免され、翌年二月二十二日所領没収のうえ、浅草海禅

寺で切腹。弟に筑後守重信がいたが、これも配流され絶家した。重利から「竹中小肩衛」（秀吉↓竹中半兵衛↓重利↓采女正）を伝領していた。八百啓介「長崎奉行竹中重義について」（『九州史学』八〇号、一九八四年）。寛永年間に起きた黒田騒動（黒田忠之と家臣栗山大膳の対立）では、栗山大膳の訴状を幕府惣目付として采女正が取り次いでいる。

そんな波瀾の後半生をむかえるが、いまはそれより十年あまり前のこと。『欠伸稿』では以下、竹中采女正がしばしば登場し、江月とは特別の間柄だったことがわかるのだが、このような人物とどうして交誼を結んでいたのか、はなはだ不審に思われるところである。

『咨参緇素名簿』慶長十八年（一六一三）条に「一、竹中采女正　駿河衆　豆州子　甏庵ヨリ□来　同年十一月十二日」とある。

○於伏見江上、新地盤結草庵＝元和三年（一六一七）八月十七日。

○鳳団＝「龍鳳団茶」の略。極上の団茶。転じて茶をいう。

○中秋三五後庚辰＝「後庚」は、『易』巽「先庚三日、後庚三日」をふまえる。いま八月十七日、十五日の中秋より後ゆえにいう。

この詩、はじめ「中秋十八日之辰、逢此佳招情又親。一把茅中喫茶去、玉堂金宇棄如塵。今月今日。懵袋子」に作り、それを改めている。

○瓊楼玉殿＝「瓊楼玉宇」とも、月中の宮殿。『拾遺記』「翟乾祐、江岸に於いて翫月す。或もの問う、此中、何か有る。翟、笑って曰く、我に随って之を観る可し。俄かに月規半天に、瓊楼玉宇の爛然たるを見る」。

○懵袋子＝江月の号。モウタイシ。「懵」は「懜」とも。暗い、おろか。『虚堂録』布袋頌に「夢裏昇兜率、閻浮待下生。不須呈懵袋、悪毒已流行」。『虚堂録犂耕』に無著道忠いわく「懵袋は布袋より語を作す。乃ち此の形骸皮袋なり。言うこころは、下生の時未だ到らざるに、而も出興するは太だ無用なり」。

【一七〇】（三六ウ）［四の二八〜二九］

慶辰冬十月、圓鑑老師、當龍寶住山輪次之任、而初祖忌、虚堂忌、言外忌、大應忌、焼香之日、見呈四首偈。予元巳十月、偶丁住持之任、焼香之次、謹奉塵先師舊偈之尊韻、綴四偈、以呈四祖之靈前云

達磨忌

禮展炊巾手脚忙、仰斯忌日竺支桑。傲霜十月伴梅菊、并作紅爐一瓣香。

虚堂忌

小春梅蕊起香風、敬爲御爐沈水烘。説與明明非妄語、兒孫南北又西東。

言外忌

吾山二世立宗師、言外傳來名已宜。繁茂禪林如意樹、綿綿子葉與孫枝。

大應忌

三百餘年經幾霜、單傳忽現大燈光。至今焔焔燒空去、南浦花開紅佛桑。

慶辰（けいのたつ）冬十月、円鑑（えんかん）老師、龍宝住山輪次（りゅうほうじゅうざんりんじ）の任（にん）、初祖忌（しょそき）、虚堂忌（きどうき）、言外忌（ごんがいき）、大応忌（だいおうき）、焼香（しょうこう）の日に当たって、四首の偈を呈せらる。予、元巳（げんのみ）十月、偶（たま）たま住持の任に丁（あ）た

り、焼香の次いで、謹んで先師が旧偈の尊韻を塵し奉り、四偈を綴って以て四祖の霊前に呈すと云う

達磨忌

礼して炊巾を展ず、手脚忙し、斯の忌日を仰ぐ、竺支桑。
霜に傲る、十月伴梅の菊、并せて紅炉一瓣の香と作す。

虚堂忌

小春の梅蕊、香風を起こす、敬って為にす、御炉沈水烘。
説与明明、妄語に非ず、児孫、南北又た西東。

言外忌

吾が山の二世、立宗の師、言外に伝え来たって名已に宜し。
禅林に繁茂す、如意樹、綿綿たり、子葉と孫枝と。

大応忌

三百余年、幾霜（いくそう）をか経る、単伝（たんでん）、忽（たちま）ち現わす、大灯の光。
今に至るまで、焔焔（えんえん）、空を焼き去る、南浦（なんぽ）、花は開く、紅仏桑（こうぶっそう）。

〈訳〉

慶長九年十月、春屋老師は本山住持として、初祖忌・虚堂忌・言外忌・大応忌の四首の偈を作って焼香なされた。いま元和三年十月、奇しくもわたしも本山住持の任にあたり、焼香することになった。春屋老師の韻に和して四祖の霊前に呈す。

達磨忌

坐具をのべて三拝する。
三国の者がこの忌日に、この祖師を仰ぐ。
早や梅が開くというこの時期に、
霜をものともせずに、咲き残っている菊の花の香りをもってお供えしよう。

虚堂忌

十月の梅の空無の香りをもって、
沈香に代えて、香供養とする。

禅師の「日多記」は決して妄語(うそ)ではなかった、
東海の児孫は、このように東西南北に満ち満ちているのだから。

言外忌
わが大徳寺の二世で、本山の宗旨をうちたてられた、
その名は言外に伝えられている。
如意庵を開創され、禅林の如意樹を繁茂させられ、
その子孫は綿々と後を嗣いでいる。

大応忌
遷化(せんげ)から三百余年、
国師が打ち出された大灯国師の大灯の光は、
今にいたって、焔々と燃えあがり、空をも焼かんばかり、
南浦紹明禅師の禅が、いま真紅の仏桑花となって開いているのだ。

○慶辰冬十月＝慶長九年甲辰（一六〇四）。
○達磨忌＝春屋の偈は「隻履声高脚底忙。抹過震旦又扶桑。一華五葉二株桂。直至如今遍界香」。
○虚堂忌＝春屋の偈は「三百余年仰道風。報恩有分一炉烘。無端聞得少陵句。引下天河洒日東」。
○言外忌＝春屋の偈は「正印伝来活祖師。舌頭落処辨機宜。道香郁郁不遮掩。吐蕊小春梅一枝」。
○大応忌＝春屋の偈は「先師二百有余霜。層塔至今輝普光。南浦朝飛雲片片。無端蓋覆尽扶桑」。

○予元巳十月、偶丁住持之任＝元和三年丁巳（一六一七）。
○達磨忌＝十月五日。孤篷庵本では「初祖忌」に作る。
○礼展炊巾＝「炊巾」はもとは、沙弥童行が炊食の時に膝をおおう、坐具に似た布。転じて坐具の意。いまは後者。坐具をのべて拝する。三拝のことを「三展炊巾」などという。
○竺支桑＝達磨が生まれた印度、その法が伝えられた中国・日本。
○傲霜菊＝蘇軾の「送劉景文」詩に「荷尽已無擎雨蓋、菊残猶有傲霜枝。一年好景君須記、最是橙黄橘緑時」。傲は伝統的に「おごる」と訓ずるが「(霜)をものともせぬ」「軽視する」の意。蘇東坡「十月二日、将至渦口五里所、遇風留宿」詩に「平生傲憂患（平生、憂患を傲ともせず）」。
○伴梅菊＝室町禅林の詩想。『翰林五鳳集』巻二十に琴叔の「伴梅菊」と題する詩二首をおさめる。その一に「群卉凋落花尽時、伴梅黄菊一般奇。而今□見真君子、晩節相依雪後枝」。その二に「一種菊英開稍遅、籬辺最愛伴梅枝。春風三月新桃李、霜下何曾夢見之」。前の詩、「群卉が凋落して花尽きたる時、梅を伴うて黄菊が咲いている。ふたつながら一般じく奇しい」と、この句に「伴梅菊」の題意が言い表わされている。
○虚堂忌＝虚堂智愚（一一八五～一二六九）の忌日。十月七日。
○小春梅蕊＝「十月梅花」。仏法そのものを象徴する。秉炬の語で「還郷真帰」の意で用いられる。
○御炉沈水烘＝「沈水」は沈香。黄山谷「乞姚花」詩の二に「乞取好花天上看、宮衣黄帯御炉烘」。「烘」はくすぶる」「くすぶり」。香炉のことを「烘炉」ともいう。孤篷庵本［二の三二］「安翁宗閑居士五十年忌」の語に「今日拈成婆律烘」とあり、これからすれば「沈水烘」の三字でジンスイコウと読んで可ならん。
○説与明明＝虚堂智愚が、南浦紹明（大応国師）の日本に帰る際に送った詩（送日本南浦知客）、「敲磕門庭細揣磨、路頭尽処再経過。明明説与虚堂叟、東海児孫日転多（門庭を敲磕して細やかに揣摩す、路頭尽くる処、再び経過す。明明に説与す、虚堂叟、東海の児孫、日に転た多からん）」とあるのをふまえたもの。虚堂の法を嗣いだ大応国師の仏法が日本（東海）で発展することを予言した、いわゆる「日多記」。
○言外忌＝大徳寺七世の言外宗忠（一三一五～九〇）の忌日。十月九日。

○吾山二世立宗師＝徹翁義亨（一世）に嗣いだので「二世」という。
○繁茂禅林如意樹＝如意庵の開創。
○大応忌＝大応国師南浦紹明（一二三五～一三〇八）の忌日。
○三百余年経幾霜＝いま元和三年（一六一七）ゆえ、三百十年。
○単伝忽現大灯光＝大灯国師を打ち出した。
○至今焔焔焼空去、南浦花開紅仏桑＝虚堂・大応・大灯の法を真紅に燃える仏桑華に比す。

【一七一】（三七オ）［四の二九］

一休忌。元巳小春念一日、一休大和尚之忌日。予當吾山住、焼香之次、賦一偈云。
一時休去我忘吾、如此風流世已無。片片狂雲随處處、酬恩床菜又眞珠。

元巳の小春念一日は、一休大和尚の忌日なり。予、吾が山の住に当たって、焼香の次いで、一偈を賦すと云う

一時に休し去って我れ吾を忘ず、此の如き風流、世已に無し。
片片たる狂雲、処処に随う、酬恩、床菜、又た真珠。

〈訳〉

一休忌　本山住持として焼香、一偈を供える
大休歇（だいきゅうけつ）して、我をも忘れる、自由自在なふるまい。
かかる風狂和尚は前にも後にもない。
軽やかに浮かんだ狂雲は、留まることなくただよう、
薪（たきぎ）の酬恩庵、摂津の床菜庵、そして大徳寺の真珠庵と。

○一休忌＝十月二十一日。草稿に「元巳小春念一日……」。
○一時休去我忘吾＝「一時休去」、大休歇と一休をあわせふまえる。「我忘吾」、蘇東坡「客位仮寐」に「豈惟主忘客、今我亦忘吾」。
○如此風流世已無＝「風流」、ここでは風狂。
○片片狂雲随処処＝一休、自ら狂雲子と号す。
○酬恩床菜又真珠＝一休が住した薪の酬恩庵・摂津の床菜庵・大徳寺の真珠庵。『大徳寺世譜』に「摂州墨江ニ床菜庵ヲ創ス」。

【一七二】（三七オ）［四の二九］

忠叔宗言首座者、關西筑之前州石城山妙樂禪寺之僧也。十有七年前、雲英和尚大禪佛見住横嶽山之日、入和尚之室、窺佛祖公案、直下打破漆桶。而後事不獲已、便和尚之歸舟、而一錫飄然得得上國。或時于江南敲梅門戸、或時

于洛北寄雪生涯矣、和尚戢化之後、在我圓鑑老師之會裏、觀條椽乾坤廣、愛尺單日月長、朝參暮請、常打同床睡知被底穿。其志可觀矣。老師辭世後、從山埜遊者七歳矣、今茲元和第三丁巳應鐘十有四日、溘然還鄉。胡爲後初祖圓覺大師者十日。吁呼、不幸哉、不幸哉。淚濕却袈裟角、不堪激嘆。今朝忌日設小齋焼香之次、賦村偈一章、以投牌前。

新開十月潛溪緋、忽爲者僧成錦衣。獨歩青霄携隻履、西來今又叫西歸。

忠叔宗言首座は、関西筑之前州石城山妙楽禅寺の僧なり。十有七年前、雲英和尚大禅仏、横岳山に住せらるる日、和尚の笏室に入って、仏祖の公案を窺い、直下に漆桶を打破せり。而して後、事已むことを獲ず、和尚の帰舟に便して、一錫飄然、得得として上国す。或る時は江南に梅の門戸を敲き、或る時は洛北に雪の生涯を寄す。和尚戢化の後、我が円鑑老師の会裏に在って、条椽の乾坤広きを観じ、尺単の日月長きを愛し、朝参暮請、常に同床に睡って被底の穿たるるを知ることを打す。其の志、観る可し。老師辞世の後、山埜に従って遊ぶ者七歳、今茲元和第三丁巳応鐘十有四日、溘然として還郷す。胡為ぞ初祖円覚大師に後るる者十日なる。吁呼、不幸なる哉、不幸なる哉。涙、袈裟角を湿却す。激嘆に堪えず。今朝忌日、小斎を設けて焼香する次いで、村偈一章を賦して、以て牌前に投ず

新たに開く、十月の潜渓緋、忽ち者の僧の為に錦衣と成る。
青霄に独歩し、隻履を携う、西来、今又た西帰と叫ぶ。

〈訳〉

忠叔宗言首座は、筑前妙楽寺の僧である。十七年前、崇福寺の雲英和尚に参じて大悟した。そののち、雲英和尚とともに上国し、時には堺で、また京都で参禅し、文雅を尽くした。雲英和尚が遷化されたあとは、春屋和尚の会下に入って、常に禅道をきわめた。わたくしとは、何もかも知り合った知音の間柄であった。春屋老師辞世ののちは、わたくしに従うこと七年だったが、元和三年十月十四日、帰らぬ人となった。達磨忌に後れること十日だった。ああ、不幸なるかな、不幸なるかな。涙を留めることができぬ。今朝忌日に際し、一偈を霊前に供える。

新たに開いた十月の緋牡丹が、
君が本分の家郷に帰るための錦を織り成してくれている。
きみはいま、隻履を携えて虚空を闊歩し、西のかた九州へ帰られた。
さながら、達磨の隻履西帰のように、和尚の法身は永遠に不変。

○忠叔宗言首座＝前出［一〇］に「忠叔宗言首座掩土」語あり。『一黙稿』には名が見えない。

○石城山妙楽禅寺＝現在、博多区御供所町。大応国師の法嗣月堂宗規の開基。草創の寺地は博多湾岸にあったが、天正年間に焼失、黒田長政入国後、現在地に移転した。

○十有七年前＝いま元和三年（一六一八）、慶長六年（一六〇一）は十七年前になる。左注。

○雲英和尚見住横岳山之日＝大徳寺一四一世、雲英宗偉（一五六〇～一六〇三）。堺の谷宗臨の二男。慶長六年、崇福寺を再興、これに住す。慶長八年十月四日示寂、世寿四十四。『大徳寺世譜』一百四十一世雲英宗偉「諱ハ宗偉、仙岳洞（百二十二）ニ嗣グ。自号乍住。泉南ノ人、谷氏呼雲斎宗臨居士第二ノ男ナリ。則チ岳ノ家姪ナリ。慶長二丁酉三月二十日、奉勅入寺、海眼庵ニ住ス。慶長六辛丑、春屋国師ノ命ヲ伝ヘテ、黒田長政朝臣（筑前ノ太守）ニ告テ、崇福寺再興ヲ請フ。乃チ諾シテ、筥崎松原ニ於テ建立シ、師ヲシテ住セシム。立テ中興ノ祖トス（七十八世）。慶長八癸卯十月四日示寂。世寿四十四」。仙岳宗洞は、『大徳寺世譜』「俗姓谷氏。眼牛斎宗本居士（呼雲斎宗臨の父）ノ第二ノ男ナリ」、谷宗臨の弟。

○打破漆桶＝大悟。真っ黒な漆桶の底を抜く。

○事不獲已＝事情不明。

○便和尚之帰舟＝雲英和尚とともに上国した。

○得得＝はるばる、わざわざ。

○于江南敲梅門戸、于洛北寄雪生涯＝堺で、また京都で参禅した。「梅門戸」「雪生涯」は、丁直卿の「雪後開窓看梅」詩に「梅花門戸雪生涯、皎潔窓櫺自一家。怪得香魂長入夢、三生骨肉是梅華」（『錦繍段』収）。『錦繍段由的抄』に「一二句、雪ノ生涯ニ二説アリ。一説ニハ梅ヲ指スゾ。梅ハ雪中ニ開クモノナレバ、梅ノ生涯ハ雪トナリ。一説ニハ、丁直卿、我身ヲサシテ云フ。雪中ノ梅ヲ愛スル故ニ雪ノ生涯ト云リ。此説可ナリ。言ハ、梅華ヲ門戸トシテ雪中ニ居ル故ニ、我身ハ雪ノ生涯ゾトナリ。雪ト云ヒ梅ト云ヒ、其ノ皎潔相同ジフシテ、窓櫺ヲノヅカラ一家ヲナスゾ。……」。梅と雪は、この詩のように、単なる文雅にとどまらず、ここでは、仏法修行のこと。

○在我円鑑老師之会裏＝『一黙稿』にその名は見えない。
○観条椽乾坤広、愛尺単日月長＝もっぱら坐禅修行に勤めた。「条椽」「尺単」は、「三条椽下七尺単前」の略。『碧巌録』二十五則「其或未然、三条椽下七尺単前、試去参詳看」。「忠曰く、僧堂の床、毎人の座位、横に占めること可そ三尺許り。乃ち各々の頭上の椽三条有り、故に三条椽下と言う」（『虚堂録犂耕』）。「又た僧堂の床前の板を単と曰う、いわゆる七尺単前は、謂うに、床後より前に至るまで六尺、更に単板一尺を加う」（『虚堂録犂耕』、また『禅林象器箋』）。『続灯録』、西禅継図禅師章「若也不知、且向三条椽下六尺単前、快須究取」。
○常打同床睡知被底穿＝わたくし江月とは、何もかも知り合った知音の間柄であった。「若不同床睡、焉知被底穿」の語をふまえる。『句双葛藤鈔』に「色ヲモ香ヲモ、知ル人ゾ知ル。知音ノ用ナリ」。被は夜具、ふとん。
○従山埜遊者七歳矣＝春屋が遷化してからは江月についた。龍光院掛錫中になくなった。
○元和第三丁己応鐘十有四日＝元和三年（一六一八）十月十四日。「応鐘」は十月。
○後初祖円覚大師者十日＝達磨忌は十月五日。
○新開十月潜渓緋、忽為者僧成錦衣＝「潜渓緋」は牡丹の名。八重咲きで緋色。欧陽永叔『花品録』「潜渓緋、千葉緋花」。黄山谷の「王才元舎人許牡丹求詩」に「聞道潜渓千葉紫、主人不翦要題詩。……」。「錦衣」は還郷の装い。本分の家郷に錦を飾って帰る。
○独歩青霄携隻履、西来今又叫西帰＝「隻履」「西来」「西帰」は達磨の事跡。また忠叔宗言首座が博多（海西）の人であることを重ねる。

【一七三】（三八オ）

卒賦一拙偈、謹奉餞玉井大禪佛、見赴江南云

春夏秋來會九衢、臘前何事擲團蒲。風流和尚尋梅否、須是江南問野狐。

卒に一拙偈を賦し、謹んで玉井大禅仏が江南に赴かるるに餞し奉ると云う

春夏秋来、九衢に会す、臘前、何事ぞ団蒲を擲つ。
風流和尚、梅を尋ぬるや否や、須らく是れ江南に野狐を問うべし。

〈訳〉

沢庵和尚が堺に行かれるのを送る

春夏そして秋と、この一年、都のあれやこれやの場所でご一緒したのですが、
いま臘八前になって、坐禅蒲団を放って、どうして泉南にお帰りになるのですか。
風流な和尚よ、都より早く咲く彼の地の梅を尋ねてお帰りですか、
梅の信ならば、江南の野狐にお聞きになるがよろしい。

○玉井大禅仏＝沢庵。いま元和三年（一六一七）。『大徳寺世譜』沢庵の項に「元和三丁巳、黒田長政朝臣、宰府ノ崇福ニ師ヲ請スレドモ赴カズ。同八月、大徳寺裡清泉寺ノ玉井庵ニ寓ス」とある。『東海和尚紀年録』元和三年条に「二月九日、円鑑七回忌。師、泉南より洛に抵り三玄塔を拝す。……筑前黒田長政朝臣、宰府崇福寺を以て師を招く。師赴かず。八月、洛の玉井庵に寓す。九月十三日、鈞命を承って、大徳前住長松岳及び門徒の僧数人を擯出す。……冬十月、棲止の地を尋ねて南京に到る。処々の勝区を一覧し、二十日を歴て洛に帰る」。

○春夏秋来会九衢＝「九衢」は都のこと。ただし「出九衢」「九衢外」「莫混九衢塵裏塵」などと用いられるように、俗世をもいう。また政治の中心地でもある。この「九衢」の字、四句の「野狐」とともに、おそらくはこの詩に

おける眼目らしいが、難解。「九衢」は、この年の世情との関わりを背景にした表現であろう。右注『東海和尚紀年録』で見るように、沢庵は、春二月九日から十月（おそらく末）まで京都に滞在した。この年、京都の世情は以下のとおりで、かなりいろいろな事があった。

六月二十九日、将軍秀忠上洛、伏見城着。

八月十五日、伏見城で僧衆に時服を下賜。前出［一六八］。

八月二十一日、朝鮮来聘使呉允謙等渡来、「上下一行四百余人也。紫野大徳寺著、天瑞寺摠見院ニ旅宿。此時旅宿之門外ニ而、武官の唐人から鉄砲二ツ打、文官の唐人管絃をいたし、扨宿ニ著申候由、御馳走之奉行人板倉伊賀守也」（『元和年録』）。

八月二十六日、後陽成院崩御（『大徳寺誌』「屡召春屋和尚、諮詢禅門大意、特賜大宝円鑑国師之号」）。

九月十日、朝鮮人出立。

九月十二日、松岳紹長等を擯斥する。これは、大徳寺長老の松岳紹長が大灯国師墨蹟の偽物を作成したことが露見した事件。「擯出状」には江月、沢庵らが署名している。

九月十三日、将軍秀忠、江戸に帰る。

○臘前何事擲団蒲＝「団蒲」は坐禅のための座蒲。まもなく臘八というのに、臘八の坐禅をやめて、どうして泉南にお帰りになるか。

○風流和尚尋梅否、須是江南問野狐＝難解。「野狐」は、『無門関』第二則「百丈野狐」に「無門曰く、因果に落ちざるに甚と為てか野狐に堕す、因果を昧まさざるに甚と為てか野狐を脱す。若し者裏に向かって一隻眼を著得せば、便ち前百丈が風流五百生を贏ち得たることを知得せん」。

この公案の中の「大修行底人、還落因果也無」をふまえて「野狐」というのであろう。おそらくは九月十二日に起こった松岳紹長等の擯斥事件に関わるものではないか。松岳紹長は堺半井氏の出身である。

慶長から始まった寺院諸法度の制は元和元年でほぼ完成。国家統治の権力が幕府に帰する基礎がかたまった。寛永六年（一六二九）秋の紫衣事件まで十二年。

【一七四】（三八オ）［四の二九］

青蒭一束其人如玉矣。大醫延壽法印所賜之尺薪、況復數百束乎哉。此人玉不如。卒賦一偈伸厚意之謝云

桂薪芳惠賑爐中、臘底先知春意融。林下從之休拾葉、明朝何待五更風。

青蒭一束、其の人玉の如しと。大医延寿法印が賜う所の尺薪、況してや復た数百束なるをや。此の人、玉も如かず。卒に一偈を賦し厚意の謝を伸ぶと云う

桂薪の芳恵、炉中を賑わす、臘底、先だって知る春意の融かなるを。

林下、之より葉を拾うことを休む、明朝、何ぞ五更の風を待たん。

〈訳〉

詩経に「青草一束をささげるほどの貧しさではあるが、清貧に甘んじる人柄は美玉のようである」とあるが、いま曲直瀬玄朔法印から薪をいただいた。しかも、数百束も頂戴したのだから、このお方の心ばえには美玉さえも及ばないというものであろう。そこで、お礼の一句。

薪をたくさんいただいたので、炉が盛んに燃えている。
十二月というのに、早や春が来たように暖かい。
おかげさまで、もう落ち葉を集めることもない。
明日早朝の風よ、もう吹かなくてもよいぞ。

○青蒭一束其人如玉＝『詩経』小雅、鴻雁之什、白駒に「生蒭一束、其人如玉」とあるをふまえる。「青蒭」は「青蒭」「生蒭」とも。刈った青草、マグサのこと。『蒙求』四〇八「徐稚置蒭」は、みずから耕して食べる清貧の暮らしをしていた徐孺子という人の話。いわく、「林宗、母の憂有るに及んで、往いて之を弔す。生蒭一束を廬前に置いて去る。衆、怪しむも其の故を知らず。林宗曰く、此は必ず南州の高士徐孺子ならん。詩に云わずや、生蒭一束、其の人、玉の如し、と。吾れ徳以って之に堪うる無し」。ここでは、「青草一束をささげるほどの貧しさではあるが、清貧に甘んじる人柄は美玉のようである」という意。転じて「友また賢人を思う心」また「死者を祭る供えもの」の義にもなる。いま後者の義に前の意を重ねる。『詩経』には、清貧の人のわずかな贈り物であっても、その心ばえは美玉のようだ、とあるが、いま延寿院さまから薪をいただいた、しかも数百束も頂戴したのだから、このお方の心ばえには美玉さえも及ばないであろう」という意。

○大医延寿法印＝曲直瀬玄朔（一五四九～一六三一）。延寿院東井朔翁居士。通称道三、東井と号す。上京の医師。天正十四年（一五八六）法印に進み、延命院の号を賜った。翌年、秀吉の島原征めに従い、毛利輝元の治病に功あり。文禄の役では秀吉の命で渡韓。秀次の切腹に際しては侍医だったために坐して水戸に配流となった。慶長二年（一五九七）勅によって延命院を延寿院と改める。同三年、赦免され帰京。同十三年、徳川秀忠の加療のために江戸に招かれ、以後、隔年ごとに江戸に住んだ。古活字版による医書出版など医学文化への寄与は大きい。今大路（曲直瀬）系譜。

①正盛（一五〇七～九五）。等皓、一渓、道三とも。雖知苦斎、翠竹院、啓廸庵の号あり。致仕後、亨徳院。母は目賀田氏。文禄四年正月四日没。年八十九。
②正紹（一五四九～一六三一）。玄朔、道三、東井とも。延命院、延寿院と号す。法眼・法印。母は堀田氏。寛永八年十二月十日没。年八十三。
○尺薪＝わずかな薪。李白「送魯郡劉長史遷弘農長史」に「白玉換斗粟、黄金買尺薪。閉門木葉下、始覚秋非春」。
○桂薪＝たきぎの雅語。
○春意融＝「融」は、（陽気が）やわらぐ。
○五更＝早朝四時。

【一七五】（三八オ）［四の三〇］

奉謝孤篷菴主薫物一裹之恩賜

芳惠一包投我來、前村深雪豈尋梅。博山爐上遇花處、臘底早知春興催。

〈訳〉

孤篷庵主が薫物一裹の恩賜を謝し奉る

芳恵一包、我れに投じ来たる、前村の深雪、豈に梅を尋ねんや。
博山炉上、花に遇う処、臘底、早に春興の催すを知る。

小堀遠州から香をいただく
こんなによいお香をいただいたのだから、
雪の中に出て梅の香を尋ねることはあるまい。
このお香を香炉でふすべると、たちまち花のような香り。
まだ十二月というのに、早や春が到来したようだ。

○孤篷庵主＝小堀遠州。
○薫物＝お香。
○前村深雪豈尋梅＝『五灯会元』巻第十二、洪州翠巌可真禅師章に「問う、人を利するの一句、請う師、垂示。師曰く、三脚の蝦蟇、飛んで天に上がる。曰く、前村深雪の裏、昨夜一枝開く。師曰く、饑えて王膳に逢うも餐する能わず」。また『句草紙』にも収む。前出［二一三］。
○博山炉＝海上の名山博山を形どった、古の香炉。山型をした香炉。転じて香炉一般をいう。

【一七六】（三八オ）［四の三〇］

試毫　元和第四戊午、從臘念八到元旦積雨

六十餘州盡太平、春來第一洛陽城。新年佛法看耶聽、檐外催花雨滴聲。

試毫（しごう）　元和第四戊午（つちのえうま）、臘（ろう）の念八（ねんはち）より元旦に到り雨積む六十余州、尽く太平、春は来たる、第一、洛陽城。
新年の仏法、看るや聴くや、檐外、花を催す雨滴声。

〈訳〉

元和四年元旦試筆　十二月二十八日より元旦まで雨

日本国中が太平のうちに新年を迎えた、
春王の正月は、まず第一に帝都に訪れる。
新年の仏法を、さて、耳に看るか、眼に聴くか、
折しも花を催す春の雨は、鏡清の雨滴声を奏でる。

○元和第四戊午＝一六一八年。

○六十余州尽太平、春来第一洛陽城＝「六十余州」は日本全国。畿内、七道の六十六カ国に壱岐、対馬を加えたもの。『采覧異言』三に「日本は乃ち海内の一大島、…今六十六州有り、各おの国主有り」。「洛陽」は帝都、六十余州の第一。また正月を「王正」「春王正月」などという。『春秋』隠公元年条に「春王正月」とあり、杜注は「隠公の年を始むる、周王の正月なり、凡そ人君の即位する、其の元を体して以て正に居らんと欲す、故に一年一月と言わざるなり」とし、『公羊伝』の隠公元年のところに「元年とは何ぞ。君の始むる年なり。春とは何ぞ。歳の始めなり。王とは孰をか謂う。文王を謂うなり。曷為ぞ先に王と言い、而後に正月と言うや。王は正月なり。何ぞ王の正月と言う。一統を大にするなり」。

○新年仏法看耶聴＝「看耶聴」は眼根耳根、その対境である声色堆裏。すなわち、次句に出る「鏡清雨滴声」のテーマを先取りするもの。『碧巌録』四十六則に「鏡清問僧、門外是什麼声。僧云、雨滴声。清云、衆生顛倒迷

己逐物。僧云、和尚作麼生。清云、洎不迷己。僧云、洎不迷己意旨如何。清云、出身猶可易脱体道応難」。評唱に「衲僧家、這裏に於て透得し去らば、声色堆裏に於て妨げず自由なることを。若し透不得ならば便ち声色に拘せられん」。

○檐外催花雨滴声＝「催花雨」は春の雨。「雨滴声」は、右注の鏡清の話に因む。

【一七七】（三八ウ）

謹奉依龍宝堂頭大和尚春首試兎之尊韻云

天子萬安呼萬歳、新春呈瑞作家禪。凝香方丈徳惟卲、樂禮毹氍氊上眠。

謹んで龍宝堂頭大和尚が春首試兎の尊韻に依り奉ると云う

天子万安、万歳と呼ぶ、新春、瑞を呈す、作家の禅。

香の凝る方丈、徳惟れ卲し、楽礼、毹氍氊上に眠る。

〈訳〉

龍宝堂頭和尚の試筆に和韻

天子の万歳を祝し、新春をことほぐ、作家の大和尚。

香のかおる大徳寺の方丈は徳香いよいよたかく、

三代の礼楽がありありとあらわれた、
方丈に敷かれた毛氈の上で、太平の眠りを眠る。

○龍宝堂頭大和尚＝このとき大徳寺住持にあった人。誰か未詳。
○春首＝元和四年（一六一八）。
○天子万安呼万歳、新春呈瑞作家禅＝「万安」は万福に同じ。祝賀のことば。おめでとう。「呼万歳」、『虚堂録犂耕』三二〇頁に、忠曰く「禅林開堂祝聖に万歳の語有るは、蓋し葉県の省禅師を始と為す。後代、例して万歳万歳万万歳の語有り」。また忠曰く「宋の許観の『東斎紀事』に、『呂氏春秋』より已来、万歳と呼ぶ者十余事を記し畢って曰く、是れ則ち慶賀の際に上下之を通称して、初めより禁制無し。知らず、何れの時よりか始まって専ら君の祝と為るかを」。
○凝香方丈徳惟邵＝「徳惟邵」、『法言』孝至に「年弥高而徳弥邵（年弥いよ高ければ徳弥いよ邵し）」。「年高徳邵」とも。
○楽礼氍毹氈上眠＝「楽礼」は、礼楽、『論語』の陽貨第十七に「礼と云い礼と云う、玉帛を云わんや。楽と云い楽と云う、鐘鼓を云わんや」。礼楽は、徳の表現である。また「三代礼楽」。三代は、夏殷周、夏商周など諸説がある。中国最古の王朝時代に礼楽がもっともととのい、理想の政治が行われたとするもの。司馬光の言葉に「三代の礼楽、緇衣の中に在り」（『仏祖統紀』四六）。「毹氍」、「氍毹」とも。毛氈のこと。

【一七八】（三八ウ）

同　和春公

平生恨是在芳隣、況隔君家情不新。花外停車夕何夕、要聴轆轆輿輪輪。

同じく、春公に和す

平生恨むらくは是れ、芳隣に在ることを、
況してや君が家を隔てて、情、新たならざるをや。
花外停車、夕何たる夕ぞ、轆轆と輪輪とを聴かんと要す。

〈訳〉

春公少年の試筆に和韻

いつもお隣り同士であるのを残念に思っております。
なぜならば、隣なのに、お会いして情を交わすこともできないのですから。
安楽先生が花外の小車に乗ってやって来るのを、
今か今かと待つ司馬温公のような気分で、
わたくしも、あなたがお出でになるのを待っています。

○春公＝前出［九八］［一五六］に出る春髻年。隣寺玉林院の喝食。

○花外停車＝邵雍の「花外小車」をふまえる。室町禅林でよく詠われた題のひとつ。司馬温公（司馬光、司馬君実）と康節（邵雍、邵尭夫、安楽先生とも）との交友をいうもの。

邵雍、字は尭夫、諡は康節。図書先天象数の学を北海の李之才にうけ、易学に精通した。富弼、司馬光、呂公等と洛中に従遊。熙寧中、官に推されて就かず、在野の宋学を拓く。

『宋史』巻四二七、邵雍伝にいう、「(邵)雍、歳時に耕稼し、僅かに衣食を給す。其の居を安楽窩と曰う。因て自ら安楽先生と号す。旦には則ち香を焚いて燕坐し、晡時（夕暮れ）には酒を酌むこと三四甌、微醺にして即ち止め、常に酔うに及ばず。興至れば、詩を哦し自ら咏ず。春秋、時に出でて城中に游ぶ。風雨なれば常に出でず。出づる則んば小車に乗り、一人が之れを挽く。惟だ意のままに所適す。士大夫の家、其の車の音を聞いて識り、争うて相い迎候す。童孺廝隷も皆な驩び相い謂いて曰く、吾が家の先生来たれり、と。復た其の姓を称せず。或もの留むれば信宿（連泊のこと）し乃ち去る。好事の者、別に屋を作って、雍が居る所の如くし、以て其の至るを候つ。名づけて行窩と曰う」。「行窩」は、「出かけ先の安楽窩」の謂。いわばワンボックス・カーの別荘というところ。

『邵氏聞見前録』巻十八に「(司馬温)公、一日、崇徳閣に登り、康節（邵雍）と約するも久しく未だ至らず。詩有って曰く。淡日濃雲合復開、碧伊清洛遠縈廻、林間高閣望已久、花外小車猶未来（淡日濃雲、合して復た開く、碧伊清洛、遠く縈廻す、林間の高閣に望むこと已に久しけれど、花外の小車、猶お未だ来たらず）。［碧伊清洛。伊洛は伊川と洛陽。程朱が学を講じたところ。康節は程朱とも交わった］。康節、和して曰く。君家梁上年時燕、過社今年尚未廻、謂［一に請に作る］罰誤君凝竚久、万花深処小車来（君が家の梁上、年時の燕、社を過ぎても今年は尚お未だ廻らず、君を罰誤せりと謂いて、凝竚すること久し、万花深き処、小車来たる）」。「過社」、燕は春の社（立春後、第五の戊の日）を過ぎるとやって来るので社燕という。

これは、邵雍と司馬温公の交友を詠ったもの。王安石の新法に合わぬ二人は、ともに官を去り、知己の交わりをなす。わが中世禅林で好まれた題のひとつである。「林間高閣望已久、花外小車猶未来」の句は『点鉄集』にも引く。しかし日本においては、単に「知己の交友」というにとどまらず、禅林に特有の「男道（男色）」の雰囲気があること、左に引く『三益稿』の例で見るとおり。

三益永因の『三益稿』（『続群書類従』巻三四五、四八五頁）に「花時待故人不至」詩あり、「一年行楽莫如春、有約不来情更新。遷叟洛園雖独楽、花時猶待小車人（一年の行楽、春に如くは莫し、約有って来たらざれば情更に新たなり。遷叟洛園に独り楽しむと雖も、花時、猶お小車の人を待つ）」。

いまこの江月の詩にも、その気味が濃厚。『翰林五鳳集』巻六一に、これをテーマにした詩が多く載せられている。「花外小車」は、『全宋詞典故考釈辞典』に「花外に、人が挽く小車」という。『諸橋大漢和辞典』の「如意小車」の項に、人力車に似た車とし、「長生殿、窺沓」に「如意小車に上り、華清宮に回り去る」というを引く。室町禅林の詩の場合、「小車」は実際の車をいうのではなく、佳人の来駕を詩的にいうのみ。

○夕何夕＝『詩経』唐風、綢繆に「今夕何夕、見此良人」とあるをふまえた修辞。「何とよい夕だ！」という賛嘆の語気。転じて良辰をいう。あとにつづく「見此良人」の意をも含む。佳人に遇える夕だから、良辰となるのである。

○轆轆与輪輪＝「轆轆」は、車のまわる音。「輪輪」は、正しくは「轔轔」、車のきしる音。

【一七九】（三八ウ）

同　竺君

仁祖相逢一坐開、少年神悟稱顔回。新春喚作君吟友、紫燕黄鶯幾往來。

〈訳〉

同じく、竺君

仁祖（じんそ）、相い逢うて一坐開く、少年神悟（しんご）、顔回（がんかい）と称す。

新春、喚んで君が吟友（ぎんゆう）と作（な）さん、紫燕黄鶯（しえんこうおう）、幾往来（いくおうらい）。

竺君少年の試筆に和韻

謝尚は、顔回のようだと褒められたとき、
「ここに孔子に匹敵する人物はいないのに、どうして顔回を分別できよう」と切り返したというが、
君もまた、その謝尚のように「一坐の顔回」と称されるべきです。
あらたまの春に行き来する紫燕黄鸎のごとき、
喝食（かっしき）の少年たちはみな君の吟友。

○竺君＝『咨参緇素名簿』寛永三年四月十七日条に「竺蔵主　玉室和尚会下僧」とあり。いまは元和四年（一六一八）ゆえ、八年後のこと。後出［二一六］に「和竺少年試春」［二二六］に「賀竺公佳人落飾」。

○仁祖相逢一坐開、少年神悟称顔回＝「仁祖」は、晋の謝尚の字。『蒙求』九六、謝尚鴝鵒（くよく）に「晋の謝尚、字は仁祖。八歳にして神悟夙に成る。其の父の鯤、嘗て之を携えて客を送る。或いは曰く、此の児は一座の顔回なり、と。尚曰く、坐に尼父（じふ）無きに、焉んぞ顔回を別かたん、と。席賓歎異す。長ずるに及んで音楽を善くし、博く衆芸を綜（す）ぶ。王導之を王戎に比す。長ずるや呼んで小安豊と為す。辟（め）されて掾と為る。始めて府に到り謁を通ずるに、導、其の勝会有るを以て、謂いて曰く、聞く、君は能く鴝鵒（くよく）の舞を作すと。一座傾想す。尚、衣幘を著けて舞う。導、坐する者をして掌を撫って撃節せしむ。尚、其の中に俯仰して、旁に人無きが若し。其の率詣、此の如し。衛将軍・散騎常侍に終る」。
顔回のようだと褒められた謝尚が「ここには孔子に匹敵する人物はいないのに、どうして顔回を分別できようか」と切り返したという話。「一坐」「神悟」「顔回」ともに『蒙求』をふまえるもの。

孔門の中で、子路と顔回を並び称えて、室町禅林では「紅子路緑顔回」という（横川景三『補庵京華別集』）。才秀でた美少年のイメージ。また、横川『小補艶詞』に「某、近公如雪、用汝作霖、謝尚一座顔回、石榴銀杏」。

○紫燕黄鴬＝春の鳥。『禅林句集』に「紫燕黄鸝深談実相」の語あり。杜甫「柳辺」詩に「只道梅花発、那知柳亦新。枝枝総到地、葉葉自開春。紫燕時翻翼、黄鸝不露身。漢南応老尽。霸上遠愁人」。「紫燕」は、燕の一種。「黄鸝」は、ウグイスに似て非なる黄鳥。日本では「黄鸝」をウグイスと同一視する。また、春正月にはまだ燕はいないはずだが、これも中国詩にならって春の縁語とするのみ。

ただし、室町禅林では、「紫燕黄鴬」は、時には喝食のことをいう。喝食また侍者を鴬や燕になぞらえること、「鴬児」「黄鴬侍者」「乳燕」の語がある。

希世霊彦『村庵藁』上、「文叔以試筆之什寄示諸友、因援例見索予和、輒次韻奉畣之」に「春到園林自媚晴、黄鸝紫燕若為情……」。『村庵藁』中の「題花鳥図」に「春水春山勝遊処、我言莫似洛陽城、緑楊紅杏皆和気、紫燕黄鸝自太平……」。この場合は、春の鳥の意。

また、蘭坡景茝『雪樵独唱集』二、南禅寺録、歳旦上堂、自叙の語に「嗜業甚懶、未及黄鸝囀蒙求、説禅益麁、亦猶紫燕談論語、惟恐惟求」。この場合は、喝食の意。

【一八〇】（三九オ）

同　才

年其志學二年加、詩語勉旃烟與霞。可惜寸陰人易老、檐前朝暮莫看花。

同じく、才

年は其れ志学に二年を加う、詩語、旃を勉めよ、烟と霞と。
惜しむ可し寸陰、人は老い易し、檐前、朝暮に花を看る莫かれ。

〈訳〉

宗才少年の試筆に和韻

きみは志学を二つこえた、もう十七歳だ、
いよいよ詩学にみがきをかけ、すばらしい詩文をお作りなさい。
少年のあいだに学んでおかなければ、いつのまにか年を取ってしまうのだ。
蘇東坡の詩にあるように、
老いてから、花を見ながら少年の日々を回顧して悔いることがあってはいけない。

○才＝宗才。前出［一二五］［一五七］。『咨参緇素名簿』元和七年条に「宗才　同（博多）」とあり。
○志学＝十五歳。よって十七歳。まだ剃度をしていないことになる。いま元和四年ゆえ、右の名簿での年は二十歳ということになる。
○烟与霞＝「烟霞」は文章がすばらしいこと。『明叔録』の元日の語に、「…某、肌凝氷雪、語帯烟霞。淵明詩如慶雲、文章五色。鴎陽書似書月、筆力千鈞。……」（『五山文学新集』第六巻、一〇三七頁）。これも、その容貌と才能とを褒め称えた表現。
○可惜寸陰人易老＝朱熹「偶成」に「少年易老学難成、一寸光陰不可軽。未覚池塘春草夢、階前梧葉已秋声」。
○莫看花＝また、蘇東坡「安国寺に春を尋ぬ」詩に「……看花歎老憶年少、対酒思家愁老翁。病眼不羞雲母乱、鬢糸強理茶煙中（花を看て老を歎き、年少を憶う、酒に対して家を思い、老翁を愁う）」。

—【一八一】（三九オ）—

同　本

迎咲三陽交代辰、山河大地物皆新。問花想是花應諾、詩若不成春不春。

同じく　本

迎咲（げいしょう）す、三陽交代（さんようこうたい）の辰（しん）、山河大地（せんがだいち）、物皆な新たなり。
花に問えば、想（おも）うに是れ花も応諾（おうだく）せん、詩若し成らずんば、春、春ならず。

〈訳〉

宗本少年の試筆に和韻。

あらたまの年を喜びむかえ、
山も河も大地も、すべてが一新したよう。
花に問いかければ、きっと花もうなづかんばかり、
このときに、よい詩ができなければ、せっかくの春も春ではないだろう。

○本＝宗本。前出［一二八］［一三二］［一五八］。『参徒緇素名簿』元和九年五月十一日条に「中嶋小六郎　寺沢志摩殿ノ奉公人　中嶋道見ノヲイ　本蔵主イトコ也」。
○迎咲＝笑顔で迎える。蘇東坡「杜介の揚州に帰るを送る」詩に「帰来隣里応迎笑（隣里に帰り来たれば、応に迎笑すべし）」。
○三陽交代＝「三陽交泰」が正しい。新年の寿詞。『易』の泰卦による。乾下坤上で、泰は通の義、乾の三陽が下

にあって、正月に当たる。「象に曰う、泰。小往き大来る、吉にして亨る。則ち是れ天地交わり、万物通ずるなり。上下交わって、其の志同じきなり。内陽にして外陰、内健にして外順、内君子にして外小人。君子の道長じ、小人の道消するなり。象に曰う、天地交わるは泰、后以て天地の道を裁成し、天地の宜を輔相し、以て民を左右す」。
○問花想是花応諾＝蘇東坡「述古聞之、明日即至、坐上復用前韻同賦」詩に「太守問花花有語、為君零落為君開（太守、花に問えば、花に語有らん、君が為に零落し、君が為に開く）」。
○春不春＝前出［一一九］に「洛城翁去共誰愛、柳巷花衢春不春」。蘭坡景茝『雪樵獨唱集』絶句一「和万年旭岑試筆」に「寺近皇居気色新、楼々花似雪晴晨、錦嚢満否三千首、一日無詩春不春」。『翰林五鳳集』策彦の「和大光試筆韻」に「人自旧交年自新、従今何処賞芳辰。余寒花晩旅檐雨、若是無詩春不春」。

【一八二】（三九オ）［四の三〇］

靈源大龍國師三十三白遠年忌之辰、大慈堂頭大和尚有尊偈、謹奉汚其嚴韻

云　靈鑑

指示大龍堅固句、山花二月是時乎、直薫三十三天去、婆律烟輕一石爐。

霊源大龍国師が三十三白遠年忌の辰、大慈堂頭大和尚、尊偈有り、謹んで其の厳韻を汚し奉ると云う　霊鑑

指示す、大龍堅固の句、山花二月、是の時なるか。

直に三十三天を薫じ去る、婆律、烟は軽し、一石炉。

〈訳〉

霊源大龍国師三十三回忌、大慈和尚の偈に和韻

大龍国師が、いままさに「大龍堅固法身」を指し示しておられる、
二月の花よりも紅なる紅葉、そこが堅固法身なのだと。
その堅固法身の紅葉を燃やす煙が香煙となって、
いま、須弥山の頂上にある三十三天までを薫徹する。

○霊源大龍国師＝大徳寺一〇五世、怡雲宗悦（一五〇一～八九）。心灯慈照禅師、諱は宗悦。『大徳寺世譜』に「徹岫九ニ嗣グ。江州ノ人。天文二十四（弘治改元）乙卯十月十六日出世。瑞峰院ニ住ス。永禄元戊午十二月十三日再住。有綸旨勅使。豊後ニ文殊寿林両寺ヲ創ス。又江州堅田祥瑞寺、豊後海蔵寺等ニ住ス。又、筑前崇福七十六世為リ。永禄十丁卯六月二十六日、正親町帝、特ニ心灯慈照禅師ト賜フ。天正十二甲申十二月二日、重テ霊源大龍国師ト賜フ。天正十七己丑八月八日示寂。世寿八十九」。

○三十三白＝白は年に同じ。一年を一白ということ、『宝林伝』巻八に「又た問う、彼の土の年代は、此と不同か。師（鶴勒那）曰く、名字は異有るも、時節は一なり。中天竺国は冬雪に遇う、此を以て之を名づけて一白と為す」。『事物異名録』歳時、「伝灯録、我山林間、已経九白。按ずるに、梵には一年を言いて一白と為す」。天正十七年（一五八九）遷化。今、元和四年（一六一八）八月か。

○大慈和尚＝大慈院を開創した天叔宗眼。前出［一二二］［一六七］。

○大龍堅固句＝『碧巌録』八十二則をふまえる。前出［一二九］参照。

○山花二月＝「二月花」、杜牧の「山行詩」の「霜葉紅於二月花（霜葉は二月の花よりも紅なり）」。
○三十三天＝忉利天。須弥山の頂上にある。
○婆律＝龍脳香、転じて香一般。『酉陽雑俎』の広動植、木篇に「龍脳香樹は婆利国に出づ。婆利は呼んで固不婆律と為す。亦た波斯国に出づ。樹高は八九丈、大なるは六七囲可り。……」。
○石炉＝戸外で紅葉を焼く炉。『中華若木詩抄』二〇存耕の「焼葉」に「茅屋山中葉是薪。不須紅爛小烏銀。寒焼得石炉底。昨夜雨声今夜春」、注に「石ニテソツトシタル炉辺ニ葉ヲ焼イタ也」。「ソツトシタル」は「ちょっとした」。

【一八三】（三九オ）［四の三〇］

元午孟正十有三之朝、遇宗甫韻人之佳招矣。此地看來伏見、江邊山有遠近雲作卷舒、河水蘆欲動殘雪花似開。或白鷗翔集紫燕睡濃、或野鴨飛過江鴈來往。又松間茅屋竹裏柴扉。此勝景有誰爭矣。相伴人蘆浦觀音寺、楢村孫兵衞、春日宮人、洛陽道者。个々謂予曰、今朝之謝詞、何不道乎。厥請不獲辭、戲言一絶信口之次、主人見覓書。書以爲一座笑具云

賓主清談茶興催、窓前流水點無埃。西湖倒退三千里、此境十頭添丿來。

元午孟正十有三の朝、宗甫韻人の佳招に遇う。此の地より伏見を看来たれば、江辺、

山、遠近有って雲は巻舒を作し、河水、芦は残雪を動かさんと欲し、花は開くに似たり。或いは白鴎翔り集い、紫燕睡り濃かなり、或いは野鴨飛び過ぎ、江雁来往す。又た、松間には茅屋、竹裏には柴扉。此の勝景、誰有ってか争わん。相伴の人は芦浦観音寺、楢村孫兵衛、春日宮の人、洛陽の道者なり。个々、予に謂いて曰く、今朝の謝詞、何ぞ道わざるか。厥の請、辞することを獲ず。戯言の一絶、口に信せる次いで、主人、書することを覓めらる。書して以て一座の笑具と為すと云う

賓主清談、茶興催す、
窓前の流水、点として埃無し。
西湖も倒退三千里、
此の境、十頭にノを添え来たる。

〈訳〉

元和四年正月十三日、小堀遠州の茶会に招かれる。ここから伏見を見れば、河辺に山があり遠近の雲がそれをとりまき、残雪の岸辺にある枯れた芦は、まるで花が開いているようである。さまざまな鳥たちが飛び来たり、飛び去っている。松林や竹林の向こうに見えるいくつかの庵。この勝景にまさるものがどこにあろうか。茶会に相伴したのは芦浦観音寺和尚、楢村孫兵衛、春日神社の久保権大輔、それにもう一人、京都の道者である。この人たちが、わたしにこの席のお礼の一句を作れという。そこで一

座のお笑い種に一句を作る。
亭主と客たちの清談もはずみ、まことにけっこうな茶会。
いながらにして見る淀の流れは、一点の汚れもない。
彼の西湖の絶景も、敗色濃く倒退三千里であろう、
この伏見の景は、西湖を圧倒して、千里も押し寄せる勢い。

○元午孟正十有三＝元和四年（一六一八）正月十三日。
○宗甫韻人之佳招＝宗甫韻人は小堀遠州。大有宗甫。佳招のあった場所はどこか。伏見の豊後橋詰にあった旧富田信濃守宅跡の新奉行屋敷が完成して移転したのは、寛永二年（一六二五）七月のこと。この年から七年後のことである。いまここでは「此地看来伏見」とあるから、伏見城下の町を一望できるらしい。情景は「江辺山有遠近雲作巻舒、河水芦欲動残雪花似開。或白鴎翔集紫燕睡濃、或野鴨飛過江雁来往。又松間茅屋竹裏柴扉。此勝景有誰争」とあるから、かなり視野の開けたところであるはずである。さらに「窓前流水」とあり、淀川もいながらにして見えたということになる。木幡山にあった城内の屋敷ではないか。
○紫燕＝春の縁語として用いるのみ。前出［一七九］を参照。
○此勝景有誰争＝この景色にまさるものはあるまい。
○芦浦観音寺＝江州芦浦観音寺。前出［一二三］参照。十代住持は朝賢。孤篷庵本［二の三六］「竹隠号」に「朝賢房、江州芦浦観音寺」とある。
○楢村孫兵衛＝もと宇喜多家家臣の楢村監物（～一六一二）の子。その先は和州楢村の大饗長左衛門。関ケ原の陣の前に監物・孫兵衛父子は宇喜多家を離れた。関ケ原の後、家康に仕え、嫡子孫兵衛も徳川に仕えた。その嫡子孫七郎、次子孫九郎も御書院番を勤めたが、寛永年中、孫九郎が江戸城西丸で刃傷事件を起こして切腹、閉門となった。孫兵衛は閉門中に病死したという。

『沓参緇素名簿』元和五年五月下旬に「楢村孫七郎　孫兵衛子也」とある。

○春日宮人＝奈良の茶人長闇堂こと久保権大輔（一五七一～一六四〇）。権大夫でも通用する。名は利世。春日社神人の家に生まれた、春日社の禰宜。寛永初年、方七尺の茶室長闇堂を作った。孤篷庵本［三の六五］「七尺堂」記がある。

また権大輔の『長闇堂記』に「江月和尚、江戸にましませし時、この堂いとなみしまゝ、便につき、御ふミ奉し次に、此事をのへて、この阿弥陀へ狂哥に、〈せはけれどあい住するそ阿ミだ仏　後の世たのミおくとおもな〉といひしを、書つけて送りし御返事に、やさしくも詩哥をもつて答へ玉へり、〈観音は同坐とこそハったへしに、相すまひする弥陀ハめつらし〉〈尽大地三千七尺堂、堂中同坐仏無量。自由一箇自然楽、今作西方古道場〉。しかるを、小遠江殿、或時、こゝにましませしに、此事をかたりて、額壱つかきて給り候へと申せは、うつゑみ玉ひ、さらハとて、長闇の二字をかき付玉へり、いかなる儀にて有そと問申せハ、……」。

なお、江月の「七尺堂」記には「今茲寛永十七庚辰年初秋下旬、以七尺堂作七尺拄杖、打破末後牢関」とあり、長闇堂は寛永十七年（一六四〇）七月下旬になくなったことになるが、現在では、長闇堂がなくなったのは六月二十八日であるという説が大勢である。永島福太郎『茶道文化論集』下「長闇堂」によれば、小堀遠州の弔文に「六月二十八日」とあり、興福院の墓石も同じであるというのが拠。また「長闇堂記」の写本に無名園古道の識語「時維寛永十七辰之秋、久保権大輔藤原氏利世長闇子筆之」とあるのを「すでに同年六月末に権大輔が歿したことと矛盾する」とし、依然として疑問が残るなどとしている。この写本は、遠州・松花堂・江月の消息の反古裏を料紙に用いた巻子本。淡交社『原色茶道大事典』なども、この説をとり、現代の茶道界でも、六月二十八日が長闇堂忌とされている。

○洛陽道者＝未詳。

○西湖倒退三千里、此境十頭添ノ来＝「倒退三千里」、圧倒され、三千里敗退すること。「十頭添ノ」は、「千」字の字謎。「十着ノ」とも。したがって、この句は「此境千来」ということ。この風景は西湖を千里も押しやるほど。『禅林方語』に「十字添一ノ子矣千字漢孝宗」とあるが、傍点部分は未穏。ノ（ヘツ・ヘチ）は「右から左へまがる」義だが、ここでは単に漢字の部分をいう。ちなみに、「丿乀（ヘツフツ）」は、舟のゆれ動くさま。江月の嗣、江雲宗龍は任運子、丿乀子と号した。

【一八四】（三九ウ）［四の三二］

佛泥丸日　遇雨

二月中旬示滅辰、扶桑支竺笑誾誾。涅槃日亦初生日、雨浴紫磨金色身。

仏泥丸の日。雨に遇う

二月中旬、示滅の辰、扶桑支竺、笑い誾誾。
涅槃の日、亦た初生の日、雨、紫磨金色の身を浴す。

〈訳〉

仏涅槃、雨に遇う

二月十五日、釈尊が入滅された日、
日本も支那も天竺も、三国全体が、悲喜を超えた宇宙の笑いを笑う。
折しも降る雨で、涅槃忌があたかも降誕会のようになった。
紫磨金色身にそそぐ雨が、浴仏するのだから。

○仏泥丸日＝元和四年（一六一八）二月十五日。「泥丸」は「泥洹」というに同じ、涅槃のこと。ナイオン、ネイガンと読む。蘇東坡「次前韻寄子由」に「泥丸尚一路、所向余皆窮」とあり、この詩では死をいう。

○扶桑支竺笑誾誾＝「誾誾」、『論語』先進に「閔子、側に侍す、誾誾如たり。子路、行行如たり。冉有・子貢、侃侃如たり。子楽しむ」。また『論語』郷党に「朝するに、下大夫と言うときは、侃侃如たり。上大夫と言うときは、誾誾如たり」。

「誾誾如」は、中正を得て和らぎ悦ぶさま。「行行如」は剛強なさま。「侃侃如」は、やわらぎ楽しむさま。特に「誾誾」は、古来、諸説があり、「中正」に重きを置いたり、朱子の「和悦而諍」の「諍」に力点を置いて解釈するものもある。しかし、禅録での用例では、「和悦」の義で用いられる。

岐陽方秀『不二遺稿』無文選禅師像賛に「接人誾誾兮温於春風和氣。律身凛凛兮嚴乎烈日秋霜」。ここでは「誾誾」は凛凛の対、和気あふれるさま。

彦龍周興『半陶文集』心空貞香禅定尼二七日拈香語に「某人、坤徳粛粛、和容誾誾」。これは温和な容貌をいうもの。

あるべきところに落ち着いていて、和悦に微笑むさまをいう語であろう。

また、左に見るように「笑」字と結びつくことが多く、通常の笑いではなく、悲喜を超えた宇宙の笑い、法身そのものの笑いをあらわす。

孤篷庵本［四の三四］「元旦」偈に「欸遇三陽交泰辰、山河大地笑誾誾。黄鳥声滑為吾誦、梅暦開知一字春」、孤篷庵本［四の四五］「元旦臘梅立春」偈に「今朝昨日両般春、年是去来分旧親、豁開梅花門戸看、山山晴景笑誾誾」。また「木人笑誾誾」「蒲団禅板笑誾誾」「灯籠露柱笑誾誾」など。

—【一八五】（四〇オ）［四の三二］—

筑之前州冷泉津居住一俗漢、十餘年前有髮時、就于吾圓鑑先師需諱號。號曰怡伯諱曰宗悦矣。今茲元和第四戊午仲春念四日、訪余洛北蕞寺話舊事、請薙落受具矣。凌海西數百程之波濤得得來者、其志可觀也。是故任厥意。今日迺大聖國師忌辰也。宜哉當斯日矣。將謂隨縁消舊業棄恩入無爲。於此投一片帽并賦一拙偈以祝遠大

遭逢二月洛陽春、且喜花時迎此人。却老丹砂別何覓、掃除白髮與烏巾。

筑之前州冷泉津に居住せる一俗漢、十余年前、有髪の時、吾が円鑑先師に就いて諱号を需む。号して怡伯と曰い、諱して宗悦と曰う。今茲元和第四戊午仲春念四日、余を洛北の蕞寺に訪い旧事を話り、薙落受具を請う。海西数百程の波涛を凌いで得得として来たる者、其の志、観る可し。是の故に厥の意に任す。今日は迺ち大聖国師の忌辰なり。宜なる哉、斯の日に当たること。将に謂えり、縁に随って旧業を消し、恩を棄てて無為に入ると。此に於いて一片の帽を投じ、并せて一拙偈を賦して、以て遠大を祝す

遭い逢う、二月、洛陽の春、且喜すらくは、花の時、此の人を迎うるを。

却老の丹砂、別に何をか覓めん、白髪を掃除し、烏巾を与う。

〈訳〉

筑前博多の某、十数年前まだ有髪の時に、春屋老師から怡伯宗悦の法名を受けた。今年元和四年二月二十四日、龍光院を訪ねて来て、落髪したいという。はるばる九州からそのためにやって来たのである。希望どおり剃髪してやることになった。今日はたまたま大聖国師の忌辰に当たるのも因縁というべきか。その因縁によって、いま旧業を消し、俗世の恩義を棄てて無為の世界に入るが宜しかろう。帽子に偈を添えて、将来を祈る。

いま二月、都はまさに春。
これから花が開くという時にお会いできて、何とも嬉しい。
仏道に入れば、永遠の命が得られるのだから、若返りの道術はもはや必要ない。
いま白髪頭を剃髪し、頭巾を付与する。

○筑之前州冷泉津居住一浴漢＝初代金沢藩主前田利家の二男、前田利政（一五七八～一六三三）。法号は福昌院殿前羽林怡伯宗悦居士。『寛政重修諸家譜』巻千百三十一に「又若、孫四郎、能登守、侍従、従四位下。剃髪号宗悦。母は上に同じ（芳春院）。慶長三年父が所領のうち能登国をゆづりうけ、二十一万五千石を領し、同国七尾城に住し、のち従四位下侍従に叙任し、能登守にあらため羽柴を称す。五年、石田三成謀反のとき土方雄久、東照宮の台命をうけて加賀国より能登国にいたり、軍をいだすべきむねを諭すといへども、三成にくみし、病と称して御催促に応ぜざりしかば、関原御凱旋ののち封国を没収せらる。のち剃髪して宗悦と号し、京師に住し、寛永十年七月十四日死す。年五十六。室は蒲生飛騨守氏郷が女」。大坂冬の陣のとき、秀頼は加賀越前の二国をかけて誘ったが応じなかった。家康はこれを嘉みして十万石をもって抱えようとしたが、これも辞退した。利長が生活を援助していたともいう。女は角倉与右衛門に嫁す。男の直之は利常に一万五千石で仕えた。前田利政は江月（一五七四～一六四三）より四歳年下。柏崎永以『古老茶話』上に「能登一国の城主前田孫四郎利政は、関ケ原乱後、男を止め剃髪して慶智入道とて、京都上賀茂に住して、即其地に死去也。寛永二（ママ）七月廿四日に死す。若狭少将同事也」、また同書に「前田利政入道慶智、寛永二十年七月廿四日卒」と。ただし、「寛永二十年卒」というのは誤りで、寛永十年卒であること、孤篷庵本［二の一七］「福昌院殿前羽林怡伯宗悦居士小斂忌」。

○十余年前有髪時、就于吾円鑑先師需諱号。号曰怡伯諱曰宗悦矣＝『一黙稿』怡伯号「筑之前州冷泉津宗悦老者、傾心於吾宗人也。平生之作略、錦綉織得成勝西川巧、寔彷彿工夫綿密者乎。頃遠寄明楮覓雅号。号曰怡伯。短偈一絶係二大字之下、以述厥義云。屋頭松竹、幾回緑情。四時繁茂、総是歓声。慶長十四己酉稔蜡月下浣」。慶長十四年（一六〇九）、今から十年前。利政三十二歳。

○今茲元和第四戊午仲春念四日＝元和四年（一六一八）二月二十四日。利政四十一歳。

○請薙落受具＝前田家の寺芳春院でなく江月に依ったのは、浪々の身であるのを憚り、兄利長への配慮があったものか。墓は芳春院に作られた。

○是故任厥意＝文脈からすれば「わざわざ九州からやってきたので」、そのことが理由で希望をかなえてやった、ということになるが、穿って読むならば、その決意が堅かったので、江月もこれを受けた、とも解釈できる。慶長十九年、大坂冬の陣のときには、秀頼が加賀越前の二国をかけて誘うたが応ぜず、戦後、家康が十万石をもって抱えようとしたが辞している。今から三年前のことである。こうした事情を知った上で、江月は「まあいいだろう」と剃髪したのであろう。

○今日迺大聖国師忌辰、宜哉当斯日＝大聖国師は古岳宗亘（一四六五～一五四八）。ここでは月忌に当たることをいう。「宜哉当斯日」、大仙派の祖であるから、敢えていうだけか。前田家とは特別な縁はない。

○将謂随縁消旧業棄恩入無為＝孤篷庵本では「結好縁消旧業」。「随縁消旧業」は、『臨済録』に「但能随縁消旧業、任運著衣裳、要行即行、要坐即坐」など。「棄恩入無為」は、剃髪出家の時に唱える偈文「流転三界中、恩愛不能断、棄恩入無為、真実報恩者」。肉親の恩をすてて仏門に入る。
○且喜花時迎此人＝「且喜」は、よろこぶ。あざけりの気味で使われることもあるが、ここはその義ではない。
○却老丹砂＝道教でいう若返りの薬。「丹砂」は水銀と硫黄の化合物で、仙薬の資とした。「却老丹」とも。「却老」は「老を却ける」、若返ること。
○烏巾＝黒頭巾、「烏角巾」とも。出仕を辞め隠居した者の冠り物とされる。南朝宋、羊欣『採古来能書人名』に「呉時、張弘好学不仕、常著烏巾。時人号為張烏巾」。杜甫「奉陪鄭駙馬書曲」詩の一に「何時占叢竹、頭戴小烏巾」。

【一八六】（四〇オ）

寄對州方公後板　書尾

別後愧吾書未通、今朝且喜便東風。春來何出洛陽去、公背花邪花背公。

対州の方公後板に寄す、書尾

別かれて後、愧づらくは吾れ書未だ通ぜざることを、
今朝、且喜すらくは東風を便とす。
春来、何ぞ洛陽を出で去る、

公の花に背くか、花の公に背けるか。

〈訳〉

対馬の方公首座への書簡に末に
お別れしてからお便りをしなかったこと、申し訳ありません。
今日はちょうどよい幸便がありましたので、書を託します。
春が来るというのに、どうして都を去られたのですか。
あなたが花に背いたのか、それとも花があなたに背いたというものでしょうか。

○対州方公後板＝未詳。対馬の大徳寺派の寺のいずれか。「後板」は首座。［一九七］に「夏日寄対州方公、書尾」、また［二七〇］に長文の書簡「再答対州方公後板」がある。その内容から見て、江月とは特別に交義が深い関係にあったものと思われる。［二七〇］の書簡は冒頭に、「今茲（ことし）元午、重陽（ちょうよう）の後四日に裁せらるる所の回章、仲冬の頭（はじめ）に至って、平安城外蓑寺（きいじ）の客舎に達す」とあるから、いまと同じ元和四年のもの。
○東風＝東の京から西の対馬へとふく風、また春の風。「東風吹かば香おこせよ……」。
○背花＝花期に花を見、詩を吟ぜずに他所に行くこと。

【一八七】（四〇ウ）

縁公知藏、一日告歸海西之枌里。袖紙來而需一語矣。卒賦野偈、以壯行色云
忽告離愁赴故家、再遊有約思無邪。歸舟可重詩嚢底、吟取長安數片花。

縁公知蔵、一日、海西の枌里に帰ることを告ぐ。紙を袖にし来たって一語を需む。
卒に野偈を賦して以て行色を壮ると云う

忽ち離愁を告げて故家に赴く、再遊約有り、思い邪無し。
帰舟重かる可し詩嚢底、吟取せよ、長安、数片の花。

〈訳〉

縁公知蔵が故郷の九州に帰るにあたって一語を求む。一句もて行を送る。

ふいに別れを告げて故郷へお帰りになる。
必ずまた戻って来ます、と約束された、その心には一点の飾りもない。
都から海西へ帰る舟では、さぞ名吟が多く生まれることでしょうが、
約束のように、また都に戻って来て、春の花を吟じてください。

○縁公知蔵＝未詳。
○海西之枌里＝九州の故郷。「枌里」「枌邑」「枌郷」は郷里をいう。前出［五八］。
○壮行色＝「行色」は、行旅、たびだち。「壮行色」は、門出をかざる。壮は装に通ずる。
○思無邪＝心意正しく邪悪の念がないこと。心情をありのままに発露して、少しの飾りけもないこと。『論語』為政第二に「子曰く、詩三百、一言以て之を蔽えば、曰く、思い邪しま無し」。本来は『詩』の魯頌に「思無邪、思馬斯徂」。感性の純なること。
○詩嚢＝「吟嚢」とも。李商隠の『李長吉小伝』に「恒に小奚奴を従え、疲驢に騎る。一古破錦嚢を背い、遇たま

得る所有れば、即ち書して嚢中に投ず」。
○長安数片花＝黄山谷「王稚川既得官都下有所盼未帰」詩に「……臘雪在時聴馬嘶、長安城中花片飛」。

【一八八】（四〇ウ）

送對州傳公雅伯辭東福歸西海。書尾

公在城南未結眉、胡爲此別寄吾思。擔頭其似伯顏否、惠日梅花一兩枝。

対州の伝公雅伯が東福を辞して西海に帰るを送る。書尾
公は城南に在って未だ眉を結ばず、胡為ぞ此に別かるるや、吾が思いを寄す。
担頭、其れ伯顔に似るや否や、恵日の梅花、一両枝。

〈訳〉

対馬の伝公首座が東福寺を辞して郷里に帰るのを送る
あなたは城南におられたので、親しく友誼を結ぶことがありませんでした。
どうしてお帰りになるのですか、わたしの思いを詩にしてお贈りします。
伯顔将軍は南方から、梅花一両枝を挿さんで帰ったといいますが、
あなたも、恵日山東福寺の梅の枝を挿してお帰りになりますか。

○対州伝公雅伯＝東福寺不二庵の伝首座。後出、坤［四〇二］「達磨賛」に「不二庵伝首座請」と。『咨参緇素名簿』寛永二年正月二十四日条に「伝蔵主　今改田」。

○城南＝ふつうは伏見をいうが、いまは東福寺をいう。

○結眉＝親密に交わること。「結眉交肩」「結眉交膝」などとも。ここでは友誼を結ぶことだが、単なる交友ではない。次項［一八九］に見るように「男道」上での友誼。つまり、江月と伝公とはすでに昵懇のあいだではあったが、この方面では「未だ眉を結」んではいないということ。後出［二七〇—三］を参照。

○担頭其似伯顔否、恵日梅花一両枝＝元の武将伯顔（白顔、ポヤン）の「梅関を度る」詩に「馬首径従庾嶺帰、王師到処悉平夷。担頭不帯江南物、只挿梅華一両枝（馬首径ちに庾嶺より帰る、王の師、到る処、悉く平夷。担頭には江南の物を帯びず、只だ梅華一両枝を挿さむ）」とあるをふまえる。

この詩、また『錦繡段』に収める。『錦繡段由的抄』にいう、「伯顔丞相ハ元朝ニテ功ヲ致シタル者也。元ハ北方ヨリ起テ、天下ヲ取ホドニ、次第ニ南方ヲ征シタゾ。一二句ハ、南方ヲ平ゲテ、馬ニノリテ、庾嶺ヨリマツスグニ梅関ヲ度テ帰ゾ。王ノ師サヲタスケテ、到ル処ハ皆平ゲタリ。夷モタイラカ也。夷ヲヱビスト見ハ不可也。……三四ノ句、担頭ハ物ヲニナフ心也。江南ヲ打破レドモ、威勢ニマカセテ些カモ利欲ヲバセヌゾ、只梅花一両枝ヲ担ワセテ帰マデ也。風流廉直ナル心ヲノヅカラ見エタリ」。

「王師」は、王の軍隊。『説文』「二千五百人為師」。すすんで軍旅の意。イクサは『日本書紀』に「軍兵（イクサ）」。「恵日」は東福寺の山号。

【一八九】（四〇ウ）

同人出舟日、從大坂寄詩。和來韻投對州

――對陽湖水似潯陽、歸後未通書一行。有約來舟夕何夕、話花話月睡同床。――

同人、舟を出だす日、大坂より詩を寄す。来韻を和して対州に投ず

対陽の湖水、潯陽に似たり、帰後、未だ書の一行も通ぜず。約有り、来舟、夕、何たる夕ぞ、花を話り月を話り、同床に睡らん。

〈訳〉


伝公首座、舟出する日に大坂から詩を寄せる。和韻して対馬に送る。

対馬の水辺は（さながら白居易が都ぶりの琵琶を聞いて断腸した）潯陽のようでしょう。

あなたがお帰りになって、まだ一通のお手紙もいただいておりません。

約束したように、またあなたが京にお帰りになって、
ふたたびお逢いできたなら、何とすばらしい夕べになることでしょう。

ともに床をならべ、花をかたり月をかたることができるのですから。

○同人出舟日、従大坂寄詩。和来韻投対州＝大坂から出帆する前に投じた手紙への返事。

○対陽湖水似潯陽＝「対陽」は対馬。陽は地名につく。洛陽など。「潯陽」は、江西省九江県の地名、またそこを流れる大江の名。いまは後者。白居易が「琵琶行」を作ったところ。「琵琶行」は、九江に左遷されていた白居易が、友人を潯陽江まで送ったとき、舟から都ぶりの琵琶の音が聞こえた。その音の美なるに感心して、琵琶をひく女性の身の上話を聞き、それに同情して作ったもの。

○夕何夕＝『詩経』唐風、綢繆に「今夕何夕、見此良人」とあるをふまえた修辞。「何とよい夕だ！」という賛嘆の語気。それに続く「見此良人（此の良人に見ゆ）」に意があり、良人にあうことができるから「何とよい夕だ」ということになる。前出［一七八］和春公試筆に「平生恨是在芳隣、況隔君家情不新。花外停車夕何夕、要聴轆轆与輪輪」。五山文学では、男友同士の佳期（デート）、逢瀬をいう語。

○話花話月睡同床＝「話花話月」は風雅の交わり。「睡同床」は「夜雨対床」をふまえた修辞。夜雨の音を聴きながら、寝台を並べて寝る。兄弟あるいは親友の親しさをいう。室町禅林では「友道」を表わすキーワードでもある。前出［八六］「日日連床説二十年前之旧事」項の注を参照。

【一九〇】（四一オ）［四の三二］

一偈以奉送大光主盟湖隠座元西歸去

偶遇關西舊故人、清談未了俶裝頻。感時涙與驚心鳥、匪啻斯翁又別春。

一偈以って大光主盟湖隠座元が西帰し去るを送り奉る

偶たま関西の旧故人に遇い、清談、未だ了らざるに俶装頻りなり。

時に感ずる涙と、心を驚かす鳥、啻に斯の翁のみに匪ず、又た春にも別かる。

〈訳〉

平戸の湖隠座元が西帰されるのを送る

久しぶりに九州の友人と再会した。
もっと話したいのに、もうお帰りになるという。
春が終わったばかりか、翁もまた行ってしまうのかと思えば、
花を見ても涙があふれ、鳥の声にも心が動きます。

○大光主盟湖隠座元＝孤篷庵本［二の五七］「湖隠号」に「宗五禅人、平戸嶋人」とあり、詩に「水碧沙明一釣台、栖遅寂寞自無埃。好消世慮退身日、若不宿芦須宿梅」。「大光」は大光院。豊臣秀長（秀吉同母弟。法号大光院殿春嶽宗栄大居士）が、天正年中に大和郡山に建立した。慶長始め（『大徳寺世譜』）あるいは元和年中（『大徳寺誌』）に、藤堂高虎が本山に移した。
○感時涙与驚心鳥、匪啻斯翁又別春＝杜甫「春望」に「国破山河在、城春草木深。感時花濺涙、恨別鳥驚心（時に感じては花にも涙を濺ぎ、別れを恨んでは鳥にも心を驚かす）」をふまえる。

【一九一】（四一オ）

澤菴和尚従和州見寄尊偈。其和
翁是宗門同一家、今春何事隔天涯。吟笻處處吾堪羨、初瀬花兼吉野花。

沢庵和尚、和州より尊偈（そんげ）を寄せらる。其の和
翁は是れ宗門の同一家（どういっか）、今春、何事ぞ天涯（てんがい）を隔つ。

吟笻、処処、吾れ羨むに堪えたり、初瀬の花と吉野の花と。

〈訳〉

奈良の沢庵和尚から尊偈あり、それに和す

あなたとは一心同体のような間柄なのに、
この春はどうしてまた、京都からはるか遠い所に行かれたのですか。
初瀬や吉野という桜の名所を歩かれて、
さぞかし名吟が生まれたことでしょう。まことに羨ましいかぎりです。

○沢庵和尚従和州見寄尊偈＝『東海和尚紀年録』元和三年条に「……冬十月、棲止の地を尋ねて南京に到る。処々の勝区を一覧し、二十日を歴て帰洛」。元和四年条に「……春二月、南京に到り漢国の芳林庵に寓す。八月帰洛。九月、泊瀬寺に到る。閑坊を借りて僑居。十二月、泊瀬を去って山城の妙勝寺に遅留す」。「漢国（いま奈良市漢国町）の芳林庵」は和州南都舟橋の芳林寺。「泊瀬寺」は初瀬寺また長谷寺。「妙勝寺」は薪の酬恩庵。

○初瀬花兼吉野花＝初瀬は桜井の地名、泊瀬、長谷とも。吉野とともに桜の名所。

【一九二】（四一オ）

謝正玄來訪與一杓云

林下柴門迎客開、麁茶淡飯興相催。投吾杓柄不無意、戽盡曹溪流水來。

正玄が来訪して一杓を与えらるるを謝すと云う

林下の柴門、客を迎えて開く、麁茶淡飯、興相い催す。

吾に投ぜらるる杓柄、意無くんばあらず、曹渓の流れの水を㪺み尽くし来たれと。

〈訳〉

正玄から柄杓をいただいたお礼

弊屋に客人をお迎えして、

麁茶淡飯の茶事を催す。

この茶杓をくださったのには、きっと深意があるのでしょう、

六祖以来の禅河の水を汲み尽くせ、ということですかな。

○謝正玄来訪＝『墨蹟之写』元和四年八月三日条に「正玄、井ヤ（井戸屋）道有」。

【一九三】（四一オ）［四の三二］

元和戊午四月初六日者、廼涼澤養清居士七周回忌之辰也。令子宗味老、就于龍光禪院、預於閏三月十三日、見設齋會。予亦賦伽陀一章、以代香嚴本寂、書祝遠大云　靈鑑

―孝心可感設齋筵、今雨吹來已七年。葉葉枝枝子孫夥、牡丹記閏富輝前。―

元和戊午四月初六日は、廼ち涼沢養清居士が七周回忌の辰なり。令子宗味老、龍光禅院に就いて、預め閏三月十三日に於て斎会を設けらる。予も亦た伽陀一章を賦して以て香厳本寂に代え、書して遠大を祝すと云う　霊鑑

孝心感ず可し、斎筵を設く、今、雨吹き来たる、已に七年。
葉葉枝枝、子孫夥し、牡丹、閏を記す、富輝の前。

〈訳〉
元和四年四月六日、涼沢養清居士七回忌。これに先だって閏三月十三日、大文字屋宗味老人が龍光院で斎会を設ける。一偈を霊前に供える。
鄭重なる斎筵を設けられた、その孝心、まことに感ずべし、
今雨に吹かれつつ、過ぎ去った七年を思う。
大文字屋にはよい子孫が多くおられる、
ちょうどいま、閏十三月の年に咲く牡丹のように、
その富貴なお家柄が輝いているようだ。

○元和戊午四月初六日＝元和四年（一六一八）、師四十五歳。
○涼沢養清居士＝嘆誉涼沢養清居士。栄清と記録されることもある。比喜多（匹田、疋田）五兵衛。慶長十七年壬子（一六一二）四月六日没（『龍光院月中簿』）。
比喜多大文字屋の世代は、
宗観―栄甫（養甫）―養清（栄清）―宗味。
養清は三代目で、宗味の父。猪飼大文字屋とは別の大文字屋で、黒田家の御用達。宗観の代より初花肩衝、虚堂墨蹟（宗味の代に「破れ虚堂」となったもの）などを所持していた。
東北大学附属図書館に『大文字屋比喜多氏先祖記』あり、谷晃氏の翻刻と解説「『先祖記』と大文字屋―京都の豪商大文字屋の盛衰」（野村美術館『研究紀要』第九号、二〇〇〇年）がある。
○令子宗味老＝比喜多大文字屋四代。宗味の名は『龍光院月中簿』には見えない。母の名（松屋貞吟信女）は『龍光院月中簿』にある。
谷晃氏作成の比喜多氏系図によれば、「雪巌宗味居士。下立売新町北側に家を持ち、宗清へ譲る。下立売西洞院上ル西側に家を持ち、宗貞へ譲る。寛永十六年十一月六日没、享年六十余歳」。この宗味の代に、元使用人の八兵衛が蔵に乱入して虚堂墨蹟を破る事件があった（今より十九年後の寛永十四年［一六三七］閏三月八日のこと。『隔蓂記』では閏三月十日とする）。

大文字屋宗味と同じ時代に大文字屋宗怡がいる。これは猪飼大文字屋の看雲宗怡居士のことで、龍光院の開基。大文字屋宗味より十歳ばかり年長になる。

大文字屋宗怡は猪飼長綱、俗名宇右衛門。龍光院蔵『猪飼家系図』に次のようにいう。

「天正十四年七月十六日、山城国平安ニ出、洛中下長者町釜座東南角地屋敷ニ住ス。送火望見シテ家号ト作シ、大文字屋トヨブ。長女、黒田長政朝臣、満橘局ニ勤仕ノ故ヲ以テ、黒田家諸用ヲ達シ、剃髪ス、宗怡ト改号ス、亦看雲ト号ス。法名、順好院殿宗怡居士。寛永五戊辰年二月十一日、六十七歳。室、横川宗隆女。法名、梅香院岸屋意松大姉。慶安四辛卯年四月九日。……是迄、浄土宗洛陽誓願寺中随心庵之処、故有テ禅宗ニ改メ、龍宝山大徳寺中龍光院ノ処。其后、看松庵建立ス」。

また『先祖記』では宗怡について次のように記している（一〇四頁）。

「此宗意（宗怡のこと：芳澤注）は養清家来にて、養清毒（ママ）（妻）貞吟若キ時、乗物につき供を致たるが、後にハ大分分限に成り、貞吟方へ見廻候ても、貞吟の詞に長者殿被来たると、たハふれに申さるゝ。扨、宗意ハ方々大名衆へ出入を致し、殊之外身を持上ゲ、宗味ハ若き故、後には宗味より上座に居る。……」。

また『先祖記』（一一四頁）に「だいそ先祖の名を宗意と云。是養清家来なり。宗意妻を後に意松と云。宗意子法体の名を又宗意と云。其妻ハ宗松と云。……意松と宗松と存生之時、意松ハ先ツ二千貫目の分限なり」。

つまり、宗怡（意）は「養清家来」であるという。谷晃氏も、大文字屋宗怡は養清から暖簾分けをしてもらって、猪飼大文字屋を起こしたらしいというが、『猪飼家系図』にそのような記事が見えないのは不審である。

宗怡は関ケ原の軍資金（銀五百貫目。うち黒田が半分使い、のこり二百五十貫）を手に入れ資産を築いたという話が『先祖記』（一一二頁）にある。

○香厳本寂＝香を擬人化して呼んだもの。「香厳童子」とも。
黄山谷詩「帳中香を聞いて以て蝎を熬ると為す者有り、戯れに前韻を用うる二首」に「海上有人逐臭、天生鼻孔司南。但印香厳本寂、不必叢林桜偏参」。両足院蔵『山谷抄』に「香厳童子ハ香ヲ聞テ、此香ハ木デモナク、烟デモナク、火デモナク、本来寂然トシタ者ゾト悟タゾ。仏ノ印可シテ香厳童子ト名ヲツケラレタゾ。香厳ハ香ヲ以テ荘厳シタト云心ゾ。此様ニ此香ノ気ハ、本来寂然トシタト云処ヲ悟ラバ、此香ハ臭ト云者デモ香イト云者デモ有マイゾ。此理ヲ悟リタラバ、諸方偏参シテ知識ヲ尋マデモ有マイゾ」。

『楞厳経』巻五に「香厳童子、即ち座より起って仏足を頂礼して仏に白して言わく、我れ……諸もろの比丘の沈水香を焼くを見るに、香気寂然として来たって鼻中に入る。我れ此の気を観るに、木に非ず空に非ず烟に非ず火に非ず、去るも著する所無く、来たるも従う所無し。是に由って、意銷し無漏如来印を発明す。我れ香厳の号を得て、塵気倏滅し妙香密に円かなり。我れ香厳に従って阿羅漢を得たり」。

○牡丹記閠富輝前＝この年、閏三月があったので、閏十三月に因んで「牡丹（十三紅）」のことをいう。「牡丹記閠」

は前出［四六］の注を参照。また［四九］に「十月牡丹新吐蕊、維時記閏富輝前」。十三は余閏、閏月、すなわち十三月をいうが、この十三に、牡丹の名に多く付けられる紅の字（「牡丹賦」など）をつけ、牡丹のことをいう。動植物の生成は月数に応じ、平年に十二生じるものが、閏月のある年には十三生じるとの俗説は古くからあった。

「富輝」は富貴。富貴は、牡丹の花言葉。

【一九四】（四一ウ）［四の三二］

宗屋禪人忌日、寄禪人之筆蹟來、有求一語人。不獲固辭、賦短偈吊之云

瓢中藏世界、帚上絶埃塵。書有對人意、忽彰面目眞。

六月十一日、禪人書有瓢帚之事　右壁助左衛門請

宗屋禅人の忌日、禅人の筆蹟を寄せ来たって、一語を求むる人有り。固辞することを獲ず、短偈を賦して之を吊すと云う

瓢中に世界を蔵す、帚上、埃塵を絶す。

書、人に対うるの意有り、忽ち面目真を彰わす。

六月十一日、禅人が書に瓢帚の事有り　右、壁助左衛門の請

〈訳〉
古田織部の忌日、織部の筆蹟を持って来て一語を求める人に。
一瓢に全世界をおさめ、この箒で埃塵を絶する。
この書は、見る人に呼びかけているようだ、織部の真面目がありあり。
六月十一日、切腹のときに瓢帚の書を残した。右は壁助左衛門の請

○宗屋禅人＝古田織部助重能（一五四四〜一六一五）、金甫宗屋。『一黙稿』に道号頌あり。
○六月十一日＝元和四年（一六一八）六月十一日、切腹。古田織部、慶長十三年、大坂城で秀頼に献茶、慶長十五年、江戸に赴いて、秀忠に台子を伝授して名声をあげる。大坂冬の陣では家康の覚えめでたからず、元和元年（一六一五）の大坂夏の陣直後、豊臣方に内通し謀叛を企てたという嫌疑を受け、六月十一日、伏見の自邸で切腹。興聖寺と大徳寺三玄院に墓がある。門人に上田宗箇、山本道句、清水道閑、佐久間将監など。
○瓢帚之事＝未詳。「瓢椀箕箒」の語あり、食事と掃除にもちいる道具。これにかかわるか。
○壁助左衛門＝未詳。

【一九五】（四一ウ）［四の三二］
山野出洛北到江東、又發江東歸洛北。山山村村、數日之偶作、集爲一帙矣。
宗立藏主遂一覽、賦一詩。感厥志而卒依厥韻云
韻末將賡一語端、語端莫咲和皆難。東行處處好風景、吾箇詩中你借看。

山野、洛北を出でて江東に到り、又た江東を発して洛北に帰る。山山村村、数日の偶作、集めて一帙と為す。宗立蔵主遂に一覧して、一詩を賦す。厥の志に感じて卒に厥の韻に依ると云う

韻末、将に一語端を賡がんとす、語端、和すること皆な難しと咲う莫かれ。
東行、処処の好風景、吾が箇の詩中に、你、借り看よ。

〈訳〉

関東に行った往復の路次の偶作を集めて一帙にした。宗立蔵主がこれを一覧して一詩を作って来た。その志に感じて和韻する。

あなたの詩に和韻しようと思いましたが、
（この一首はまるで賈至の詩のようにすばらしいので）
うまく和することができません。どうかお笑いなさいますな。
江戸への道筋はいずこもみな好風景ばかり。
つたないわたしの詩集ですが、その好風景を想い像ってください。

○出洛北到江東、又発江東帰洛北＝『欠伸年譜草稿』元和四年条に「是の年、武関江都の行有り。大樹君及び亜相公に謁見す。各おの衣数襲を賜う」。

○宗立蔵主＝大徳寺一八一世、江雪宗立。父は伊丹氏、もと摂津国伊丹郷の城主、友岳道旧居士。『紫巌譜略』に

「泉南の人。自ら不如子と号す。又た枯体子と云い、又た破鞋子と云う。江月に嗣ぐ。初め泉州の旭蓮社に入る。……龍光院の第一頭たり。黒田氏、筑前に古心寺を創し、師を請じ開山、始祖たらしむ。……京兆の大原に即心、東向の二庵を創し、武の東海裏に松泉庵を創す。寛文六丙午六月十九日寂。寿七十二歳」。宗立の兄は修伯宗因禅人、また、弟には閑雲宗半禅定門（寛永十四年十二月十六日卒）、利剣宗貞蔵主（寛永十七年十一月十八日卒。沢庵和尚に侍す。傑出の人なるも不幸にして短命なり）がいた（『看松庵月中須知簿』）。

○和皆難＝岑参の「和賈至早朝大明宮」詩（『三体詩』所収）の七八句「独有鳳凰池上客、陽春一曲和皆難」をふまえる。『三体詩由的抄』に「鳳凰池上客ハ、賈至舎人ヲ指テ云フ。陽春一曲ハ、本ト歌曲ノ名ナリ。ココニテハ、賈至ガ詩ヲ比シテ云フ。……言ハ、大明宮へ朝スル諸官多シトイヘドモ、詩ヲ作リタル人ハナキニ、唯ダ独リ鳳凰池上ノ客、賈至ノミ詩ヲ作ラレタルガ、其ノ詩、唱高フシテ、陽春白雪ノ如クナレバ、之ヲ和スル者アリ難シトナリ」。

虎関の『済北集』巻十一、詩話に「唐初盛唐の詩人、贈答有るは只だ意を和する而已、韻を和さず。意を和する者は賈至が早に大明宮に朝する詩に、杜甫・王維・岑参皆な和有り。至が落句に云く〈共に恩波に沐す鳳池の裏、朝朝、翰を染めて君王に侍す〉。甫が落句に云く〈世、糸綸の美を掌ることを知らんと欲せば、池上、今に鳳毛有り〉。維が落句に云く〈朝罷って須らく五色の詔を裁すべし。佩声帰り到る鳳池の頭〉。岑が落句に云く〈独り鳳凰池上の客のみ有って、陽春の一曲、和皆な難し〉。蓋し至が父の曾、開元の間、制誥を掌る。粛宗拝して起居舎人に至る。起居舎人、制誥を掌る。故に至が句に〈翰を染めて君王に侍す〉の語有り。甫の〈世、糸綸の美を掌る〉とは、曾て至の父子、玄・粛の両朝に盛典の謂なり。維の〈五色の詔〉も又た同じ。四詩、皆な鳳池の有るは、舎人の局の前に鳳凰池有ればなり。落句は意を寓する所、四人の句じきは意を和するの謂なり。韻を和する者は、詩話に曰く、元白に始まると。……」。

○吾箇詩中你借看＝「借看」、『虚堂録』「送涇禅者」偈に「白鳥明辺秋思遠、逢人未話歯先寒。他年祖室争頭角、雲外帰来略借看」。これは「略ぼ借せよ看ん」と訓み、「頭角の見解を呈して我に看せしめよ」（無著道忠『虚堂録犂耕』）。これとは別の義。

【一九六】（四二オ）［四の三二］

元和第四戊午歳仲夏念九日者、廼阿兄聖伯宗凡居士七年忌之辰也。還枌里共親眷共雖弔之、予也當住山輪次之任、而結安居之禁網者堪愧、無縄自縛漢也。是故、就于龍光禪院、飯一堂僧之次、賦拙偈、以代小蘋蘩云

洛北江南隔故郷、歸歟絶信坐燒香。七年曾識落梅雨、五月吹來一滴涼。

元和第四戊午歳仲夏念九日は、廼ち阿兄聖伯宗凡居士が七年忌の辰なり。枌里に還り親眷と共に之を弔すべきと雖も、予や住山輪次の任に当たり、安居の禁網を結ぶ者、愧づるに堪えたり、無縄自縛の漢なり。是の故に、龍光禅院に就いて、一堂の僧に飯するの次いで、拙偈を賦し、以て小蘋蘩に代うと云う

洛北江南、故郷を隔つ、帰らんか、絶信、坐ろに香を焼く。

七年曾て識る、落梅の雨、五月吹き来たって、一滴の涼。

〈訳〉

元和四年五月二十九日、俗兄聖伯宗凡居士七年忌。堺での法要に帰るべきだが、たま

たま本山住持の任にあり、しかも安居中なので他出はできない。まさに縄無きに自ら縛るというものか。龍光院で斎会を開き、一偈を供える。

遠く離れた堺と洛北、

帰りたい。が、そうもできぬ。意に反してこの龍光院で、そぞろに香を焚く。

梅の実七ツが落ちるように、いつしか七年が過ぎた。

吹き来る梅雨の風と雨が、冷ややかだ。

○元午仲夏念九日＝元和四年（一六一八）五月二十九日。師四十五歳。

○枌里＝郷里。前出［五八］ほか。

○結安居之禁網者＝安居中なので他出できない。一夏九十日間の安居を「九旬禁網」という。

○堪愧＝愧は己にはじる。われながら情けない。申し訳ない。

○無縄自縛漢也＝孤篷庵本では「而況又結安居之禁網去」。この禁制を布いた責任者ゆえ、「無縄自縛」と自嘲ぎみ。

○蘋蘩＝神仏へのお供え。前出［四—三］。

○帰歟絶信坐焼香＝「絶信」は、音信が途絶える。『臨済録』「并汾絶信、独処一方」。「坐」は、そぞろに。『日本国語大辞典』「［一］確たる心構えもないままにある行為をしたり、ある状態になったりするさま。①あてもないさま。漫然。②気持が落ち着かないさま。③考えが足りないさま。④むなしく、そらぞらしいさま。［二］原因や理由もはっきりわからないままに心や動作が進むさま。［三］あるべきさまや程度、あるいは本意に反しているさま」。ここは［三］の義。本来は堺に帰るべきなのに、それもならぬ、致し方なくこの龍光院で焼香する、という気分が「坐」の一字に凝縮される。

○七年曾識落梅雨＝『詩経』召南に「摽有梅、其実七兮（摽つるもの梅有り、其の実七つ）」。この句、柴山全慶『禅林句集』（一九一頁）にも収める。「標」は「摽」に通ず、「落ちる」義。後出［二三二］「七梅花」の項を参照。

「落梅」はまた亡兄のことをいう。［八］「聖伯宗凡居士秉炬」に「……惟時落梅折残山攀之枝、泣露臥叢中」。

【一九七】（四二オ）

夏日寄對州方公　書尾

關西萬里隔江天、偶便東風書欲傳。受暑人間有幾苦、羨公水嬉白鷗前。

夏日、対州の方公に寄す。書尾

関西、万里、江天を隔つ、偶たま東風を便として、書、伝えんと欲す。

暑を受くる人間、幾苦か有る、羨むらくは、公が白鷗の前に水嬉せるを。

〈訳〉

夏の日、対馬の方公首座に送る書の末尾に

万里離れた対馬のあなたへ、
たまたま便風があったので、書信をお送りします。
世間はみな炎熱に苦しんでおりますが、
羨ましいのはあなたの境涯です。
きっと（暑を受けぬ）鴎を伴にして水辺で戯れておられることでしょうから。

○夏日＝元和四年（一六一八）。
○方公＝前出［一八六］に「寄対州方公後板」。
○関西＝九州、いまは対馬を指す。
○東風＝東の京都から西の九州へとふく風。いま、九州への幸便をいう。
○受暑人間有幾苦、羨公水嬉白鴎前＝「受暑」、杜甫「陪李北海宴歴下亭」詩に「修竹不受暑」とあり、この語、禅語に用いられる。また鴎が暑さを受けぬ存在であること、『翰林五鳳集』に「鴎不受暑」の題あり、そのうちの策彦の詩に「人苦世間炎熱天、清風只在白鴎前」。
「人間有幾苦」は、「人皆苦炎熱、我愛夏日長。薫風自南来、殿閣生微涼」をふまえる。『旧唐書』列伝一一五、柳公権伝に「文宗、夏日、学士と聯句す。帝曰く、人は皆な炎熱に苦しむ、我は愛す、夏日の長きを。公権続いで曰く、薫風、南より来たり、殿閣、微涼を生ず」。前出［一一四］。
「水嬉」は舟遊び、水戯。『翰林五鳳集』に「春湖水嬉」「水嬉図」「杜牧湖面水嬉図」の詩題あり。
「白鴎」は自然無心の象徴。前出［二］「問取江南一白鴎」の注を参照。

【一九八】（四二ウ）

寄江城廣徳丈室　書尾

音無到日漸迎秋、想是吟遊明月楼。我受人間殘暑苦、江城堪羨伴閑鷗。

江城（こうじょう）の広徳丈室（こうとくじょうしつ）に寄す　書尾（しょび）

音の到ること無き日、漸く秋を迎う、想うに是れ、明月楼に吟遊するならん。
我れは人間、残暑の苦を受く、江城、羨むに堪えたり、閑鴎を伴うことを。

〈訳〉

江戸広徳寺和尚への書の末尾に
お便りのないうち、いつしか立秋となりましたが、
あなたはきっと明月楼で吟遊しておられるのでは、と想い像っております。
こちら京都は、ひどい残暑に悩まされております。
水辺の多い江戸で白鴎を伴にしておられるあなたが羨ましいかぎりです。

○寄江城広徳丈室＝元和四年七月か。「残暑」とあるゆえ。［一九七］から［一九九］まで、みな「暑さ」をいう。この年は殊のほか暑かったらしい。
○広徳丈室＝江戸にあった大徳寺派の広徳寺。広徳寺三世の州甫宗鎮（寛永十二年没）か。
○明月楼＝広徳寺の一境か。
○我受人間残暑苦、江城堪羨伴閑鴎＝「人間残暑」「閑鴎」、前項［一九七］の「受暑人間有幾苦、羨公水嬉白鴎前」を参照。

―【一九九】（四二ウ）―

寄澤菴和尚。書尾　今在南都

洛陽殘暑苦塵緣、我箇生涯易地然。春日野邊過度日、秋來吟月幾詩篇。

沢庵和尚に寄す　書尾　今、南都に在り。

洛陽の残暑、苦塵縁、我が箇の生涯、地を易うるも然り。
春日野の辺、過り度る日、秋来たって月に吟ず、幾詩篇。

〈訳〉

奈良にいる沢庵和尚への書の末尾に
京都の残暑は酷いものです。
どうせ、わたしなどは何処にいても同じことなのですが、
それにしても、あなたの境遇が羨ましく思えます。
あなたは春日野のあたりを歩いて来られましたが、
もはや秋、月に吟じて佳篇がどれほどできたことでしょうか。

○今在南都＝元和四年（おそらく七月）。二月から八月に帰洛するまで、大和漢国の芳林庵にいた（『東海和尚紀年録』元和四年条、前出［一九一］注を参照）。

○我箇生涯易地然＝「易地然」は、居る所や地位を変えても同じこと。前出［五八］後出［二八四］。ここでは、自

由に雲水生活をしている沢庵にくらべて、自分は不自由な身の上という自嘲めいたニュアンスで「易地然」といったもの。

【二〇〇】（四二ウ）

即日卒興之愚意、謹奉寄南方古佛。伏乞慈斤

重陽菊發短籬間、恨是不迎風致轘（轅）。竊比於吾陶達磨、望師今日見南山。

重陽日従澤菴和尚書來、返書尾書之。

即日、卒興の愚意、謹んで南方古仏に寄せ奉る。伏して乞う慈斤

重陽、菊発く短籬の間、恨むらくは是れ風致の轅を迎えざることを。

窃かに吾を陶達磨に比さんか、師を望んで、今日、南山を見る。

重陽の日、沢庵和尚より書来たる、返書の尾に之を書す。

〈訳〉

即日卒興の作。九月九日にいただいた沢庵和尚の書への返書の末尾に。

重陽の節句、籬のあたりに菊花が開いた、

この好時節にあなたをお迎えできないのが心残りです。

今のわたしはあの陶淵明のようです。
（菊花開く籬辺で）はるかにあなたを望んで、奈良のかた南山を見ているのですから。

○即日卒興之愚意＝元和四年（一六一八）九月。沢庵は大和泊瀬寺に寓していた（『東海和尚紀年録』元和四年条）。
○南方古仏＝江月は孤篷庵本［四―二四九］でも、沢庵のことを古仏と呼んでいる。
○恨是不迎風致轘＝「轘」は「車ざきの刑罰」の意。ここでは不適合。「轅」の誤記。「轅」はながえ、くるま。「風致」は風光、沢庵の徳風をいう。
○窃比＝「わが身をひそかに～になぞらえる」という意で、謙遜しながらも、著名な人物に我が身をなぞらえて自ら楽しむという語気。『論語』述而に「窃比我於老彭」。前出［一二〇］［一三七］［一四〇］。
○陶達磨＝陶淵明のこと。また「第一達磨」ともいう。『韻語陽秋』十二に「淵明第一達磨の評有り、皆な詩家の評論なり、固（まこと）に取るに足らず。且らく何をか達磨と曰うや。豈に夢にも見んや」。室町禅林ではしばしばもちいらる称。これに対して、黄山谷を「黄達磨」という。
○見南山＝陶淵明、飲酒二十首の第五に「結廬在人境、而無車馬喧、問君何能爾、心遠地自偏、採菊東籬下、悠然見南山、山気日夕佳、飛鳥相与還、此閑有真意、欲辯已忘言（廬を結んで人境に在り、而も車馬の喧無し、君に問う、何ぞ能く爾る、心遠なれば地自ずから偏（カタヘ）なり、菊を採る東籬の下、悠然として南山を見る、山気日夕佳なり、飛鳥相い与に還る、此の中、真意有り、辯ぜんと欲して已に言を忘る）」。

【二〇一】（四二ウ）
山國氏信士出武陵到洛陽。一日不意敲吾柴扉。日未幾又赴武陵。卒賦野偈壯厥行色云

一寂寞山林迎此人、相逢欲話俶装頻。士峯雪作梅花去、好是東行及小春。一

山国氏信士、武陵を出でて洛陽に到る。一日、不意に吾が柴扉を敲く。日未だ幾くならず、又た武陵に赴く。卒に野偈を賦し、厥の行色を壮ると云う
寂寞たる山林に此の人を迎う、相い逢うて話らんと欲するに、俶装頻なり。
士峰の雪、梅花と作り去らん、好し是れ東行、小春に及ぶ。

〈訳〉
山国勘兵衛が江戸から来てまた江戸に帰る。一句もて送る
わびしい庵にお出でいただいた。
せめて、ゆっくりと語り合いたいと思ったのに、もう行かれるという。
いま十月、富士の高嶺には、雪が梅花のように美しく積もり、
あなたの江戸行きを待っているでしょう。お元気で。

○山国氏信士出武陵到洛陽＝『咨参緇素名簿』元和四年九月二十四日条に「山国勘兵衛　黒田筑州内衆」とあるのは、このときの参禅であろう。詩に「小春」とあるから、十月になって江戸に発った。
○壮厥行色云＝その贐に。
○寂寞山林迎此人＝「山林」は龍光院のこと。後出［二一〇］［二五三］にも。

○清談未了假裝頻＝「假裝」は身支度すること。前出［一一三六］。

【一二〇二】（四三オ）［四の三二］

今茲仲秋念七日、不溪宗可禪人、於筑之前州勦絶世塵。其令子養巴翁、觀光之次、小春初二日、就于當院、飯一堂僧、而充蘋蘩矣。慈父轉機輪於關西、孝子施淨財於洛北者也。卒賦一偈、以供靈前

欽設齋筵忌日辰、孝心已顯報恩頻。梅香千里同風趣、八月春兼十月春。

今茲仲秋念七日、不溪宗可禅人、筑之前州に於て世塵を勦絶す。其の令子養巴翁、観光の次いで、小春初二日、当院に就いて、一堂の僧に飯して蘋蘩に充つ。慈父、機輪を関西に転じ、孝子、浄財を洛北に施す者なり。卒に一偈を賦して以て霊前に供う

欽んで斎筵を設く、忌日の辰、孝心已に顕わる、報恩頻なり。
梅香、千里同風の趣き、八月の春、十月の春を兼ぬ。

〈訳〉

元和四年八月七日、不渓宗可禅人が筑前で亡くなった。その令子養巴翁が、観光しながら京都に来て、十月二日、龍光院で法要を行なった。父は九州で活躍し、子は洛北に浄財を施したのである。一偈を霊前に供える。

おごそかに法要を営み、孝心をもってりっぱに報恩をなされた。

（京と博多は離れてはいますが、天神の飛梅は一夜にして千里も飛ぶのです。そしてまた）

君子の徳風は千里離れていようと同じだといいます。

だから、八月の葬儀と、いま十月の法要は一にして別ではないのです。

○今茲仲秋念七日＝元和四年（一六一八）八月七日の逝去。そしていま十月二日。

○不渓宗可禅人＝黒田に仕える医師養巴の父。左注。

○於筑之前州勦絶世塵＝筑前で逝去した。

○其令子養巴翁＝『咨参緇素名簿』元和八年九月十四日条に「養巴、医師也。生縁備前衆、今黒筑州内在之」。

○小春初二日＝十月二日。

○梅香千里同風趣＝博多にちなみ、天神飛梅の事をふまえる。「千里同風」は、いずこも同じ風は吹く、また風俗の同じなることをいうが、さらに「君子千里同風」をもふまえる。あるいは「梅香千里、風趣を同じうす」と訓じても可。

【二〇三】（四三オ）［四の三二］

偈以、謝孤篷菴主見寄大香合云

菴主従來仰祖風、賜吾香合意無窮。他時一瓣挿爐去、薫徹三千刹界中。

偈以て、孤篷菴主が大香合を寄せらるるを謝すと云う
庵主、従来、祖風を仰ぐ、吾に香合を賜う、意窮まり無し。
他時、一瓣を炉に挿み去らば、三千刹界中を薫徹せん。

〈訳〉

小堀遠州から大香合をいただいたお礼に
わが禅宗に深く帰依された方から、
すばらしい香合をいただいて、感無量。
いつの日かこの香合をもちいて香を焚くならば、
その香煙は三千世界を薫ずることでしょう。

○孤篷庵主＝いま元和四年、小堀遠州四十歳。

【二〇四】（四三ウ）

今茲元午夷則廿九日者、廼一甫道億禪人小祥忌之辰也。其令子梅花山馨。于

故郷于洛寺設齋會。予亦和宗才藏主追悼之韻、以因（齋）慶讃兼祝遠大云 齋筵處處獻禪詩、洛北江南在兩涯。猶深一家兄弟思、萬年保得鶺鴒枝。

今茲元午夷則廿九日は迺ち一甫道億禅人が小祥忌の辰なり。其の令子、梅花山礬たり。故郷に洛寺に斎会を設く。予も亦た宗才蔵主が追悼の韻を和して、以て（斎）に因んで慶讃し、兼ねて遠大を祝すと云う

斎筵、処処、禅詩を献ぐ、洛北江南、両涯に在り。
猶お一家兄弟の思いを深くす、万年、鶺鴒の枝を保ち得ん。

〈訳〉

元和四年七月二十九日、一甫道億禅人一周忌。その令子宗才蔵主とわたくしは兄弟を契った間柄である。郷里と京都とで斎会が設けられた。宗才蔵主の追悼の韻に和して供える。

洛北と江南の、かけ離れた二つの場所での法要が行なわれ、
それぞれ詩偈をお供えしてきた。
法要にあたって、あらためて一家兄弟の思いを強くする。
仲のよいつがいの鶺鴒のように、いつまでも義を交わせますように。

○今茲元午夷則廿九日＝元和四年（一六一八）七月二十九日。
○一甫道億禅人＝未詳。
○小祥忌＝一周忌。
○其令子梅花山馨＝句読、ここで切るべし。江月（四十六歳）とこの令子宗才（十七歳）とは「梅花山馨」の関係であった。「梅花山馨」、兄弟のあいだ柄をいう。前出［八］。男同士の交義の関係であることをいう。左に引いた江月の和韻を参照。
○于故郷于洛寺設斎会＝ここの訓、「故郷に洛寺に斎会を設く」。郷里でも京都でも法要をした。詩に「斎筵処処洛北江南在両涯」とある。
○宗才蔵主＝いま元和四年、十七歳。江月は四十六歳。
［一二五］和宗才喝食試毫之韻に「書誦勉旃春日長、学来須望孔丘墻、縦然其寄番風信、花木争如惟徳香」。さらに孤篷庵本［二の五六］に「三渓号、宗才禅人、冷泉津人」。［一五七］「和宗才侍者試年韻」に「壮年不学悔衰躬、須覓言言句句工。従古馴賢無□賎、李花白又杏花紅」。［一八〇］同才に「年其志学二年加、詩語勉旃烟与霞。可惜寸陰人易老、檐前朝暮莫看花」とある。「年其志学二年加」、志学は十五歳。また『咨参緇素名簿』元和七年に「宗才　同（博多）」と。元和七年は、二十歳になる。
○因（斎）慶讃＝因斎慶讃。一字を脱する。供仏斎僧の仏事の際に禅要を挙揚する、あるいは問答するなどの意。ここは単に、仏事に際して一偈を述べるという意。「因斎慶讃」は前出［二一―三］。
○江南＝『欠伸稿』でいう江南は、堺または博多。ここは後者か。
○万年保得鶺鴒枝＝「鶺鴒」はセキレイ。「鶺鴒在原」の語をふまえ、兄弟仲のよいのに譬える。『詩経』小雅、常棣に「脊令、原に在り、兄弟、難を急う」。

【二〇五】（四三ウ）

南溪宗無居士七年忌之辰、宗閑首座有追悼之偈。依其韻末、予亦充香供云
齋筵再現以乾爺、銀椀盛來霜雪加。看有七年光景在、曼陀洒雨一枝花。

南溪宗無居士七年忌の辰、宗閑首座、追悼の偈有り。其の韻末に依って、予も亦た香供に充つと云う
斎筵、再び現ずるに乾爺を以てす、銀椀、盛り来たるに霜雪加う。
看よ七年の光景の有る在り、曼陀、雨を洒ぐ一枝の花。

〈訳〉
山岡宗無居士七回忌、宗閑首座の偈に和韻
忌日にあたって、そなたの義父である宗無居士の面目がまた再現された。
真っ白な銀椀に真っ白な雪を盛ったような、一如平等のところ、
そこに居士の真面目がありありと現れているではないか。
天花が降って荘厳したような、

この七回忌法要の光景をご覧なさい。

○南渓宗無居士＝堺住吉屋の山岡宗無。前出［二］［六九］。
○七年忌之辰＝慶長十七年（一六一二）十一月十九日没。いま元和四年（一六一八）。正当ならば十一月十九日。
「銀椀盛来霜雪加」という偈の内容からして、雪の季節である。
○宗閑首座＝安室宗閑は山岡宗無の養子。前出［二一一］「南渓宗無居士」の注。また左の「乾爺」の注。
○斎筵再現以乾爺＝初句、訓じがたし。あるいは「斎筵（さいえん）、再現（さいげん）、乾爺（かんや）を以（おも）う」か。いま、右の訳のように解した。
「再現」は、［六九］「南渓宗無居士小祥忌」（一周忌）の語に「一歳光陰覚昨非、今辰是亦雪霏々」とあり、この法要でもまた再び雪が降ったことをいうか。

「乾爺」は義父。『諸録俗語解』［一二〇〇］「乾笑」に「そら笑い、なり。乾紅（マガイベニ）、乾児子（ヨウシ）、乾打閧（カラサワギ）。年少の人、年老の婦人を称して乾娘と云う。娘は母なり。ははぶん（母分。母のように慕う人）の意。日本のおばさまと同じ意なり。乾は、ほんまのものでない義なり」と。わが国で、オヤブンコブンのコブンを「乾児」と書く。いま、南渓宗無居士が宗閑首座の義父であることをいう。
○銀椀盛来霜雪加＝「銀椀盛雪」は『碧巌録』第十三則、「僧問巴陵、如何是提婆宗。巴陵云、銀椀裏盛雪」。右註にいうように、この法要の日も雪が降ったのであろう。
○曼陀洒雨一枝花＝前出［一三四］に「曼陀洒雨一枝香」。「曼陀羅華」は天の花。芳香を放つ白い花。これを見る者に悦楽を感じさせる。諸仏出現の際に法悦のしるしとして天から降る。『法華経』寿量品に「諸天、天鼓を撃ち、常に衆もろの伎楽を作す。曼陀羅華を雨ふらし、仏及び大衆に散らす」。いま、雪を曼陀羅華に比す。

樵斎謝両回送餅　書尾與之

雲門兩兩扣柴門、呈問試吾吾不言。莫咲元來無一物、只逢餬餅叫平呑。

樵斎、両回、餅を送らるるを謝す、尾に書し之を与う
雲門両両、柴門を扣く、問を呈して吾を試むるも、吾れ言わず。
咲うこと莫かれ、元来無一物と、只だ餬餅に逢わば、平呑と叫ぶ。

〈訳〉

堺の樵斎から二回、餅を送って来る。そのお礼
二度までもお餅を頂戴した。
「雲門餬餅」の公案のように「如何なるか是れ超仏越祖の談」と問われても、
そこのところは、言えぬ、言えぬ。
気のきいたお返しは何もないのかとお笑いになりますな。
この雲門、ありがたくペロリと頂戴いたしますよ。

○樵斎＝［二〇七］［二一二］に出る。堺の医師。
○雲門両両扣柴門＝「雲門」は餅の隠語。拠は『碧巌録』第七則「僧、雲門に問う、如何なるか是れ超仏越祖の談。門云く、餬餅」。いま餅の到来を擬人化して「柴門を扣く」という。餅を「雲門」という例、『蔭凉軒日録』に頻

出。当時、これをサカナに酒を呑むという記事がほとんど。
○平呑＝「併呑」とも。飲み干す。

【二〇七】（四四オ）

樵齋從病床見寄短詩。和來韻
大地是藥、爲却老方。韶陽活氣、稱僧中王。

樵斎、病床より短詩を寄せらる。来韻を和す
大地是れ薬、却老の方と為せ。
韶陽の活気、僧中の王と称す。

〈訳〉
病床の樵斎が短詩を送って来る。それに和韻
尽大地、薬ならざるはないというのですから、
それを若がえりの薬方となさいませ。
「那箇か是れ自己」、さて、その薬を用いる自己はどこにあると示された、
雲門和尚はさすがに「気宇、王の如し」といわれるだけのことはあります。

○大地是薬＝『碧巌録』第八十七則、「雲門、衆に示して云く、薬病相治す、尽大地是れ薬、那箇か是れ自己」。
○却老方＝若がえりの薬方。「却老丹」とも。室町禅林の詩に「却老丹」の詩多し。『翰林五鳳集』の題に「却老丹」あり、九詩おさめる。前出［一八五］に「却老丹砂」とある。
○韶陽活気、称僧中王＝「韶陽」は雲門のいた地名。「称僧中王」は、「雲門気宇如王」（『五灯会元』巻十七、黄龍慧南章）。日本禅林では「雲門天子、気宇如王」とも言う。

【二〇八】（四四オ）［四の三三］

佛成道頌

子夜明星光満天、出山成道舊因縁。村僧者裡元無事、凌雪一爐柴火烟。

仏成道の頌

子夜、明星、光り満天、出山成道、旧因縁。
村僧が者裡、元より無事、雪を凌ぐ、一炉、柴火の烟。

〈訳〉

仏成道

十二月八日、暁の明星を見て、

釈尊は大悟成道されたというが、
わたくし江月のところには、そういう難しいことは何もない。
この囲炉裏で暖をとって、雪を凌ぐ。ただそれだけ。

○仏成道＝元和四年十二月八日。
○子夜＝深夜、子の刻。
○村僧者裡元無事、凌雪一炉柴火烟＝『錦繡段』収、宋壷山の「夜雪」詩に「雪眼羞明夜転飛、梅花未覚竹先知。一炉柴火三盃酒、誰記山陰有戴逵」。戴逵(さいき)の話。晋の王子猷が、雪の夜に興に乗じて、戴逵を訪い、途中で興尽きたら、会わずに船をかえしたという話をもふまえよう。前出［七二］［一〇七］。わしは王子猷のように、雪に興じて舟で出かけることもない、この囲炉裏で暖まっているだけだ。

【二〇九】（四四オ）［四の三三］
同日、和宗立藏主韻
梅花成道先如來、昨夜一枝和雪開。天上明星何落地、時人撒幾眼中埃。

同日、宗立蔵主の韻を和す
梅花成道(ばいかじょうどう)、如来(にょらい)に先(さき)んず、昨夜、一枝(いっし)、雪に和(わ)して開く。
天上の明星、何ぞ地に落つ、時人(じじん)、幾(いく)ばくか眼中の埃(あい)を撒(さっ)す。

〈訳〉

仏成道の日、宗立蔵主の韻に和す
釈尊の成道より先に、梅のほうが先に成道している、
昨夜、一枝の梅が、雪の中で開いているのだから。
天上の明星がなぜ地上に落ちて釈尊の眼に入ったのか、
人々は今もなお、そのおかげで幻を見続けているのだ。

〇宗立蔵主＝大徳寺一八一世、江雪宗立。前出［一九五］。孤篷庵本は「宗立首座」とする。

〇梅花成道先如来＝室町禅林に特有の「梅花成道」。前出［一］［一六］［一五二］［二〇九］。釈尊の見性成道より先に梅花が開き成道しているという趣旨。

また、『欠伸稿』坤に頻出する。［三〇九］「暁下層巒処処疑、三千刹界雪生涯。明星一見風流事、唯許梅花独自知」。［三一四］「何面瞿曇倒弊衣、層層踏雪蔵岩扉。強言成道太遅鈍、先被梅花奪一機」。［三一五］「千峰万岳雪生涯、眼到星辺一翳遮。不是六年寒徹骨、定知成道後梅花」。［三一六］「尽大地人著眼看、衆星夜夜落欄干。一寒未徹雪山老、出対梅花被熱瞞」。［三三〇］「雪嶺聞時九鼎重、明星見後一毫軽。瞿曇縦是叫成道、先有梅花老主兄」。

〇天上明星何落地＝後出［二六五］仏成道偈に「天上の明星、何の面目ぞ、梅花成道、庚に先だって開く」というのに、趣旨は同じ。

〇時人撒幾眼中埃＝「眼中埃」は、幻の原因、あるいは幻そのもの。『仏光録』に「諸仏凡夫、同じく是れ幻、若し実相を求めば、眼中の埃」。暁の明星を一見して悟道した釈尊は、明星に騙されたとするもの、天恩寺旧蔵『葛藤集』に出る例、［二九九］成道、「……昨夜雪山被星賺、蹉過鼻孔指南梅」。［三〇七］「……無端一夜被星賺、惹

著虚名満雪山」。［三三六］「漏尽鶏鳴暁半開、一天星斗賺渠来。……」。

【二一〇】（四四オ）

臘九日、雪之頌

雪満堂前一丈深、山林寂寂有誰尋。獨關窓牖飽噇睡、堪笑神光欲覓心。

二祖立雪當此日。

臘の九日、雪の頌

雪、堂前に満ちて一丈深し、山林寂寂（じゃくじゃく）、誰有ってか尋ぬ。
独（ひと）り窓牖（そうよう）を関（とざ）して飽くまで睡りを噇（くら）う、
笑うに堪えたり、神光（じんこう）、心を覓（もと）めんと欲せしことを。

二祖立雪、此の日に当たる。

〈訳〉

十二月九日、雪ふる、二祖立雪はこの日
すっぽりと深雪におおわれ、シーンと静まりかえった寺。

誰とて訪ねて来る者はない。
わたしは、ひとり戸を閉めて、飽くまで眠るだけだ。
こんな大雪の中に立ち尽くして、心のありどころを尋ね求めたとは、
二祖大師も、飛んだお笑いぐさだ。

○臘九日＝元和四年（一六一八）十二月九日。
○山林寂寂有誰尋＝「山林」は龍光院のこと。
○独関窓牖飽撞睡＝わたくし江月はこうだ。欠伸子江月の「睡眠禅」「欠伸禅」ともいうべきもの。「撞睡」は「撞眠」とも。『五灯会元』巻七、雪峰義存章に「(巌) 頭喝曰、撞眠去」。
○堪笑神光欲覔心＝二祖慧可（神光）が、臂を断って雪中に立って法を求めたことを抑下するもの。二祖立雪は左注。「堪笑」は「可笑」に同じ。「堪」は「可」に同じ。
○二祖立雪当此日＝「二祖立雪」は十二月九日。『伝灯録』巻三、二祖章「其の年の十二月九日夜、天大いに雪を雨ふらす。光、堅く立って動かず。遅明、積雪、膝を過ぐ。師憫れんで問うて曰く、汝、久しく雪中に立つ、当た何の事をか求む。光、悲涙して曰く、惟だ願わくは和尚慈悲、甘露門を開いて広く群品を度せ。……」。

【二一一】（四四ウ）［四の三三］

今茲元和第四歳舎戊午臘月念二日者、廼默然宗杜居士大祥忌之辰也。斯人曾仰祖師宗風、扣諸老門、勵志於參玄者也。其令子、隨家豐儉、齋一堂學般若之衆。奇哉、當開山大燈國師之諱辰。予亦燒香之次、賦一拙偈、以投靈前云

―居士平常依學禪、國師忌日設齋筵。阿爺佳號相傳否、惟孝三年一默然。―

今茲元和第四、歳、戊午に舎る、臘月念二日は、廼ち黙然宗杜居士が大祥忌の辰なり。斯の人曾て祖師の宗風を仰ぎ、諸老の門を扣き、志を参玄に励ます者なり。其の令子、家の豊倹に随って、一堂の学般若の衆に斎す。奇なる哉、開山大灯国師の諱辰に当たる。予も亦た焼香の次いで、一拙偈を賦して、以て霊前に投ずと云う

居士、平常、学禅に依る、国師の忌日、斎筵を設く。
阿爺が佳号、相い伝うるや否や、惟れ孝三年、一黙然。

〈訳〉

元和四年十二月二十二日は黙然宗杜居士の三回忌。居士は祖師の宗風を仰ぎ、諸老に参じた人である。その令子が法要の斎会を設けられた。奇しくも、開山大灯国師の忌日にあたる。一偈を霊前に供える。

ひごろから参禅に熱心な居士であった。開山忌の日にご子息が三回忌法要を営まれた。
亡き父上の法号は黙然だったが、まことにその字のとおり、
ご子息は三年のあいだ、黙然として喪に服された。実に孝行なことである。

○元和第四歳舎戊午臘月念二日＝元和四年十二月二十二日。
○黙然宗杜居士大祥忌之辰也＝黙然宗杜は未詳。大祥忌は三回忌（没後二年）、二十五月忌とも。
○随家豊倹＝分に応じて。前出［六〇］。『伝灯録』巻十五、清平山令遵禅師章「上堂。……若し仏意を会せんならば、僧俗男女、貴賎に在らず。但だ家の豊倹に随って安楽にして便ち得」。
○当開山大灯国師之諱辰＝大徳寺開山宗峰妙超。延元二年（一三三七）十二月二十二日の寂。
○阿爺佳号相伝否＝孤篷庵本では「阿爺佳号不言識」に作る。
○惟孝三年＝『論語』為政に「孝乎惟孝」。「三年」は「三年喪」、子としてのつとめ。

【二一二】（四四ウ）［四の三三］

樵齋主翁者、泉南之舊故人也。至於百家之説、傳敷嶋之道、喚文房四友過一生矣。加之、慕吾家道風、窺祖師言句、勵志於參玄、會得禪本草矣。彷彿晦堂心禪師之聞桂道人者乎。初冬之節、嬰微恙、上國入同門生啓迪菴、稱一字師。而得其妙術、以有靈驗者、不堪歡抃。殘臘日、歸舊里。賦一偈期再會云

藥病治來堅固身、大龍公案屬斯人。佳期有約晝遊日、似錦山花洛下春。

樵斎主翁は泉南の旧故人なり。百家の説に至り、敷嶋の道を伝え、文房四友を喚んで一生を過ごす。加之、吾が家の道風を慕い、祖師の言句を窺い、志を参玄に励まし、禅の本草を会得せり。晦堂心禅師の聞桂道人に彷彿たる者か。初冬の節、

微恙に嬰り、上国、同門生啓迪庵に入り、一字師と称す。其の妙術を得て以て霊験有る者、歓抃に堪えず。残臘の日、旧里に帰る。一偈を賦し、再会を期すと云う

薬病、治し来たる、堅固身、大龍の公案、斯の人に属す。
佳期約有り、昼遊の日、錦に似たる山花、洛下の春。

〈訳〉

医師の樵斎翁は堺の旧知である。あらゆる学問をおさめ和歌もよくし、文を事とする人であるが、それだけでなく、禅宗に帰依し、祖師の公案にも参じている。さながら、晦堂禅師に参じ、木犀の香を聞いて悟った黄山谷のようである。十月、微恙にかかり、上京して同門の曲直瀬玄朔にかかり、その妙術によって、病が癒えた。十二月、堺に帰るというので一偈を作って送り、再会を期する。

このたびの都での療養生活は、まさに大龍堅固法身の公案そのものだったでしょう。
いま都は春のさかり、錦にも似た都の春の山花は、
病癒えて故郷に帰られるあなたのために用意された錦、
きっとまたお逢いしましょう。

○樵斎主翁者、泉南之旧故人也＝前出［二〇六］［二〇七］。堺の医師。
○至於百家之説、伝敷嶋之道＝あらゆる学問をおさめ、和歌もよくした。「百家」、文明本『節用集』に「ハクカ」。

正系の儒家以外の多くの学説。

○文房四友＝「文房四宝」とも。紙・筆・硯・墨。擬人化して「文房四侯」とも。すなわち、管城侯毛元鋭（筆）・即墨侯石虚中（硯）・好寺侯楮知白（紙）・松滋侯易玄光（墨）。

○会得禅本草矣＝公案を透過した。「禅本草」は、「換骨の霊方、頤神の妙術」（『碧巌録』普照序）、心をいやす方である禅を医書の『本草』になぞらえたもの。「千七百禅本草」などというように、公案をもいう。『羅湖野録』巻下、廬山慧日雅禅師の章に「嘗て禅本草一篇を著わして曰く、禅味甘うして性涼、心臓を安んじて邪気を祛（はら）う、壅滞を闢き血脈を通ず、神を清め志を益し、顔色を駐む、熱悩を除き穢悪を去り、善く諸毒を解き、能く衆病を調う、……」。

○彷彿晦堂心禅師之聞桂道人者乎＝「聞桂道人」は黄山谷のこと。『羅湖野録』巻上に「太史黄公魯直、元祐の間、家難に丁って、黄龍山に館し、晦堂和尚に従って遊ぶ。而して死心新老、霊源清老と尤も方外の契を篤うす。晦堂因みに語る次いで挙す。孔子謂わく、弟子我を以て隠すと為すか、我れ爾に隠すことなし、吾れ行うて二三子と与にせざる無きは是れ丘か、と。是に於て公の詮釈を請う。而して再びするに至って、晦堂其の説を然りとせず。公怒って色に形わし、沈黙すること之を久しうす。時に暑退いて涼生ずるに当たり、秋香、院に満つ。晦堂乃ち曰く、木犀の香を聞くや。公曰く、聞く。晦堂曰く、吾れ爾に隠すことなし。公欣然として領解す」。

○初冬之節＝十月に病を得て京都に来て、いま十二月末、堺に帰る。

○同門生啓迪庵＝初代曲直瀬道三（一五〇七～九四）の甥の曲直瀬玄朔（一五四九～一六三一）。前出［一七四］。

○一字師＝詩文の中の肝心の一句を直してくれるような人。鄭谷と斉己との故事。いまは、医学と文学に秀でた啓迪庵曲直瀬玄朔を「一字師」とたたえる。禅門では、鄭谷の事をいう。

『文海披沙』巻八、「一字師」に「鄭谷、早梅の詩の〈数枝〉を改め〈一枝〉と為す。斉己、拝して一字の師と為す。後、斉己、張迥が詩〈鬢虬白也無〉の〈也〉を改めて〈在〉と為す。迥、又た拝して一字の師と為す。……」。

『五代史補』「鄭谷、袁州に在り。斉己、詩を携えて之に詣す。早梅詩有り、云く〈前村深雪裏、昨夜数枝開〉。谷曰く、〈数枝〉は早きに非ず、如かじ〈一枝〉には、と。斉己、下って拝す。是より士林、谷を以て一字の師と為す」。
○不堪歓抃＝喜びにたえない。「抃」は、手をうつ。「歓喜抃舞」は、手をうち踊って喜ぶ。
○薬病治来堅固身、大龍公案属斯人＝「堅固身」「大龍公案」「似錦」は、左の大龍の話頭をふまえる。また「薬病治来」は、『碧巌録』八十七則、雲門薬病相治をふまえるが、ここでは、単に薬によって療治することをいうのみ。『碧巌録』八十二則、大龍堅固法身に「僧問う大龍、色身敗壊、如何なるか是れ堅固法身。龍云く、山花開いて錦に似たり、澗水湛えて藍の如し」。前出［一二九］［一八二］参照。
○佳期有約昼遊日、似錦山花洛下春＝「昼遊」、錦の衣を着て、昼、堂々と故郷に帰ること。出世して故郷に錦をかざる。項羽の語、「富貴にして故郷に帰らずんば、錦を着て夜行くが如し」の逆。

【二一三】（四五オ）

休巴韻人、去秋以降偶居洛北吾蕞寺、而栖心於椽下單前。至仲冬、以故登紀州高野山。及其俶装、一偈漏睽別萬乙之卑懷、兼祝遠大云

人赴南方我北涯、柴門掃雪約歸期。縱然一日入山去、知近臘天成道時。

休巴韻人、去秋以降、洛北の吾が蕞寺に偶居して、心を椽下単前に栖ましむ。仲冬に至って、故を以て、紀州高野山に登る。其の俶装に及んで、一偈もて睽別万乙の卑懐を漏らし、兼ねて遠大を祝すと云う

人は南方に赴き、我は北涯、柴門、雪を掃い帰期を約す。

縦然（たとい）一日、山に入り去るも、臘天成道（ろうてんじょうどう）の時に近きを知らん。

〈訳〉

奥村休巴は、去る七月から龍光院に偶居して参禅していたが、十一月になって、わけがあって高野山に行くことになった。それを送る。

南のかた高野山に行かれるあなたのお帰りを、

私は洛北の庵で雪を掃いて待っております。

たとい高野の山に入られても、

まもなく臘八がやって来ることはお忘れにはなりますまい、

しっかり坐禅し拈提してくだされ。

○休巴韻人＝『墨蹟之写』元和二年七月五日条に「奥村休巴」。

○栖心於椽下単前＝坐禅工夫なされた。「椽下単前」は「三条椽下、七尺単前」の略。坐禅する場所をいう。前出［一七二］。

○仲冬＝十一月。

○及其仮装＝旅立ちに際して。「仮装」は、旅支度する。前出［一三六］ほか。

【二一四】（四五ウ）［四の三四］

元旦　元和五己未年

一欻遇三陽交泰辰、山河大地笑誾誾。黄鳥聲滑爲吾誦、梅曆開知一字春。一

元旦　元和五己未年

欻ち三陽交泰の辰に遇う、山河大地、笑い誾誾。
黄鳥、声滑らかに、吾が為に誦す、梅曆開いて、一字の春を知る。

〈訳〉

元和五年元旦

天地交わり、万物通ずる正月がやってきた。
山も河も大地も、宇宙そのもの、法身そのものが笑っている。
鴬は谷から出て木々でさえずり、少年たちも正月試筆の詩をつくる。
いま花ひらく梅、この一字が春を実感させる。

○元和五己未年＝一六一九年、師四十六歳。
○欻＝たちまち。「忽然」。
○三陽交泰辰＝正月のこと。新年の寿詞。『易』の泰卦による。乾下坤上で、泰は通の義、乾の三陽が下にあって、正月に当たる。「象に曰う、泰。小往き大来る、吉にして亨る。則ち是れ天地交わり、万物通ずるなり。上下交わって、其の志同じきなり。内陽にして外陰、内健にして外順、内君子にして外小人。君子の道長じ、小人の道消するなり。象に曰う、天地交わるは泰、后以て天地の道を裁成し、天地の宜を輔相し、以て民を左右す」。

○山河大地笑誾誾＝「誾誾」は、和悦しているさま。禅録では「笑いのさま」の意で用いられる。前出［一八四］。ここは、通常の笑いをいうのではない。悲喜を超えた宇宙の笑い、法身そのものが和悦しているさま。

○黄鳥声滑＝鶯が谷から出て木々に移って囀り始める。『詩経』小雅、伐木に「出自幽谷、遷于喬木」にあるにもとづく。「出幽遷喬」ともいう。

孤篷庵本［二の五二］「春谷号」に「靄靄韶光雪乍晴、山頭湖上共新正。出幽黄鳥歌声滑、喬木遷来唱太平」。黄鳥はウグイスに他ならないが、室町禅林では、また喝食のことを黄鶯侍者などという。その場合、老僧は花に擬えられる。以下に少年試筆に和韻する詩が続くが、［二一七］に「春来出谷一声鶯」というのも喝食少年のことをいう。ここでも、単なるウグイスだけでなく、少年侍者のこともダブルイメージとしてある。

○梅暦開知一字春＝「梅暦」は室町禅林によく見られる語。『風流袋』巻十六に、『徐氏筆精』二を引いていう「王百谷云、此地人家無王暦、梅花開処是新年」。また天恩寺旧蔵『葛藤集』に「梅暦」題の一詩あり「尭階蓂老臘残時、梅暦新繙紀日居。太極春風花一劃、始知甲子在南枝」。これ以外にも天恩寺旧蔵『葛藤集』に頻出する。「一字春」は未詳。「一字」は梅か。

【二一五】（四五ウ）［四の三四］

三玄法兄和尚有試春□□之佳什、謹奉依尊韻云

春在禪翁掌握中、忽裁金偈起祥風。簾前賜紫三玄杏、筆上生花一點紅。

三玄法兄(ほうひん)和尚、試春□□の佳什(かじゅう)有り、謹んで尊韻(そんいん)に依り奉(たてまつ)ると云う

春は禅翁(ぜんおう)が掌握(しょうあく)の中に在り、忽(たちま)ち金偈(きんげ)を裁(さい)し祥風(しょうふう)を起こす。

簾前に紫を賜う、三玄の杏、筆上に花を生じて、一点紅なり。

〈訳〉

玉室和尚の試筆に和韻

あなたが筆を執られたところから春が始まり、
そのすばらしい詩がたちまち祥風を吹き起こしました。
御前で紫衣をたまわったあなたは、仙人が食べるという三玄紫杏を得たようなものです。
(李白がかつて夢に見たように)、
今やあなたの筆の先には、一輪、紅の花は咲き開いたのです。

○三玄法兄和尚有試春□□之佳什、謹奉依尊韻云＝孤篷庵本では「次三玄法兄玉室和尚元旦製作偈之韻」。□□は読めず。「後□」か。「三玄法兄和尚」は玉室のこと。

○佳什＝りっぱな詩。「嘉什」とも。什は十、詩経の雅頌十篇のこと、後に詩篇のことをいう。

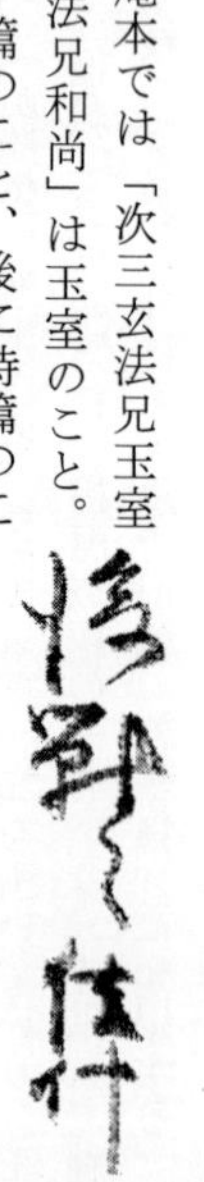

○春在禅翁掌握中、忽裁金偈起祥風＝「掌握」はここでは執筆。二三句の「裁」「筆」にかかる。「裁」は、詩文を作ること。『漢語大詞典』に「創作、写作」。

○簾前＝御簾、垂簾。御前のこと。

○三玄杏＝玉室の三玄院と「三玄紫杏」をふまえる。「三玄紫杏」は、仙人が食べる果物。『海録砕事』「南岳夫人伝、仙人に三玄紫杏有り」。いま「賜紫」にかけて祝語とする。紫を賜ったのは元和四、五年のあわいか。

○筆上生花＝文藻の才が開くこと。李白が幼少の時に、筆頭に花が開いたのを夢み、文才が大いに進んだという、

「夢筆頭生花（筆頭に花の生ずるを夢む）」の故事。『雲仙雑記』「李太白少夢筆頭生花、後天才瞻逸、名聞天下」。

【二一六】（四五ウ）

同　和竺少年試春

官梅御柳在吾隣、傳聞紅情緑意新。此野生涯争臨近、傍人莫笑未知春。

同じく、竺少年が試春を和す

官梅御柳、吾が隣に在り、伝え聞く、紅情緑意、新たなりと。

此の野生涯、争でか臨近せん、傍人、笑うこと莫かれ、未だ春を知らずと。

〈訳〉

竺少年の試筆に和韻

わが隣寺の芳春院におられる、都の春をいろどる梅と柳のようなあなた。
新年を迎え、詩興いちだんと新たとお聞きしております。
私ごとき老いぼれは、とても官梅のようなあなたにお近かづきにはなれない身です。
けれども、まだ一輪も開かないなどとお笑いくださるな。

○竺少年＝玉室和尚会下の喝食。この時、おそらくは十五歳。前出［一七九］元和四年（前年）の少年試筆和韻「同竺君」では、その才を絶賛する。
○官梅御柳＝御所の梅と柳。都の春をいう祝語、また左の杜甫詩にいうように「詩情」「詩興」を催すもの。「官梅」は、杜甫の「和裴迪登蜀州東亭送客逢早梅」詩に「東閣官梅動詩興、還如何遜在揚州」。「御柳」は、同じく杜甫「闘鶏」詩に「簾下宮人出、楼前御柳長」。前出［五五］参照。
○在吾隣＝竺少年が隣寺芳春院玉室和尚下であることをいう。
○紅情緑意新＝上に出た「官梅御柳」になぞらえた竺少年の詩情。詩興いちだんと新たなりと。
○此野生涯争臨近、傍人莫笑未知春＝「野生涯」は江月の自称、へりくだったもの。室町禅林の「男道（男色）文芸」では、年長者が少年に対してへりくだる。少年を君王とし、みずからを臣に比するのが常である（『若気勧進帳』）。

【二一七】（四五ウ）

同　和朔蔵主

縦横試筆賀新正、詩到斯人更老成。別有宗門思量底、春來出谷一聲鶯。

同じく、朔蔵主に和す

縦横に筆を試み、新正を賀す、詩は斯の人に到って更に老成す。
別に宗門の思量底有り、春来たって谷を出づる一声の鶯。

〈訳〉
　朔蔵主の試筆に和韻
自由自在に言葉をあやつって正月をことほぐ。
この人に至っては、もはや詩は老練熟達の域。
春が来て、谷から出た鶯が木々の枝で囀りはじめるとともに、
少年たちが新春の試筆の詩を競って作る。
ここにこそ、わが宗門の好思量底がありますぞ。

○朔蔵主＝『咨参緇素名簿』元和四年十一月二日条に「朔蔵主、愚僧会下」。
○別有宗門思量底＝前出［一一一］、「誰知遠烟浪、別有好思量」（『碧巌録』五十八則、頌の下語）を参照。ただし、ここでは『碧巌録』で用いられるような禅意はない。室町五山以来の禅林文芸の伝統である、少年喝食の正月試筆の作品に老僧たちが和韻するという風流を「宗門思量底」といったもの。時は江戸、すでに元和ではあるが、禅林の文芸はまだ室町時代そのものである。
○春来出谷一声鶯＝『詩経』小雅、伐木に「出自幽谷、遷于喬木」にあるにもとづく。「出幽遷喬」ともいう。

【二一八】（四六オ）［四の三四］
同　和宗富喝食　予在洛寺、富在郷里寄之
人生易老白頭催、努力須摛錦綉才。莫慕洛陽春日興、筆花見説一枝開。

同じく、宗富喝食に和す。予は洛寺に在り、富は郷里に在って之を寄す

人生老い易し、白頭催す、努力して須らく錦繡の才を摛くべし。
洛陽春日の興を慕うこと莫かれ、筆花、見説らく、一枝開くと。

〈訳〉

宗富喝食の試筆に和韻。宗富は郷里、わたしは京都に在り

人はすぐに老いる、
若いうちに学んで詩作の力をつけておかねばなりません。
都の春の楽しみを慕い求めてはならない、
君はいま文藻の花が開きはじめたところなのだから。

○宗富喝食＝前出［一五九］参照。孤篷庵本［二の五一］「春谷号、宗富禅人、冷泉津人」。
○富在郷里寄之＝孤篷庵本では「宗富喝食在江南郷里賦試毫之詩」。江月のいう江南は、堺または博多。右注のように「宗富禅人、冷泉津人」とあるから、この江南は博多とも取れるが、後出［二四四］を孤篷庵本では「宗富喝食試筆於泉南和其韻」と作る。九州生まれで、堺の寺にもいたのであろう。
○人生易老白頭催、努力須摛錦繡才＝孤篷庵本［四の四三］「和宗富喝食試筆之韻」（草稿になし）に「壮年易老悔生涯、惜寸陰須学以加」とあり、同じ趣旨。朱熹「偶成」に「少年易老学難成、一寸光陰不可軽。未覚池塘春草夢、階前梧葉已秋声」。
「錦繡才」、佳句を制することを、機で錦を織ることに比して「錦繡」という。「錦繡傾心」「錦心繡口」「錦繡心

腸」など。また『錦繡段』という書名の例にも見るとおり。「摛」は「しく、のべる」。「摛藻」「摛詞」は文を作ること。

○筆花見説一枝開＝孤篷庵本は「江南花向筆頭開」に作る。「江南花」は「江南一枝」、梅のこと。「筆花」「筆頭開」は、文藻の花が開く兆し。李白の故事。前出［二一五］「筆上生花」。

【二一九】（四六オ）

九州竹森寄山里之間鍋。返書尾戯書一偈

書信添來折脚鐺、這閑家具似吾名。名其山里訪山里、慰寂關西海月情。

九州の竹森、山里(やまざと)の間鍋(かんか)を寄す。返書の尾(おわり)に戯れに一偈を書す

書信に折脚鐺(せつきやくしよう)を添え来たる、這(こ)の閑家具(かんかぐ)、吾が名に似たり。

名は其(そ)れ山里(やまざと)、山里を訪(おとな)い、寂(じやく)を慰む、関西海月(かんぜいかいげつ)の情。

〈訳〉

九州の竹森氏が「山里」銘の茶釜を送って来た。そのお礼に

手紙とともに古びた釜を送って来られた。

「山里」という銘だそうだが、その役立たずのところが、わたしにいかにもふさわしい。

「山里」という釜が、この洛北の山里にようお出でくださった。
はるか彼方からの、わたくしへの思いやりが心にしみる。

○九州竹森＝『咨参緇素名簿』元和七年条に「竹森佐右衛門」「竹森善兵衛」の名あり。

○山里之間鍋＝「山里」は、利休が茶の湯の極意として愛誦した藤原家隆の歌、「花をのみ待つらむ人に山ざとの雪間の草の春を見せばや」。秀吉は大坂城内山里丸に山里の茶室を設けた。山里の茶室は、伏見城にも設けられ、また江戸城にも小堀遠州によって作られた。「間鍋」は「閑鍋」、詩に「閑家具」というところ。

○折脚鐺＝「大灯国師遺誡」に「折脚鐺下煮野菜根喫過日」。また『伝灯録』巻二十八、汾州大達無業国師の上堂に「他の古徳道人を看よ、得意の後、茅茨石室にて、折脚鐺子裏に向かって飯を煮て喫し、三十二十年を過ごし、名利は懐（むね）に干せず、財宝を念と為さず、大いに人世を忘じ、跡を巌叢に隠し、君王命ずるも来たらず、諸侯請ずるも赴かず。豈に我輩が名を貪り利を愛し世途に汨没（こつぼつ）するに同じからんや」。

○閑家具＝無用、役にたたぬ道具。

○似吾名＝「花をのみ待つらむ人に山ざとの雪間の草の春を見せばや」の歌をふまえる。

○関西海月情＝博多におられる竹森氏の、わたくし江月に対するお心。『碧巌録』五十三則「百丈野鴨子」の頌に「野鴨子、知んぬ何許ぞ。馬祖見来たって相い共に語る、話り尽くす山雲海月の情」。『句双葛藤鈔』に「山雲海月トハ、ヨモ山ノコトヲ、知音ニ逢テカタリツクス也」。知音同志をいう。

【二二〇】（四六オ）［四の三四］

久野氏外史重綱信男、去歳染沈痾、淹滞于洛下者數蓂。時時扣山野室、會龍寶家私、而忽地得快活也。今春棹歸舟。歡抃有餘。禪詩一章、以壯假裝、兼

祝遠大云

山花似錦洛陽春、時節因縁歸興頻。參得頤神舊公案、喚成堅固法身人。

久野氏外史重綱信男、去歳、沈痼に染み、洛下に淹滞する者数蓂。時時に山野が室を扣き、龍宝の家私を会して忽地快活を得。今春、帰舟に棹さす。歓抃余り有り。禅詩一章、以て俶装を壮し、兼ねて遠大を祝すと云う

山花、錦に似たり、洛陽の春、時節因縁、帰興頻なり。
頤神の旧公案に参得す、喚んで堅固法身の人と成す。

〈訳〉

久野重綱氏、去年病を得て、京都に滞在すること数日。その間、しばしばわたしに参禅していたが、やがて病も全快した。春になってお帰りになるというので、一句もて送る。

病癒えたあなたが故郷に飾る錦は、いまさかりの都の春の花。
まことに時節因縁というもの。
碧巌録の堅固法身の公案に参じて、本復したあなたこそ、
まさに堅固法身の人というべきでしょう。

○久野氏外史重綱信男＝『咨参緇素名簿』元和四年六月十四日条に「久野外記　黒田筑州之内衆」とあり。
○龍宝家私＝龍宝山大徳寺の大灯国師の法宝。「家私」は、家財、その家庭の日用品。
○山花似錦＝『碧巌録』八十二則、大龍堅固法身に「僧問う大龍、色身敗壊、如何なるか是れ堅固法身。龍云く、山花開いて錦に似たり、澗水湛えて藍の如し」をふまえる。
前出［二一二］は、堺の医師樵斎が病を得て都で治療、癒えて郷里に帰るのを送る偈で、そこにも「薬病治来堅固身、大龍公案属斯人。佳期有約昼遊日、似錦山花洛下春」とあり、これも「大龍堅固法身」をふまえたもの。「還郷錦」と「昼錦」をあわせふまえる。項羽が郷に入らんとした時にいった「富貴不帰故郷、如衣錦夜行」の語に基づく。
○頤神旧公案＝『碧巌録』のこと。『碧巌録』普照序の冒頭に「至聖命脉、列祖大機。換骨霊方、頤神妙術」。
○喚成堅固法身人＝右引の『碧巌録』八十二則。

【二二一】（四六ウ）［四の三四］

賀日新和尚瑞世

法道惟香徳日新、樂花禮葉遇佳辰。黄鶯唱起宗門曲、瑞世聲高二月春。

日新和尚の瑞世を賀す

法道惟れ香し、徳、日に新たなり、楽花礼葉、佳辰に遇う。
黄鶯唱え起こす、宗門の曲、瑞世、声は高し、二月の春。

〈訳〉

日新和尚の出世を祝う

日々に新たなる徳薫る日新和尚が瑞世されて、
三代の礼楽にまさる禅門の徳が、一花五葉を開いた。
ウグイスも宗門向上の曲を、声高くさえずり、
二月の春に、声（ほまれ）高い和尚の瑞世をたたえております。

○日新和尚＝大徳寺一六二世、日新宗益（一五五七～一六二〇）。『大徳寺世譜』に「龍室宗章に嗣ぐ。自ら哦松と号す。相州の人、俗姓田村氏。元和五己未二月十八日出世。相州早雲寺裡天用庵に住す。後ち龍泉庵を再興。元和六庚申正月十二日示寂。世寿六十四」。

○法道惟香徳日新＝「徳日新」は日新の名を打字したもの。『書経』仲虺之誥に「徳、日に新なれば、万邦惟れ懐き、志自ら満つれば、九族乃ち離る（徳日新、万邦惟懐、志自満、九族乃離）」。

○楽花礼葉遇佳辰＝「楽花礼葉」は「三代礼楽」と「一花開五葉」をあわせた、室町禅林での造語であろう。横川景三『小補東遊続集』の天神賛に「仁風義気時至、礼葉楽花日新」。天恩寺旧蔵『葛藤集』に「洛陽移得牡丹平、礼葉楽花三代正」、「一株大樹再回春、礼葉楽花日日新」と見える。

「三代礼楽」、三代は夏・殷・周（夏・商・周とも）。中国最古の王朝時代に礼楽がもっともととのい、平和で理想的な徳治が行なわれたとするもの。司馬光（程明道とも）の言葉に「三代の礼楽、緇衣の中に在り」（『仏祖統紀』四六）。

○瑞世声高二月春＝「声」はウグイスのさえずりと「ほまれ」とを併せ含む。

【二二二】（四六ウ）［四の三四］

佛涅槃　値雨

滅却尸羅城裏後、二千五百有餘回。乾坤滴盡靈山涙、天爲涅槃添雨來。

仏涅槃（ぶつねはん）、雨に値（あ）う

尸羅城裏（しらじょうり）に滅却（めつきゃく）して後、二千五百有余回。

乾坤滴（けんこんした）で尽くす、霊山（りょうぜん）の涙（なんだ）、天、涅槃（ねはん）の為に雨を添え来る。

〈訳〉

仏涅槃、雨に遇う。

クシナガラで入滅されてより、二千五百年。

霊山会上（りょうぜんえじょう）の仏弟子たちの涙が、

いま雨となって、ここに注いでいる。

○尸羅城＝拘尸那竭羅（クシナガラ）（拘尸那揭羅、拘尸那伽羅とも）のこと。中インドにあった都城の名。釈尊入滅の地として有名。釈尊はその北郊、熙連河（金河）畔の沙羅林中で入滅したといわれる。

○二千五百有余回＝釈尊の入滅年代については諸説あり。紀元前五四四年頃、紀元前四八五年頃、紀元前三八〇年頃の三説。今「二千五百有余回」と江月和尚がいうのは釈尊滅後、正法五百年、像法一千年、末法一万年という末法思想によるものか。

○乾坤滴尽霊山涙＝「霊山」は霊鷲山。釈尊説法の地の一つで、大衆にたいして仏となるべき記莂（予言）を授けた。また、ここで摩訶迦葉に大法を付嘱した。「霊山涙」とは霊山会上の弟子たちの涙、ひいては仏弟子の涙の意であろう。

【二二三】（四六ウ）

和澤菴和尚試毫之韻　奉呈郷里南宗丈室書尾書之

愧我生涯客洛家、浮雲一片一袈裟。春來何事隔千里、恨是同遊不愛花。

沢庵和尚が試毫の韻を和す。郷里の南宗丈室に呈し奉る書尾に之を書す

愧ずらくは我が生涯、洛家に客たり、浮雲一片、一袈裟。

春来たるに、何事ぞ千里を隔つ、恨むらくは是れ同に遊んで花を愛でざることを。

〈訳〉

沢庵和尚の試筆に和韻して、南宗寺に送る

情けないことに、私はこの寺にいなければならない境遇。

それにくらべ、あなたは衣一枚ではぐれ雲のように、何とも自由なこと。
春が来たというのに、どうして遠く離れ離れなのか。
いっしょに梅花を愛でることができないのが残念です。

○沢庵和尚試毫之韻＝元和五年（一六一九）。『東海和尚紀年録』元和五年条に「五年己未（大樹上洛）、師四十七歳。旧年より城州薪の妙勝寺に到る。一庵に寄居す。元旦頌に、枯木纔開南浦花の句有り。蓋し妙勝寺は、大応開闢の地なり。夏、南宗の方丈庫院を建つ」とある。この記述によれば、沢庵はこの正月を薪（現、京田辺市）に過ごしていたことになるが、いまここでは「郷里南宗丈室」とあるので、一時は堺にいたか。あるいは「郷里南宗丈室」の六字で沢庵をさすか。
○愧我生涯客洛家、浮雲一片一袈裟＝「客洛家」は、江月がよく使う「洛北客舎」というに同じ、つまり、龍光院のこと。「客」は「人生如寄」という、諦観に基づくもの。
［一二九］沢庵に和した三首のうちに「堪羨浮雲流水身、江南暫下白鴎隣、洛城翁去共誰愛、柳巷花衢春不春」とあり、いまここの詩も同じ心情をのべたもの。「浮雲一片一袈裟」は江月のことではなく、江月が「古仏」と尊敬する沢庵の自由の境涯をいったもの。江月と沢庵の性格・行動はかなり対照的で、江月の沢庵に対する詩には、常に「畏敬」「あこがれ」のようなものが強くにじんでいる。

【二二四】（四七オ）
和宗閑首座賀茂春遊禪詩之韻　予也維時病臥
春日千金惜寸陰、愛花處處幾回尋。一聲黄鳥鳴山淺、百丈白絛遊水深。
佳景坐吟僧杖禿、古宮高列聖燈森。病床擁被非無興、臥聽松風弄素琴。

宗関首座が賀茂春遊の禅詩の韻を和す。予や維の時、病臥す

春日千金、寸陰を惜しみ、花を愛でては、処処、幾回か尋ぬ。
一声の黄鳥、山の浅きに鳴き、百丈の白鯈、水の深きに遊ぶ。
佳景、坐して吟ず、僧杖禿ぶ、古宮、高く列なり、聖灯森たり。
病床、被を擁するも、興無きには非ず、臥して松風の素琴を弄するを聴く。

〈訳〉

宗関首座が賀茂春遊での詩に和韻する。このとき病臥で欠席。

春はまさに一刻千金、
あちこちの花を愛でて歩くこと幾回ぞ。
山のそう奥深くないところで、ウグイスの一声、
また澄んだ清流に目をやれば、
（蘇東坡が歌ったように）百丈の高きから鮎の泳ぐのが見える。
佳景に坐して吟ずる僧たちの禿びた杖、
そして向こうには、連なり立っている神社の灯籠。
わたしは病で行けなかったけれど、
こう想像しながら、病床で寝ながら松風を聴くのもまた一興です。

○宗閑首座＝江月和尚の法嗣、安室宗閑（一五九〇～一六四七）。大徳寺一七六世。寛永十九年（一六四二）三月八日奉勅入寺。瑞源二世。正保四年四月十日示寂。世寿五十八。この時（一六一九）、三十歳。前出［二一一］注および［二〇五］参照。

○賀茂春遊＝上賀茂神社か下鴨神社のいずれかの辺。詩に「古宮」とある。

○春日千金惜寸陰、愛花処処幾回尋＝蘇東坡「春夜」詩に「春宵一刻、値千金。花に清香有り月に陰有り」。

○一声黄鳥鳴山浅、百丈白鯈遊水深＝蘇東坡の「壬寅二月、……宿於南谿谿堂。遂並南山而西至楼観・大秦寺・延生観・仙游潭。十九日乃帰、作詩五百言。以記凡所経歴者、寄子由」詩に「千重翠石横わり、百丈游鯈を見る（千重横翠石、百丈見游鯈）」と。『四河入海』に「言ハ、千重バカリ高キ翠石ヲ横ヘタル処ヨリ下ヲ見レバ、下ヘ百丈バカリ深ゾ。サレドモ水ガ澄テ有程ニ、潭底ノ魚ガキツカト見ヘテ可数ゾ。サル程ニ百丈見ーー心デ有ゾ」。「白鯈」はアユまたはヤナギハエ。

○佳景坐吟僧杖禿、古宮高列聖灯森＝「禿」は「生」に同じで「先がちびる」の義。「森」は「禿」の対で、多いさま。「古宮高列」は賀茂社の景。

○病床擁被非無興、臥聴松風弄素琴＝わたしは病で行けなかったけれど、病床で寝ながら松風を聴くのもまた一興、と江月がやや負け惜しみの気分を述べる。「擁被」「臥聴松風」は、黄山谷「題宛陵張待挙曲肱亭」詩に「晨鶏催せども起きず、被を擁して松風を聞く（晨鶏催不起、擁被聞松風）」。松風が琴の音に比せられることは、李白「鳴皐歌。送岑徴君」詩に「白石に盤して素月に坐し。松風に琴して万壑寂たり（盤白石兮坐素月。琴松風兮寂万壑）」、同「大庭庫」詩に「古木翔気多、松風如五絃」。「素琴」は飾りのない琴。

【二二五】（四七オ）［四の三五］

一如宗泡童子、随流認得性去。僉曰、無喜有憂矣。孔夫子在川上曰、逝者如

斯。今也觀此語者乎。昨雲軒主一日設齋筵、越芳春大和尚賦尊偈見吊之。予亦謹奉塵嚴韻、以供靈前云　慈斤
十有餘年一如夢、泥丸昨夜叫神通。小童鋒捷我遺老、何事人間牛馬風。

一如宗泡童子、流に随って性を認得し去る。僉な曰う、喜無くして憂有りと。孔夫子、川上に在りて曰く、逝く者は斯の如きかと。今也た此の語を観る者か。昨雲軒主、一日斎筵を設け、越に芳春大和尚、尊偈を賦して之を吊せらる。予も亦た謹んで厳韻を塵し奉って以て霊前に供うと云う。慈斤
十有余年、一えに夢の如し、泥丸、昨夜、神通と叫ぶ。
小童は鋒捷、我れ遺老、何事ぞ、人間、牛馬風なる。

〈訳〉

一如宗泡童子が、幼くして逝った。摩拏羅尊者の偈には「流に随って性を認得せば、喜も無く亦た憂も無し」とあるが、そんなことはない。これほど悲しいことはないと、皆が思っておられる。逝く者はかくもはかないものかと、孔子のいわれるとおりだ。昨雲軒主が童子のための法要の斎筵を設け、芳春和尚が追悼の偈を作られたので、これに和韻して霊前に供える。

わずか十年あまりの短い生涯が夢のように終わり、
昨夜、涅槃が「神通を得た」と叫んだ。
若い者が早く逝き、あるべきことか、年寄りが後に残された。
どうしてこのようにも、遠く隔てられてしまうのか。

○一如宗泡童子＝未詳。
○随流認得性去＝ここでは死ぬことをいう。『伝灯録』巻二、第二十二祖摩拏羅尊者章に「心は万境に随って転ず、転処、実に能く幽なり。流に随って性を認得せば、喜も無く亦た憂も無し（心随万境転、転処実能幽。随流認得性、無喜復無憂）」。
○孔夫子在川上曰＝『論語』子罕第九「子、川の上に在りて曰く、逝く者は斯の如きか。昼夜を舎めず（子在川上曰、逝者如斯夫。不舍昼夜）」。
○昨雲軒主＝未詳。この玉室の詩には沢庵も和韻している。
○泥丸昨夜叫神通＝「泥丸」は、「泥畔」「泥曰」「泥洹」とも。涅槃の異名。「泥丸昨夜叫神通」は「涅槃が神通を得た、と叫ぶ」。いま「死」をいう。前出［一八四］。『妙法蓮華経』巻三、薬草喩品第五に「無漏の法を知って、能く涅槃を得、六神通を起す（無漏法、能得涅槃、起六神通）」。
○鋒捷＝「機鋒捷疾（すばしこい）」の略であるが、転じて「夭逝」をいう。父より先にさっさと死んでしまった龐居士の娘霊照の話に拠る。『龐居士語録』「居士、将に入滅せんとして霊照に謂いて曰く、日の早晩を視て、午に及ばば以て報ぜよと。照、遽かに報ず、蝕有り。士、戸を出でて観る次いで、照、即ち父の座に登って合掌して坐亡す。士、笑って曰く、我が女、鋒捷なりと」。
○遺老＝生き残りの老人。娘に先に逝かれた龐居士を一如宗泡童子の父（昨雲軒主か）に比す。
○牛馬風＝「風馬牛（訓は、風する馬牛あるいは風馬牛とよむ）」とも。遠く隔たっていることをいう。『春秋左氏伝』僖公四年に「君は北海に処り、寡人は南海に処り、唯だ是れ風する馬牛も相い及ばざるなり（君処北海、寡人処南海、唯是風馬牛不相及也）」。『新釈漢文大系』（明治書院）の解に「君は北海におり、わたしは南海におり、遠く隔たっておりますので、雌雄誘って駆けまわる馬牛も、お互いの領土に駆け入って争端を開くということもございません」と。この場合、「風」は「サカリがつく」という義。いまはそれにかかわらない。また、『琅邪代酔編』巻十一「風牛馬」に「楚子曰、君処北海、寡人処南海。唯是風馬牛不相及也。按牛走順風、馬走逆風。牛馬風逸、往往相及、楚是以云爾」、すなわち「風に対して牛は順風にむかって走り、馬は逆風に向かって走る。よって両者は遠く相隔たる」とする解釈もある。いずれにしても「風馬牛」は「遠く隔たる」意。楊万里「和張寺丞功父八絶句」の八に「一生海内金石友、万事人間牛馬風」。

【二二六】（四七ウ）

竺公佳人落飾、元未林鐘中旬、榮遷位於侍局矣。賦一拙偈、以伸其賀云

公是元來清淨身、維時執熱絶紅塵。梅花侍者近如雪、六月炎天一朶新。

竺公佳人落飾、元未の林鐘中旬、位を侍局に栄遷せらる。一拙偈を賦して以て其の賀を伸ぶと云う

公は是れ元来、清浄身、維れ時、執熱、紅塵を絶す。

梅花侍者、近づけば雪の如し、六月炎天、一朶新たなり。

〈訳〉

元和五年六月中旬、竺公喝食（かっしき）が剃髪して沙弥となり、侍局に入った。一偈もて賀す

美しい君は、あらためて剃髪せずとも、もともと清らかな身。
いまさっぱりと剃髪して、この夏の暑さも消すような清涼感。
近づけば雪のような涼しさを与えてくれる君は、
さながら六月の炎天下に、梅花が開いたよう。

○竺公佳人落飾＝玉室和尚会下の喝食。このとき十五歳。前出［一七九］「和竺君」（元和四年）に「仁祖相逢一坐開、少年神悟称顔回。新春喚作君吟友、紫燕黄鴬幾往来」とベタ褒めしていることに注目。また前出［二一六］に「和竺少年試春」（元和五年）「官梅御柳在吾隣、伝聞紅情緑意新。此野生涯争臨近、傍人莫笑未知春」。『咨参緇素名簿』寛永三年四月十七日条に「竺蔵主　玉室和尚会下僧」とあり。いまは元和五年（一六一八）ゆえ、この記録は七年後のこと。

○元未林鐘中旬＝元和五年己未、六月中旬。熱暑の真夏。

○栄遷位於侍局矣＝喝食から剃髪して沙弥となり侍者局に属した。

○執熱＝左注の杜甫「大雲寺賛公房」詩をふまえる。ここでは単に真夏の暑熱をいうのみ。天恩寺旧蔵『葛藤集』「清涼散執熱無煩」。また後出［二五二］に「啓迪後昆医以良、活機手段好商量。此身執熱煩何在、不借人間五月涼」。

○梅花侍者近如雪＝「梅花侍者」、いま剃髪して、新たに侍局に入る美少年を炎天の梅花になぞらえる。「近如雪」は、杜甫「大雲寺賛公房」四首の四「公に近づけば白雪の如し、執熱の煩、何ぞ有らん（近公如白雪、執熱煩何有）」。横川景三の『補庵京華前集』「池館避暑、会典厩私第」に「溽暑今年倍万恒、近公如雪又如氷」。彦龍周興の『半陶文集』「舡上避暑」に「近鴎亦雪近公雪、一棹清風不待秋」など。

○六月炎天一朶新＝『禅林句集』に「雪裏芭蕉摩詰画、炎天梅蕊簡斎詩」の語を収む。『簡斎詩集』巻二十六、『題趙少隠清白堂』三首の三に「雪裏芭蕉摩詰画、炎天梅蕊簡斎詩、他時相見非生客、看倚琅玕一段奇」とあり。『夢渓筆談』十七に「書画の妙は、当に神を以て会すべし、形器を以て求む可きこと難し。……予が家に蔵する所、摩詰が画く袁安、雪に臥す図、雪中芭蕉有り。此は乃ち心に得て手に応じ、意到って便ち成る。故に造理神に入り、天意を廻し得たり。此は俗人と与に論じ難可し」。

藤原惺窠述、林羅山箚記の『梅村載筆』人巻に「惺斎（藤原惺窠）云、簡斎が詩に、雪裏芭蕉摩詰画、炎天梅蕊簡斎詩、と云は、常に詩人の如くいがたにはまつて作るに非ず。格外に作出すと云たとへを、雪裏芭蕉と炎天梅蕊とのめづらしきに比するなり」。

『欠伸稿』に見える例、左のとおり。

孤篷庵本［一の三九］「清浄院殿仏心宗西大禅定尼掩土」に「炎天六月漫漫雪」。

孤篷庵本［一の四五］「永照院不白拈公秉炬」に「拈出炎天一朶梅」。

孤篷庵本［二の一］「阿兄聖伯宗凡居士小斂忌」（七月五日）に「吹成六月紅炉雪、炎日梅花一朶香」。

孤篷庵本［二の二四］「休叟道止未了道也両居士卒哭忌」に「六月炎天新吐蕊、開為両片一枝梅」。

【二二七】（四七ウ）［四の三五］

大仙禪院遷居之日、宗立首座有一偈　和其韻

大仙禪院遷居日、錯被人呼五世孫。遮裏本來無一物、生苔拈出掃乾坤。

大仙禅院遷居の日、宗立首座、一偈有り、其の韻を和す

大仙禅院、遷居の日、錯って人に五世の孫と呼ばる。
遮裏、本来無一物。生苕を拈出して乾坤を掃く。

〈訳〉

大仙院に輪住する日、宗立首座の偈に和韻

大仙院に遷居することになった、
わたくしごときが、古岳宗亘禅師の五世の孫となるとは、大錯。
わたくし宗玩、まったくの無一物ではありますが、
先師から授かった、このちびた箒で、天上天下の大掃除をするつもりであります。

○大仙禅院遷居日＝『欠伸年譜草稿』元和五年己未条に「師四十六歳。大仙禅院に輪住す。座下の一僧、偈を呈し展賀す。師、和して云えるに、生苕拈出掃乾坤の句有り」。
○宗立首座＝大徳寺一八一世、江雪宗立。前出［一九五］。
○錯被人呼五世孫＝法系は古岳宗亘―伝庵宗器―大林宗套―笑嶺宗訢―春屋宗円―江月。
○生苕拈出掃乾坤＝「生苕」は、ちびた箒、古岳宗亘の号。いま先師から伝わった法をいう。
○遮裏本来無一物＝「這裏」は「ここ」、我が這裏。あるいは「禅僧が本分とするところ」。六祖の偈「菩提元無樹、明鏡亦非台。本来無一物、何処惹塵埃」。あるいは、『伝灯録』巻十五、徳山宣鑑章「雪峰問う、従上の宗風、何の法を以てか人に示す。師曰く、我が宗、語句無し、実に一法として人に与うる無し」。前出［二二二］。

【二二八】（四七ウ）［四の三五］

孤篷菴主、仲秋之後、従紀州到伏見、書來。（書）回書尾投之
共公去歳月同遊、今霄三五隔斯秋。問訊雨奇晴好句、和歌吹上有歌不。
一二之句、仲秋夜求之、吟未了、今求三四句者也。

孤篷庵主、仲秋の後、紀州より伏見に到り書来たる。回書の尾に（書し）之を投ず
公と共に去歳、月に同じく遊ぶ、今霄三五、斯の秋を隔つ。
問訊す、雨奇晴好の句、和歌の吹上、歌有りや。
一二の句、仲秋の夜、之を求む、吟未了、今、三四の句を求むる者なり。

〈訳〉

仲秋の後、小堀遠州が紀州から伏見に帰ったと書簡が来た。その返書に一句。一二句は仲秋の夜に作ったが吟未了、いま三四句を付け加えて送る。

去年の仲秋は一緒にお月見をしましたが、
今夜は仲秋というのに、あなたは紀州におられ、またあいにくの天気。

さて、お尋ね申す、晴れてよし曇ってもよしの句がありますが、どうです、
あなたも紀州の和歌浦、吹上浦におられたからには、和歌でもおひとつ下さらぬか。

○孤篷庵主＝小堀遠州。
○仲秋之後＝元和五年八月十五日以降。
○従紀州到伏見寄書来＝孤篷庵本では「従紀州寄書来」。
○今霄三五隔斯秋＝「隔斯秋」は、遠州と一緒できないこと、さらには無月だったことをいおう。三句に「雨奇」をいうのはそのため。
○雨奇晴好句＝蘇東坡「飲湖上、初晴後雨二首」の二に「水光瀲灔晴方好、山色空濛雨亦奇。欲把西湖比西子、淡粧濃抹総相宜」。『四河入海』に「一云、水光瀲灔、言ハ、西湖ニ遊トキ初メハ晴テ西湖ノ水光ガ瀲灔シタガ、ナニトモ面白ガエイ、又アソコニハ雨ガフルガヤラウ、山色ガ空濛トシタナカヲ面白ゾ。雨ガフライデハ、サテゾ。……」。
○和歌吹上＝紀伊の和歌浦、吹上浦。古来、歌枕の地として名高い。前出［七〇］［一一二］。

【二二九】（四七ウ）［四の三五］
紹由禪人修造吾山温室矣。於于此、大慈堂頭大和尚賦尊偈被賀之。謹奉依厥嚴韻云
維時清淨法門新、開示應眞悟水因。雨後青山還落二、南方世界絶纎塵。

紹由禅人、吾が山の温室を修造す。此に於て大慈堂頭大和尚、尊偈を賦して之を賀せらる。謹んで厥の厳韻に依り奉ると云う

維れ時、清浄、法門新たなり、開示す、応真、水因を悟れるを。
雨後の青山も還た二に落ちん、南方世界、纖塵を絶す。

〈訳〉

紹由禅人が浴室を修造された。天叔和尚の尊偈に和韻
いま浴室が新たにできた、
その清浄な浴室にふさわしい教えが、わが宗にはあったであろう。
十六羅漢が同時に入浴し、同時に悟ったと、碧巌録にもある。
いま風呂に入って、頭もさっぱり、雨あがりの青山よりも清々しい。
南方無垢世界のように、一点の汚れもない。

○紹由禅人＝未詳。
○温室＝浴室。『仏説温室洗浴衆僧経』というあり。
○大慈堂頭大和尚＝大徳寺一二九世、天叔宗眼。前出［二二］［一六七］ほか。
○開示応真悟水因＝十六羅漢が同時に入浴し、同時に悟ったこと。「応真」は、阿羅漢の意訳。『碧巌録』第七十八則、本則「古え十六開士有り、僧を浴する時に、例に随って入浴し、忽ち水因を悟る。諸禅徳、作麼生か会す。

他道う、妙触宣明、成仏子住。也た須らく七穿八穴して始めて得べし」。本拠は『首楞厳経』巻五。「水因」は、水の浸潤性と透明性。

○雨後青山＝山色仏頭青。青い山のことを仏頭に喩える。林逋『西湖』詩に、「春水浄於僧眼碧、晩山濃似仏頭青」。『西遊記』四十一回、「好雨、真箇是。瀟瀟洒洒、密密沈沈、……高山洗出仏頭青」。また「仏誕生」「浴仏」偈によくいわれる。あるいはまた、落髪偈でも使われることがある。

○落二＝第二義門に落ちること。今は二番手という意。

○南方世界＝南方無垢世界。『法華経』提婆品「当時衆会皆見、龍女忽然之間、変成男子、具菩薩行、即往南方無垢世界、坐宝蓮華成等正覚。三十二相八十種好、普為十方一切衆生演説妙法」。また「南方」は竺支ともに仏法の本拠。善財童子南詢、江南仏法など。

【二三〇】（四八オ）

危橋宗梅童女、丸不點辭世去。其慈父淡齋主、悲嘆之餘、有追悼和歌。卒依厥韻礎云

此人九歳赴青霄、似面壁禪誰欲招。如夢如泡亦如電、世間甲子過危橋。

危橋宗梅童女、丸不点にして世を辞し去る。其の慈父淡斎主、悲嘆の余り、追悼の和歌有り。卒に厥の韻礎に依ると云う

此の人、九歳にして青霄に赴く、面壁の禅に似たり、誰か招かんと欲す。

如夢如泡、亦た如電、世間の甲子、危橋を過ぐるごとし。

〈訳〉


危橋宗梅童女、わずか九歳で亡くなった。父の淡斎主、悲嘆のあまり追悼の和歌を詠ぜられた。それによって一句を手向ける。

わずか九歳で召されるとは、いかにも早すぎる。

面壁と同じ年とは、召したのは誰か、達磨大師のお召しか。

人の一生は夢まぼろし、うたかたのように儚いとはいうが、
丸木橋を渡るごとく、かくも危うくもろいものか。

○危橋宗梅童女＝未詳。「危」字体、前出［九五］にも。
○丸不点＝九の字謎。丸に点をしなければ九となる。この語、いま『欠伸稿』以外に未見。
○淡斎主＝前出［一二二］に「泉南郷里の人、淡斎主は、予が三十年以降の耐久なり。平常、宗風を慕い、洛北に泉南に諸老の門を扣き、道の為に志を励ます。寔に嘉尚す可し。加之、孝を以て心と為す。活機の黄檗、具眼の織鞋米山を倒退せしむる者か。其の萱堂小英正青禅尼、頃ろ微疾に染み寂に趨る。小春の十又一日なり。此の訃音を聞いて、于以為に弔礼を講ぜんとすると雖も、予、洛北の水遠山長に客たり。意に任せざる者、遺憾なる而已。孝子、追慕の余り、一首の和歌有り、遠く之を寄せ来たる。黙して辞す可けんや。韻礎に歩して拙偈、之を投ずと云う。我に代わって、江南の梅一枝、香供養を伸べよ、小春の時。小春の時、又た秋に逢うや否や、別かれに臨んで、宋玉の悲しみを図り知る」。
○赴青霄＝死をいう。前出［九二］「青霄独歩没蹤由」、［一〇一］「青霄独歩絶西東」、［一七二］「独歩青霄携隻履」。

○如夢如泡亦如電＝『金剛般若波羅蜜経』「一切有為法、如夢幻泡影、如露亦如電、応作如是観」。
○世間甲子＝「甲子」は六十年、人の一生のことをいう。許渾「送宋処士帰山」詩に「世間甲子須臾事、逢著仙人莫看棋」。
○過危橋＝孤篷庵本［三の二五］「人担杖渡危橋」詩に「伴黒粼皴翹足行、此人飲気又呑声。危橋世路有何隔、利走名奔幾弄精（黒粼皴を伴って足を翹て行く、此の人、飲気又た呑声。危橋と世路と、何の隔てか有らん、利に走り名に奔って、幾ばくか精を弄す）」。『伝灯録』巻九、福州長慶大安禅師章に「如人の重担を負うて独木橋上より過ぐるに、亦た失脚せしめざるが如し」。

【一二三一】（四八オ）［四の三五］

修伯宗因禪人者、予同郷舊知己也。頃染微疾趨寂乎。仲秋之下旬也。憿嘆之餘、于以雖爲講吊禮、華夷相隔遠而遠、思而止矣。於于茲、南宗堂頭和尚追悼之尊偈、有人傳之。謹奉汚嚴韻、投慈爺道休禪人、以助一哀。黄達磨曰、何況人間父子情矣

人去元和己未年、訃音傳破客中眠。雁哀洛北山林下、鷗恨江南野水前。

修伯宗因禅人は、予が同郷の旧知己なり。頃ろ微疾に染み寂に趨れり。仲秋の下旬なり。憿嘆の余り、于以、為に吊礼を講ぜんとすると雖も、華夷、相い隔つること遠くして遠し、思えども止みぬ。茲に於て、南宗堂頭和尚追悼の尊偈、人有って之

を伝う。謹んで厳韻(ごんいん)を汚(けが)し奉(たてまつ)り、慈爺道休(じやどうきゅう)禅人に投じて以て一哀(いちあい)を助く。黄達磨(こうだるま)曰く、何ぞ況んや人間父子の情をやと

人は去る、元和己未(つちのとみ)の年、訃音(ふいん)伝えて客中(かくちゅう)の眠りを破(は)す。
雁は哀しむ、洛北山林の下、鴎は恨む、江南野水の前。

〈訳〉

修伯禅人は同郷の旧知己である。病に臥し、帰らぬ人となった。八月下旬のことだった。弔問に参りたいが、遠方ゆえ意に任せぬ。沢庵和尚の弔偈があり、これを伝えてくれる人があったので、これに和韻し、尊父の道休禅人に送って、お悔やみとする。黄山谷いわく「何ぞ況んや人間父子の情をや」と。

元和五年、その人は逝ってしまわれた、
その訃音が届き、客舎で眠るわたしの眼を覚ました。
洛北の山林下でわたしは雁のように哀しむ、
道休禅人よ、あなたは堺の野水のほとりを舞う鴎とともに、
この定めを恨んでおられることでしょう。

○修伯宗因禅人＝江雪宗立の俗兄。伊丹氏。『看松庵月中須知簿』に「元和五年己未八月二十日卒。智海禅師（宗立）の家兄、道旧（道休）居士の嫡子。伊丹伝翁居士の養子。不幸にして短命なり。南宗寺に葬る」。

○仲秋之下旬也＝元和五年。孤篷庵本では「十又八日也」。右の『看松庵月中須知簿』の「八月二十日卒」と合致しない。
○華夷＝華は中国、夷は外国。しかし、いまここでは、都と堺とをいう。
○南宗和尚＝沢庵。
○慈爺道休禅人＝孤篷庵本では「慈爺道旧禅人」。『看松庵月中須知簿』に「友岳道旧居士。慶安三年庚寅（一六五〇）九月十四日卒。智海祖（宗立のこと）の家父。伊丹氏。本と摂州伊丹郷の城主。寿九十四歳。泉州堺居住。南宗寺に葬る」とある。一五五七年～一六五〇年。
○黄達磨曰、何况人間父子情矣＝「黄達磨」は黄山谷のこと。前出［一四八］。「憶邢惇夫」詩に「詩到随州更老成、江山為助筆縦横。眼看白璧埋黄壌、何况人間父子情」。
○人去元和己未年＝元和五年。
○訃音伝破客中眠＝「客中眠」、孤篷庵本では「客床眠」。「客」は、前出［二二三］に「客洛家」など。『欠伸稿』で江月がよく使う「洛北客舎」というに同じ、つまり龍光院のこと。「客」は「人生如寄」、人生は一期の旅のようなもの、定住すべきところはないという諦観に基づくもの。
○雁哀洛北山林下、鴎恨江南野水前＝雁は江月、鴎は道旧禅人。龍光院を「山林」という。

【二三二】（四八ウ）

雲英大禪師者、予同郷人、而師叔仙嶽大和尚之嗣子也。可惜歳不満半百、矧又無人嗣續矣。依俙韶陽之道遂漂沒於已菴焉者乎。今茲元未五年小春初二日、當十七回遠諱之辰、就于大仙禪院設小齋燒香之次、賦一偈以供靈鑑云

江南古佛稱怨家、誰點齋筵一椀茶。時節因縁逢忌日、徳香十月七梅花。

雲英大禅師は予が同郷の人にして、師叔仙岳大和尚が嗣子なり。惜しむ可し、歳、半百に満たず、矧んや又た人の嗣続する無し。韶陽の道の遂に已庵に漂没するに依俙たり。今茲元未五年小春の初二日、十七回遠諱の辰に当たり、大仙禅院に就いて小斎を設け焼香する次いで、一偈を賦して以て霊鑑に供うと云う

江南の古仏、怨家と称す、誰か点ず、斎筵一椀の茶。
時節因縁、忌日に逢う、徳は香る、十月、七梅花。

〈訳〉

雲英禅師は堺の人で、仙岳和尚の嗣子である。まことに惜しいことに、五十にもならず、まだ法嗣もできないのに遷化されてしまった。雲門大師の法が已庵でついに滅したようなものである。今年元和五年十月二日は十七回忌に正当し、大仙院で法要を行なった。一句を霊前に供える。

江南の古仏、沢庵和尚と雲英禅師とは、よくよくの縁であった。
嗣法が絶えたのだから、いったい誰が一椀の茶を供えるのであろう。
忌日のいま、仏法の梅花が香るように、その徳が芳しい。

○雲英大禅師＝大徳寺一四一世、雲英宗偉（一五六〇～一六〇三）。谷宗臨の二男（母は今井宗久娘、姉は半井安

立妻。祥雲寺蔵『谷家系図』による）。『大徳寺世譜』に「諱ハ宗偉。仙岳洞ニ嗣グ。自号乍住。泉南ノ人、谷氏呼雲斎宗臨居士第二ノ男ナリ。則チ岳ノ家姪ナリ。慶長二丁酉三月二十日、奉勅入寺。海眼庵ニ住ス。慶長六辛丑、春屋国師ノ命ヲ伝ヘテ、黒田長政朝臣ニ告テ、崇福寺再興ヲ請フ。乃チ諾シテ筥崎松原ニ於テ建立シ、師ヲシテ住セシム。立テ中興ノ祖トス。慶長八癸卯十月四日示寂。世寿四十四」。祥雲寺蔵『谷家系図』に「寿五十三」とするのは誤り。

○仙岳大和尚＝大徳寺一二二世、仙岳宗洞（一五四五～九五）。『大徳寺世譜』に「諱ハ宗洞。笑嶺訢ニ嗣グ。自号無底籃。泉ノ境ノ人。俗姓谷氏。眼牛斎宗本居士ノ第二ノ男ナリ。十三歳ニシテ出家。普通国師（大林宗套）ニ就テ剃染ス。天正七己卯九月十七日奉勅入寺。泉ノ境海眼庵ニ住ス。文禄四乙未十月二日示寂。世寿五十一」。谷宗臨の弟。

○依俙韶陽之道遂漂没於已庵焉者乎＝「韶陽」は雲門文偃（八六四～九四九）。前出［二〇七］注を参照。「已庵深」（嗣痴禅元妙）は雲門宗の最後の法系のうちの一人。『五灯会元』巻十六に章あり。「漂没」は、沈没。「漂」字、原本は溧に作るが、溧は川の名、ここでの義ではない。「焉者乎」、三字とも助辞。

○今茲元未五年小春初二日＝元和五年（一六一九）十月二日。正当日。

○江南古仏称怨家＝雲英禅師（一五六〇～一六〇三）は沢庵とはよくよくの縁があった。「江南古仏」は沢庵のこと。江月は前出［二〇〇］および孤篷庵本［四の四九］で、沢庵のことを「南方古仏」と呼んでいる。

「怨家」、原義は、あだ、かたき。禅録では仏祖を寃家のごとくに見よという。『聯灯会要』龍牙居遁章に「示衆に云く、夫れ参学の人は、須らく仏祖を透過して始めて得べし。新豊和尚云く、仏教祖教は、生寃家の如くして、始めて参学の分有り。若し透不過ならば、即ち仏祖に謾ぜられん」。必ず果たさいではおくものか、との意気ごみで対待して、初めて参学の分あり、の意。また「不是怨家不聚頭（よくよくの縁の間柄でなければ、際会し逢うことはない）」の語もある。ここでは「切っても切れない縁」の意。

○七梅花＝「七年」の義。「七たび梅の花は開いた」という義。『点鉄集』『禅林句集』に「江湖両藤杖、風雪七梅花」。本拠未詳だが、おそらくは『詩経』召南に「摽有梅、其実七兮（摽つるもの梅有り、其の実七つ）」とあるに拠る。

『見桃録』五十八「古月妙円禅定尼七周忌」に「臘天風雪七梅花」、同じく「賢甫宗喆首座七周忌拈香」に「……我有本来香一瓣、和風吹送七梅花」、同じく四二二「東漸寺殿光翁亘公大禅定門七年忌拈香語」に「……這七梅花、始太極長無根……」、同じく「芳室妙薫禅定尼七周忌香語」に「……薫徹黄泉穿碧落、一炉沈水七梅花、……」。

『一黙稿』「亨徳院一渓道三禅人七周忌」に「更有報恩那一瓣、東風二月七梅花」。

孤篷庵本［二の二八］「養源寺殿七年忌」語に「雪裏迎春箇時節、一枝香動七梅花」。孤篷庵本［四の三九］「幻叟宗夢禅定門七周忌」語に「忌景惟時深雪裡、前村一朶七梅花」。孤篷庵本［四の七六］「台徳院殿大相国公七周回忌」語に「春風吹七梅花起、今日天香掃地新」。孤篷庵本［四の八四］「天教院七周忌之辰」語に「時節因縁深雪裏、一枝開作七梅花」。

以上の例、すべて七回忌に因んで用いられている。

しかし、いま十七回忌なのになぜ「七梅花」をいうのか未詳。「十月七梅花」は、あるいは「十有七梅花」の誤記か。待攷。

【二三三】（四八ウ）

廣徳和尚賜金偈。謹和韻、副以小帽　回書尾

一篇尊偈幾傳心、二祖胡爲立雪深。此小烏巾翁莫咲、臘前漸作辟寒金。

広徳和尚、金偈（きんげ）を賜う。謹んで韻を和す。副（そ）うるに小帽（しょうもう）を以てす。回書の尾

一篇の尊偈（そんげ）、幾（いくば）くか心を伝う、二祖、胡為（なんそれ）ぞ雪の深きに立つ。

此の小烏巾（しょううきん）、翁よ、咲（わら）う莫かれ、臘前（ろうぜん）、漸（ようや）く辟寒（へきかん）の金と作（な）せ。

〈訳〉

広徳寺和尚から尊偈をたまう。これに和韻し、小帽を添えてお送りする

お送りくださった一篇の詩で、どれほどお心が伝わりましたことか。
その心をわかろうとして、二祖大師はどうしてまた雪中に立たれたのでしょう。
頭巾をお送りしますが、お笑いくださいますな。
もうすぐ臘八、だんだん寒くなりますので、寒さ凌ぎにお使いください。

○広徳和尚＝広徳寺三世の州甫宗鎮（一六三五年没）。『大徳寺世譜』に「(大徳寺）一百四十五世、州甫宗鎮。諱ハ宗鎮。希叟罕ニ嗣グ。武州ノ人。慶長八癸卯出世。広徳三世。下総鳳凰山万満寺三世。寛永十二乙亥十一月十八日示寂」。

○一篇尊偈幾伝心、二祖胡為立雪深＝二句の「二祖胡為立雪深」は、一句の「伝心」を受ける。「二祖立雪」は、前出［二一〇］。

○烏巾＝黒頭巾、烏角巾とも。出仕を辞め隠居した者の冠り物とされる。杜甫「奉陪鄭駙馬書曲」詩の一に「何時占叢竹、頭戴小烏巾」。

○臘前漸作辟寒金＝「漸」は、「徐々に」。「辟寒金」、三国のとき、昆明国から魏に献じられた漱金鳥が吐き出したという粟粒のような金屑。『太平広記』巻四六三「漱金鳥」に「魏の時、昆明国、漱金鳥を貢す。国人云く、其の地、然州を去ること九千里、此の鳥を出だす。形、雀のごとく、色は黄、毛羽柔密なり。……帝、此の鳥を得て、霊禽の圃に蓄（か）い、飴（やしな）うに真珠を以てし、飲ますに亀脳を以てす。鳥常に金屑の粟のごとくなるを吐く。之を

鋳るに以て器と為す可し。……此の鳥、霜雪を畏る。乃ち小室を起てて以て之に処らしめ、名づけて辟寒台と曰う。……宮人争って鳥の吐く所の金を以て、釵佩を飾る。之を辟寒金と謂う。故に宮人相い嘲って言いて曰く、辟寒金を服さずんば、那ぞ君王の心を得ん、辟寒鈿を服さずんば、那ぞ君王の憐みを得ん。……出拾遺録」。

【二三四】（四九オ）

竹中采女正在豐陽、西風便傳書信。卒賦一偈以答云

遠寄音書問野生、公其月思與雲情。夢中夢欲通吾意、霜滿豐山鐘一聲。

竹中采女正、豊陽に在って西風の便に書信を伝う。卒に一偈を賦して、以て答うと云う

遠く音書を寄せて野生を問う、公は其れ月思と雲情と。

夢中の夢、吾が意を通ぜんと欲す、霜、豊山に満つ、鐘一声。

〈訳〉

竹中采女正が豊後から書信を伝える。一偈をもって答える。

はるばる書信を寄せて、わたしの近況をお尋ねですが、

あなたは如何お暮らしかと、月を見、雲を見るにつけ、思っております。

夢の中の夢で、わたしの気持をお伝えします。
それはきっと、霜に感応してひとりでに鳴るあの豊山の九鐘のように、
そちらでは響くことでしょう。

○竹中采女正在豊陽＝竹中重義（〜一六三四）。豊後国府内藩主。前出［一六九］を参照。
○遠寄音書問野生＝「問」は、問候。「野生」は、野生涯、江月のこと。
○月思雲情＝風流また知己の間柄。『碧巌録』五十三則の頌に「話尽山雲海月情」。［一三〇］に「的公雅蔵者予久年友也。今茲元和二歳春示試毫二首之佳作。其詩也雲情月思、其筆也烟霏霧結」。これは風流の詩情をいう。また「月思霜哀」の語あり。孤峰庵本［四―一八四］「甃庵居士弔偈」に「一別秋来夜灯下、争禁月思与霜哀」。これは友を思う情思。ここも友を思う気持ちの意に解した。
○霜満豊山鐘一声＝霜が降ればひとりでに鳴るという「豊山九鐘」のことをふまえる。また「豊山」は采女正がいる豊後のことをもあわせいう。『山海経』中山経に「又た東のかた四十里、豊山と曰う。……九鐘有り、是れ霜を知って鳴る」。
義堂周信『空華集』募縁疏、「報恩化鐘偈并序」に「昔、南陽の豊山に九鐘有り、霜降るときは則ち自ずから鳴る。今茲の新寺、山を南陽と称して鐘未だ成らず。亦た缺典ならずや。是に於て偈を為って疏に代う。……西門に寺有り南陽と称す、未だ鐘を鳴らして夜の長きを警すること有らず。但だ諸人の斉しく力を著くることを得ば、一声、五更の霜を待たず」。

景徐周麟『翰林胡盧集』第五巻、「岐の承国寺を画いて、僧、之を請う、山号は南豊」に、「緑遶青囲只意行、天涯佳刹久聞名、楼楼万瓦新霜暁、耳裡豊山鐘一声」。

『句双葛藤鈔』「豊山九鐘不撞鳴、作家禅客不喚来」。「タクマヌ仕合、自然ノ理ニ見ベシ」。

また後出［二五九］の「送大智主翁将帰豊之枌里」偈に「耳中消息旧佳境、豊嶺鐘声一夜霜」とあるのも同じ故

事をふまえたもの。

【二三五】（四九オ）［四の三六］

謹奉和芳春和尚之尊韻、予亦送道三法印東行云

偶迎故人逢欲話、等閑告別掃烟氛。江東洛北莫言遠、萬里天涯同一雲。

謹んで芳春和尚の尊韻を和し奉り、予も亦た道三法印が東行を送ると云う

偶たま故人を迎え、逢うて話らんと欲す、等閑に別れを告げ烟氛を掃う。
江東と洛北と、遠しと言う莫かれ、万里天涯、同一の雲。

〈訳〉

玉室和尚の偈に和韻して、曲直瀬道三の東行を送る
思いもかけず京に戻って来られたので、ゆっくりお話したいと思いましたのに、ふいにまた江戸に行かれるという。どうか道中の艱難を払って、恙なきことを。
江戸と京、離れてはおりますが遠いことはありません。
万里離れても、同じ空の雲を見ていれば心はひとつなのですから。

○謹奉和芳春和尚之尊韻、予亦送道三法印東行云＝孤篷庵本では「次韻芳春和尚送道三法印東行」。
○道三法印＝曲直瀬玄朔（一五四九～一六三一）、京の医師。江月より十四歳年長。前出［一七四］。
○偶迎故人逢欲話、等閑告別掃烟氛＝いま元和五年（一六一九）、曲直瀬玄朔は七十一歳。江戸から京都に戻り、また江戸に赴く。「等閑」は、はなはだ広義の言葉である。ここでは「ゆくりなく」と訓み「不意に」と訳す。前出［一三二］を参照。
「掃烟氛」、煙氛は悪気。杜甫「白水崔少府十九翁高斎」詩に「煙氛、藹として崷崒、魍魎、森として惨戚（煙氛藹崷崒、魍魎森惨戚）」。崷崒は山の高いさま。惨戚は、いたみうれう。すなわち煙氛は、道中の艱難を悪気に喩え、道三は医師ゆえ、これを「掃う」という。

【一二三六】（四九ウ）［四の三六］

佛成道日出洛寺赴馬山

欻赴温泉欲治瘝、雪埋半路幾多艱。今朝臘八同耶別、日種出山吾入山。

〈訳〉

仏成道の日、洛寺を出でて馬山に赴く

欻ち温泉に赴き瘝を治さんと欲す、雪、半路を埋む、幾多の艱ぞ。
今朝臘八、同じなるか別なるか、日種は山を出で、吾は山に入る。

仏成道の日、京を出て有馬温泉に赴く。
病の療治に有馬温泉に出かけることになった、
雪におおわれた路を進む、これから険路はいかほどか。
今日は仏成道の日、釈尊が山を出られた日だが、
わたしはといえば有馬の山に入る。
さて、これは仏と同じか別か。

○欻赴温泉欲治癏＝「癏」は「瘝」に同じ。やまい。
○仏成道日＝元和五己未年（一六一九）のこと。次に続く［二三七］［二三八］も同じ時のもの。
○馬山＝有馬温泉。『日本書紀』にも載るわが国最古の温泉。奈良時代には行基が復興した。戦国時代には荒廃したが、秀吉により戦病者の療養所として復興された。
江月と親交のあった近衛信尋の日記である『本源自性院記』に「有馬湯治記」（寛永二十年）の一文があり、京都からの旅程などを記録してあり、当時の交通事情がわかる。いわく「正月二十五日、五条川原より高瀬船に乗る、伏見に到って川船に乗り移る。申の下の刻、岡屋（宇治郡）に到る。二十八日、辰の刻ころ乗船。夜より雨停まず。酉の刻ころ神崎岸（摂津川辺郡）に着き、下船。戌の刻ころ小浜に到る。二十九日、朝間、雨停む。辰の刻ころ小浜を出、未の刻ころ、有馬に到り、温泉に浴し、川崎宇衛門の家に宿す」。五日がかりの行程である。信尋は、後陽成天皇の皇子であるが、この湯治行は「下人どもにも我が名知らすなと、ふかく口かためし」た隠密旅だった。現地の案内人のいうとおりに、宿の主にはちりめんを、二人の湯女にはそれぞれ銭百疋と五十疋を、また乞食がいれば「これも例ある事」と案内人のすすめで百疋を与えたりして、くつろいでいる様子がみえる。信尋の実父である三藐院近衛信尹の日記『三藐院記』にも「有馬入湯記」というのがある（年月日不明、天正末年ころか）が、これは尼崎から駄賃馬を傭うとあり、三日の行程で有馬に着いている。

○雪埋半路幾多艱＝その行程は、右の「有馬湯治記」を参照。
○日種＝釈尊五姓（瞿曇・甘庶・日種・釈迦・舎夷）の一つ。

【二三七】（四九オ）［四の三六］

長政公於有馬湯山見寄棉衣。卒賦野偈伸厥謝云
恩勝菩提達磨禪、賜棉衣與浴温泉。笑他二祖立深雪、別有宗門心法傳。

長政公、有馬湯山（ありまとうざん）に於て棉衣（めんえ）を寄せらる。卒（そつ）に野偈（やげ）を賦し厥（そ）の謝を伸ぶと云う
恩は勝る、菩提達磨の禅に、棉衣（めんえ）と温泉に浴することを賜う。
笑う、他の二祖が深雪に立ちしを、別に宗門心法の伝有り。

〈訳〉
有馬温泉で、黒田長政公から棉衣を賜わったお礼
達磨が伝えたのは屈眴（くつじゅん）の衣だったが、
このわたしは、木綿衣ばかりか、さらには温泉までも賜わった。
この御恩は達磨から衣鉢を受けた二祖以上のもの。
二祖大師もいかにもお気の毒なことだ。雪の中に立つばかりが禅でもあるまいに。

ありがたいことに、わたしはこうして湯治にあずかっております。
これがわたしにとっての一心伝法です。

○長政公＝この時、禅師四十六歳、黒田長政五十二歳。
○於有馬湯山＝『咨参緇素名簿』元和五年（一六一九）条に、次のようにある。
一、岡村吉左衛門重利（シゲトシ）　黒田筑州家人　前ハ酒井少三郎ト云人也　十二月中旬　於有馬湯山
一、稲葉五郎左衛門　同人家人　同月同旬　於同所
一、磯田才兵衛　同人家人　同月同旬　於同所
一、佐橋勘丞　同人家人　同月同旬　於同所
一、伊勢ヤ余田半左衛門　有馬湯山ノ住人　石尾越後（他庵道粒居士）聟　前ハ久五郎ト申人也　同月同旬
　於同所
一、観世太夫左近　洛陽人　同月同旬　於同所
観世太夫左近は九代目の観世身愛（ただちか）（一五六六〜一六二六）。
○恩勝菩提達磨禅、賜棉衣与浴温泉＝達磨が伝えた屈眗（くつじゅん）の衣のことをふまえる表現。屈眗はコットン。『伝灯録』巻五、六祖章「塔中に達磨所伝の信衣有り［西域の屈眗布なり。木綿華の心を緝して織り成す。後人、碧絹を以て裏と為す］」。
○笑他二祖立深雪＝「二祖立雪」は十二月九日。『伝灯録』巻三、二祖章「其の年の十二月九日夜、天大いに雪を雨ふらす。光、堅く立って動かず。遅明、積雪、膝を過ぐ。師憫れんで問うて曰く、汝、久しく雪中に立つ、当た何の事をか求む。光、悲涙して曰く、惟だ願わくは和尚慈悲、甘露門を開いて広く群品を度せ。……」

―【二三八】（四九ウ）［四の三六］―

有馬玄蕃頭於湯山賜紙衣、臘廿三日出湯山赴歸路、書尾書此偈
湯山出去故家歸、欻喚紙衣爲錦衣。并得温泉與温問、法身堅固退寒威。

有馬玄蕃頭、湯山に於て紙衣を賜う。臘の廿三日、湯山を出で帰路に赴く、書尾に此の偈を書す
湯山を出で去って故家に帰る、欻ち紙衣を喚んで錦衣と為す。
并せ得たり、温泉と温問と、法身堅固にして寒威を退く。

〈訳〉
有馬温泉で、有馬玄蕃頭から紙衣を賜わる。十二月二十三日、有馬を出て京に戻る。
書簡の末尾に記す。
有馬から京に帰ろうという日にいただいたこの紙衣、
これこそが、故郷に帰るための錦の衣です。
温泉ばかりかあたたかいお言葉までいただきました。
この衣はまさに「山花開いて錦に似たり」、大龍の堅固法身そのもの。
寒さも何のその、わたくしの病もすっかり癒えたようです。

○有馬玄蕃頭＝孤峰庵本では「有馬氏鴻臚卿」、鴻臚卿は玄蕃頭の唐名。有馬玄蕃頭豊氏（一五六九～一六四二）。

その出自は赤松氏。播磨国三木城主則頼の子。父則頼は秀吉の御伽衆を勤めた人。『寛政重修諸家譜』巻四六九。豊臣に仕え、関原で東軍につき、丹波国天田、何鹿二郡を領し福知山城に住す。また有馬郡を賜う。元和六年閏十二月、福知山をあらため、久留米を領す。寛永十九年、久留米にて卒す。このときは福知山城主。茶もよくし、利休七哲の一人という。

有馬豊氏五十一歳、禅師四十六歳。

○紙衣＝時に十二月二十三日。紙衣（かみこ）は、紙でつくった衣。防寒具でもある。

○湯山出去故家帰、欻喚紙衣為錦衣＝「故家帰」と「為錦衣」で「衣錦還郷」の語をふまえる。項羽が郷に入らんとした時にいった「富貴不帰故郷、如衣錦夜行」の語に基づく（『漢書』項籍伝）。「錦を衣て郷に還る」は、出世し富貴にして故郷に帰ること。

○法身堅固＝二句の「錦」を受けて、『碧巌録』八十二則、大龍堅固法身「僧問う大龍、色身敗壊、如何なるか是れ堅固法身。龍云く、山花開いて錦に似たり、澗水湛えて藍の如し」をふまえたもの。前出［一二九］。

【二三九】（四九ウ）

栗山大膳亮、寄紙襖見問予有馬入湯。回書尾書之謝

遠寄紙衣温問頻、臘天忽地早迎春。
香林明教所何録、只辟寒風容此身。

栗山大膳亮（くりやまだいぜんのすけ）、紙襖（しおう）を寄せて予が有馬（ありま）入湯（にゅうとう）を問わるる。回書の尾（おわり）に之を書して謝す

遠く紙衣（しえ）を寄せ、温問（おんもん）頻りなり、臘天（ろうてん）、忽地（たちまち）早く春を迎う。

香林（きょうりん）・明教（めいきょう）、何の録する所ぞ、只だ寒風を辟け、此の身を容（い）る。

〈訳〉

有馬入湯中に、栗山大膳が紙子を送ってくれた。そのお礼

紙子とあたたかいお見舞いの言葉をいただき、

まだ十二月というのにもう春が来たような気分です。

雲門禅師の弟子の香林禅師や明教禅師は、師の言葉をひそかに紙衣に記録したというが、

わたくしはそんなことは致しません。

この紙子にくるまって寒風を避け、ぬくぬく温まるだけです。

○栗山大膳亮＝福岡藩家老（一五九一～一六五二）。名は利章、はじめ五兵衛と称す。元和三年（一六一七）、父利安にかわって家老となる。長政の死後、二代目藩主忠之を補佐したが、次第にこれと対立。寛永九年（一六三二）、忠之に謀叛の企てありと幕府に訴えた。詮議の結果、大膳は盛岡藩お預けとなり、その地で没した。盛岡市愛宕山法輪院に墓がある。西木紹山居士。『国史大辞典』に長政像に似せた肖像画がある。

○紙襖＝紙子（うわぎ）。

○香林明教所何録＝雲門文偃の嗣香林澄遠（九〇八～九八七）が紙衣に室中対機を記録したこと。明教は、雲門の嗣双泉師寛（生没年未詳。随州双泉山師寛。明教禅師は賜号）。『禅林僧宝伝』巻二十九、雲居仏印元禅師章に「今、室中の対機録、皆な香林明教、紙を以て衣と為し、随所に聞いて即ち之を書す」。『聯灯会要』巻二十八、また『林間録』にも見える。

【二四〇】（四九ウ）［四の三六］

元旦　元和庚申住大仙
拈華殿裏笑迎春、窓外山山青轉新。
新暦開看一行字、元和第六歳庚申。

元旦　元和庚申（かのえさる）、大仙に住す
拈華（ねんげ）殿裏（でんり）、笑って春を迎う、窓外の山山、青転（うた）た新たなり。
新暦開き看る一行の字、元和第六、歳は庚申（こうしん）。

〈訳〉
元旦　元和六年、大仙院に輪住
拈華殿で拈華微笑の笑いでもって新春を迎える、
窓の外に見える山々はいよいよ青く新鮮。
新しい暦が開かれる、その一行の字は、
元和六年庚申（かのえさる）の歳。

○元和庚申＝元和六年。
○拈華殿裏笑迎春、窓外山山青転新＝拈華殿は大仙院の方丈の名。
○新暦開看一行字、元和第六歳庚申＝「一行字」は第四句のこと。

【二四一】（五〇オ）

寄廣徳和尚。楮境有餘地、呈拙偈奉謝高駕。兼以便賜尊和則至幸
別後回頭過數旬、再遊何日又何辰。
約花洛下共師愛、去歳今年幾待春。

広徳和尚に寄す。楮境余地有り、拙偈を呈し高駕を謝し奉る。兼ねて便を以て尊和を賜わば則ち至幸

別れて後、頭を回せば、数旬を過ぐ、再遊、何れの日か、又た何れの辰ぞ。
花を洛下に約し、師と共に愛でん、去歳今年、幾ばくか春を待つ。

〈訳〉
広徳寺和尚への書簡に一偈を付して、ご光来を謝し、尊和を乞う。
思いまわせば、お別れしてからすでに数十日。

再びお会いできるのはいつのことでしょうか。
この京都で、あなたとともに花を愛でたいものと、
去年から今年へと、どれほど春を待ちましたことか。

○広徳和尚＝江戸広徳寺三世の州甫宗鎮。前出［一九八］［二三三］。
○楮境有余地＝紙に余白があるので。前出［一四〇］「楮国有有境」。

【二四二】（五〇オ）［四の三六］

謹奉和芳春法兄大和尚見追悼月窓紹圓菴主之逝去華偈尊韻云
這老多年知己人、先吾何掃世間塵。
任他花影庭前暗、月落西窓一夜春。

謹んで芳春法兄大和尚が月窓紹円庵主の逝去を追悼せらるる華偈の尊韻を和し奉るると云う
這の老、多年知己の人なり、吾に先んじて、何ぞ世間の塵を掃う。
任他あれ、花影、庭前に暗きことを、月は西窓に落つ、一夜の春。

〈訳〉

玉室和尚が月窓紹円庵主の逝去を悼む偈に和韻

永年の友人であった庵主よ、
どうして、わたしより先に逝かれたのか。
あなたの死を悼んで庭の花も暗い、
ままよ、春の一夜、月は西の窓へと落ちていってしまった。

○芳春法兄大和尚＝玉室。
○月窓紹円庵主＝未詳。
○掃世間塵＝死をいう。
○月落西窓＝月窓の道号を打字。「西」は逝去の縁語。前出［八八］「吹断西風夕日遷」。

【二四三】（五〇オ）［四の三七］

謹奉和芳春法兄和尚見追悼龍泉大禪佛之戢化金偈之嚴韻云

瞎驢邊有瞎驢翁、滅却正宗興祖風。
手握龍泉空裏走、抹過南北與西東。

謹んで芳春法兄（ほうしゅんほうひん）和尚が、龍泉大禅仏（りょうせんだいぜんぶつ）の化（け）を戢（おさ）むるを追悼さるる金偈（きんげ）の厳韻（ごんいん）を和し奉ると云う。
瞎驢辺に瞎驢翁有り、正宗を滅却して祖風を興こす。
手に竜泉を握って空裏に走り、南北と西東とを抹過す。

〈訳〉

玉室和尚が龍泉庵日新和尚の遷化を追悼する偈に和韻
臨済禅師が遷化にあたっていわれた瞎驢のようなこの翁。
宗風を滅却して真に禅を興こしたのは、この和尚にほかならぬ。
龍泉の名剣を手にして、東西南北を超えたところへと、
一瞬にして過ぎ去ってしまわれた。

○龍泉大禅仏＝大徳寺一六二世、日新宗益。前出［二二一］。
○瞎驢辺有瞎驢翁、滅却正宗興祖風＝『臨済録』行録に「師、還化の時に臨んで拠坐して云く、吾が滅後、吾が正法眼蔵を滅却することを得ざれ。三聖出でて云く、争でか敢えて和尚が正法眼蔵を滅却せんや。師云く、已後、人有って你に問わば、他に向かって什麼と道うぞ。三聖便ち喝す。師云く、誰か知らん吾が正法眼蔵、這の瞎驢辺に向かって滅却せんことを。言い訖って端然として寂を示す」。この「滅却」の解釈、臨済録の諸抄にいうところ、左のとおりである。
『直記』「林際ノ如此云レタハ三聖ヘノ印可ゾ。此印ニハ常ノ如ク文ガナイ程ニ他人ノ眼ニカヽルコトデハナイ也」。
『臨済録鈔』（寛永七年刊）「一山国師云く、〈誰知吾正法眼蔵、向這瞎驢辺滅却〉は、抑して揚ぐる、別に漏逗の

意有り」。

『臨済録鈔』（寛永九年刊、カナ抄）「抑而托上也。……東陽云、凡ソ瞎驢受記トイウハ三聖ヲ言ウ也。夢窓国師云、抑而揚、別有漏逗意也」。

『臨済録夾山鈔』（承応三年刊）「学者切に須らく這の滅字に実参して始めて正法眼蔵の大段を知るべし。他の浅学、這の滅字に参得せずして、才かに滅の字を見ては輙く宗旨断滅の解会を為す。一笑を発すべし。『正宗』馬祖賛に〈滅菩提達磨之心宗、応般若多羅之懸讖〉。又た圜悟禅師、一日、懃・遠と同じく東山に侍して夜坐す。帰らんと欲して月黒し。山、各おの一転語を下さしむ。懃曰く〈彩鳳舞丹霄〉。遠曰く〈鉄蛇横古路〉。師曰く、看脚下。山曰く、吾が宗を滅する者は克勤のみ、と。此の滅の字も亦た一準なり」。

『臨済録瑞巌抄』（寛文十一年刊）「有般は知らずして言う、若し滅字を見て断滅の会を作さば笑う可しと。知らずして笑うは過は汝に在り。此の祖の臨終に〈吾滅後不得滅却吾正法眼蔵〉と言うは、断滅せしめざるの義に非ずして什麼とか作さん。還って汝、他の笑いを招かんか。祖師の遺旨を知らずして出世する者有らんや。正法眼蔵は不生不滅、滅却する所に非ず。嗣法の人は生滅の者なり、滅却せざらんことを欲するも其れ得べけんや。若し是の如く知らば、是れ大邪見、顛倒の衆生なり。名づけて滅却と為す所以は何ん。吾が宗は然らず、自覚の聖智、現在前するが故に。汝、不生不滅の蹤跡を求むるに不可得なり。一切の言説も亦た不可得なり。是れ臨済の正法眼蔵を滅却する底」。

いまは「滅却正宗興祖風」とある「興祖風」がポイント。大応国師の法嗣にも滅宗宗興禅師の名がある。
○手握龍泉空裏走＝「龍泉」は名剣の名。龍泉院をふまえる。
○抹過南北与西東＝「抹過」は、一瞬に過ぎる。孤篷庵本［二の七］に「凡聖同居を超越せば、閃電抹過、人天交接を脱却せば、駟も追い難し」。

【二四四】（五〇ウ）［四の三六］

宗富喝食試筆於湖上、新正寄詩於洛陽古刹。卒和其韻、以投之者也
觀光須慕我宗風、路是春來雪盡融。
老矣此生年半百、纔如殘日掛踈紅。

宗富喝食、湖上に於て筆を試む。新正、詩を洛陽の古刹に寄す。卒に其の韻を和して以て之に投ずる者なり
観光、須らく我が宗風を慕うべし、路は是れ、春来たって雪尽く融くる。
老いたり此の生、年半百、纔かに残日の踈紅を掛くるが如し。

〈訳〉

宗富喝食が堺から試筆の詩を送って来た。これに和韻して送る
「観光」は風光を観るというが、それはやはり本分の風光を観るのでなくてはなるまい。
途次の光景はすべて春を告げている、雪もすっかり融けた。
わたしも老いた、まもなく五十だ。
夕暮れの残陽がわずかに赤く光っているようなものだ。

〇宗富喝食＝前出［一五九］［二一八］参照。孤篷庵本［二の五二］に「春谷号、宗富禅人、冷泉津人」とある。
〇試筆於湖上＝孤篷庵本では「湖上」を「泉南」に作る。「湖上」は、孤篷庵本［四の四二］「元旦、住横岳山」に

「関西湖上遇正新、崇福梅花旧故人……」とあるように、博多をいうこともあるが、ここでは泉南のこと。
○観光＝『易経』観に「国の光を観る」。転じて他国の山水風俗を観て遊覧すること。『欠伸稿』ではすべてこの意で使われている。宗富喝食はもと博多の人、いま正月、泉州辺を観光、あるいは他国に出かけることがあったか。
○老矣此生年半百＝いま江月四十七歳だが、概数で五十（半百）といったもの。

【二四五】（五〇ウ）［四の三七］

欽奉和龍源堂頭大和尚見追悼佛國大安禪師之戢化華偈嚴韻云

興大慈雲自在禪、堂堂佛國舊因緣。
活龍忽躍禹門去、先節桃花浪滔天。

欽んで龍源堂頭大和尚が仏国大安禅師の戢化を追悼せらるる華偈の厳韻を和し奉ると云う

大慈雲を興こす、自在の禅、堂堂たる仏国、旧因縁。
活龍、忽ち躍って禹門より去る、節に先んずる桃花、浪滔天。

〈訳〉

仏国禅師の遷化、南隣禅師偈に和韻

大慈院を創めて、大慈雲を興して自在の禅を弘められた、
仏国禅師とは、よくよくの因縁がありました。
この活龍、たちまち躍って禹門三級の滝、桃花うずまく浪の中を天に登り、
三月三日桃の節句に先立って、二月二十一日に寂を示された。

○龍源堂頭大和尚＝大徳寺一五五世（江月の前）、南隣宗頓。龍源門下玉雲派。『紫巌譜略』に「相州の人。盛叔に嗣ぐ。虚白子と号す。寛永三年四月二十三日寂」。
○仏国大安禅師＝大徳寺一二九世の天叔宗眼。前出［二二］［一六七］ほか。
○興大慈雲自在禅、堂堂仏国旧因縁＝大慈院と仏国大安禅師号を打字。「旧因縁」はここでは何をいうか、未詳。
○活龍忽躍禹門去、先節桃花浪滔天＝三月三日桃の節句に先立つ二月二十一日に示寂。「活龍」「禹門」「桃花浪滔天」は登龍門の事をふまえるが、いまはその事をもって遷化になぞらえ「禹門去」という。『碧巌録』七「法眼答慧超」の頌の評。登龍門は、前出［一五］［二八］［一三三］参照。

【二四六】（五〇ウ）
九州知己人偶觀光。清談未了、見赴武州。賦一偈投之
知己相逢欲理盟、西來幾日又東行。
維時二月背花去、試問胡爲出洛城。

九州の知己（ちき）の人、偶（たま）たま観光す。清談未だ了らざるに、武州に赴かる。一偈を賦し

て之に投ず
知己（ちき）相い逢うて盟（めい）を理（ただ）さんと欲す、西来幾日ぞ、又た東行す。
維（こ）れ時二月、花に背（そむ）いて去る、試みに問う、胡為（なんそれ）ぞ洛城（らくじょう）を出づる。

〈訳〉
九州の知人が観光のため上洛し、話がつきないうちに、江戸に行かれるという。これを送る
あなたとお会いして友誼の契りを確かめようと思いましたのに、
九州から来られて、まだ幾日もたたないのに、もう江戸へ行かれますか。
これから花の季節というのに、都の花を吟じないで去られるとは。
お尋ね申す、京都を離れるのはどうしたわけでしょう。

○九州知己人＝未詳。
○知己相逢欲理盟＝「理盟」、『句双葛藤鈔』に「鴛鴦被中理盟人、雪霜治得蚯蚓骨」。蘭坡景茝『雪樵独唱集』絶句部「月夜話別之遠江友」に「洛社多年倶理盟、何図千里拠鞍行」。友誼の結盟を確認すること。盟は交義。
○背花＝花期に花を見、詩を吟ぜずに他所に行くこと。室町禅林では「二月背花」と言えば、釈尊入涅槃の縁語ともなるが、いまはそうではない。

【二四七】（五一オ）［四の三七］

元申季春兩十日者、龍光院殿如水圓清居士十七回忌之辰也。點麁茗之次、賦一偈充香供云

三月正當逢忌日、茶烟吹起落花風。
十年燈與七年雨、一夜窓前一夢中。

元申季春両十日は、龍光院殿如水円清居士が十七回忌の辰なり。麁茗を点つる次いで、一偈を賦し香供に充つと云う

三月正当、忌日に逢う、茶烟吹起す、落花の風。
十年の灯と七年の雨と、一夜、窓前、一夢の中。

〈訳〉

元和六年三月二十日、龍光院殿如水円清居士十七回忌。粗茶を点て一偈を供える。

三月二十日、十七回忌正当の日、
茶を点てる湯気が、花を落とす風にゆらぐ。

往時のことを思いまわせば、すでに十七年。
たった一夜のようでもある。まことに人生は一夢の中でのできごとのようなもの。

○元申季春両十日＝元和六年（一六二〇）三月二十日。江月四十七歳。
○龍光院殿如水円清居士＝黒田孝高（一五四六〜一六〇四）。前出［一三四］。
○茶烟吹起落花風＝杜牧「酔後題僧院」詩に「觥船一棹百分空、十歳青春不負公。今日鬢糸禅榻畔、茶烟軽颺落花風」。
○十年灯＝黄山谷「寄黄幾復」詩に「桃李春風一杯酒、江湖夜雨十年灯」、注に「両句皆な往時游居の楽しみを記憶す。今既に十年」。両足院蔵『山谷抄』に「昔ハ酒ヲ飲デ共（ニ）遊ンダガ、今ハ独酌ゾ。昔ハ江湖ノ雨ヲ聴テハ共ニ対灯学問シタガ、今ハ相別后、十年バカリハ、灯モ独対ゾ」。
○七年雨＝景徐周麟『翰林胡盧集』第十三巻、拈香、禅昌院殿七周忌語に「睡鴨焚香七年雨」。横川景三『補庵京華前集』才公蔵主七周忌語に「旧遊一夢七年雨」。これはみな七周忌の縁語。いま「十年灯」と足して十七周忌の縁語としたもの。
○一夢中＝『句双葛藤鈔』に「平生錯作百年計、万事人間一夢中」。『翰林五鳳集』巻六十三、横川の恋詩に「欲寄所思情已窮、可憐露命伴秋風。平生錯作百年計、万事人間一夢中」とある。また達観禅師の語に「百年一夢、今朝方省」（『五灯会元』巻十二、節使李端愿居士章）。
三四句の表現は、江月と如水との間に細やかな精神的交流があったことをうかがわせるものであるが、如水と江月の年齢差は二十八歳もあり、如水が卒したとき江月は三十一歳。いずれにしても、如水の晩年のことであろう。如水は慶長以降、京都（伏見）に滞在することが多かった。慶長八年（一六〇三）十一月、湯治のため有馬温泉へ赴き越年。翌慶長九年（一六〇四）三月、伏見の藩邸にて世を去る。享年五十九歳。

『年譜草稿』慶長九年条には「築州の都督長政の厳親、如水物故す。師、紫府に入って、弔礼を太守に講ず」とある。

【二四八】（五一オ）

井上右近允者、二十年來予方外友也。久臥維摩床、終徹幽玄底。訃音遠傳。
筑之前州博多津送矣。慟激于懷者不止、何況人間父子情矣。一日有東風便。
卒綴野偈一章、投之以助慈父哀云
西海潮音無字經、代吾諷演有誰聽。
杜鵑聲裏人歸去、江上數峯青轉青。
元和庚申孟夏念日

井上右近允は二十年来、予が方外の友なり。久しく維摩の床に臥し、終に幽玄底に徹す。訃音遠く伝う。筑之前州博多に津送す。懐を慟激して止まず、何ぞ況んや人間父子の情をや。一日、東風の便有り。卒に野偈一章を綴って、之を投じて以て慈父の哀を助くと云う
西海の潮音、無字の経、吾が諷演に代うるも、誰有ってか聴く。
杜鵑声裏、人は帰り去る、江上の数峰、青転た青し。

元和庚申孟夏念日

〈訳〉

井上右近允は二十年来の旧友である。久しく病臥していたが、不帰の人となった。博多で津送したという知らせを聞いて、胸が裂けんばかりである。ましてや、子に先立たれた父親のお気持ちはいかばかりか。幸便を得たので、一句を綴り、慈父にお悔やみを申し上げる。

博多の海潮音が、わたしにかわって無字経を諷経しているでしょうが、それを聴く人がありましょうか。

「不如帰去（如かず、帰り去らんには）」というホトトギスの一声が消えて、人は誰も見えぬ、ただ江上の峰々が青々としているのみ。

○井上右近允＝前出［一一〇］（慶長二十年、一六一五）に「茅小庵主者予耐久人也。適来観光、頭痛平臥、故不打閑話、以一偈問安否云。茅小者井上右近也」と。また、『一黙稿』「如水肖像」賛に「参得祖宗門下句、一時透過万里関。平生磨出吹毛剣、振起威風満世間。茅小庵主就于予需如水禅人肖像之賛、以一偈答之云。慶長十乙巳載仲秋廿日。茅小庵者井上吉左衛門也」。いま元和六年（一六二〇）ゆえ、最後に逢ったのは五年前（前出［一一〇］）。

○二十年来予方外友也＝いま元和六年、江月は四十七歳。二十年前は二十七歳。ともに春屋門下である。「方外友」は、出世間の交わりをする友人。『荘子』大宗師に「彼は方の外に遊ぶ者なり。而して丘は方の内に遊ぶ者なり」。林希逸註に「方外方内は、猶お今の釈氏の所謂る世間法・出世間法なり」。

○臥維摩床＝病臥することをいう。『維摩経』第五、文殊師利問疾品、「爾の時、長者維摩詰、心に念う、今、文殊師は大衆と与に倶に来たると。即ち神力を以て其の室内を空じ、所有及び諸侍者を除去し、唯だ一床を置いて、以て疾んで臥す。……」。
○終徹幽玄底＝死ぬこと。孤篷庵本［一の四三］「福昌院殿掩土」語に「一朝分離四大仮合之身、入徹幽玄底」。
○何況人間父子情矣＝黄山谷の「憶邢惇夫」詩に「詩到随州更老成、江山為助筆縦横。眼看白璧埋黄壌、何況人間父子情」。
○一日有東風便＝博多への幸便があったので。「東風」は東の京から西の九州へとふく風。
○投之以助慈父哀＝「慈父」とあるから、子が先立ったのである。父は誰か、未詳。
○西海潮音無字経＝『法華経』普門品に「梵音海潮音」。
○杜鵑声裏人帰去＝杜鵑の鳴く声を「不如帰」あるいは「不如帰去」と表わす。杜鵑は還郷の縁語。
○江上数峰青転青＝銭起の「湘霊、琴瑟を鼓する」詩に「曲終人不見、江上数峰青」。
○元和庚申孟夏念日＝元和六年四月二十日。

【二四九】（五一ウ）

孔夫子曰、不知其人視其友矣。于茲、市中卜隠人松塢軒主、賦五言八句佳什、而以見追悼玄由禪人之逝去矣。寔耐久相親故也。予亦賡厥嚴韻、助令子之餘哀云。

一生醉忘年、歌舞袖翩翩。竹院同床話、松風擁被眠。
慕宗西海聖、學道北方賢。別後吹花雨、感時三月天。

孔夫子(こうふうし)曰く、其の人を知らざれば其の友を視(み)よと。茲(ここ)に市中に卜隠(ぼくいん)せる人松塢軒(しょううけん)主(しゅ)、五言八句の佳什(かじゅう)を賦して、以て玄由(げんゆ)禅人が逝去(せいきょ)を追悼(ついとう)せらる。寔(まこと)に耐久(ないきゅう)の相い親故(しんこ)なり。予も亦た厥(そ)の厳韻(ごんいん)を賡(つ)いで、令子(れいし)の余哀(よあい)を助くと云う

一生酔うて年を忘ず、歌舞、袖翩翩(しゅうへんぺん)。
竹院に床を同じくして話(かた)り、松風には被(ひ)を擁(よう)して眠る。
宗を慕う、西海の聖(ひじり)、道を学ぶ、北方の賢(けん)。
別後、花を吹く雨、時に感ず、三月の天。

〈訳〉

孔子のたまわく「其の人を知らざれば其の友を視よ」と。ここに、市中の隠者松塢軒主が、その友玄由禅人の逝去を悼んで五言八句の詩を作られた。実に友を思う心情が見える。これに和韻して、令子にお悔やみを申し上げる。

酔うては歌いかつ舞い、年をとるのも忘れる一生であった。
庭に竹のある書院で、床をならべては語り、
フトンをかぶったまま松風を聴きながら眠る。
ふたりはそんな知音同士であった。

あるときは博多の聖人の宗旨を慕い、
あるときは北方の賢人に道を学ばれた。
いま三月、桜に降りそそぐ雨に、
ひとしおその別れが悲しく思われます。

○孔夫子曰、不知其人視其友矣＝『孔子家語』に「不知其子観其父、不知其人視其友、不知其君観其所使、不知其地視其草木」。
○市中卜隠人＝市隠、「大隠朝市」の語をふまえたもの。真の隠者は山に隠棲せず、かえって大衆の中に生活していて、一見、大衆と異ならない。王康琚の「反招隠」詩に「小隠は陵薮に隠れ、大隠は朝市に隠る。伯夷は首陽に竄れ、老聃は柱史に伏す」。また、白居易の「中隠」詩に「大隠は朝市に住み、小隠は丘樊に住むと。如かじ、中隠と作って、月に随って俸銭有らんには」。
○松塢軒主＝未詳。
○五言八句佳什＝五言律詩。
○玄由禅人＝未詳。『墨蹟之写』に名が見える。
○寔耐久相親故也＝「耐久」も「親故」も、親しい旧友。
○一生酔忘年、歌舞袖翩翩＝「忘年」、ここでは、年老いるのも忘れる。「翩翩」、袖が風雅にひるがえるさま。「袖」は「舞袖」、舞う姿をいう。
○同床話＝知己の間柄をいう。前出［一八九］の「睡同床」の項。
○松風擁被眠＝朝、フトンに入ったまま松風の音を聴く。被（フスマ）は、寝具の布団のこと。『句双葛藤鈔』に「晨鶏催せども起きず、被を擁して松風を聞く」の語あり、注に「十二時ヲモ知ラヌ行履ナリ。イソガワシイ耳裏デハ松風ハキカヌゾ」。もとは黄山谷の「題宛陵張待挙曲肱亭」詩に「……偃蹇勲業外、嘯歌山水重。晨鶏催不起、擁被聞松風」とあるに拠る。しかし、江月は右項の「同床」と同じく知己同士という意味で用いる。前出［六］「平常被底聴松風、熟同生同死夢」、同［二四九］「竹院同床話、松風擁被眠」。
○感時三月天＝杜甫「春望」の三四句「時に感じては花にも涙を濺ぎ、別かれを恨んでは鳥にも心を驚かす」をふまえる。

【二五〇】（五一ウ）［四の三七］

宗立首座吾同郷人。省老父於某地、臥病床留數日矣。禪詩一章、嘆生涯、重來話之。卒賡其韻

一日歸郷父子情、胡爲病臥惱其生、來來去去休尋覓、鞋底江南數十程。

宗立首座（そうりゅうしゅそ）は吾が同郷の人なり。老父を某地に省（せい）し、病床に臥して留まること数日。禅詩一章、生涯（しょうがい）を嘆いて、重ねて来たって之を話（かた）る。卒（そつ）に其の韻を賡（つ）ぐ

一日、郷に帰る、父子の情、胡為（なんそれ）ぞ病臥（びょうが）して其の生（せい）を悩ます。

来来去去（らいらいきょきょ）、尋覓（じんみゃく）することを休（や）めよ、鞋底（あいてい）、江南数十程（こうなんすうじってい）。

〈訳〉

宗立首座、老父を見舞って堺に帰り、病になって臥すること数日。いまの境遇を嘆く詩を送って来た。そして帰り来たって、また重ねてそのことを話すので、和韻して一偈を示す。

父君のご機嫌うかがいに帰省したのは親子の情というもの。
だが、自身が病を得てしまうとはどうしたことか。
あちこちうろうろして、外に向かって覓めることをやめよ。
泉州までの数十里を行き来するのは草鞋をすり減らすだけというものだ。
仏法は外にはないのだ、自身の内に覓めよ。

○宗立首座＝大徳寺一八一世、江雪宗立。前出［一九五］［二〇九］。
○吾同郷人＝孤篷庵本になし。
○老父＝伊丹氏、友岳道旧居士。前出［一九五］注参照。
○於某地＝孤篷庵本では「於家郷」。前出［一九五］で註したように、堺の人。
○禅詩一章、嘆生涯＝孤篷庵本では「賦詩帰来話之次其韻」。「生涯」は、わが境遇。「嘆生涯」は、具体的には何をいうか。［二三二］によれば、実兄にあたる修伯宗因禅人が、この前年（元和五年）八月十八日に、若くして亡くなっている。そのこともあるか。

【二五一】（五二オ）［四の三七］
播陽之住、那波氏信士、慕吾道風、觀光之日、時時扣陋室矣。今茲元申夏五

中旬、來問之次、就于山野、請薙落受具。便諱宗旦。少焉促歸輿。拙偈一絶以祝遠大云

從我從前學道人、掃除鬚髮點無塵。歸舟明日海西路、山色誰言清淨身。

播陽の住、那波氏信士、吾が道風を慕い、観光の日、時時に陋室を扣く。今茲元中夏五中旬、来問の次いで、山野に就いて、薙落受具を請う。便ち宗旦と諱す。少焉って帰輿促す。拙偈一絶、以て遠大を祝すと云う

我に従って、従前、道を学ぶの人、鬚髪を掃除して、点無塵。
帰舟、明日は海西の路、山色、誰か言う清浄身と。

〈訳〉

播磨の那波氏は、上洛の日、私に参禅していたが、今年元和六年五月中旬、来問のおりに、薙落受具をしたいというので、宗旦という名を与えた。やがて播磨に帰るというので、一偈を作って、これを送る。

これまでわたしについて参禅して来られたが、
いま、きれいさっぱりと剃髪なされ、入道の姿となられた。
明日は舟で播磨にお帰りになるという。

「山色豈に清浄身に非ざらんや」とうたったのは蘇東坡だが、
剃髪したあなたの頭も青々、まさに仏頭のよう。

○播陽之住、那波氏信士＝播磨国那波村出身の那波九郎右衛門。月海宗旦信士。寛永五年戊辰（一六二八）九月六日没（『龍光院月中簿』）。宗旦の代に京都に出て、大名貸の金融で財をなす。二代常有、三代素順の時に最盛となり、三井三郎右衛門、袋屋常皓、和久屋九郎右衛門家などと姻戚関係をもった。『龍宝摘撮』の「経蔵」に「寛永十三年丙子、那波宗旦建立す。蓋し先考の嘱を以て、江月和尚に乞うて之を成す」。

○元申夏五中旬＝元和六年庚申（一六二〇）師四十七歳。

○山色清浄身＝いま剃髪の日に因んで、その青々とした頭（仏頭）を山色という。青い山を仏頭に喩えることは、前出［一四五］。

○清浄身＝蘇東坡の偈「山色清浄身」をふまえる。『普灯録』二賢臣門に「内翰蘇軾居士、字は子瞻、東坡と号す。東林（廬山）に宿する日、昭覚の常総禅師と無情の話を論じて省有り。黎明に偈を献して曰く、渓声便ち是れ広長舌、山色豈に清浄身に非ざらんや。夜来八万四千の偈、他日如何が人に挙似せん」。「滔滔と流れる谷川の音、それがそのまま、如来の説法に他ならぬ。緑深い山の景色、これが、み仏のお姿。夜どおし説かれた、この八万四千偈の教えを、どのように人に示すことができようか」。

【二五二】（五二オ）［四の三八］

元申仲夏下旬、予患沈痾者累日、服啓迪菴玄冶法眼之一藥、頓得快驗矣。其芳惠蔑厚焉。欲報絶點埃。野偈一篇、以伸謝之曼乙云

啓迪後昆醫以良、活機手段好商量。此身執熱煩何在、不借人間五月涼。

元申仲夏下旬、予、沈痾を患う者累日、啓迪庵玄冶法眼が一薬を服し、頓に快験を得。其の芳恵、焉より厚きは蔑し。報いんと欲するも絶点埃。野偈一篇、以て謝の曼乙を伸ぶと云う

啓迪の後昆、医以て良たり、活機の手段、好商量。
此の身、執熱の煩、何くにか在る、借らず、人間五月の涼。

〈訳〉

元和六年五月、病を得て臥す。医師岡本玄冶から調剤した薬をいただき、たちまち快癒した。こんなうれしい贈り物はない。何かお返しにと思うが、絶点埃の無一物。偈一篇を作ってお礼に代える。

曲直瀬玄朔の弟子にして娘聟。
参禅の果あって、しばしば活手段をもちいられる名医。
（あなたさまの療治のおかげで）わたくし江月は、この蒸し暑さが何ともありません、「薫風自南来」の風を借りることもありません。

○元申仲夏下旬＝元和六年（一六二〇）五月、師四十七歳。
○啓迪庵玄冶法眼＝医師の岡本玄冶（一五八七〜一六四五）。京都の生まれ。医を曲直瀬玄朔に学び、その女婿となる。元和九年（一六二三）徳川家光が京都に来た時に召され、その後、隔年で江戸と京都に住むようになった。

法印に叙せられ啓廸院と号した。寛永六年（一六二九）家光が痘瘡を病んだとき、諸医が躊躇した酒浴を、春日局の反対を説得して勇断施術し、全快に導き、一躍名声を高めた。その功によって日本橋和泉町（現在の人形町付近）に一五〇〇坪の邸宅を拝領。祥雲寺（渋谷区広尾）に墓がある。

岡本家は三代目のとき六本木に移転、寛延年間（一七五〇年代）に旧邸を開放し町家とした。この地は葺屋町の市村座に近かったので、役者など芝居関係者が多く、また、大伝馬町の呉服問屋にも近かったので、店者や妾宅や商人宿が多く、世人はこの付近を岡本玄冶邸跡に因んで「玄冶店」と呼んだ。後年の歌舞伎名狂言「与話情浮名横櫛」（切られ与三郎）の舞台でもある。

○伸謝之曼乙＝「曼乙」は「万乙」「万一」に同じ。自分の偈について、「気持は千万あるけれども、十分に意を尽くして詩に表現できませんが」といった、謙譲の意。『説文』に「曼、万に通ず」。前出［一九］参照。

○啓迪後昆＝曲直瀬玄朔の女婿。

○活機手段好商量＝これよりのちのことであるが、玄冶にはいくつかの逸話が伝わっている。

藤井懶斎『閑際筆記』（一名『和漢太平広記』）上の一七四「名医玄冶と玄琢」に、

「寛永中ニ医名ヲ世ニ擅（ほしいまま）ニスル者ハ、唯ダ玄冶、玄琢ノミ。然ルニ人皆ナ言フ、玄冶ガ学精シ、其ノ術行ハルルコト宜シ。……」

望月三英『三英随筆』二一六（『三十輻』第四冊）「玄冶、痘瘡の酒湯につき春日局と争論」に、

「疱瘡の小児、酒湯を掛ると云事は、日本の俗に極る、唐にては決而無之俗習也。儒医の書籍に決而沙汰無之也。先年岡本玄冶、大猷院様御疱瘡のせつ、春日の局申候は、日本酒湯（ささゆ）に掛る事、唐に無之事故、不及掛と申候由、玄冶申候は、唐に而無之事を日本にて致す事、夥敷有之候。酒湯に限り古来より致附儀を、相止る事不得其意候。況や重き天下取之御疱瘡に、初而酒湯止ると云事、医者は不致候。素人にて御止めは成候得共、御勝手次第にて候へども、是又医者は合点不致候。医者の合点せぬ事を、素人の分として可致様無之候。其上医書無之と申候は、唐の書物をろくに見不申文盲の申事にて、不足取事にて候。是御覧被成候得とて、懐中より唐本の医書を取出、列座之方々に見せ候て、読で聞かせられ、其上に而御酒湯御掛り被遊候由」。

『大猷院御実記』寛永六年（家光二十六）二月条に、『東武実録』を引いて、

「御幼稚のとき水疱をわづらわせ給ひしを、御めのとだち御痘なりと思ひしかば、医員等も伺ひあやまりて、御治療いさゝかたがひ、御見点おそく御なやみおもし。よつてはじめは岡道琢孝賀、久志本右馬之助常諄、御薬を奉りしが、後に武田同安信重をめし、今大路延寿院正紹、岡本啓迪院諸品等、ともに会議して、御薬を献じければ、快く発し、御なやみうすらぎて、衆人皆安心せしとぞ」。

『内安録』一四（『温知叢書』第三編の内）「岡本玄冶が当意即妙」に、

「岡本玄冶といふ御医、薬箱持のおくれたるを、中の口にて罵り、なぜおくれたるといふ。薬箱持、重くておくれ候といへば、四斗俵一俵ほどの重みもなきに、役にたゝぬ男といふ。そのことを聞たもの、今の執匕の身分にて、小者をのゝしるいひ様、鄙劣也と、ある時ひそかに言上せしかば、珍拝に御前へ出たる時、其方の薬箱は、何程の重みあると御尋ありければ、御着せ長一領の重み御座候といふ。是を聞たる人、小者には四斗俵の重みといひ、御前にては御鎧一領の重みといふ。人々によりて違たる、絶妙名医執匕も如此也と賞しけるとぞ」。
○此身執熱煩何在＝「執熱」は、ここでは単に真夏の暑熱をいうのみ。天恩寺旧蔵『葛藤集』「清涼散執熱無煩」。前出［二二六］参照。
○不借人間五月涼＝「薫風自南来、殿閣生微涼」の語をふまえる。前出［一―四］。この語の本拠は『旧唐書』列伝一一五、柳公権伝、「文宗、夏日、学士と聯句す。帝曰く、人は皆な炎熱に苦しむ、我れは愛す夏日の長きを、と。公権、続けて曰く、薫風南より来たり、殿閣微涼を生ず。時に丁袁五学士、皆な属継す。帝、独り公権が両句のみを諷して曰く、辞清く意足る。多く得可らず、と。乃ち公権をして殿壁に字方円五寸を題せしむ。帝、之れを視て歎じて曰く、鍾王、復生するも、以て加える無けん、と」。

【二五三】（五二ウ）

楢村氏之一信士、予方外友也。多年在洛陽、而時時訪山林之寂矣。今茲元申

夷則上旬赴武州、而告別。賦一拙偈、以代三疊曲云
従前話舊不相違、明日東行何日歸。時是秋來送君後、風吹一葉扣柴扉。

楢村氏の一信士、予が方外の友たり。多年、洛陽に在って、時時に山林の寂を訪う。今茲元申夷則の上旬、武州に赴くとて、別れを告ぐ。一拙偈を賦して、以て三畳の曲に代うと云う
従前、旧を話って相い違せず、明日東行して、何れの日にか帰る。
時は是れ秋来、君を送って後、風、一葉を吹いて、柴扉を扣く。

〈訳〉

楢村孫七郎はわが方外の友である。多年、京都に在って、しばしば龍光院を訪ねてきた。今年元和六年七月、江戸に行くというので、一偈を作り送別とする。

これまでの旧公案を勘するに、いささかもたがうことがなかった。

明日、東に向かわれるというが、お帰りはいつか。

いよいよ秋、君が行かれてからは、
わたしの庵を訪ねて来るのは秋風だけでしょう。

○楢村氏之一信士＝前出［一八三］。遠州の伏見での茶席に招かれ、芦浦観音寺、楢村孫兵衛、春日宮人、洛陽道者の四人とともに出かけている。また『咨参緇素名簿』元和五年五月下旬に「楢村孫七郎　孫兵衛子也」とある。楢村監物の孫、楢村孫七郎。楢村監物は宇喜多家と深い関係にあったが、関ケ原陣直前に監物・孫兵衛父子は宇喜多家から退去し奈良に蟄居。陣後、徳川家康より備中国の内でに二千石を与えられた。嫡子の孫兵衛は引き続き徳川家に仕えた。
○方外友＝出世間の交わりをする友。前出［二四八］。
○多年在洛陽＝京都での役職にあったか。
○山林之寂＝江月の所居。龍光院を「山林」という例、前出［二〇一］［二一〇］［二三一］にも。
○元申夷則上旬＝元和六年（一六二〇）七月上旬。
○赴武州＝江戸での任務に赴いた。
○三畳曲＝「陽関三畳」「三畳陽関」というに同じ。王維の陽関曲「渭城朝雨浥軽塵、客舎青青柳色新。勧君更尽一杯酒、西出陽関無故人」は送別の情を叙した絶唱とされ、これより送別の詩をいう。三畳は第四句を反復して三度うたうこと。一説には、二三四句を再唱するとも。
○話旧＝「旧盟を話る」あるいは「旧公案を話る」。いま、後の意で解した。
○風吹一葉扣柴扉＝「扣柴扉」は、訪問する。

【二五四】（五二ウ）［四の三八］

元申夷則殘暑時節、東林主盟見赴關西。團扇一柄、副以一拙偈、餞其行云

宗門受用在途中、載月扁舟秋夜汎。順逆縱横一團扇、挽西風得作東風。

元申夷則(げんのさるいそく)、残暑の時節、東林主盟、関西(かんぜい)に赴かる。団扇一柄(だんせんいっぺい)、副(そ)うるに一拙偈(せつげ)を以て、其の行(こう)に餞(はなむけ)すと云う

宗門の受用は途中に在り、月を載(の)する扁舟(へんしゅう)、秋夜に汎(うか)ぶ。
順逆縦横(じゅんぎゃくじゅうおう)、一団扇(いちだんせん)、西風を挽(ひ)き得て東風と作(な)す。

〈訳〉

元和六年七月上旬、まだ暑さの残る時、東林和尚が九州に行かれるというので、団扇(うちわ)一柄を送り、一偈を添えて餞別とする。
禅門では途中で自在にはたらくことが肝要。これから九州への舟旅、泛かぶ舟の中で秋月を見ながら、よろしく工夫なされませ。はなむけに差し上げるこの団扇は、順でも逆でも自由自在、西の風を東の風にすることも意のままでございます。

○元申夷則＝元和六年（一六二〇）七月上旬。
○東林主盟＝誰か未詳。東林庵は、『大徳寺世譜』に「旧大仙院寮舎。伝庵宗器和尚所創。後清巌渭和尚法嗣乾英単公住之。在真珠庵北。天明年中廃」。
○関西＝九州か。
○宗門受用在途中＝『碧巌録』三十九則垂示「会則途中受用、如龍得水似虎靠山。不会則世諦流布、羝羊触藩守株

待兎」。「途中」は家舎（本分の処、絶対向上）の対。差別界で自在に行動すること。その場その場で思いのまま、自在にはたらく。途中は、修行位の途中、道程。また、『臨済録』上堂に「有一人論劫在途中不離家舎。有一人離家舎不在途中。那箇合受人天供養」。今は、旅に出る人へのはなむけ故、「途中」を用いる。

○載月扁舟＝『五灯会元』巻五、華亭船子徳誠禅師章に「千尺糸綸直下垂、一波纔動万波随。夜静水寒魚不食、満船空載月明帰」。

○順逆縦横＝「逆順縦横」とも（次項に出る）。順境でも逆境でも自由自在。『碧巌録』第一則、垂示に「衆流を截断するに到っては、東湧西没、逆順縦横、与奪自在」。「順逆」「東風西風」は、何かの事情があったことを思わせる語であるが、詳細は不明。

【二五五】（五二ウ）［四の三八］

甃菴居士舊同參也。是故具足逆順縦横之活機。矧復該通醫卜莊老之玄奥矣。久嬰微恙、而今茲元申夷則下旬、詠一首和歌、終踢倒牢關。令子妙智主盟有追悼佳什。卒奉和厥嚴韻、以備靈前云

同參人掃世間塵、何事殘生夕日纔。一別秋來夜燈下、爭禁月思與霜哀。

甃庵居士は旧同参なり。是の故に逆順縦横の活機を具足す。矧んや復た医卜・荘老の玄奥に該通せり。久しく微恙に嬰って、今茲元申夷則下旬、一首の和歌を詠じ、終に牢関を踢倒す。令子の妙智主盟、追悼の佳什有り。卒に厥の厳韻に和し奉り、

一別、秋は来たる、夜灯の下、争でか禁ぜん、月思と霜哀と。
同参の人、世間の塵を掃う、何事ぞ、残生、夕日纔かなる。
以て霊前に備うと云う

〈訳〉

若槻甃庵居士は春屋門下の古なじみである。順境でも逆境でも自由自在の活機をそなえ、さらには、医道や卜筮の奥義を究めた方である。久しく病の床にあったが、元和六年七月下旬、辞世の一句を残して亡くなった。令子の天龍寺妙智院和尚が追悼の偈を作られたので、これに和韻して霊前に供える。

春屋禅師の門下で共に参じたあなたが逝ってしまった。
わたくしもすっかり老いて、残りもあとわずか。
あなたが逝かれてからというもの、
秋の夜長に月を見ては思い、霜にあっては、あなたのことを懐い哀しんでおります。

○甃庵居士＝黒田家に仕えた馬医、若槻道箇（?～一六二〇）。前出［二四］。
○該通医卜＝「医卜」は、医道と卜筮。後出［二六一］に「甃庵居士馬医」とある。馬医であるばかりでなく、広く医道をも修めていたのであろう。
○元申夷則下旬＝元和六年（一六二〇）七月下旬。このとき、江月四十七歳。
○踢倒牢関去＝死をいう。末期の牢関を蹴倒す。

○妙智主盟＝妙智院五世前住、南禅寺の補仲等修（一五五五～一六三〇）。寛政七年四月六日示寂。[甚瓦]庵居士の子。
○月思霜哀＝月を見ればその人を思い、霜にあえばその逝去を思い悼む。「霜哀」は、孟郊の「杏殤」詩に「春寿何可長、霜哀亦已深」。

【二五六】（五三オ）［四の三八］
一偈以悼了然城句檢校云
具截流機斷世埃、一朝何事等閑回。琵琶絃上有遺響、颯颯松風盈耳哉。

一偈以て了然城句検校を悼むと云う
截流の機を具し、世埃を断ず、一朝、何事ぞ等閑に回る。
琵琶絃上、遺響有り、颯颯たる松風、耳に盈つるかな。

〈訳〉
了然城句検校の逝去を悼む
煩悩を截断する大根機をもって、この世塵を断ちきり、
一朝、ふいに本源の家郷へとお帰りになってしまわれた。
松に吹く颯々たる風の音が、まるで、

あなたの奏でた琵琶の余韻のように響いています。

○了然城句検校＝『咨参緇素名簿』慶長十九年（月次不詳）条に「伊藤ケンゲウ城句　伊藤掃部子也」、「座頭城随、城句弟子兄弟　城句同道」とある。また元和六年八月二十四日には「伊藤敬三郎　伊藤掃部子息」とある。兄弟三人が江月に参じていた。盲官の官位は、上位から順に検校、勾当、座頭。
○悼了然城句検校＝元和六年八月八日、了然城句検校没。前出［一四］に「了然城句検校大徳秉炬」がある。
○截流機＝衆流（煩悩）を截断する根機。『碧巌録』第三十八則、本則評唱ほかに「一句截流、万機寝削」。
○等閑＝ここでは「ゆくりなく」と訓み「不意に」と訳す。「等閑」がはなはだ広義の言葉であること、前出［一三二］。
○松風＝松風は仏法の象徴でもある。『禅林句集』に「澗水松風悉説法」。孤篷庵本［三の六二］「酬恩禅庵鐘」に「……庭前頼有長松樹、来風暢音、則永保億万年者必矣。諸行無常、松風吹、是生滅法、松風吹、生滅滅已、松風吹、寂滅為楽、松風吹。畢竟如何。江月照底松、風吹説法来（……庭前頼いに長松樹有り、来風暢音、則ち永く億万年を保する者必せり。諸行無常、松風吹く、是生滅法、松風吹く、生滅滅已、松風吹く、寂滅為楽、松風吹く。畢竟如何。江月照らす底の松、風吹いて法を説き来たる）」。また前出［一一九］「本光禅師三十三年忌」語に「松風吹説祖師禅」。

【二五七】（五三オ）

卒賦一拙偈、以謝厚意云。山川庄兵衞重賀、寄但州紙衾謝頌也

寄我紙衾心欲安、横眠倒臥可容鼾。冬來夜夜窓前雪、抛破蒲團遮幾寒。

卒に一拙偈を賦して、以て厚意を謝すと云う。山川庄兵衛重賀、但州の紙衾を寄するを謝する頌なり

我に紙衾を寄す、心安んぜんと欲す、横眠倒臥、鼾を容る可し。
冬来、夜夜、窓前の雪、破蒲団を抛って、幾くの寒をか遮がん。

〈訳〉

山川庄兵衛から但馬の紙衾をいただく、そのお礼

紙衾をお送りくださったのは、二祖大師のように安心を得よとのことでしょうか。
（二祖大師は、十二月九日の夜、深雪の中に立って臂を截られたが）、
私にとっての「安心」は、頂戴した暖かい紙衾にくるまって高鼾で眠ることです。
いよいよ冬、窓外は夜ごとに雪が深くなっています。
坐禅蒲団などは抛って、この紙衾で温まるとしましょう。

○山川庄兵衛重賀＝後出［二六六］「幻叟宗夢禅定門七周忌」香語に「……今茲元和第六年臘月念五日者（元和六年十二月二十五日）、幻叟宗夢禅定門七周忌之辰也。厥臣山川氏重賀信男、従但陽遠路施浄財、寄吾洛北蕞寺設斎」。ただし幻叟宗夢禅定門は未詳。「禅定門」の法号からして、いずれかの藩士であろう。山川はその家来。但馬の人。『咨参緇素名簿』元和十年（一六二四）三月十六日条に「生田宇庵息女。名ハ市。前ハ山川庄兵衛女中也」。生田宇庵は表具師。

○寄但州紙衾謝頌也＝この偈、草稿の順序からすれば九月の作となるが、「心欲安」「冬来」「窓前雪」「幾寒」の語から見て、おそらくは十二月の作。「二祖立雪」が十二月九日であること、前出［二一〇］。冬に備えて防寒用の紙衾を送って来た。「紙衾」は、紙でつくった防寒用の夜具か、あるいは紙子。

○寄我紙衾心欲安、横眠倒臥可容軀＝「心欲安」は、二祖立雪の故事をふまえる。前出［二一〇］。また、前出［二三七］に「長政公於有馬湯山見寄棉衣、卒賦野偈伸厥謝」偈に「恩勝菩提達磨禅、賜棉衣与浴温泉。笑他二祖立深雪、別有宗門心法伝」。いまここの二句も同じこころ。

○横眠倒臥＝石門昭山主の語に「云く、如何なるか是れ石門山。師云く、石頭、大底は大、小底は小。云く、如何なるか是れ山中の人。師云く、横眠倒臥」（『禅林類聚』巻一、三十六丁）。

○蒲団＝坐禅用の蒲団。「破蒲団上打眠」「臘前何事擲団蒲」など。

【二五八】（五三ウ）［四の三八］

元申季秋十又三日者、廼削翁宗是居士七周忌之辰也。蕪拙之語聊備靈前云

忌景推移九月梅、香供養底一枝開。堪聽別後燈前雨、七箇蒲團坐斷來。

元申季秋十又三日は、廼ち削翁宗是居士が七周忌の辰なり。蕪拙の語、聊か霊前に供うと云う

忌景推移す、九月の梅、香供養底、一枝開く。

聴くに堪えたり、別後、灯前の雨、七箇の蒲団、坐断し来たる。

〈訳〉

元和六年九月十三日、廼削翁宗是居士七周忌

時は移り、はや七周忌の命日九月となった。

いま霊前に、季節を超越した仏法の梅花一枝を、香としてささげ供養したてまつる。

あなたが逝かれてから、はや七回、臘八坐禅で蒲団を坐破しました。

今たった一人で、灯を前にして雨の音を聴いておりますが、

あなたのことが思い起こされ、うたた感慨に堪えません。

○元申季秋十又三日＝元和六年（一六二〇）九月十三日。

○削翁宗是居士＝滝川氏、前出［一一五］。慶長十九年（一六一五）九月十三日没（『諸霊年忌鑑』）。

○九月梅＝今は九月、まだ梅の時期ではない。「九月梅」というは、非時をいい、言語を超越した没蹤跡処の消息をかく言い表わす。「炎裏雪」などという表現に同じ。前出［一一一］「吹成六月紅炉雪、炎日梅花一朶香」の注。

○堪聴別後灯前雨＝雨声を聴くにつけ、故人のことが想い起こされ、うたた感無量、その感慨に堪えぬ。「聴雨」は、陸務観の「聴雨戯作」をふまえる。その一に、「少年の交友、尽く豪英、妙理、時時、細評を得たり。老い去って、同参は唯だ夜雨のみ、香を焚いて臥して聴く、画簾の声」。その二に、「檐を透る点滴、琴筑の如し、枕を幽斎に支えて、聴いて始めて奇なり。憶う、錦城の歌吹海に在って、七年、夜雨、曾て知らざることを」。二詩ともに『錦繍段』に収められる。いま、後の詩を『錦繍段由的抄』の解によって見れば、次のとおり。「一二ノ句ハ、幽居シテ、閑ニ雨ヲ聴キタル体ナリ。簷ヲ逩ッテ琴ヤ筑ヲ弾クゴトク、ボチボチト響イテ奇特ニ面白イゾ。枕ヲ欹テ高クシテ聴イタゾ。三四ノ句。放翁ハ蜀ノ成都ノ守護ニ成ッテ、七年居ッタゾ。成都ハ繁華ノ地ト云ッテ、花麗繁盛シタル処ナリ。故ニ錦宮城ト云ッタゾ。昼夜、歌舞ハカカリニテ、ドメイタホドニ、夜雨ノ

是ホドマデニ面白キコトヲ、七年ノ間、ツイニキカナンダゾ。今夜始メテ聞イタ。平ク隠居して聞カンズル物ヲトナリ。歌吹海トハ、歌舞音楽ノアツマル処ト云ウノ儀ナリ」。
○七箇蒲団坐断来＝「蒲団」は［二五七］で見たように、坐禅蒲団をいう。「七箇蒲団坐断来」は、あなたが逝去されてから既に七回、（臘八）坐禅で蒲団を坐破した。つまり、七年がたった、という意。「七年」は、右に引いた陸務観の詩をもふまえる。

【二五九】（五三ウ）

蕪拙之語奉送大智主翁將歸豐之枌里云　咲擲

愛景江天心不常、誰知別有好思量。耳中消息舊佳境、豐嶺鐘聲一夜霜。

蕪拙の語もて、大智主翁が将に豊の枌里に帰らるるを送り奉ると云う。咲って擲て

愛景の江天、心常ならず、誰か知らん、別に好思量有ることを。
耳中の消息、旧佳境、豊嶺の鐘声、一夜の霜。

〈訳〉

大智和尚が豊後に帰られるのを送る

あなたが船出されようとする、暖かな陽ざしの川と空の景を、
わたしは常ならぬ心で思っております。

遠くかすんだ江天、そこによくよく思いを致すべき玄妙なものがあるのです、
あなたならば、きっとそれをお分かりいただけることでしょう。
(観音の霊場である大智寺は)さだめし世音を観ずることのできるようなよいところでしょう。
霜が降ればひとりでに鳴るという豊山九鐘のことを思い、
あなたのおられる豊後に想いをはせております。

○蕪拙之語＝つまらぬ私の詩。
○大智主翁＝孤篷庵本［二の四九］「悟叟号（玄故禅人）」頌の注に「豊後大智寺謙仲禅師阿爺也」とある。「大智主翁」とあるから大智は寺名。豊後大智寺（いま廃寺か）なるべし。大徳寺一一九世の真叔宗棖が、天正二年（一五七四）に豊後大智寺に住している。ただし『大徳寺諸末寺志』にはこの寺の名は見えない。
○将帰豊之枌里＝これによれば、大智主翁は豊後の生まれ。「枌里」はふるさと。前出［五八］「枌郷」。
○愛景江天＝「愛景」は「曖景」に同じ。「あたたかな陽光」また「薄暗い光」。『翰林五鳳集』巻五十、仁如の詩に「愛景起看蓑笠翁、江村不雨又無風。如天上坐春波穏、一叶扁舟滄海中」、これは春の暖かな陽ざし。「江天」は、第二句が拠るところの「誰知遠烟浪、別有好思量」の「遠烟浪」を導く。
○心不常＝大智主翁を送る江月の心。「心不常」は前出［一三七］［一五六］。
○誰知別有好思量＝『碧巌録』二十四則、本則の下語に出る語「誰知遠烟浪、別有好思量」をふまえる。前出［一一一］。いま、翁が船出するかなた、遠くかすんだ江天、そこによくよく思いを致すべき、我が宗門における甚妙なものがある。
○耳中消息＝観音の縁語。音を観る、世音を観ずるところ。『法華経』観音品に「観其音声、皆得解脱」。大智寺は観音の霊場であろう。
○豊嶺鐘声一夜霜＝霜が降ればひとりでに鳴るという豊山九鐘のことをふまえ、大智主翁がいる豊後のことをもあ

わせていう。「豊山九鐘」のことは、前出［二三四］。

【二六〇】（五三ウ）［四の三九］

展重陽日、親眷人芳英宗菊禪定尼辭世去矣。予客于洛北山寺。江南數十程、于以無便弔之。卒賦一拙偈、付與一僧、而代薤露歌云
人人箇箇逝如斯、請看江南野水涯。時節因縁展重九、籬邊佳菊折殘枝。

展重陽の日、親眷の人芳英宗菊禅定尼、世を辞し去る。予、洛北の山寺に客たり。江南は数十程、于以之を弔うに便無し。卒に一拙偈を賦し、一僧に付与して、薤露の歌に代うと云う
人人箇箇、逝くこと斯の如し、請う看よ、江南の野水涯。
時節因縁、展重九、籬辺の佳菊、折残の枝。

〈訳〉
九月十九日、堺の親戚の芳英宗菊禅定尼が逝去する。京に在って行けぬので、一偈を作り一僧に託して弔問とする。

孔子は川の流れを見て、逝く者はかくの如きか、と嘆かれたが、
誰もみなこのようにはかなく逝ってしまうものか。
泉州堺のあの茫漠と煙る水辺を見るがよろしい（そこによくよく思いをいたすべきものがある）。
時あたかも重陽を十日すぎた今、
垣根には折れ損じた菊だけが残っている。

○展重陽日＝元和六年（一六二〇）九月十九日。「展重陽」は、九月十九日のこと。「展」は、「（期日を）のばす」。前出［一一五］。
○親眷人芳英宗菊禅定尼＝未詳。半井家か。
○客于洛北山寺＝「客」は出家遁世の身であることをいう。前出［一一三］「予客于洛北蕞寺」、［二二三］「愧我生涯客洛家」、［二三一］「訃音伝破客中眠」など。
○薤露歌＝挽歌。前出［三一三］。
○逝如斯＝『論語』子罕の「川上の嘆」、「子在川上曰、逝者如斯夫。不舍昼夜（逝く者は斯の如きか、昼夜を舎かず）」。
○請看江南野水涯＝堺をいう。芳英宗菊禅定尼は堺の人。『碧巌録』二十四則、本則の下語に出る語「誰知遠烟浪、別有好思量」を意識した表現であろう。「あの煙霞のようにかすんだ、天と海とが溶け合った茫漠としたところに、よくよく思いを致すべきものがあるのだが、それを分かる者がおろうか」。前出［一一一］［二五九］。
○展重九＝展重陽。
○籬辺佳菊＝芳英宗菊の名にちなむ。
○折残枝＝菊の節句を十日すぎてなお残っている損じた菊。鄭谷「十日菊」に「節去蜂愁蝶不知、暁庭還繞折残枝。自縁今日人心別、未必秋香一夜衰」。

【二六一】（五四オ）

甃菴居士馬醫。相傳之弟子小崎氏一利、寫其壽像、而沒後、就于龍光禪院、隨家豐儉齋一堂學般若之衆矣。今日者、廼大宋徑山虛堂大禪佛忌日之辰也。居士從來慕吾宗風之故。奇哉、齋筵開斯日。山野焼香之次、賦一偈云

明鏡臺前移影來、今朝供養點無埃。平常聽法虛堂雨、一喝聲寒十月雷。

甃庵居士は馬医なり。相伝の弟子、小崎氏一利、其の寿像を写して、没後、龍光禅院に就いて、家の豊倹に随って、一堂の学般若の衆に斎す。今日は廼ち大宋径山虚堂大禅仏が忌日の辰なり。居士、従来、吾が宗風を慕えるが故なり。奇なる哉、斎筵、斯の日に開くこと。山野、焼香の次いで、一偈を賦すと云う

明鏡台前、影を移し来たる、今朝の供養、点無埃。

平常法を聴く、虚堂の雨、一喝、声は寒まじ十月の雷。

〈訳〉

馬医甃庵居士の弟子小崎一利が居士の寿像を造り、没後、龍光院で法要を営んだ。奇

しくも虚堂忌にあたったのは、居士が熱心な参徒だった因縁でもあろう。一偈を霊前に供える。

今、明鏡のような円相の中に姿を現わしておられるあなた、
その一点の汚れもないお姿に、つつしんで香をささげたてまつる。
あなたは生前、虚堂の禅によく参じておられましたが、
その虚堂禅の雨が、いま十月の雷となってとどろく。
（その音は、瘧病にかかっているわたくし江月に響きわたるようです）。

○甃庵居士＝若槻甃庵。前出［二四］。
○馬医＝前出［二五五］の甃庵の死を悼む偈では「該通医卜荘老之玄奥」という。「馬医」であることは、ここのみに出る。福岡市博物館に『若槻家伝馬書』が残る。
○相伝之弟子小崎氏一利、写其寿像＝『欠伸稿』坤［七三二］に、小崎一利に求められて書いた「甃庵居士寿像」という、左のような賛語がある。その末尾に「元和第六星輯上章涒灘暮春両十二日」とある。上章は庚、涒灘は申の異名。すなわち元和六庚申年三月二十二日に書したもの。

甃庵居士寿像　小崎甚丞請

医薬有霊君与臣、無端伝道九方歅、相承的的扶桑嶋、卒余州唯一人。活。

震旦相馬医馬之妙術、従伏波将軍流吾日東、器器水止于桑嶋宗原。宗原付属若槻家頼矣。古語云、上医聴声、中医相色、下医診脈。騏驥長鳴、伯楽昭其能、于人于獣、所上医聴声必矣。

于茲、尾州人藤氏小崎一利慕斯道、日問月学、終受九重之印。是故、借手丹青描寿像矣。家頼者、入吾園鑑国師之室、到宗門之奥玄、賜居士号、諱道箇、字以松、庵扁甃之旧同参人也矣。済風顛一喝在知識則、為薬後生為良医。居士被老師一喝、為医馬良者乎。

一利観光上国之次、一日扣山野陋室、携這一幢来。以同参好、覓賛詞。揶揄再三、勉強所責、不克峻拒、謾賦一拙偈塞白。相逢共負慙者也。元和第六星輯上章涒灘暮春両十二日、前龍宝江月叟宗玩書于大仙拈花殿裏。

○随家豊倹＝分に応じて。前出［六〇］［六八］［二一一］。

○斎一堂学般若之衆矣＝供仏斎僧は法供養の最たるもの。

○径山虚堂大禅仏忌日之辰也＝元和六年（一六二〇）十月七日。

○明鏡台前移影来＝この寿像、おそらくは円相中に描かれていたのであろう。

「移影」は、王安石（王荊公）「夜直」詩に「金炉、香尽て漏声残る、翦翦たる軽風、陣陣寒し。春色人を悩まして眠り得ず、月花影を移して闌干に上す（金炉香尽漏声残、翦翦軽風陣陣寒。春色悩人眠不得、月移花影上闌干）」。『句双葛藤鈔』「妙処欲道言不及、月移花影上欄干」の注に「妙処ハ言句ガ及バヌ。爰ハ月花影ヲ移シテ欄干ニ上ボシタマデゾ」。

○点無埃＝第一句の「明鏡台」をうけるもの。六祖の偈「菩提元無樹、明鏡亦非台。本来無一物、何処惹塵埃」。

○虚堂雨＝『碧巌録』第四十六則、「鏡清雨滴声」の頌に「虚堂雨滴声、作者難酬対。若謂曾入流、依前還不会。会不会、南山北山転雱霈」。いま虚堂智愚の縁語に用いる。孤篷庵本［四の六三］「虚堂忌（偶雨）」偈にも「……虚堂雨滴尽大千」と。

○十月雷＝瘧病の縁語でもあること、前出［一四八］に「初秋上旬臥瘧病。小春念一日、欲病起出門戸。此日青天怒雷走。黄達磨曰、炎洲冬無氷、十月雷虺々、及春瘧癘行、用人祭非鬼。卒吟取此詩求愚作。破戒不期明日、愧我期来春。汗顔汗顔。微恙久嬰生可憐、今朝初起出単前。春来瘧癘又堪恐、十月雷声虺々然」。

すなわち、江月は元和二年七月上旬に瘧病にかかり、十月二十一日まで、あしかけ四ケ月のあいだ臥していたが、この元和六年十月にも、またこの病に悩まされていたのであろう。

【二六二】（五四オ）

元申仲冬初七日者、了味禪人十三回忌之辰也。就于眞珠禪菴、齋一堂學般若之衆。山野燒香之次、賦一拙偈、以供靈前云
禪人本是仰宗風、嚴設齋筵古梵宮。冬日牡丹深幾色、今年有潤十三紅。

元申仲冬初七日は了味禅人が十三回忌の辰なり。真珠禅庵に就いて、一堂の学般若の衆に斎す。山野、焼香の次いで、一拙偈を賦して、以て霊前に供うと云う

禅人本と是れ宗風を仰ぐ、斎筵を厳設す、古梵宮。
冬日の牡丹、深きこと幾色ぞ、今年潤有り、十三紅。

〈訳〉

元和六年十一月七日、了味禅人十三回忌。真珠庵で法要。一偈を霊前に供える。
平素から禅宗を信仰していた故人のために、
この真珠庵という古刹でおごそかに斎筵が開かれた。
閏年に花開くという十三紅の牡丹、その色の深さはいかばかりか。
さながら故人の真面目のように花開いている。

○元申仲冬初七日＝元和六年（一六二〇）十一月七日。
○了味禅人＝未詳。

○十三紅＝前出［四六］の「牡丹記聞」。十三は余閏、閏月、すなわち十三月をいうが、この十三に、牡丹の名に多く付けられる紅の字をつけ（「牡丹賦」など）、牡丹のことをいう。この年元和六年には閏十二月があった。いま十三回忌と十三ケ月とをあわせふまえる。

【二六三】（五四ウ）

周公座元赴東武。別後初投書。書尾書之

胡爲別後舊思疎、終不投書不賜書。洛北雪寒梅未發、江東春近問何如。

周公座元、東武に赴く。別かれて後、初めて書を投ず。書尾に之を書す

胡為ぞ別れて後、旧思、疎なる、終に書を投ぜず、書も賜わらず。

洛北は雪寒し、梅未だ発かず、江東、春は近きや、何如と問う。

〈訳〉

周公座元が江戸に行ってから手紙を寄越した。その返書の末尾に。

お別れしてから、どうしたことか、お互いに疎遠になって、わたくしもあなたも手紙一通も書くことがありませんでした。

雪の残るこちら洛北では、梅はまだ開きません。

江戸はもう春が来ましたか、どうでしょう。

○周公座元＝未詳。
○旧思＝旧友としての思い。
○終不投書不賜書、洛北雪寒梅未発、江東春近問何如＝後出［二六七］にも「久不呈書不賜書、尊候近日問何如。江南梅綻江南地、山北雪堆山北廬」と、同巧の表現。

【二六四】（五四ウ）

楮國之餘境、今日底卒呈之。伏乞慈斤。臘八前一、廣徳和尚書來。回書尾書之、投其便

臘天雪深滿吾廬、温問怡然春不如。成道梅花遲八刻、惟香字字一封書。

楮国の余境に、今日底、卒に之を呈す。伏して乞う慈斤。臘八に前だつこと一日、広徳和尚の書来たる。回書の尾に之を書し、其の便に投ず

臘天、雪は深し、吾が廬に満つ、温問、怡然たり、春も如かじ。
成道の梅花、遅八刻、惟れ香る字字、一封の書。

〈訳〉

書簡の末に近況を詩にしてつける。十二月七日、江戸広徳寺和尚から来た書への返書の末尾に。

十二月、雪深いわが庵ですが、温かいお言葉の手紙をいただき、
春の到来より嬉しく思っております。
いま臘八の前日、釈尊成道に先駆けて梅が開いたとしても、
それもなお遅いというものでしょう。なぜなら、
戴いたお手紙の一字一字に、あなたのお徳が梅の花よりも馨っているのですから。

○楮国之余境＝余白があるので。「楮国」は紙の異名。前出［一四〇］注参照。
○今日底＝近況の感慨。
○慈斤＝「斧正」「斧政」などというに同じ。文章の訂正を乞う語。𢪸は『荘子』徐無鬼篇に出る、名人匠石の「運斤成風」の話。前出［二二］。
○臘八前一＝元和六年十二月七日。
○広徳和尚＝広徳寺三世の州甫宗鎮。寛永十二年（一六三五）没。前出［二三三］に「広徳和尚賜金偈。謹和韻、副以小帽」とある。『大徳寺世譜』に「州甫宗鎮。諱ハ宗鎮。希叟罕ニ嗣グ。武州ノ人。慶長八癸卯出世。広徳三世。下総鳳凰山万満寺三世。寛永十二乙亥十一月十八日示寂」。
○温問＝鄭重なお手紙の言葉。
○成道梅花遅八刻＝「梅花成道」は前出［一］［一六］。「遅八刻」、八刻が一辰、十二辰が為一日夜。一辰は二時間（一二〇分）。
○惟香字字一封書＝「惟香」は「惟徳惟香」。『書』君陳「至治馨香、感于神明。黍稷非馨、明徳惟馨」。前出［五］。

【二六五】（五四ウ）［四の三九］

臘八

出山今日不功賞、直至兒孫稱禍媒。天上明星何面目、梅花成道先庚開。

臘八

山を出づるも、今日功賞せず、直に児孫に至るまで禍媒と称す。
天上の明星、何の面目ぞ、梅花成道、庚に先だって開く。

〈訳〉

臘八

成道して山を出ても、その功労をほめまいぞ。
この出山のおかげで末代の禅の児孫まで、飛んだとばっちりを受けているのだから。
天上の明星は釈尊を大悟せしめたというが、いやいや面目はあるまい。
なぜならば、釈尊の成道より先に、ほら、梅花が開いているではないか。
これこそが真の成道なのだから。

○禍媒＝禍いを伝えるもの。「禍孽（かげつ）」などともいう。釈尊の生誕や成道が、そもそも厄介の根源だと抑下する。［一五三］「仏成道日次韻芳春和尚」に「成道元同未悟時、入山何事出山来、三千刹界悪芽孽、謬在禅林攀此枝」。「出山釈迦」賛は、多くは抑下の調子でいわれるのが一般。抑下の托上。史伝でいう「出山」や「見星悟道」を抑下して、歴史を超えて存在する心法（梅花）を托上するもの。

○梅花成道先庚開＝「梅花成道」は前出［一］［一六］。室町禅林で独自に発展した梅花観。世尊より梅花の方が一足先に成道。「梅花成道」「梅花伝法」。あるいは、梅花そのものが仏法とするもの。「先庚」は前出［四］。『欠伸稿』では単に「先だって」の意に使われることが多い。

【二六六】（五五オ）［四の三九］

古人云、子焉而不父其父、臣焉而不君其君。誠哉斯言矣。今茲元和第六年臘月念五日者、幻叟宗夢禪定門七周忌之辰也。厥臣山川氏重賀信男、從但陽路遠施淨財、寄吾洛北蕞寺設齋。聊賦一偈而資助冥福矣。予謂、子而止於孝世已稀、何況臣而止於敬至矣盡矣。感慨感慨。燒香之次、信口亂道、書以供靈前云

報恩齋會思無涯、好箇忠心可忘耶。忌景惟時深雪裡、前村一朶七梅花。

古人云く、子として其の父を父とせず、臣として其の君を君とせず、と。誠なるかな、斯（こ）の言。今茲（ことし）、元和第六年臘月念五日（ろうげつねんごにち）は、幻叟宗夢禅定門（げんそうそうむぜんじょうもん）が七周忌の辰（しん）なり。

厥の臣、山川氏重賀信男、但陽路より遠く浄財を施し、吾が洛北の蕞寺に寄せて斎を設く。聊か一偈を賦して冥福を資助す。予謂えらく、子として孝に止まるは、世に已に稀なり、何ぞ況んや臣として敬に止まること至れり尽くせるをや。感慨感慨。焼香の次いで、口に信せて乱りに道い、書して以て霊前に供うと云う

恩に報ずる斎会、思い涯無し、好箇の忠心、忘る可けんや。
忌景惟れ時、深雪の裡、前村の一朶、七梅花。

〈訳〉

韓退之の言葉に「子でありながら父に孝行せず、臣下でありながら君主に忠義を尽くさぬ」とあるが、まことにそのとおりである。元和六年十二月二十五日は幻叟宗夢禅定門の七周忌。その臣山川重賀が、但馬から浄財を寄付して龍光院で法要の斎会を催したので、一偈を霊前に供える。子として親の孝養を尽くす者はもはやまれである世情なのに、このように、臣として亡き主君を敬慕することは、まことに奇特なことである。一偈を霊前に供える。

亡き主人の恩に報いるために七回忌の法要を営み、故人への思いはつきない。
いつまでも主恩を忘れぬ山川氏は、まことに忠臣というべきであろう。
折しも深い雪の中での法要、

古今を超えた仏法の梅花が一枝、七年目の花を開いている。
そこに故人の面目がありありとあらわれておるではないか。

○古人云、子焉而不父其父、臣焉而不君其君＝韓退之の「原道」(『古文真宝後集』巻九）に「今や其の心を治めんと欲して、而も天下国家を外にし、其の天常を滅し、子として其の父を父とせず、臣として其の君を君せず、民として其の事を事とせず」。
○今茲元申臘月念五日＝元和六年十二月二十五日。
○幻叟宗夢禅定門＝未詳。法名からみて中堅武士か。
○山川氏重賀信男＝前出［二五七］に出る山川庄兵衛重賀。
○忌景惟時深雪裡、前村一朶七梅花＝「雪」「前村」「梅花」は「前村深雪裏、昨夜一枝開」(『句双紙』）の語をふまえる。『五灯会元』巻十二、洪州翠巌可真禅師章「問う、人を利する一句、請う師垂示せよ。師曰く、三脚の蝦蟇、飛んで天に上る。曰く、前村深雪の裏、昨夜一枝開く。師曰く、饑えて王膳に逢うも餐う能わず」。『句双葛藤鈔』に「前村深雪裡、昨夜一枝開。前村ハ劫空ナリ。一枝ハ今時ノ作用ナリ。又忍著ヲハナレテ行ズル師家ノ処ヲ前村ト言ウナリ。ソコデ悟ルガ一枝ノヒラキヤフ也」。『禅語辞彙』「前村深雪裡は悟前。一枝開は大悟の端的」。前出［二一三］。
○七梅花＝七年のこと。前出［二三二］。「梅の花が七たび開いた」という義。

【二六七】（五五オ）

臘月、呈江南南宗和尚。書尾書之

久不呈書不賜書、尊侯近日問何如。江南梅綻江南地、山北雪堆山北廬。

臘月(ろうげつ)、江南の南宗(なんしゅう)和尚に呈す。書尾(しょび)に之を書す

久しく書を呈さず、書も賜わらず、尊候(そんこう)、近日何如(きんじついかん)と問う。
江南、梅は綻(ほころ)ぶ、江南の地、山北、雪は堆(うずたか)し、山北の廬(いおり)。

〈訳〉

十二月某日、沢庵和尚への書簡に末尾に。

久しく文のやりとりもありませんでしたが、
いかがお暮らしでしょうか。
暖かい江南では、はや梅が開いていることでしょう。
こちら洛北ではまだ雪がうずたかく庵を閉じ込めております。

○臘月呈江南南宗和尚＝元和六年十二月、沢庵四十八歳。この年の行履、『東海和尚紀年録』『万松祖録』ともに記述少なし。年初には但馬の宗鏡寺に投淵軒を結んで幽居。ただ『万松祖録』元和七年条に「元和六年冬、鬱病に罹る。和泉の山中に陰(かく)れて保養を加う。元日閑暇、旧題を継いで一百首を詠ず」とある。

○久不呈書不賜書＝前出［二六三］と同巧。

○尊候近日＝ごきげんいかが。詩には「久しく書も賜わらず」とある。右に引いた『万松祖録』にあるように、沢庵が鬱病で、手紙もしばらく書かなかったのでもあろうか。江月は何らかの徴候を察知して、沢庵の健康を気づかっているようである。

『禅林象器箋』第二十類言語門「尊候」に、『勅修清規』告香に云く、参頭云く〈即日時令謹時。共しく惟みれ

ば堂頭和尚、尊候起居万福〉。又た謝掛搭に云く、参頭云く〈移刻、恭しく惟みれば堂頭和尚、尊候起居多福〉。旧説に曰く、候は脈の証候なり。又た曰く、八刻を一辰と為し、十二辰を一日夜と為し、五日を一候と為し、三候を一気と為し、六気を一時と為し、四時を一歳と為す。候毎に人の脈は変換する故に、人の起居を問うて、尊候如何と曰う。言うこころは、病悩有ること無きや否や、なり。『馬祖一禅師録』に云く、馬祖疾を示す。院主問う、和尚、近日尊候如何。師曰く、日面仏月面仏」。『伝灯録』巻二十一、羅漢桂琛章「師因疾。僧問、和尚尊候較否」。ここの「較」は「(病が）癒える」義。『禅林類聚』巻十三、十丁「沕潭祥禅師、因不安次、有僧問、和尚近日尊候如何」。『林間録』道吾真禅師章「……真臥病。院主問、和尚近日尊候如何」。あるいはまた、「孟夏漸熱、尊候万福」。「仲冬厳寒、尊候万福」。これらの用例、いずれも健康を気づかうもの。

○江南梅綻江南地、山北雪堆山北廬＝前出［二六三］と同巧。

書

【二六八】（五六オ）

答關西宗室翁

去月念一日所裁之書、今月下旬達于洛北客舍。即開封薰誦。加之、南蠻木棉手巾一端、并白氷砂一桶受之。兩者好箇時節推殘暑。則何賜如之。其情不淺。每事等惠。不知所謝者也。爾來、翁之安否、不得西風便之處、堅固法身珍重。愚亦無恙。翁平日以謙退爲心、漁隱西海濱、雖云子陵釣臺落在第二者乎。愚也去春下國厥所存。雖然太守被相延、思而止矣。來春可遂向韻事必矣。去便梅湖歸鄉之節、一封相達之旨怡然、洛下之風規、維時丹墀之新造、輪奐盡美、盤々焉囷々焉。餘□（無）異事。尚期嗣音而已。不宣。夷則念七日。楮國有餘境、述卑懷、以謝厚意云。

翁是關西舊故人、傳書寄信問吾頻、清風莫挽千金賜、避暑氷兼拭汗巾。

関西（かんぜい）の宗室翁に答う

去月念一日（きょげつねんいちにち）裁（さい）せらるる所の書、今月下旬、洛北の客舎（かくしゃ）に達す。即ち開封し薫誦（くんじゅ）す。

加之、南蛮木棉の手巾一端、并びに白氷砂一桶、之を受く。両者、好箇の時節、残暑を推す。則ち何の賜か之に如かん。其の情浅からず。事毎に恵を等しうす。謝する所の者を知らず。爾来、翁の安否、西風の便の得ざる処、堅固法身ならん、珍重。愚も亦た恙無し。翁、平日謙退を以て心と為し、西海の浜に漁隠す。子陵釣台と云うと雖も第二に落在する者か。愚や去春下国せんと厥の所存たり。然りと雖も太守に相い延かれ、思うて止む。来春、向韻を遂ぐ可き事必せり。去便、梅湖帰郷の節、一封相達する旨、怡然。洛下の風規、維れ時丹墀の新造、輪奐美を尽くせり、盤々焉囷々焉。余は異事無し。尚お嗣音を期せんのみ。不宣。夷則念七日。楮国に余境有り。

卑懐を述べて、以て厚意を謝すと云う、

翁は是れ関西旧故の人、書を伝え信を寄せ、吾を問うこと頻りなり、

清風挽く莫かれ、千金の賜を、暑を避く、氷と汗を拭うの巾。

〈訳〉

博多の嶋井宗室への返書

去る六月の書簡、今月七月下旬に落掌、拝読しました。南蛮木棉の手巾一枚と氷砂糖一

桶、拝受しました。二品とも残暑のいま、何よりありがたい贈り物でした。いつもながらのご厚情、お礼の申しようもありません。久しく消息を得ませんでしたが、お元気のことと存じます。私もかわりありません。いつも謙譲を心とし、博多に隠棲しておられるあなたは、かの子陵も顔色なしというところです。わたしはこの春、下国するつもりでしたが、殿さまに招かれることがあって止めになりました。来春はきっとお会いしましょう。この前の書、梅湖が帰郷の節、お届けしたとのこと、うれしく存じます。都では、御所の新造が見事に成り、素晴らしいものです。他には変わったことはありません。では、またの便りで。不宣。七月二十七日。余白に一首、お礼までに。

博多の旧知であるあなたから、
しばしば、近況を問うお便りをいただき、ありがたいことです。
清風よ、この方からいただいた千金の贈り物を飛ばさないでおくれ、
溽暑(じょくしょ)をしのぐための氷と、汗を拭う木綿の巾とを。

○関西宗室翁＝博多在の嶋井宗室。前出［八七］。
○去月念一日＝末尾に「夷則念七日（七月二十七日）」とあるから、この前月六月二十一日になる。
○今月下旬達于洛北客舎＝ほぼ一か月以上のちに届いた。
○南蛮木綿手巾一端＝中世では、絹はもとより木綿もはなはだ貴重とされた。国産の木綿が登場するのは、永正七年（一五一〇）の三河木綿で、やがて綿作技術は和泉・河内にも普及、天正・文禄・慶長期（一五七三〜一六一四）には、木綿が庶民の衣料にもなったという。しかし、この手紙で見るように、舶来の木綿は依然として貴重だったらしいことが分かる。

○白氷砂一桶＝氷砂糖か。後で「避暑氷兼拭汗巾」といっている。
○推残暑＝「推」は、のける、おしはらう。
○等恵＝恩恵を百司と同じうするほどにたまわる。『文選』曹植「求通親親表」に「斉義於貫宗、等恵於百司」、呂延済注に「恵、恩也。恩同百司之官」。
○堅固法身珍重＝ご壮健の由、珍重に存じます。また「堅固法身」は、『碧巌録』八十二則、大龍堅固法身に「僧問う大龍、色身敗壊、如何なるか是れ堅固法身。龍云く、山花開いて錦に似たり、澗水湛えて藍の如し」。前出［一二九］ほか参照。
○翁平日以謙退為心＝「謙退」は謙譲。左注にいう子陵のような心情・気概。
○漁隠＝釣をこととする隠者。左の子陵がその理想。
○雖云子陵釣台落在第二乎＝「子陵釣台」は後漢の厳光の故事。厳光、一名は遵、字は子陵。少き時、光武帝と共に遊学したが、光武が即位するや、去って身を隠し、沢中に釣り、帝の聘に応じなかったという。『蒙求』「厳陵去釣」。また『後漢書』巻一一三、『高士伝』下。
○愚也去春下国厥願所存＝この春、博多に行くつもりでしたが。
○雖然太守被相延思而止矣＝「太守」は黒田。黒田は在洛であったか。
○向韻＝韻をあわせること。今度おあいして、ともに詩をつくりたい。
○梅湖＝未詳。『沓参緇素名簿』にも見えない。在家の人であろう。
○洛下之風規維時丹墀之新造＝「丹墀」は御所。
○輪奐尽美＝建造物の結構、美なるをいう。
○盤々焉囷々焉＝「盤囷（ばんきん）」は、ぐるぐるとまわりうねるさま。杜牧「阿房宮賦」に「盤々焉、囷々焉、蜂房水渦、矗不知幾千万落」。これは阿房宮の結構を詠ったもの。
○余□異事＝一字虫クイ。「余は異事無し」か。
○尚期嗣音＝また次の便りで。書簡における定形句。

○夷則念七日＝七月二十七日。
○楮国有余境＝余白があるので。前出［一四〇］。

【二六九】（五六ウ）

答澤菴大和尚

日之昨所被裁之尊書、今夕到于洛北客舎、謹拜讀。多幸。矧亦見餞予東征之金偈在書尾。何賜如之。卒塵尊韻者汗顔。臨行心事紛紛、吟未了、字字、伏乞慈斧。不容他見、尊覽後可被附八人底者惟幸。

脚著草鞋身著麻、此生東望路參差。胡爲今出洛陽去、愧背春遊一日花。

沢庵大和尚に答う

日之昨、裁せらるる処の尊書、今夕、洛北の客舎に到り、謹んで拝読す。多幸。矧んや亦た予が東征に餞せらるる金偈、書尾に在り。何の賜か之に如かん。卒に尊韻を塵す者、汗顔。行に臨んで心事紛々、吟未了、字々、伏して乞う慈斧。他見を容さず、尊覧の後、八人底に附せらる可くんば、惟れ幸い。

脚に草鞋を著け身に麻を著く、此の生、東望するも、路、参差たり。

胡為ぞ今ま洛陽を出で去る、愧ずらくは、春遊、一日の花に背くことを。

〈訳〉

沢庵和尚への返書

昨日の芳翰、今夕届き、謹んでありがたく拝読いたしました。書尾に付けられた、わたしの東行への餞の偈、これよりうれしいものはありません。さっそく和韻させていただきましたが、出発を前にして心事紛紛、うまくできておりません。ご斧正ください。他見はご無用、ご覧になったら、燃やしてください。

鞋をはいて旅支度をし、東を目指すが、
江戸への道は、私には遠い遠い。
なにゆえに、いま京都を離れねばならぬのか。
これから花の季節というのに、都の花も見ずに行くことが悔やまれます。

○答沢庵大和尚＝沢庵、四十六歳。『東海和尚紀年録』元和四年条に「春二月、到南京、寓于漢国之芳林庵」。
○日之昨所被裁之尊書今夕到于洛北客舎＝昨日の書が今日の夕刻に着いた。沢庵は京都より、飛脚で一日程の所にいた。右引のように、沢庵は奈良にいたのであろう。
○予東征＝『年譜』元和四年戊午（一六一八）条（師四十五歳）に「是の年、武関江都の行有り。大樹君及び亜相公に謁見す。各おの衣数襲を賜う」。月次未詳だが、春のはず。二月か三月。
○慈斧＝「斧正」「斧政」などというに同じ。文章の訂正を乞う語。拠は『荘子』徐無鬼篇に出る、名人匠石の「運斤成風」の話。前出［二一二］。

○附八人底者＝燃やしてください。「八人」は「火」の析字。［一〇九］「乙卯孟夏念九日、泉南故里依乱世回禄、云々」に「野僧元是不欒巴、争救八人亡故家」。蘭坡景茝『雪樵独唱集』三、「重修八坂法観禅寺塔婆疏有序」に「永享丙辰之冬、八人作災、余焔及僧伽藍者孔夥矣」。

○参差＝多様の義がある。『漢語大詞典』の解を見るに、不斎（ふぞろい）、紛紜繁雑、蹉跌（こける）、遠離疎隔、差不多（ほとんど）、頃刻（たちまち）、不一致、差錯（あやまちたがう）などの意がある。孤篷庵本［三の一二］「郁山主」賛に「驢背風流自一奇、茶陵来去路参差」。郁山主は、橋上でコケた驢馬から落ちたのだから、この場合は、道が不整でコケるようなことをいう。いまは「疎隔」（『漢語大詞典』）の義。

○背花＝前出［一〇四］に「負春」、［一八六］［二四六］に「背花」と出る。「背春」とも。花期を待たずに他方に行くなど、花の咲く時期にそこにいないこと。花遊吟詩を逸すること。

○一日花＝「長安一日花」の略。『句双葛藤鈔』に「春風得意馬蹄疾、看尽長安一日花」。

【二七〇―一】（五七オ）

再答對州方公後板

今茲元午重陽後四日所裁之回章、至仲冬頭、達于平安城外蕞寺之客舍。即開封薫誦。如果遭逢時清談。忻然忻然。且紙尾寫尊和以賜焉。句句有法、字字有奇。古人傳道和皆難、矧又數篇矣。木瓜瓊瑶之報也。

再び対州の方公後板に答う

今茲元午、重陽の後四日に裁せらるる所の回章、仲冬の頭に至って、平安城外蕞寺の客舎に達す。即ち封を開いて薫誦す。果たして遭い逢う時の清談の如し。忻然忻然。且つ紙尾に尊和を写して以て焉を賜う。句句法有り、字字奇有り。古人伝え道う、和すること皆な難しと、矧んや又た数篇なるをや。木瓜瓊瑶の報なり。

〈訳〉

対馬の方公後板にふたたび返書

九月十三日付の返書、十一月はじめに届きました。さっそく拝読、直にお逢いしてお話しているような気になりました。これほどうれしいことはありません。また末尾にはすばらしい尊和の偈。賈至の作った一首の詩はあまりにも調べが高いので誰も和する者がなかったと言われていますが、あなたは賈至にもまさる作者、ましてや数篇も送って来られたのですから、どうして私に和することができましょうや。これでは、ボケを贈った御礼に宝玉を頂いたようなものです。

○対州方公後板＝元和四年十一月十日ころの執筆。前出［一八六］に「寄対州方公後板　書尾」、「別後愧吾書未通、今朝且喜便東風。春来何出洛陽去、公背花耶花背公」。前出［一九七］に「夏日寄対州方公　書尾」、「関西万里隔江天、偶便東風書欲伝。受暑人間有幾苦、羨公水嬉白鴎前」などの例を見るに、江月とはことに交義を深くした若者だったらしい。

○今茲元午重陽後四日所裁之回章、至仲冬頭、達于平安城外蕞寺之客舎＝元和四年（一六一八）九月十三日付の書が、十一月はじめに着いた。

○和皆難＝岑参の「和賈至早朝大明宮」詩（『三体詩』所収）の七八句「独有鳳凰池上客、陽春一曲和皆難（独り鳳凰池上の客のみ有り、陽春の一曲、和すること皆な難し）」をふまえる。前出［一九五］。

○木瓜瓊瑶之報＝『詩経』衛風、木瓜の歌、「我に投ずるに木桃を以てするに、之に報ゆるに、瓊瑶を以てす」。前出［二八］［一二二］。「瓊瑶」はまた瓊琚とも。瓊・瑶・琚、いずれも美玉の名。

【二七〇―二】

公挑江湖夜雨十年燈、旬鍛季錬、以詩會得之者、將謂本光禪師之餘焰、直至如今、照破昏衢者也。仍鷄林毛穎三管、遠傳之、受之、寫山雲海月情、而雖備文房四友、予遮裏無一物。不如袖紆春蚓綰秋蛇之手、取收而秘在形山矣。然則誰言厥壽以日計矣。

公、江湖夜雨十年の灯を挑げて、旬鍛季錬、詩を以て之を会得せらるる者は、将に謂えり、本光禅師の余焰、直に如今に至るまで、昏衢を照破する者なりと。仍ねて鶏林の毛穎三管、遠く之を伝えられ、之を受く。山雲海月の情を写して、文房四友を備うと雖も、予が遮裏、無一物。如かじ、春蚓を紆し秋蛇を綰る手を袖にし、取って収めて形山に秘在せんには。然れば則ち誰か言う、厥の寿は日を以て計うと。

〈訳〉

あなたとは十年、都で楽しい時を過ごしました。折にふれ事にふれ、詩文を作り文芸を研鑽されたあなたは、本光禅師の真の法孫、悩める世を照らす明かりです。また朝鮮の筆三管、お送りくださりありがとうございました。山雲海月の情を書写するため、文房四友に備えます。「筆の寿は日を以て計える」という言葉がありますが、詩才に乏しいわたくしの場合、下手な字を書く手を引っ込めるより他はないのです。

○江湖夜雨十年灯＝黄山谷「寄黄幾復」詩に「桃李春風一杯酒、江湖夜雨十年灯」、注に「両句皆な往時游居の楽しみを記憶す。今既に十年」。いまは、都での十年にわたる江月との交遊をいう。
○旬鍛季錬＝折々に事ごとに詩文を作り、文芸を研鑽すること。「朝詠暮吟」などと併せ用いる。あるいは、喝食への詞文によく見られる語。横川景三『補庵京華続集』雪渓字説に「公月鍛季錬、文学有源」。
○本光禅師之余焔＝笑嶺宗訢（一五〇五～八三）。前出［一一九］。方後板はその法孫にあたる。
○鶏林毛穎三管遠伝之＝「鶏林」は朝鮮の異称。もと新羅国のことをいう。「毛穎」は筆。
○山雲海月情＝『碧巌録』五十三則「百丈野鴨子」の頌に「野鴨子、知んぬ何許ぞ。馬祖見来たって相い共に語る、話り尽くす山雲海月の情」。『句双葛藤鈔』に「山雲海月トハ、ヨモ山ノコトヲ、知音ニ逢テカタリツクス也」。前出［九〇］［二一九］。いまは、知音に送り与える詩情をいう。
○文房四友＝「文房四宝」とも。紙・筆・硯・墨。擬人化して「文房四侯」とも。前出［二一二］。
○紆春蚓綰秋蛇之手＝自分の筆蹟を謙遜していう。「春蚓秋蛇」は、春のミミズに秋のヘビ、字が曲がりくねって拙いこと。「紆」は、まがりくねる。「綰」は、わがねる、たわめる。「手」は筆跡。
○秘在形山＝『碧巌録』六十二則、本則に「雲門示衆云、乾坤之内、宇宙之間、中有一宝、秘在形山」。いまは自分の体を「形山」というのみ。

○誰言厥寿以日計＝硯・筆・墨はよく似かよっているが、その生命の長短は異なる。筆は日単位で、墨は月単位で、硯は世代単位でその寿命をかぞえる。いまは、用いないのだから、左の唐子西のいうのとは逆になる、ということ。

『古文真宝後集』唐子西の「古硯銘」に「硯と筆墨とは、蓋し気類なり。出処相い近く、任用寵遇相い近し。独り寿夭のみは相い近からず。筆の寿は日を以て計え、墨の寿は月を以て計え、硯の寿は世を以て計う。其の故は何ぞや。其の体たるや、筆は最も鋭く、墨は之に次ぎ、硯は鈍き者なり。豈に鈍き者は寿にして鋭き者は夭なるに非ずや。其の用たるや、筆は最も動き、墨は之に次ぎ、硯は静かなる者なり。豈に静かなる者は寿にして動く者は夭なるに非ずや」。

【二七〇―三】

如來諭、予也、去夏赴江東歸洛北。要記旅邸、處處名區、將忘長途漂漂辛苦。愚作暗中模索、吟未了底、爭遂尊覽乎哉。只所願、公上國同床之日、請改削者必矣。何時乎、倒履迎接、把手行則論詩、結眉坐則連句。若有如斯奇遇、揮所賜之毫、泰山爲墨、楚江爲硯、乾坤爲紙、言虚空事、書虚空字。此外無他之望。雖然予也歳過暮景斜、逐日多病、不離藥爐邊、不知此願遂也否。

来諭（らいゆ）の如く、予や去る夏、江東に赴き洛北に帰る。旅邸（りょてい）、処処の名区（めいく）を記さんと要するも、将（まさ）に長途漂漂（ちょうとひょうひょう）の辛苦を忘ぜんとす。愚作（ぐさく）、暗中模索（あんちゅうもさく）、吟未了底（ぎんみりょうてい）、争（いか）でか尊覧（そんらん）を遂げんや。只だ願う所は、公、上国同床の日、改削を請わん者必せり。何れの時にか、履を倒にして迎接し、手を把って行く則んば詩を論じ、眉を結んで坐する則んば連句せん。若し斯の如き奇遇有らば、賜う所の毫を揮い、泰山を墨と為し、楚江を硯と為し、乾坤を紙と為して、虚空の事を言い、虚空の字を書さん。此の外、他の望みは無し。然りと雖も、予や、歳、暮景の斜なるを過ぎ、日を逐って多病、薬炉辺を離れず。此の願の遂ぐるや否やを知らず。

〈訳〉

ご指摘のように、わたしはこの夏、江戸に行って参りました。道中での愚作もございますが、お目にかけるようなものではありません。いずれ、あなたが上洛され親しくお話する機会にご添削をお願いしましょう。いつになるでしょうか。その時は、嬉しさのあまり、履き物を履き違えて飛び出してお迎えしましょう。手を取り合って詩を論じ連句などを作りましょう。もし、そういう機会が得られましたならば、その時は、いただいた筆を使って思う存分に書きたいのです。それ以外に望みはありません。とはいえ、わたしももはや老齢、日ごとに病が増え、薬を離すことがありません。この願いが叶いますかどうか。

○去夏赴江東帰洛北＝「去夏」は「去年の夏」ではなく「この夏」「今年の夏」の意。今、書簡を書いているのは、元和四年の十一月はじめのこと。この年の春（おそらくは二月。前出［二六九］を参照）に江戸にゆき、おそらく十月には京都に帰っていた。方後板はそのことを知っていたので、文中で「如何でしたか」と触れたのである。前年（元和三年）のこととすると、既に一年半も前の事になり、ピントはずれの話題となってしまう。以下、旅行中の事を書いているのは、江月が京都に帰って間もない時で、それがまだニュースであったから。

○公上国同床之日、請改削者必矣。何時乎、倒履迎接、把手行則論詩、結眉坐則連句＝ここの一連の表現は、室町禅林では、「友道」関係にある間柄同士のやりとりでしばしば見られるもの。特に「同床」「倒履迎接」「把手」「結眉」がキーワード。この方公板は江月和尚にとって特別の心友であったらしい。

「同床」は、「夜雨対床（牀）」をふまえた修辞。前出［八六］「日日連床説二十年前之旧事」項の注を参照。『小補艶詞』に「対床話到半更雨、髣髴蘇家兄弟情」「対床話尽一宵雨、勝賜含風畳雪衣。」

「倒履迎接」は、嬉しい友の来訪を迎える時の表現。嬉しさのあまり、履き物を履き違えて飛び出すこと。『三益艶詞』「門有剥々啄々之声。開而見之。即吾ーー尊君也。……倒履出迎」。

「把手」、『三益艶詞』「歓談把手思無邪」「与君把手説胸襟」「一笑把手之間、快々乎覚疾頓去」「須臾把手話多情」。『小補艶詞』「拝謁閣下、春風座上一咲把手」など。

「結眉」は、大灯国師三転語の「朝結眉夕交肩、我何似生」をふまえるが、ここでは単に、親密に交わること。「結眉交肩」「結眉交膝」なども。「結」は「交」に同じで「まじえる」。

○泰山為墨、楚江為硯、乾坤為紙、言虚空事、書虚空字＝『雑阿含経』巻三六之三に「以四大海水為墨、以須弥山為樹皮、現閻浮提草木為筆、復使三千大千刹土人、尽能書写舎利弗智慧之業」。『分別功徳論』巻四之一に「以須弥為硯子、以四大海水為書水、以四天下竹木為筆」。

○歳過暮景斜＝既に四十半ばを越えた我が身。「暮景斜」は老境をいう。杜甫「杜位宅守歳」詩に「四十明朝過、飛騰暮景斜。誰能更拘束、爛酔是生涯」。

○逐日多病、不離薬炉辺＝病気がちで薬を欠かすことができない。

〇不知此願遂也否＝ふたたびお逢いできるであろうか。

【二七〇―四】

這便風急吹來、不能繁詞。餘期嗣音。維時日日六出花堆廬、龜手呵氷硯。唐鹿之疑、蒐菟之惑、伏希恕宥多幸。不宣頓首。至日前五。紙尾餘白、再用前韻二章。其一羨水涯孤寂、其二觀時節因緣。慙汗慙汗。

這の便風、急に吹き来たる、繁詞する能わず。余は嗣音を期す。維れ時、日日、六出の花、廬に堆し、亀手、氷硯を呵す。唐鹿の疑、蒐菟の惑、伏して希わくは恕宥さるれば多幸。不宣頓首。至日前五。紙尾余白あり、再び前韻二章を用う。其の一は水涯の孤寂を羨み、其の二は時節因縁を観ず。慙汗慙汗。

〈訳〉

急いで手紙を託さねばなりませんので、これまでにします。深雪の候、あかぎれの手に息をかけて温めながら書きました。読みにくい字ですが、お許しください。頓首。冬至の前五日。

余白に二首。一首は、海嶋のあなたを羨むもの、もう一首は、時節因縁を観じたものです。お恥ずかしい次第です。

○這便風急吹来、不能繁詞＝急いで手紙を託さねばならぬので、詳しいことを書く時間がない。
○余期嗣音＝また次の便で。
○六出花＝雪の異名。「六出」「六花」とも。雪の結晶が六瓣をそなえていることからいう。
○亀手呵氷硯＝「亀手」は、あかぎれ、ひびわれ。「呵」は、吐息でハアーッと温めること。実際にあかぎれであるとは限らない。寒中での執筆を修辞するもの。「呵氷硯」は、李白が天子の寵眷をこうむった時の故事。『開元天宝遺事』「美人呵筆」に「李白、便殿に於て明皇に対し、詔誥を撰す。時に十月大寒、凍筆、字を書すること能わず。帝、宮嬪十人に勅して、李白の左右に侍して、各おの牙筆を執って之を呵せしむ。遂に取って其の詔を書す」。
○唐鹿之疑、蒐蒐之惑＝書字が判然とせず、見分けにくいこと。「唐鹿」「蒐蒐」ともに字が似ているので草書では見分けにくい。
○至日前五＝冬至の前五日。十一月十日ころ。

【二七〇―五】

夷洛西東一路通、意行千里是同風。
騒人詩興幾佳景、自古江山不換公。

雪擁柴門冬日天、微公所信有誰傳。
此生林下凌寒去、爲問風波海寺前。
前作苦暑後語苦寒、徂歳駟馬難追者也。呵呵。

夷洛西東、一路通ず、意は行く、千里是れ同風。
騒人の詩興、幾佳景ぞ、古より江山、公に換えず。

雪、柴門を擁す、冬日の天、公が所信微っせば、誰有ってか伝えん。
此の生、林下に寒を凌ぎ去る、為に問う、風波海寺の前。
前作は苦暑、後語は苦寒、徂く歳は駟馬も追い難き者なり。呵呵。

〈訳〉
対馬と京都、遠く離れてはいますが、
わたしたち二人には、互いに通ずるものがあります。
若き詩人よ、そちらの佳景を見れば、さぞ良い詩ができるでしょう。

この江山の光景はいかなる地位にも換えがたい、という言葉もあります。

雪にすっぽりと掩われたこの庵での冬ぐらし、
あなたからの書信がなかったら、どうわたしの気持ちを伝えましょう。
林下で寒さを凌いでいる老人が、
はるか対馬の海寺におられるあなたのことを思っております。

前回の作では苦暑を詠い、今は苦寒を言う。思えば、歳月の過ぎることは駟馬よりも早いものです。呵呵。

○夷洛西東一路通＝「夷」は、とつくに、対馬。洛は京都。
○千里同風＝いずこも同じ風は吹く、また風俗の同じなることをいうが、ここでは「君子千里同風」。
○騒人＝詩人のこと。「離騒」をふまえたもの。『正字通』「屈原、離騒を作って、憂に遇うことをいう。今、詩人を謂いて騒人と為す」。
○江山不換公＝『錦繍段』におさめる戴復古の「子陵釣台」詩の一二句「万事無心一釣竿、三公不換此江山」をふまえたもの。厳光（子陵）は少年時代、劉秀（後漢の光武帝）とともに遊学し、光武即位ののちに召されたが、これに応ぜず、耕作と釣りをしていたという。この話については前出［二八］注参照。『錦繍段由的抄』に一二句を解していわく、「子陵、世ヲノガレテ、万事浮世ノ官位奉禄名利ニ心ナクシテ、一ツノツリザホヲ以テ七里灘ト云フ処ニ居ルゾ。此ツリヲ垂テ居ル江山ハ、イカナル三公ノ位ニモカユルコトハイヤゾ。子陵ガ心ヲ察シテツクレリ。三公ハ時ニヨリテカハレリ。周ノ代ニハ、太師・太傅・太保ヲ三公ト云フ。漢ニハ、丞相・太尉・御史大夫ヲ三公トス。後又丞相ヲ改テ大司徒トナシ、大尉ヲ大司馬トアラタメ、御史大夫ヲ大司空トナス。唐ニハ、太尉・司徒・司空ヲ三公トス。日本ニテハ、太政大臣・左大臣・右大臣ヲ三公トナス」。

孤篷庵本［二の五二］「退叟号」頌に「九州四海一門翁、這破生涯不換公」。

『翰林五鳳集』仁如「客星閣図扇」二に「七里江山不換公、誤逢久要一糸風。客星犯座青雲上、便見乾坤遶漢宮」。
○林下＝龍光院のことをいう。前出［二〇二］「山林」というに同じ。
○前作苦暑後語苦寒＝前作とは、［二九七］の「夏日寄対州方公　書尾」に、「関西万里隔江天、偶便東風書欲伝。受暑人間有幾苦、羨公水嬉白鴎前（関西は万里、江天を隔つ、偶たま東風を便として、書、伝えんと欲す。暑を受くる人間、幾苦か有る、羨むらくは、公が白鴎の前に水嬉せるを」とあるのをいう。
○徂歳駟馬難追者也＝過ぎた歳月は戻らぬ、いかんともしがたい。駟馬は四頭の馬で馬車をひくこと。速いことの譬喩。

【二七一―一】（五八オ）

答廣徳和尚

去歳臘月初六蓂所被裁之尊書、至于孟正十又八日、宜公後板傳之。同月十六蓂之尊書、至于同念九日、春嶽和尚傳之。蛻封薫讀、再三再四。如侍猊側而聽雄談。怡然多多。

広徳和尚に答う

去歳臘月初六蓂に裁せらるる所の尊書、孟正十又八日に至って、宜公後板、之を伝う。

同月十六蓂の尊書、同念九日に至って、春岳和尚、之を伝う。蛻封薫読、再三再四。猊側に侍して雄談を聴くが如し。怡然多多。

〈訳〉

広徳寺和尚への返書

去年十二月六日の書信、正月十八日、宜後板から受け取りました。また同月十六日付の尊書、同二十九日に、春岳和尚より受け取りました。再三再四、拝読。お側に侍してお話を承るようで、まことにうれしゅうございました。

○広徳和尚＝広徳寺三世の州甫宗鎮。前出［一九八］［二三三］。
○去歳臘月初六蓂所被裁之尊書、至于孟正十又八日＝元和四年十二月六日に出した書簡が元和五年正月十八日に届いた。この間、四十三日間。これを伝えた宜公後板は、この間、他の地を経由して京に到ったものか。
○宜公後板＝大徳寺一七五世となった随倫宗宜か（一五七六～一六五〇）。『大徳寺世譜』に「諱ハ宗宜、日新益ニ嗣グ、相州ノ人、寛永十八辛巳九月七日出世。太清軒再建、丹波船井郡少林寺再興、慶安三庚寅六月四日示寂、世寿七十五」。後出［二七二］では、龍泉庵の後住問題で奔走している。
○同月十六蓂之尊書、至于同念九日＝元和五年正月十六日の書簡が正月二十九日に届いた。この間、十三日。
○春岳和尚＝大徳寺一六一世の春岳宗勝（一五七五～一六二一）。『大徳寺世譜』「宝叔珍ニ嗣グ。元和四戊午九月十三日奉勅入寺。向春庵ニ住ス。黄梅及ビ泉南禅通四世。元和七辛酉五月十三日示寂。世寿四十七」。
○蛻封薫読＝「蛻」は、蝉がカラを抜け出ること。「蛻封」は、封から手紙を取り出す。ほかに用例を見ない。

【二七一―二】

殊尊偈在紙尾。句句研窮有法、字字清新驚人。於今日置懐袖中、終身誦。千載一逢再造難答矣。矧亦坐我普賢十境。古語云、西別嶋産白銀、東州易地也否。并看金偈兼銀山厚恵、重而輕萬鈞。其佳什也、美於長安一日花、其恩賜也、白於富士千峯雪。拜而受之、感荷感荷。

殊に尊偈、紙尾に在り。句句研窮、法有り、字字清新、人を驚かす。今日に於て懐袖の中に置いて、身を終わるまで誦す。千載一逢、再び造るも答え難し。矧んや亦た我をして普賢の十境に坐せしめらるるをや。古語に云く、西別嶋に白銀を産す、東州、地を易られば也た否なりと。金偈と銀山との厚恵を并せ看るに、重うして万鈞も軽しとす。其の佳什たるや、長安一日の花よりも美しく、其の恩賜たるや、富士千峰の雪よりも白し。拝して之を受く、感荷感荷。

〈訳〉

殊に末尾につけられた尊偈は、実にすばらしく清新でした。今も懐に入れており、生涯、これを拝吟したいと思っております。まことに千年に一度というべき作で、再びいただいても、とてもお返しはできません。また、書信とともに白銀を頂戴し忝なく思います。金偈と銀のふたつをいただき、万鈞よりも重く受け止めております。その詩は都の花よりも美しく、その贈り物は富士の白雪よりもまぶしく輝いております。ありがとうございました。

○坐我普賢十境＝「普賢境界」は白銀世界、あるいは雪に譬える。『虚堂録』に「六華現瑞、普賢境界全彰」。「六華」は雪のこと。また、「坐」は「文殊境界普賢坐、普賢境界文殊坐（偏中に正あり、正中に偏あり）」の語をふまえる。

しかし、いまここでは、後に「金偈兼銀山厚恵」とあり、また偈に「添得銀山情太哉」とあるように、銀（おかね）を送って来たことを、こう表現したもの。前出［二四］に「鑿庵主遠伝書信、見賀新年頭事。加之、坐我普賢境矣。芳恵不浅者也」とあるのも同じ用例。

「白銀」は、贈答の時などに用いた銀。長さ三寸許、楕円形で、一枚の値が銀二分にあたるもの。

○西別嶋産白銀、東州易地也否＝拠未詳。「別」字、「州」ではない。『故事成語考』珍宝に「黄金生于麗水、白銀出自朱提」。

○重而軽万鈞＝その重さは、万鈞をも軽しとするほど。『貞和集』巻三、南極智安の「鐘楼」頌に「丹梯直上到青雲、大器一鳴軽万鈞」。

○其佳什也、美於長安一日花＝『句双葛藤鈔』に「春風得意馬蹄疾、看尽長安一日花」。

○其恩賜也、白於富士千峰雪＝白銀を讃える。「富士千峰」は前出［八〇］。

【二七一―三】

日新和上瑞世、當月初三日、内評同十三日。新命評定、玉室翁於于此切。是故、同門生備知事、咄嗟而辨、無爲入寺。即日賜紫、詔同月十又八日開之。全是宗門之盛事、而友社之感抃也。加之、要叔大禪師示西來意、同念四黄封重拆。東海有聖人、西海有聖人。龍泉山中現兩長老、可謂一臺二妙矣。
又如示諭、天源菴客宇落成、珍重。昭堂庫司興廢事、右玉室翁建立故、從一派及一山諸老、強而難成相談者乎。猶近日再興、可爲落成者也。

日新和上の瑞世、当月の初三日、内評、同じく十三日。新命評定、玉室翁、此に於て切なり。是の故に、同門生、備さに事を知り、咄嗟にして辨じ、無為入寺す。即日、紫を賜い、詔、同月十又八日に之を開く。全く是れ宗門の盛事にして、友社の感抃なり。加之、要叔大禅師、西来の意を示され、同念四、黄封重ねて拆く。東海に聖人有り、西海に聖人有り。龍泉山中、両長老現わる。謂っつ可し一台二妙なりと。又た示諭の如く、天源庵の客宇落成、珍重。昭堂庫司が興廃の事、右は玉室翁の建立故、一派及び一山諸老より強いて相談を成し難き者ならんか。猶お近日再興、落成と為可き者なり。

〈訳〉

日新和尚の本山出世は今月の三日、内評が同十三日。新命評定は玉室和尚が適切に行われ、同門のものもよく働かれ、たちどころに処理され、無事に入寺されました。その日に紫衣を賜い、詔は十八日に開けました。宗門の盛事と、慶賀に存じます。また、要叔和尚は西の方に遷住され、同月二十四日、勅黄を重ねて開きました。東にも西にも聖人の誕生、まことに一台二妙というべきです。

天源庵の客殿落成との由、まことに珍重に存じます。昭堂および庫司の復興のことは、玉室翁の建立ということですから、一派および一山諸老からは相談はし難いでしょう。いずれ近く再興されるでしょう。

○日新和尚瑞世当月初三日＝大徳寺一六二世、日新宗益。元和五年二月十八日に出世。前出［二二一］に「賀日新和尚瑞世」の偈がある。前出［二四三］も参照。

○咄嗟而辨＝たちどころに処理すること。『書言故事』讃嘆類に「事の成し易きを、咄嗟而辨と曰う」。この場合の「咄嗟」は「たちどころに」「たちまち」。

○友社＝同門の仲間。

○感抃＝嬉しい。『楚軾文集』「恵茶極為精品、感抃之至」。「抃」は、手を打って喜ぶこと。

○要叔大禅師示西来意同念四＝大徳寺一六〇世、要叔宗三。『大徳寺世譜』に「元和三丁巳十二月十五日出世。播州赤石大隆寺（今豊前国ニアリ）ニ移住シテ、自ラ第二世ニ居ル」と。いま元和五年だから、「示西来意」は、明石大隆寺に移住したことをいうか。
○黄封重拆＝「黄封」は勅黄。「黄封」はまた、天子から賜う酒、官酒をいうがここはその義ではない。『大川録』霊隠寺録に「勅黄を捧げて云く、黄封の宝印、九重城裏より彩鳳、銜え来たる」。「重拆」、拆は「拆開」（ひらく）。
○東海有聖人、西海有聖人＝日新宗益は相模早雲寺の天用庵に住し、要叔宗三は播磨明石大隆寺に住した。
○龍泉山中現両長老＝龍泉庵を再興した日新宗益（江月は「龍泉大禅仏」とも呼んでいる［二四三］）と、龍泉門下の要叔宗三。
○一台二妙＝同じく尚書省に勤める二大書家。草書をよくした、梁の伏曼容と袁粲の二人を称えた語。
○天源庵客宇落成＝鎌倉建長寺にある大応国師の塔所天源庵。「客宇」は客殿か。

【二七一―四】

春來可被寄高駕於吾山。上國日何日。屈指刮目俟之。與麼則挑住持千嶂月、再放靈光、猶續智燈之餘焔、發東光照破昏衢者必矣。須當紅釋迦説法、莫待緑彌勒補處可也。

維時近上巳節、陶泓激桃花浪、借龍蟠筆力、雖伸紆春蚓手、意長紙短。拙語在嗣音而已。仍奉塵嚴韻者三首。厥一來翰時節作之。厥二奉期老和尚光賁。厥三即時偶作、觀春半過以漏卑臆、云爾。伏希慈削。

春来、高駕を吾が山に寄せらるる可し。上国の日は何れの日ぞ。指を屈し刮目して之を俟つ。与麽ならば則ち住持千嶂の月を挑げ、再び霊光を放ち、猶お智灯の余焔を続いで、東光を発して昏衢を照破せん者必せり。須らく当に紅釈迦説法すべし、緑弥勒の補処を待つこと莫くんば可なり。

維れ時、上巳の節に近し、陶泓に桃花の浪を激し、龍蟠の筆力を借って、春蚓を紆らせる手を伸ぶと雖も、意は長く紙は短し。拙語は嗣音に在く而已。仍って厳韻を塵し奉る者三首。厥の一は、来翰の時節に之を作る。厥の二は、老和尚が光賁を期し奉る。厥の三は、即時偶作、春半ば過ぐるを観じ、以て卑臆を漏らし、爾云う。伏して希う慈削。

〈訳〉

春には本山に御出でとのこと、上洛はいつでしょうか、指を折ってお待ちします。あなたが龍泉院に住されましたならば、必ず法灯を輝かすことになります。今こそあなたが釈尊となって法を説かれるべきです。五十六億七千万年のちに出現される弥勒のように、遠慮して補処におられることはありません。

まもなく三月三日、桃花の浪に龍がおどる時節ですが、わたしが龍の蟠るような筆力を借りても、みみずがくねったような字しか書けません。思いは尽きませんが、紙幅もありませんので、また次回に。尊偈に和韻するもの三首。一首は、来翰の時に作ったもの、二首目は、あなたの御出でを期するもの、三首目は、春半ば過ぎての偶作。ご添削ください。

○春来可被寄高駕於吾山＝明年、広徳寺和尚上洛の予定。おそらくは、龍泉院に住する話があった。次の［二七二］に「維の時、枉げて高駕せられ、何ぞ衆徒を匡さざる」とある。

○与麼則＝もし貴方が龍泉院に住されたならば。

○挑住持千嶂月、再放霊光＝『従容録』第十五則、頌の評唱に「千年の無影樹、今時の没底靴。住持は千嶂の月、衣鉢は一渓の雲。皆な是れ得力の児孫、家業を紹承す」。

○猶続智灯之余焔、発東光点破昏衢者必矣＝「智灯」「東光」は、東光智灯禅師号をふまえる。龍泉派の大室宗碩（大徳寺九五世）。

○須当紅釈迦説法、莫待緑弥勒補処＝釈尊となって法を説かれるべきです。五十六億七千万年のちに出現される弥勒のように、遠慮して補処におられることはない。「補処」は一生補処の略。次の一生で仏となり、仏位を補うべき最終位にある菩薩のこと。「紅釈迦」「緑弥勒」は、前出［四］「天信受世法眼宗及二十五回忌語」に「……生大慈芽、紅者自紅、紅釈迦也。固其蒂。移無影樹、緑者自緑、緑弥勒也。深其根」。

○維時近上巳節＝まもなく三月三日。上巳は三月の第一の巳の日。魏以降は三月三日と定められた。

○陶泓激桃花浪、借龍蟠筆力＝「陶泓」は硯。「桃花浪」「龍蟠」は登龍門の故事をふまえる。いま正月新春ゆえ「桃花」をいう。登龍門については、前出［一五］［二八］［一三三］ほか参照。

○雖伸紆春蚓手＝わが筆跡を卑下していう。

○意長紙短、拙語在嗣音而已＝意は尽きませんが、余は次便にて。

【二七一―五】

山林寂寂有誰問、且喜師翁書信傳。
華偈一篇春不及、塊（愧）看紫百與紅千。
正宗佛法甲天下、的的相承子子傳。
待看龍峯董徒日、昇堂七十道三千。
回信遲遲翁莫怪、臘天音問到春傳。
花開花落語難定、洛北江東路半千。

仲春晦　拜答廣徳笏室三應下。

山林寂寂、誰有ってか問う、且喜すらくは、師翁が書信の伝わることを。
華偈一篇、春も及ばず、塊看す、紫百と紅千と。
正宗の仏法、天下に甲たり、的的相承、子子伝う。

待ち看る、龍峰に徒を董すの日、昇堂七十、道三千。
回信遅遅たるを、翁、怪むる莫かれ、臘天の音問、春に到って伝う。
花開き花落つ、語、定め難し、洛北江東、路半千。
仲春晦、広徳笏室三応下に拝答す。

〈訳〉
寂々としたわが庵を訪うものは誰もありません、
そこへ、うれしいあなたからの書信の到来。
いただいた一首の詩は春の到来にもまさるもの、
春をつげる鮮やかな花たちも、この詩を前にしては顔色がないでしょう。

あなたが大徳寺に御出でになりましたならば、
正宗の仏法を挙揚すること天下第一の寺となり、
その法は的々に相承され子子孫々に伝えられるでしょう。
本山で衆徒を董される日を期して待ちます、
そのあかつきには、堂に昇るもの七十人、随喜するものは三千人となりましょう。

返事が遅れましたことをお許しください、
十二月の便りが正月に届いたからです。
春なかば過ぎ、開く花落ちる花を前にして、わたしは言葉を選びかねています。
ああ、洛北と江戸と、隔たること五百里程。

二月晦日、広徳和尚に拝答する。

○華偈一篇春不及、塊看紫百与紅千＝「紫百紅千」は「千紅万紫」「千紫万紅」に同じ。色とりどりの春の花。「塊看」は、もののかずともせぬ。「塵視」というに同じ。
○正宗仏法甲天下、的的相承子子伝＝あなたが来られたならば、という期待。
○昇堂七十道三千＝「昇堂」は、『論語』先進に「由や堂に昇って、未だ室に入らず」。学問は、まず堂に昇って、次に更に秘奥を究めるために室内に入る。「昇堂七十」は、『孔子家語』弟子行に「蓋入室升堂者七十有余人、其孰為賢」。孔門三千の弟子のうち、入室升堂の者は七十余人。「道三千」は「味道三千」、その教えに随喜する者が多いこと。『大通禅師碑銘』「昇堂七十、味道三千」。
○仲春＝正月十八日に届いた手紙に、二月になってから返事を出した。
○広徳笏室三応下＝「三応」は三応寮、隠侍寮とも。師家の秘書的な役目をする。直接に宛てずに、隠侍寮に宛てるのが礼儀。

【二七二―一】（五九ウ）

答廣徳和尚

仲春念六日所被裁之尊書、今月十又七日、謹而拝讀。并白銀五錢目、毎毎恩惠拝受、難伸厥謝。仍日新和尚戢化、宗門下衰従之。可講吊禮處、春來不得的价及拝答、多罪。龍泉無住持、宜後板勞精魂。維時被枉高駕、何不匡衆徒。與玉室翁、時時以之談之者也。次去月念一日、天叔大禪佛遷化。此外當山無異事。

広徳和尚に答う

仲春念六日に裁せらるる所の尊書、今月十又七日、謹んで拝読。并せて白銀五銭目、毎々の恩恵拝受、厥の謝を伸べ難し。日新和尚の戢化に仍って、宗門の下衰、之よりせん。吊礼を講ず可き処なれど、春来、的价の拝答に及ぶを得ず、多罪。龍泉、住持無し、宜後板、精魂を労す。維の時、枉げて高駕せられ、何ぞ衆徒を匡さざる。玉室翁と、時時、之を以て之を談ずる者なり。次いで、去月念一日、天叔大禅仏遷化せり。此の外、当山、異なる事無し。

〈訳〉

広徳寺和尚への返書

二月二十六日の尊書、三月十七日に落掌、謹んで拝読いたしました。また白銀五銭目いただき、いつもながらのご恩恵、ありがとうございます。日新和尚が遷化（せんげ）され、わが宗門がいよいよ衰えるかと、残念の至りです。お悔やみの書を致すべきでしたが、春より幸便がなく失礼しました。龍泉庵が無住となり、宜首座が心労されております。このような時に、どうしてお出ましいただき衆徒のご指導をなさいませぬのかと、玉室翁と時々話しております。また二月二十一日には天叔和尚が遷化なされました。これ以外に当山には変わったことはありません。

○答広徳和尚＝前便［二七二］の翌年、元和六年（一六二〇）の書簡。
○仲春念六日所被裁之尊書、今月十又七日、謹而拝読＝元和六年二月二十六日付の手紙を三月十七日に開緘した。
○毎毎恩恵拝受＝前便［二七二］でも銀を贈られ、「并看金偈兼銀山厚恵、重而軽万鈞」と、いたく感謝している。
○日新和尚戢化＝日新宗益は、前年の元和五年二月十八日に出世したが、元和六年正月十二日に示寂。
○無得的价及拝答＝便を届けてくれる的当な仲介がないので。
○宜後板労精魂＝宜公は、［二七二］の書簡を江戸からもたらした人。
○維時被枉高駕、何不匡衆徒＝広徳寺三世の州甫宗鎮は龍泉門下明叟派。だから、どうして京都に戻って龍泉庵に住職になられぬか、と。
○去月念一日、天叔大禅仏遷化＝天叔宗眼（一五三二〜一六二〇）。元和六年二月二十一日示寂。前出［一一二］［一六七］ほか。いま、この書簡は、書末に出るように三月二十日に書いている。

【二七二―二】

去月晦蓂、當月初四、上京回録（禄）。富家數千間灰燼。相國寺、山門佛殿之外、盡焦土。禁闕無災、萬歳萬歳。日夜火災數十發。於于今、不止洛中洛外、到山林邊。暫時亦不打安眠、飲氣呑聲。柳文十八卷、元和七年夏、如此之火災合符。大和尚要知洛陽底、請可看之。雖處處挾火、人人消災救火之工、不燒一宇。不知此禍、魔外潛跡、佛眼難窺。逐日可爲無爲者乎。

去月晦蓂、当月初四、上京回禄あり。富家数千間、灰燼。相国寺、山門・仏殿の外、尽く焦土。禁闕は災無し、万歳万歳。日夜、火災数十発す。今に於て、止だ洛中洛外のみならず、山林辺にも到る。暫時も亦た安眠を打さず、気を飲み声を呑む。柳文十八巻、元和七年の夏、此の如きの火災と合符せり。大和尚、洛陽底を知らんと要さば、請う之を看る可し。処処、火を挟むと雖も、人人、消災救火の工にて、一宇をも焼かず。知らず、此の禍、魔外も跡を潜め、仏眼も窺い難きことを。日を逐って無為たる可き者か。

〈訳〉

二月三十日と三月四日、上京に大火があり、富家数千軒が灰燼となり、相国寺は山門と仏殿を残して、他はみな燃えました。幸いなことに御所は難を免れました。日夜、火が起こること数十回で、今になっても洛中洛外のみならず、この大徳寺辺でも、落ち着いて眠れません。『柳先生文集』巻十八に「元和七年夏、火災多きこと数十発、云々」とありますが、それにそっくりです。京都の現状をお知りなるには、それを御覧ください。あちらに火の手、こちらに火の手と、火事に挟まれてはいますが、大徳寺ではみな消災救火によくつとめ、一宇も燃えてはおりません。まことに魔外も仏眼も窺いがたき災難ですが、日を逐って落ち着くことでしょう。

○去月晦蓂、当月初四＝元和六年二月三十日と三月四日。
○上京回録＝「回録」、正しくは「回禄」。火の神、転じて火災をいう。
『梵舜日記』二月晦日条に「……午刻より失火出来、上京柳原町、室町其外方［々］ニ飛火依焼失也。近年稀なる焼亡也。町家寺等迄、二町廻失［廻禄カ、焼失カ］也。京中之騒［動］中々無申計、相国寺ノ内、方丈、開山堂、豊光寺、円光寺、陰涼、大光明寺、次寺已上七箇寺焼失。次聖護院殿、盛方院、寿命院、同時ニ焼失也。夜入迄回禄也。……」。

また同書、三月四日条に「晴、上京大峰之図子ヨリ出火、十五町計焼失也。悪童共、方々ヨリ来、付火也。其外毎日一二家焼、町人、不謂昼夜用心已下無正体。奉行ヨリ、毎夜番可仕候由、触共也。加様之事、不及聞事也」。

また、同じく十三日条に「大宮通町二家入夜焼失也。次暁方ニ室町通一家焼失也。毎夜如此也。此京始而、加様之事不思議也」（『相国寺史料』第一巻）。

『天叔和尚抜萃記』（慈照院蔵）二月晦日条に「未刻之終、新町出火、依風及方丈、開山塔、鹿苑、常在光寺、豊光、円光、大光明、瑞春、久昌、雲泉、徳渓が羽、桂芳、卜隠軒、養源、以上十四院、為焦土」（『相国寺史料』第一巻）。

『鹿苑日録』元和六年二月晦日条に「及未刻之終。京新町火事。依悪風、火及相国寺。方丈・開山塔・鹿苑院・常

在光寺・豊光寺・円光寺・大光明寺・瑞春軒・久晶軒・雲泉軒・徳渓軒・桂芳軒・卜隠軒・養源、以上院軒十四員焦土矣。天平命平、可感慨矣。鹿苑者艮西堂住持之時也」。また同じく三月四日条に「今晩又火事」。『本光国師日記』三月十日条に「板伊州三月五日之状来ル。……京都火事晦日と四日との儀。懇ニ申来ル。相国寺之内焼候分、別紙ニ書付来ル」。

○富家数千百間灰燼＝『年代即鑑』二月晦日条に「上京火、凡家数三千余」（『相国寺史料』第一巻）。

○相国寺、山門仏殿之外、尽焦土＝右注。

○柳文十八巻、元和七年夏＝『柳先生文集』巻十八に出る「逐畢方文（畢方を逐う文）」の一節。畢方は火の精。『山海経』西山経に「章莪の山に鳥有り、其の状、鶴の如し、一足、赤文青質にして白喙（青い地膚に赤い斑紋があり、くちばしが白い）。名づけて畢方と曰う。其の鳴（なきごえ）は自らを叫ぶごとし（鳴き声はピッポー）。見るときは則ち、其の村に譌火（原因不明の火事）有り」。「畢方を逐う文」にさらにいう、「永州、元和七年（唐、八一二年）夏、多火災日夜数十発、少尚五六発。過三月乃止八年夏。又如之人咸無安処。老弱燔死。晨不爨暝不燭。皆列坐屋上、左右視罷不得休。蓋類物為之者。訛言相驚云、有怪鳥、莫実、其状山海経云、章義之山有鳥、如鶴、一足赤文白喙、其名曰畢方、見則其村有譌火。若今火者、其可謂譌歟。而人有以鳥伝者、其畢方歟。遂邑中状而図之、禳而磔之。……」。

○雖処処挟火、人人消災救火之工不焼一宇＝ここは龍光院のことをいう。「挟火」は、あちこちの火事に挟まれること。

【二七二―三】

心事紛冗、不能縷陳。時哉、節後蟠桃餘景、漸結果、爲法齢獻三千歳壽。猶奉期嗣音。恐惶頓首。季春兩十日、拜答廣徳丈室三應下。

楮面餘白、謹奉賡來韻、謝厚惠。又再用前韻、嘆今時火災。恭伏乞慈斤。
慙愧闍黎呈和拙、師吟風月本無邊。白櫻五葉蒙恩賜、塵視洛陽春日天。
火災日夜幾經旬、百五辰非百五辰。三界元來總如此、問花無語奈斯春。

心事紛冗、縷陳する能わず。時なる哉、節後、蟠桃の余景、漸く果を結び、法齢の為に三千歳の寿を献ぐ。猶お嗣音を期し奉る。恐惶頓首。季春両十日、広徳丈室三応下に拝答す。

楮面余白あり、謹んで来韻を賡ぎ奉り、厚恵に謝す。又た再び前韻を用いて、今時の火災を嘆く。恭しく伏して乞う慈斤。

慙愧すらくは、闍黎、和の拙なるを呈することを、
師、風月を吟じて、本と無辺。
白桜五葉、恩賜を蒙る、
塵視す、洛陽春日の天。

火災、日夜、幾く旬をか経る、

百五辰、百五辰に非ず。
三界、元来、総に此の如し、
花に問うも無語、斯の春を奈せん。

〈訳〉
そんなわけで心が紛れ、詳しく書くことができません。三月三日を過ぎ、仙桃が実を結ぶ候、和尚には法のために三千歳の長生を祈りあげます。余は後便に。三月二十日。余白に二首。一首は贈り物へのお礼。二首は、今時の火災を歎くもの。慈斤。
あなたは無辺の風月を詠って、自在に詩を作られるのに、
わたしの和韻はまことに拙く、お恥ずかしいかぎりです。
白桜のように輝く白銀をお贈りいただきました、
都の春も、この白桜の輝きには顔色がないことでしょう。

日夜、何十回となく起こる火災、
火気を断つのが寒食節だというのに、飛んでもない寒食節になってしまった。
もとより、三界は火宅とはいうけれども、
いま花に問えども花は無語、この春をいかんせん。

○時哉節後蟠桃余景漸結果、為法齢献三千歳寿＝「蟠桃」は、西王母の園にある、三千年に一度結実するという桃。人の長寿を賀する語にも用いる。いま三月、桃の節句を過ぎた後なので用いる。『武帝内伝』「七月七日、西王母降り、仙桃四顆を以て帝に与う。……母曰く、此の桃、三千年に一たび実を生ず」。

○季春両十日＝元和六年三月二十日。

○師吟風月本無辺＝『句双葛藤抄』に「無辺風月眼中眼、不尽乾坤灯外灯」、注に「無辺風月ガ其侭眼中眼トハ、心眼也。不尽乾坤ガ其侭灯外灯トハ、心灯也。ドツコモ心眼心灯ナラヌ処ハナイゾ」。前出［六五］［九三］［一〇三］［一三二］注参照。

○白桜五葉蒙恩賜＝白銀五銭目を、季節がら、白桜になぞらえる。

○塵視洛陽春日天＝［二七一］の「塊看紫百与紅千」に同じ趣旨。

○百五辰非百五辰＝「百五」は、三月の寒食節。中国古代からの風習で、この日は疾風甚雨があるので、この前後三日は火を禁じ、あらかじめ用意した食物を食べる風習があった。『荊楚歳時記』。禅語に「冬至寒食一百五」。

○三界元来総如此＝『法華経』譬喩品「三界無安、猶如火宅」。

○問花無語奈斯春＝『句双葛藤集』に「終日問花花不語、為誰零落為誰開」、注に「開イテ開イタト知ラズ、散ツテ散ツタト知ラヌゾ。自然ノ理、知ルベカラズ」。

加筆

○加筆＝他人（自分の場合もある）の墨蹟の余白に、その墨蹟についてのコメントを書き加えたもの。ときには鑑定の言葉を書くこともある。

【二七三】（六一オ）

書柏樹子公案　觀世勝次郎請

右這一句子、重次信士、入予室中、朝參暮請、日問月學、終徹之者也。後日携來、覓加筆。古徳曰、一千七百則公案、歸柏樹子一則。汝好勉旃矣。

柏樹子の公案に書す　観世勝次郎の請

右、這の一句子、重次信士、予が室中に入って、朝参暮請、日問月学、終に之に徹せる者なり。後日、携え来たって、加筆を覓む。古徳曰く、一千七百則の公案、柏樹子の一則に帰すと。汝、好く旃を勉めよ。

〈訳〉

柏樹子の公案への加筆。観世勝次郎の求め

観世重次居士はわが室内で「庭前の柏樹子」の一句に参じ、日夜研鑽され、遂に透過された。この公案を書いた一軸を、後日もってきて加筆を求めるので記す。「一千七百則の公案は柏樹子の一則に帰す」と古徳もいわれた。居士よ、さらに努められよ。

○柏樹子公案＝『無門関』第三十七則、「趙州、因みに僧問う、如何なるか是れ祖師西来の意。州云く、庭前の柏樹子」。『趙州録』「師上堂、衆に謂いて曰く〈此の事的々、没量の大人も這裡を出づること得ず。老僧、潙山に到る。僧問う『如何なるか是れ祖師西来の意』。潙山云く『我が与に床子を将ち来たれ』と。若し是れ宗師ならば、須らく本分の事を以て人を接して始めて得べし〉。時に僧有り問う〈如何なるか是れ祖師西来の意〉。師云く〈庭前の柏樹子〉。学云く〈和尚、境を将て人に示す莫かれ〉。師云く〈我れ境を将て人に示さず〉。云く〈如何なるか是れ祖師西来の意〉。師云く〈庭前の柏樹子〉」。

以下の加筆にも「柏樹子公案」がきわめて多く出る。それは「柏樹子」の公案が、大徳寺の室内におけるもっとも基本的かつ重要なものであったためである。したがって、大徳寺の禅僧による「柏樹子」公案の墨蹟もまた多く残されている（『墨蹟之写』）。そのあたりの事情は、古岳宗亘『眼裡沙』（禅文化研究所蔵、無著道忠写本、七十四丁。一名『大徳寺夜話』、龍谷大学図書館蔵）に、次のようにいう。

「開山云、学者ハ先可参万法話耶、可参柏樹子話耶、辨之。先可参柏樹子話。其故ハ万法ヲ参タル、什麼人ソト云処ヲ知テ、万法カ残ル也。柏樹子ハ脱体現状ニテ残処ナシ、故ニ先ツ柏樹子ニ可参也。開山、是ヲ秘セヨト云リ」。

○観世勝次郎＝『咨参緇素名簿』慶長十六年（一六一一）五月九日条に「観世勝二郎　又二郎子也　栢ヤ与兵衛内衆」と。

『欠伸稿』の記事にかかわる観世には、［一三七］長政の有馬湯山行に同行したのが観世太夫左近、すなわち九代目の観世身愛（一五六六～一六二六）がいる。しかし、観世身愛の名は与三郎であり、いまここの勝次郎とは別人か。詳らかならず。
○重次信士＝この時期の観世家には「重」字の名のものが多くある。三代目の観世元重（音阿弥）の系譜につらなるものらしいが、不明。重次と勝次郎は同一人ならん。『四座役者目録』の編者、観世座小鼓方観世右衛門元信の父に又次郎重次がいる。
○後日携来＝「室中に入った」ときに、この公案を書いたものを与えられ、これを一軸にして拈提していたが、透過ののち、その軸を持って来た、ということ。
○古徳曰、一千七百則公案、帰柏樹子一則＝『禅家亀鑑』「祖師の公案に一千七百則有り。狗子無仏性、庭前柏樹子、麻三斤、乾屎橛の如き流なり」。
「一千七百則公案」は、『伝灯録』中の機縁の概数。必ずしも、一千七百則の体系としてのカリキュラムがあるということではない。のちの「紫衣事件」の時には、この「一千七百則」のことが発端のひとつになった。元和元年の法度に「参禅修行、就善知識、三十年費綿密工夫、千七百則話頭了畢之上……」とあり、これに違反して入院していることが問題になったのである。沢庵・玉室・江月連署の抗弁書で、このことについて「一千七百則は、伝灯録に載せた祖師が千七百一人あり、一人一則として大概を一千七百則といい慣わしているものである。実際、祖師の言句を記したものは九百六十三人に過ぎない。したがって今も昔も、一千七百則透過ということはない。もしあればそれは世に諂い偽るものである。透過千七百則とは、一句をもって千七百則を透るということで、一を以て万を知るというが如し。……」といった趣旨で反駁している。
○勉旃＝ベンセン。また「旃を勉めよ」。

【二七四】（六一オ）

書古溪和尚手蹟柏樹子　水野河内守請

師叔廣照禪師之古蹟。以這公案、見示一俗漢。俗漢後來覓加筆。若說一語則失口、若書一字則失手。喏々。好事不如無。捲以還之。

古渓和尚手蹟の柏樹子に書す　水野河内守の請

師叔広照禅師の古蹟なり。這の公案を以て一俗漢に示さる。俗漢、後来、加筆を覓む。若し一語を説かば、則ち失口、若し一字を書さば、則ち失手。喏々。好事も無きには如かじ。捲いて以て之を還す。

〈訳〉

古渓和尚筆の柏樹子の公案への加筆。水野河内守の求め

この書は法叔広照禅師の手蹟である。禅師が一居士に授けられた公案である。居士がこれに加筆を求めて来たが、（禅の本分からするならば）一語でもしゃべれば、しくじり、一字でも書けば、これもしくじりというもの（と話すと、居士が答えて）、はいはい。（そこで）好事もないほうがよろしい、（といって）、軸を捲いて返したのである。

○古渓和尚＝大徳寺一一七世、古渓宗陳（一五三二～九七）。大慈広照禅師。

○水野河内守＝水野守信（一五七七～一六三九）。元和五年（一六一九）大坂町奉行、寛永六年（一六二九）堺奉行を兼ねる。寛永九年十二月十七日、柳生宗矩、秋山正重、井上政重とともに惣目付に抜擢され、のちに大目付

と称した（『寛政重修諸家譜』巻三三九）。寛永十三年十二月二十二日没、年六十。法名宗完。天龍寺永明院に葬る。孤篷庵本［四の七三］に「永明院前河州牧全叟宗完居士香語」がある。
○師叔広照禅師＝古渓は笑嶺下で春屋の法弟ゆえ「師叔」という。
○一俗漢＝水野河内守のこと。
○若説一語則失口、若書一字則失手＝「失口」は、『諸録俗語解』［四六八］に「失の字、〈とりはずす（しそんじる）〉意なり。〈失脚〉〈失手〉〈失口〉〈失心〉〈失声〉などにて知るべし」。
○喏々＝ハハーッ。これは河内守の返答。
○好事不如無＝好事あれば必ず悪事あり、よって好事も始めよりないがよし。『碧巌録』下語。「加筆」などないほうがよろしい。

【二七五】（六一オ）

書雲英和尚柏樹子

雲英和尚之筆蹟。有人就于野釋、覓添字。吾遮裏無言句、又無一法與人。嗟嗟、好事不如無。捲以還之矣。

雲英（うんえい）和尚の柏樹子（はくじゅし）に書す

雲英和尚の筆蹟なり。人有って野釈（やしゃく）に就いて、字を添えんことを覓（もと）む。吾が遮裏（しゃり）、言句無し、又た一法の人に与うる無し。嗟々（ささ）、好事も無きには如かじ。捲いて以て之を還す。

〈訳〉

雲英和尚の柏樹子の墨蹟への加筆

この書は雲英宗偉和尚の墨蹟である。ある人がこれに加筆を求めて来た。（禅宗の本分からすれば）いうべき一句もなければ、教えるべき一法もないのだ。ああ、好事もないほうがよろしい、と軸を捲いて返したのである。

○雲英和尚＝大徳寺一四一世、雲英宗偉。前出［一七二］［二三二］参照。

○吾遮裏無言句、又無一法与人＝『伝灯録』巻十五、徳山宣鑑章「雪峰問う、従上の宗風、何の法を以てか人に示す。師曰く、我が宗、語句無し、実に一法として人に与うる無し」。

【二七六】（六一ウ）

古嶽和尚初祖贊、四之句、知是梁城無杜鵑。江隠和尚畫并贊、書寫之紙加筆。規首座請

右之贊、大聖國師作、常照畫與贊一筆。高著眼看。再來不直半文錢。噇眠子。指祖云、浣盌浣盌、瞎禿子。

三段不同收歸上科、歸處如何。問取冬日之杜鵑矣。慶子仲冬下旬宗玩亦加筆。

古岳和尚の初祖賛、四の句に「知んぬ是れ梁城に杜鵑無しと」と。江隠和尚、画并びに賛、書写の紙に筆を加う。規首座の請。

右の賛、大聖国師の作にして、常照の画と賛と一筆なり。高著眼看。再来、半文銭に直らず。噇眠子。

祖を指して云く、涴湓々々。瞎禿子。

三段同じからず、上科に収帰す、帰する処、如何。冬日の杜鵑に問取せよ。慶子仲冬の下旬、宗玩、亦た筆を加う。

〈訳〉

古岳宗亘和尚の達磨賛の第四句に「知んぬ是れ梁城に杜鵑無しと」とあるのを、江隠和尚が達磨図賛に書したものへの加筆　規首座の求め

この賛は古岳和尚の作であり、それを江隠宗顕禅師が書いてさらに画を付けたものである。しっかりと見届けよ。加筆（で、おかわりを）しても半文にもならぬ。玉室。

達磨の図を指さして「（汝の正体）見抜いたぞ」。董甫。

玉室・董甫・江月の三人が加筆を求められ、それぞれ異なった表現をするのが、畢竟帰するところは一つ（あるいは、古岳、江隠、それにわれわれ三人の三組とも、畢竟は同じこと）。さて、

その三者が帰するところの趣旨とは何ぞや。それが知りたくば、冬のホトトギスに聞かれるがよろしい。慶長十二年十一月、江月宗玩がさらに筆を加えた。

○古岳和尚初祖賛＝古岳の『乍茗稿』に、塵首座請の達磨図賛「葑帝驀頭云廓然、一言已尽祖師禅。再三落草帰何晩、知是梁城無杜鵑」とある。「葑」は「草の大なること」「大」の義。ただし「葑帝」の例、未見。加筆をふくめて、ここには五人が登場する。①もとの「初祖賛」の古岳宗亘。②「画并びに賛」の江隠宗顕。さらに加筆をした③玉室宗珀、④董甫宗仲、⑤江月宗玩の三人。

○知是梁城無杜鵑＝古岳賛の全体は、左のとおり。

葑帝驀頭云廓然、一言已尽祖師禅（葑帝、驀頭に廓然と云う、一言に已に祖師禅を尽くす）

再三落草帰何晩、知是梁城無杜鵑（再三、落草するに帰すること何ぞ晩き、知んぬ是れ、梁城には杜鵑無しと）

趣旨は「〈廓然無聖〉の一言で祖師禅のエッセンスがとっくに言い尽くされているのに、武帝はまだ分からずに、再三、言葉での解釈に落ち込んでいる。どうして早く〈第一義諦〉に帰着しないのか。どうやら、梁の都には、〈不如帰去〉と鳴いて帰情を促す杜鵑がいないようだ」というところ。

杜甫の『杜鵑』詩に、「西川有杜鵑、東川無杜鵑、涪万無杜鵑、雲安有杜鵑」とあるをふまえたものか。また、左緯の「送別」詩（『錦繡段』収）に「騎馬出門三月暮、楊華無頼雪漫天。客情惟有夜難過、宿処先尋無杜鵑」。三四句を『錦繡段由的抄』に解していわく「旅客トナリテハ愁情ガ多キ程ニ、夜ハネラレズ過シガタキ也。サルホドニ、宿ヲトルトモ、搆エテ杜鵑ノ鳴ヌ処ヲ尋テ宿トスベシ。杜鵑ハ不如帰去トナキテ、旅人ノ悲ヲ催ス鳥ナレバ、此声ヲ聞ヌヤウニセヨト也」。

○江隠和尚画并賛、書写之紙＝古岳和尚の賛を、江隠和尚が書し、画を添えたもの。したがって、この加筆は江隠の墨蹟であって、古岳のそれではない。

江隠は、大徳寺一〇二世、江隠宗顕（一五〇六〜六一）。『大徳寺世譜』に「古岳亘ニ嗣グ。越前ノ人。自ラ破沙盆、又寒蝶子、或ハ福寿ト号ス。天文二十辛亥九月二十一日、奉勅入寺。大仙二世。本山ニ祥林軒ヲ創ス。弘治三年丁巳八月十九日、後奈良帝特ニ勅シテ、円智常照禅師ト賜フ。永禄四辛酉二月六日、示寂。世寿五十六」。
○規首座＝範叟宗規。江月とは春屋宗園下の同門。『一黙稿』乾の範叟号頌に「宗規首座、字曰範叟。小偈一篇、以旌其義云。百丈作略、属一老人。楽花礼葉、四時生春。慶長十三戊申年小春上浣」。
○右之賛、大聖国師作、常照画与賛一筆＝「大聖国師」は古岳宗亘の号。「常照」は江隠宗顕の禅師号。
○高著眼看。再来不直半文銭＝しっかりと見届けよ。加筆（で、おかわりを）しても半文にもならぬ。
○瞳眠子＝大徳寺一四七世、玉室宗珀。前出［一六］。
○浣盌浣盌＝「盌」は「水があふれる。漬す」、また「盆」にも作る。
『諸録俗語解』［一〇五九］「浣盆浣盆」に『方語』に〈我れ你を識得す〉と。次下に〈換盆〉に作る。未考字義。

（『枯崖漫録』の原文は、摩竭提国三七日中、鉄壁鉄壁、少林山下九年冷坐、浣盆浣盆）」。

天嶺『燕南記譚』中に「又た問う、古徳、浣盆浣盆の答問を為す、義は云何。答う、児初生して之を浴う洗盤を謂いて浣盆と曰う。言うこころは、我れ汝を識ること汝が初生の辰よりすという義なり。方語に依って我識得你と曰う。余今ま児を浴する説を以て此の方語を解す」。
○瞎禿子＝大徳寺一三八世、董甫宗仲（一五四九～一六〇一）の号。『大徳寺世譜』「諱ハ紹仲（或ハ宗仲ニ作ル）。春屋園ニ嗣グ。自号瞎禿子。播州ノ人。文禄三甲午十月十七日、奉勅入寺。江州佐和山瑞岳寺住。兼知但州勝福寺。慶長六辛丑四月二十六日示寂。世寿五十三」。
○三段不同収帰上科＝「三段」は経を序・正・流通の三部分に分けたもの。経文をその内容によって科（部分）に分け、その下の細分したものを枝科という。「上科」とは最初の科文（一経の大意を述べる部分）。「収帰上科」は、すべての枝科が最初の根本に帰することをいう。禅録でこの語は「本分に帰する」といった意味で用いられる。
『碧巌録』第四則、頌の下語に「一勘破［言猶在耳。過］。二勘破［両重公案］。雪上加霜曾嶮堕［三段不同。在什麼処］……」。白隠『碧巌録秘抄』に「一ツ譜調デハ行カヌゾ」。『句双葛藤鈔』「法報応ノ三段別ナレ共、畢竟ハ法身ノ一法ニ帰スルゾ」。

「それぞれ異なった観点から述べられてはいるが、畢竟帰するところは同じ」という意味。
○問取冬日之杜鵑＝いうにいわれぬところ。そこが知りたくば、ポチに聞け、タマに聞け、沖ゆくカモメに聞け、と同じ趣旨。また、杜鵑は夏の鳥ゆえ、「冬日之杜鵑」は無可有をいう。前出［六九］に「冬日鵑帰人不帰」。
○慶子仲冬下旬＝慶長十二年庚子（一六〇七）十一月。

【二七七】（六一ウ）

書春屋老師御手蹟柏樹子話　道閑請

右這公案、澀紙菴主、扣山野柴扉、參得者不幾日、安心了。後來覓此一帖、以澀紙包之、投予來。開而看、則圓鑑國師之毫蹟也。先師無此語。若稱眞、爲先師失手乎。若道僞、爲山野失口乎。你要窮眞僞、問取春風。菴主云、問起春風總不知。予曰、不知便休去。渠低頭出。予曰、且坐喫茶矣。狗口憎袋子書。

春屋老師が御手蹟の柏樹子の話に書す　道閑の請

右、這の公案、渋紙庵主、山野が柴扉を扣いて、参得する者幾く日もあらずして、安心し了んぬ。後来、此の一帖を覓め、渋紙を以て之を包み、予に投じ来たる。開いてみれば、則ち円鑑国師が毫蹟なり。先師に此の語無し。若し真と称せば、先師失手せりと為んか。若し偽と道わば、山野、失口すと為んか。你、真偽を窮めんと要せば、春風に問取せよ。庵主云く、春風に問起するも総に知らず。予曰く、知らずんば便ち休し去りぬ。渠、低頭して出づ。予曰く、且坐喫茶。狗口懜袋子書す。

〈訳〉

春屋老師の墨蹟「柏樹子」への加筆　清水道閑の求め

渋紙庵主道閑居士は、わが室内で右の公案に参じ、やがて透過された。後にこの墨蹟を入手して、渋紙に包んで私のところに送って来た。開いて見れば、春屋老師の書ということであるが、先師はこのように（「千七百則公案、帰這一則矣」という部分）は書かないはずだ。これがもし本物だというのなら、先師の書き損じというもの。もし偽物といえば、それは私のいい損じということになろう。（渋紙庵主よ）本物か偽物かを知りたくば、春風にお尋ねなさい。（すると渋紙庵主がいうだろう）、「春風に聞いたところで、分かるはずもありません」。（老衲がいう）「ならば、それでいいではないか」。そこで、庵主が低頭して出て行く。（老衲が一句）「まあ、お茶でも飲んで（眼を醒ましなされ）」。劣孫の宗玩記す。

○春屋老師御手蹟柏樹子話＝この墨蹟は、江月の『墨蹟之写』元和七年条の［三四］に出るものであろう。江月の鑑定に「道閑より来候、似セ物ゾ」とある。またこれより先、元和六年、下［一〇一］にも同じ墨蹟があり、そこでは「表具なし、何とも難見分物也」とある。いまここの加筆でも、この墨蹟が偽物であるとしている。

○道閑＝茶人の清水道閑（一五七九～一六四八）。前出［三〇］。

○渋紙庵主＝清水道閑。

○以渋紙包之＝「渋紙」はむろん渋紙庵主をふまえたものだが、「偽物をわざわざ渋紙で包んで、大事そうに持って来たものだ」というちょっと諧謔の気味。
○先師無此語＝「柏樹子話」について、このようなことを書くことは考えられない、ということであろう。右に引いた『墨蹟之写』によれば、道閑が持参した墨蹟には、「僧問趙州、如何是祖師西来意。州答云、庭前柏樹子。右、一千七百則公案、帰這一則矣」とあったという。一方、元和四年、上［四］には正筆とされる春屋墨蹟があり、それには「僧問趙州、如何是祖師西来意。州答云、庭前柏樹子」とのみある。また元和六年、下［九一］に出る「似物ト相見候」ものには「僧問趙州、如何是祖師西来意。州答云、庭前柏樹子。右、一千七百則之公案、帰此話頭、日々好可受用、深念焉」とある。
○若称真、為先師失手乎。若道偽、為山野失口乎＝本物ならば先師の書き損じ。偽物だと断定すれば、私のいい損じ。あからさまにニセモノと断じないで、ニセモノであることを表明すること、左のごとし。「失手」「失口」は前出［二七四］。
○你要窮真偽、問取春風＝前項の「問取冬日之杜鵑」と同じ趣旨。ここでは、皮肉の調子。真偽のほどはポチに尋ねなさい。
○庵主云、問起春風総不知＝以下、江月と道閑との架空の問答。
○狗□＝一字不明。「狗孫」か。「豚犬児孫」の語がある。
○懵袋子＝江月の号。

【二七八】（六二一オ）

證仙嶽和尚筆跡

師叔仙嶽禪佛之毫蹟。眞不掩僞者乎。

仙岳(せんがく)和尚の筆跡を証す

師叔(ししゆく)仙岳禅仏(せんがくぜんぶつ)の毫蹟(ごうせき)なり。真(しん)、偽(ぎ)を掩(おお)わざる者か。

〈訳〉

仙岳和尚の墨蹟を証明する

法叔仙岳禅仏の墨蹟である。「真、偽を掩わず」という語があるが、疑いのない正筆である。

○仙岳和尚＝仙岳宗洞。前出［二三二］。堺の谷宗臨の弟。

○真不掩偽者乎＝『虚堂録』「真不掩偽、曲不蔵直」、『虚堂録犂耕』に「掩わざれば露顕す。真の傍に偽あれば、其の偽自ずから露わる。曲の側に直あれば則ち其の直自ずから露わる」（禅文化研究所、三八〇頁）。

【二七九】（六二オ）

春屋老師有印無名筆蹟

三玄國師之筆跡、有人需書此後。三要印開朱點側。別何證。雖然如許、強而所請、不克固辭。書之加之。人謂雪上霜矣。小嗣比丘宗玩。

春屋老師の印有って名無き筆蹟

三玄国師の筆跡、人の此の後に書することを需むる有り。三要印開、朱点側つ。別に何をか証せん。然も許の如しと雖も、強いて請われ、固辞する克わず。之を書して之を加う。人謂わん、雪上の霜なりと。小嗣比丘宗玩。

〈訳〉

春屋老師の有印無名の墨蹟

ある人が春屋老師の墨蹟に加筆を求めて来た。（この墨蹟には署名がなく、落款だけがあるが）、その印はくっきりとまぎれもない。証明する要もない。とは言え、強いて加筆を求めれるので、固辞するわけにも参らずこれを書く。加筆するのは屋上に屋をかさねるようなものだと言われましょう。弟子の宗玩が記す

○三玄国師＝春屋宗園。

○三要印開朱点側＝『臨済録』「三要印開朱点側」の句によって歴々分明の正筆であることをいう。「三要印開朱点側」は、臨済三句の一つ。『臨済録』上堂、「僧問、如何是第一句。師云、三要印開朱点側、未容擬議主賓分」。「朱点側」は、岩波文庫版『臨済録』二八頁の訳に「〈三要の〉印を紙に捺してから印を持ちあげると、朱の一点一画がくっきりと現れ、そこに憶測をさしはさむ余地もなく主体と客体が歴々と顕現する」と、この解が妥当。

無著道忠『臨済録疏瀹』の注釈では、忠曰く「……〈側だつ〉とは、印文の未だ全く露われず、露われんとして未だ露われざる時、印の一辺開く、此を〈側だつ〉と云う。……」とするが、この解、いまは採らない。また『碧巌秘抄』「三要印開」に「朱点窄、分明ハツキリシタモノジャ」。「側」は『漢語大詞典』に「仄に通ず」とあり、「窄」に「①狭隘、狭小、②短缺、③緊迫、困難、④不舒坦、⑤整斉、漂亮」とある。ここでは、⑤の「くっきりときれい」の義か。

○雪上霜矣＝雪上に霜を加う。

○小嗣比丘宗玩＝「小嗣」の語、『欠伸稿』以外に見えない。後出［二九六］にも。弟子を「小師」という。

【二八〇】（六二オ）

書雲英和尚柏樹子話　小川了圓請

右雲英和尚筆蹟。有人就于野釋覓加一語矣。慈明圓禪師頌云、趙州庭前柏、天下走禪客、養子莫教大、大了作家賊。

雲英和尚の柏樹子の話に書す　小川了円の請

右、雲英和尚の筆蹟なり。人の野釈に就いて一語を加えんことを覓むる有り。慈明円禅師の頌に云く、趙州が庭前の柏、天下、禅客を走らしむ、子を養っては大ならしむる莫かれ、大となり了らば家賊と作る。

〈訳〉

雲英和尚の柏樹子の墨蹟への加筆す　小川了円の求め

雲英和尚の筆蹟である。ある人がこれに一語を加えることを求めて来た。慈明楚円禅師の頌にいわく、「趙州の庭前柏樹子、この一則の公案があるために、後世の天下の禅者は右往左往しておるのだが、（俗諺に）〈子供を甘やかして育てて尊大な人間にするならば、家を滅ぼす賊となってしまう〉というではないか。（柏樹子の公案の一点張りで満足するならば、宗旨は滅んでしまうぞ）」と。

○雲英和尚＝雲英宗偉。谷宗臨の二男。前出［一七二］［二三二］ほか参照。

○小川了円＝未詳。平戸小川庵に関わる人物か。小川庵は、小川宗理が師のために平戸に建てた庵。『欠伸年譜草稿』寛永十三年丙子（一六三六）条に「師六十三歳。江都城に在って、春より夏秋に達す。……肥陽の客、小川氏宗理なる者有り、江府に滞まる。師に拝謁して云く、我が旧梓平戸に於いて、一茆庵を結ばんとす。希わく大旆を屈して開基と為ん。若し許諾を賜わらば、遠く望外に出でん、と。師、唯唯たり。乃ち檀家の姓名を以て、小川庵と号す」。

○慈明円禅師頌云＝汾陽の嗣、石霜楚円。慈明禅師と称す。

○養子莫教大、大了作家賊＝この頌、『禅林類聚』巻四に「慈明円頌云、趙州庭前栢、天下走禅客。養子莫教大、大了作家賊」とある。『禅語辞彙』「弟子も余り大物にして仕まうと、師を敵殺するぞ」。入矢・古賀『禅語辞典』「子を生んだ（「養子」をこう解するのは入矢氏の誤解）ならば大物にしてはならない、大物になったら家を滅ぼす盗賊になる」とするのは非。ここの「大」は「大物」のことではなく、「驕傲」「自大」の義。王梵志詩に「養児従小打、莫道怜不答。長大欺父母、後悔定無疑」。きびしくせず甘やかして育てて、尊大な人間になったら父母をあざむくことになる。「養児靠児」「養児備老」というのが中国人の処世の基本。

【二八一】（六二ウ）

古溪和尚萬法話　桑山左近請

古德云、一口吸盡西江水、甲乙丙丁庚戊己。咄咄咄、囉囉理（哩）。

師叔廣照禪師筆蹟、宗玩證之

古渓和尚が万法の話　桑山左近の請

古徳云く、一口に吸尽す西江の水、甲乙丙丁庚戊己。咄咄咄、囉囉理（哩）。

師叔広照禅師の筆蹟なり、宗玩、之を証す

〈訳〉

古渓和尚の万法の公案への加筆　桑山左近の求め

馬祖大師は「西江の水を一口に吸尽したら、いうてやろう」といわれたが、この一句はまさに音韻のない「甲乙丙丁庚戊己」というような一曲に他ならない。（その無音韻の一曲はどのようなものか）、咄々々（何としても言葉ではいえぬぞ）、ラライーッ、ヨーイヨーイ、ヨーイヤサ、と。右は法叔広照禅師の筆蹟であることを、宗玩がこれを証明する。

○古渓和尚＝大徳寺一一七世、古渓宗陳。前出［二七四］。

○万法話＝『聯灯会要』巻六、龐蘊居士章「襄州の龐蘊居士は衡州衡陽の人なり。士、石頭に問う、万法と侶たらざる者、是れ甚麼人ぞ。頭、手を以て士の口を掩う。士、此に於て省有り。後に馬大師に問う。大師云く、汝が一口に西江水を吸尽するを待って、即ち汝に向かって道わん。士、言下に大悟す。乃ち偈を述べて云く、十方同聚会、箇箇無為を学ぶ、此は是れ選仏場、心空及第して帰る」。

○桑山左近＝秀吉に仕えた桑山重晴の三男、旗本貞晴左近大夫（一五六〇～一六三二）。豊臣秀長に仕えた。領地は大和郡山（桑山藩）。元和元年の大坂の役では、兄の元晴とともに水野日向守に従い大和口より進んで道明寺に陣した。『寛政重修諸家譜』巻九九二。『大徳寺誌』に「桑山左近大夫貞晴、法名宗仙。建洞雲庵于玉林院中。且納尽射護持本庵。寛永九年七月七日卒。七十三」。茶は千道安に学ぶ、片桐石州の師。その所用の名物裂に「桑山間道」「桑山金襴」がある。

○古徳云、一口吸尽西江水、甲乙丙丁庚戊己。咄咄咄、囉囉理＝「古人云く」の語は「咄咄咄、囉囉理」まで続く。拠、未詳。

○甲乙丙丁庚戊己＝難解。通常の十干の順次は、甲乙丙丁戊己庚辛壬癸。甲（木の兄）・乙（木の弟）・丙（火の兄）・丁（火の弟）・戊（土の兄）・己（土の弟）・庚（金の兄）・辛（金の弟）・壬（水の兄）・癸（水の弟）。『江湖風月集』大川普済の「吹笛術者」（笛で吉凶を占う術者におくる）頌に「慈峰の古曲、音韻無し、知命先生、知るや知らざるや。甲乙丙丁庚戊己、陽春白雪、鷓鴣詞」。芳澤試訳「我が慈峰が奏でる那一曲は音調にかかわらぬ、また寿夭・禍福にもかかわらぬ。知命先生よ、この無音韻の曲がお分かりか（おそらくは、お分かりになるまい）。他でもない、そなたが業とする術で用いる甲乙等の数、陽春等の曲、それが那一曲である。（甲乙丙丁を用いて数に落ちず、陽春等の曲を吹いて音韻を絶するが故に知り難いのだ）」。寿夭禍福はすべて数にかかわるので、これを占うには必ず「甲乙丙丁庚戊巳」の十干十二支による。いまは無音韻の曲調にたとえるもの。左の「囉囉哩」も無音韻の笛にちなむ語。

○咄咄咄＝不可言及の消息を言わんとするときに発する「咄咄咄 duoduoduo」という声。次に出る「囉囉哩」が言語以前の消息を敢えて言語化したもの。
「咄」字には、①叱る、②舌打ちする声、③おどろく声、なげく声、などの意がある。「咄這閑達磨」などのように、うしろに呼びかける対象を表わす語を控えて、「やいこら」「チッ」といった語気を示すこともある。『漢語大詞典』「咄」に、「一、呵叱。二、嘆詞、表示歎嗟」とある。わが国では「トーッツッ」と声に出して読むためか、ややもすると、呵咄、咄罵のニュアンスに傾きがちである。いまここでの「咄咄咄」に、呵叱の義を含めることは妥当ではない。
○囉囉理（哩）＝「理」は「哩」の誤記。「囉囉哩」は『諸録俗語解』五七五、「曲のあいへ入れる語」、「ヨイヨイヨイヤサ」「ヨイショナ」「ハアー、ドウシタドウシタ」。

【二八二】（六二ウ）

同筆、達磨堂之大三字、十月五日求一偈　道閑請
遭逢忌日、支竺扶桑、小春梅萼、代一瓣香。十月五日宗玩拝

同筆、達磨堂の大三字、十月五日、一偈を求む。道閑の請
忌日に遭い逢う、支竺扶桑、小春の梅萼、一瓣の香に代う。十月五日、宗玩拝

〈訳〉

古渓和尚の筆蹟、達磨堂三大字への加筆　十月五日、道閑の求め

ちょうど達磨忌の日に「達磨堂」の三大字の軸を拝見した。
真の達磨は、天竺・支那・日本の三国に遍満しているのだ。
(法＝ダルマを象徴する）十月の咲かぬ梅花を、
一瓣の香のかわりに供養したてまつる。
十月五日達磨忌の日、宗玩拝

○同筆＝古渓和尚の墨蹟。
○達磨堂之大三字＝清水道閑がみずから達磨堂を営繕したか。高桐院に古渓の「達磨堂」の大三字が残るという。
○道閑＝茶人の清水道閑（一五七九～一六四八）。前出［三〇］。
○遭逢忌日、支竺扶桑＝次の「小春梅蘤」とあわせて、達磨の法が時空を超越していることをいう。
○小春梅蘤、代一瓣香＝十月の梅は非時。梅は達磨の伝法の端的、象徴。蘤は花に同じ。

【二八三】（六二ウ）
春屋老漢柏樹子　薄田修理請

先師圓鑑國師之眞蹟。趙州或時答、欄中失却牛、或時答、板齒生毛。這庭前柏樹子、是同是別。趙老面皮厚三寸。畢竟如何。庭前柏樹子。宗玩加亂説

春屋老漢の柏樹子（はくじゅし）　薄田修理（すすきだしゅり）の請

先師円鑑国師の真蹟なり。趙州、或る時は、欄中に牛を失却すと答え、或る時は、板歯毛を生ずと答う。這の庭前の柏樹子、是れ同か是れ別か。趙老の面皮、厚きこと三寸。畢竟如何。庭前の柏樹子。宗玩、乱説を加う

〈訳〉

春屋老師の柏樹子への加筆　薄田修理の求め

先師円鑑国師の真蹟である。趙州和尚は「如何なるか是れ祖師西来の意」と問われれば、あるいは「牛小屋で牛を見失った（欄中失却牛）」と答え、またあるときは「前歯に毛が生えた（板歯生毛）」と答えられた。さて、この「庭前の柏樹子」という（わけの分からぬ）語も、「欄中失却牛」や「板歯生毛」などと同然の語であろうか。趙州和尚、面の皮の厚いにも程がある。結局、どういう意か。（「欄中失却牛」でもないし「板歯生毛」でもない）、「庭前の柏樹子」だ。

○春屋老漢＝春屋宗園（一五二九～一六一一）。
○薄田修理＝未詳。
○趙州或時答、欄中失却牛、或時答、板歯生毛＝『禅林類聚』巻四に「趙州、僧問、如何是祖師西来意。師云、欄中失却牛。（或作龍雲慈雲円照頌）」。また同じく巻四に「趙州、僧問、如何是祖師西来意。師云、板歯生毛」。
○欄中失却牛＝牛小屋で牛を見失う。「欄」は、柵などで囲いこんだ所。牛小屋のことを「牛欄」という。いまは牛小屋のこと。牛は仏心になぞらえる。

○板歯生毛＝（口でものをいうことができない、口を使わないので）前歯に毛が生える。『方語』に「言語絶」、また「説不得」。

【二八四】（六二ウ）

稲葉左近藏人、捨財庭前立壁、檐下布瓦、補梵宇之缺焉。悃誠不可以言宣也。短偈一篇、矢萬乙之謝矣

端坐面壁、易地少林。參差瓦縫、勝側布金。　老師之筆也。

右藏人者、澀紙菴主舊識也。依之求之。重而請加予一語。和老師華偈之尊韻、以塞其責云

修盟舊友、松竹深林。好是約諾、可輕千金。

稲葉左近藏人、財を捨てて庭前に壁を立て、檐下に瓦を布き、梵宇の缺けたるを補う。悃誠、以て言宣す可からず。短偈一篇、万乙の謝を矢ぬ。

端坐面壁、地を少林に易う。参差たる瓦縫、金を側布せるに勝る。　老師の筆なり。

右、藏人は、渋紙庵主の旧識なり。之に依て之を求む。重ねて予が一語を加うることを請う。老師が華偈の尊韻を和して、以て其の責めを塞ぐと云う。

盟(めい)を修む旧友、松竹の深林。好(よ)し是れ約諾(やくだく)、千金も軽(かろ)んず可し。

〈訳〉

稲葉左近蔵人の寄進によって、（三玄院の）庭前に壁が造られ、廊下に甎(しきがわら)が舗かれ、これまでなかった（禅堂が）造られた。そのお気持ちは言葉に表すことができない。短偈を作り、感謝の万分の一を述べる。

いま壁と敷き瓦が新しくなった。
ここに坐禅すれば、さながら嵩山少林寺での面壁のようだ。
びっしりと並べられた敷き瓦は、あの須陀長者が祇園精舎を釈尊に寄進するために、その土地に金を敷き詰めて買収したことにも勝るというものであろう。

右は春屋老師の筆蹟である。

この稲葉蔵人は、渋紙庵主の友人であり、それによって私に加筆を求めて来たのである。老師の偈に和韻して、請にこたえる。

（稲葉左近蔵人と渋紙庵主、節操の堅い）この二人の交友は、
さながら深林にある松と竹の同盟のようである。
まことによい盟友関係である、
義のためには千金をも軽んずるというものであろう。

○この春屋の墨蹟および江月の加筆、崇福寺に残る。偈頌の後に「文禄第五夷則下旬　春屋老拙書于三玄之室」と

ある。
○稲葉左近蔵人＝稲葉道通（一五七〇～一六〇七）、初め重一、勘右衛門、蔵人。「寛永系図」によれば左近蔵人。稲葉重通の五男。のちの春日局の義兄にあたる。長兄牧村兵部大輔の遺領、伊勢国岩手城を継ぎ、稲葉氏を名乗る。慶長十年（一六〇五）秀忠上洛に供奉。慶長十二年十二月十二日、伏見にて卒す。年三十八。普巌受趙富春院と号す。妙心寺雑華院に葬る。『寛政重修諸家譜』巻六〇七。雑華院開祖の一宙東黙は牧村利貞の実兄（雑華院寺籍調査票、一宙東黙の名は『諸家譜』には見えない。焉空宗甫の名がある）。
○庭前立壁、檐下布瓦＝『円鑑国師行道記』慶長丙辰条に「稲葉左近蔵人某、為師、庭前建壁、檐下布瓦。師作偈謝之」。「庭前立壁」が具体的に何をいうのか未詳。「檐下布瓦」は、三玄院の禅堂あるいは廊下の甎（しきがわら）を舗いたことらしい。偈頌に「端坐面壁、易地少林」とあるから、坐禅をする場所だったか。三玄院の開創は天正十六年（一五八八）。いま慶長元年丙辰（一五九六）、新たに禅堂のようなものを増築した。
○端坐面壁、易地少林＝この偈、春屋の『一黙稿』坤に出る。「端坐面壁、易地少林」、「易地」は「易地然」の略、「所が変わっても同じこと」。
○参差瓦縫、勝側布金＝「参差瓦縫」は、敷き瓦の継ぎ目がならびつづくこと。「参差」は多義あり「不揃いなさま」「入り雑るさま」「ならびつづくさま」「ちらばるさま」など。杜牧の「阿房宮賦」に「瓦縫参差、身に周き帛褸より多し」という例と同義。
「勝側布金」、江月自筆写本の『一黙稿』では「側布金に勝る」と訓む。「側布」は「びっしりと敷きつめる」。「側」は「遍」「満」の義（項楚『敦煌変文選註』五五〇頁）。東陽英朝『少林無孔笛』に「側布万両黄金」。「布金」は、須陀長者が祇園精舎を釈尊に寄進するために、その土地に金を敷き詰めて買収した故事（『大般涅槃経』巻二九）。
○渋紙庵主＝清水道閑。
○修盟旧友、松竹深林。好是約諾、可軽千金＝稲葉蔵人は、慶長十二年十二月、年三十八で没。春屋より四年早く死んでいる。死後、この墨蹟は友人の清水道閑の手にわたった。いま、この二人の友情を松竹の節操の貞堅なるになぞらえる。

【二八五】（六三オ）

江隠和尚有名無印墨蹟　加筆

三要印不開、是故請就于予。朱點側、誤被人呼色惑矣。汗顔汗顔。

江隠和尚の有名無印の墨蹟　加筆

三要、印、開かず、是の故に予に就いて請う。朱点側つれば、誤って人に色惑と呼ばれん。汗顔汗顔。

〈訳〉

江隠和尚の有名無印の墨蹟への加筆

この墨蹟には、名だけあって落款はない。（臨済録には「三要印開朱点側」とあるが）無印であれば、「三要、印、開かず」だ。そこで、私に加筆を求めたのであるが、私が（自分の）印鑑をくっきりと捺して証明などすれば、かえって、識者からは、姿形にとらわれたものだといわれましょう。汗顔々々。お恥ずかしいかぎり。

○江隠和尚＝大徳寺一〇二世、江隠宗顕。前出［二七六］。古岳宗亘に嗣ぐ。

○三要印不開＝前出［二七九］では「有印無名筆蹟」だったので「三要印開朱点側」といったが、いまは逆に有名無印の墨蹟なので、「三要、印、開かず」という。
○朱点側、誤被人呼色惑矣＝「色惑」は、姿形あるものに惑わされること。

【二八六】（六三オ）

加傳菴和尚筆蹟　宗如請

遊高石山之次、追憶漁菴老人云。
曾讀漁菴遺藁詩、十唯八九大雄詞、白頭來向沙鷗問、撲漉聲中説舊時。懶驢道人書。
右傳菴禪佛之毫端。有人覓添字。奉依高韻、以應來命云。
江南風景賦禪詩、慚我生涯加野詞。二老佳名所何得、白鷗一夢頓醒時。江南玩月子

伝庵和尚の筆蹟に加う　宗如の請

高石山に遊ぶ次いで、漁庵老人を追憶して云う。
曾て読む、漁庵遺藁の詩、十唫に八九は大雄の詞。
白頭来たって沙鴎に向かって問えば、撲漉声中、旧時を説く。懶驢道人書す。

右は伝庵禅仏（でんあんぜんぶつ）の毫端（ごうたん）なり。人有って字を添うることを覓む。高韻（こういん）に依り奉って、以て来命に応ずと云う。


江南の風景、禅詩を賦す、慚ずらくは、我が生涯（しょうがい）、野詞（やし）を加うることを。

二老の佳名（かめい）、何の得る所ぞ、白鴎（はくおう）一夢、頓（とみ）に醒むる時。江南玩月子（こうなんがんげつし）

〈訳〉


伝庵和尚墨蹟への加筆。宗如の求め。

和泉の高石山大雄寺に遊び、南江宗沅禅師を追憶して作る。

かつて漁庵老人の遺稿を拝読したことがあったが、
十中に八九は、じつに雄大な詩想をもった作品であった。

いま、わたくし白髪頭の伝庵は、漁庵老人の因縁の地に来た。

漁庵老人は「心事、君其れ白鴎に問え」と詠われたが、
私のそのようにカモメに問うてみる。

パタパタと翼を鳴らしながら、カモメたちは老人の往時を物語っているようだ。

懶驢道人書す。

右は伝庵禅仏の墨蹟である。加筆を求められたので、禅師の詩に和韻して、これに応ずるものである。

伝庵和尚は江南の風景を見ながら、漁庵老人の当時を偲んで禅詩を作られた。
それにわたくしが野卑な言葉を加えるなど、お恥ずかしい次第。
漁庵老人と伝庵和尚は、ともに白鴎を通じて、時間を超えてつながっているのだが、
そのお二人の、古今をつなぐ一夢からいま醒める。江南玩月子

○伝庵和尚＝大徳寺八八世の伝庵宗器（一四八三〜一五三三）。懶驢と号す。『大徳寺世譜』「古岳亘ニ嗣グ。京ノ人。自ラ懶驢ト号ス。享禄元戊子四月十二日、奉勅入寺。本山ニ東林庵ヲ創ス。天文二癸巳三月十一日示寂。世寿五十一」。

○伝庵和尚筆蹟＝江月『墨蹟之写』元和四年、中⑭に出る。所見には「於伏見、水河内被見候。伝庵和尚正筆ト相見候也」。このときは水野河内守が持参してきた。

○宗如＝未詳。『咨参緇素名簿』元和四年七夕に「宗如　洛陽人」とあり。水野河内守の居士号は「宗完」ゆえ、これとは別人。

○高石山＝和泉国大鳥郡高石にあった高石山大雄寺。いま廃寺。南朝の後村上天皇の帰依を受けていた孤峰覚明（三光国師。法灯国師無本覚心の嗣）によって正平初年（一三四六ころか）開創された。南朝の政略的拠点のひとつでもあった。一休もかつて訪れて詩を作っている。『自戒集』寄南江三首のうち「タカセノ大雄寺寄宿ノ時」に「門吟東呉万里船、誰問大雄奇特禅。約尼誹謗大甘得、流落嚢中無一銭」。南江宗沅はここに寓居していたこともあった。

○漁庵老人＝南江宗沅（一三八七〜一四六三）。漁庵と称し大坂・和泉辺におり、一休（一三九四〜一四八一）と交わった。

○漁庵遺藁＝『漁庵小藁』（『五山文学新集』巻六）、「高石寓居、寄長慶雅堂上人」という詩に「心事君其問白鴎、往来何如似虚舟、相期梅塢雪晴夜、有興敲門無興休（心事、君其れ白鴎に問え、往来、何ぞ如かん、虚舟に似た

るには。相い期す、梅塢、雪晴るる夜、興有れば門を敲き、興無ければ休す）」とある。三四句は王子猷の故事をいう。前出［七二］を参照。いま、伝庵の念頭にあるのはこの詩か。

○曾読漁庵遺藁詩、十唯八九大雄詞＝「十唯八九」の「唯」字、未穏。江月の『墨蹟之写』にこの詩が載るが、そこでは「唯」を「唫」に作る。「唫」は「吟」に通じる。すなわち「十吟八九大雄詞」。「大雄」は高石山大雄寺をふまえる。

○白頭来向沙鴎問、撲漉声中説旧時＝「撲漉」は「撲鹿」とも。翼を鳴らす音。『冷斎夜話』「龍女詞曰、数点雪花乱委、撲漉沙鴎驚起」。「旧時」は南江宗沅の時。右に引いた南江の「心事、君其れ白鴎に問え、往来、何ぞ如かん虚舟に似たるには」。

○懶驢道人＝伝庵宗器の号。

○我生涯＝私という義。私のごとき境界の者が、といった気味。

○白鴎一夢頓醒時＝「白鴎」は、海辺泉南の縁語。また無心の象徴。前出［二］。

○江南玩月子＝「玩月子」の号は、春屋による江月の命名のことをふまえたもの。『年譜草稿』慶長十一年条に、「是の年の秋、円鑑、師に謂いて云く「你、江西馬大師の玩月の話に參じて徹頭徹尾。因って你に字するに江月を以てす。乃ち書を賜いて云く「宗玩首座、字して江月と曰う。一祇夜を賦し、以て親しく他を証すと云う。今夜波心玉兎浮ぶ、馬師百丈共に同遊、端無く払袖して南泉去る、具眼の沙鴎、笑って点頭す」。

【二八七】（六三ウ）

加大聖國師筆蹟　槩菴請

大聖國師示宗圓禪人法語、有舊公案之筆蹟。所見示之語散失矣。今就予有求書之人。字經三寫烏焉馬。以招續貂之笑云。五世之孫宗玩。

大聖国師の筆蹟に加う　甃庵の請

大聖国師、宗円禅人に示さるる法語、旧公案の筆蹟有り。示さるる所の語は散失せり。今、予に就いて之を書することを求むる人有り。字は三写を経て烏焉馬となると。以て続貂の笑いを招くと云う。五世の孫、宗玩

〈訳〉

古岳宗亘禅師墨蹟への加筆　若槻甃庵の求め

これは古岳禅師が宗円禅人に示された法語である。公案の部分があったのが、その部分はいまはない。これに加筆を求められたのであるが、字は三たび写せば、烏が焉となり馬となるというではないか。私ごとき者が加筆すれば、折角の大聖国師の墨蹟を汚すことになりはすまいか。五世の孫、宗玩

○大聖国師＝古岳宗亘。前出［九〇］。

○甃庵＝若槻甃庵。前出［二四］。

○示宗円禅人法語＝宗円禅人は未詳だが、『生苕稿』に「月浦号　宗円禅門請」という頌あり、また、以下を参照。『生苕稿』巻一に「示宗円禅人恵雞林美布」の法語あり、「昔有僧問趙州、万法帰一一帰何処。州云、我在青州作一領布衫重七斤。今也宗円禅人以雞林美布、投老僧室。乃裁為一領、不知重多少。展則弥綸法界、縮則糸髪不立。且道趙州底与老僧底、畢竟如何。鴛鴦繡出任君看、更把金針密密縫。禅人向這裡、工夫綿密、而受用堅確、則不

妨行履活脱自由矣。思之」。
○有旧公案之筆蹟。所見示之語散失矣＝公案を書いて、その後に法語があったが、その部分がない、ということ。
○字経三写烏焉馬＝伝写してゆくうちに烏や焉の字が馬になってしまう誤り。『事物異名録』書籍、書訛「烏焉混淆、魚魯雑揉。按ずるに古諺に、書は三写を経て烏焉、馬と成る」。『抱朴子』遐覧に「諺に曰く、書三たび写せば、魚は魯と成り、虚は虎と成ると」。
○続貂＝他人のいまだ終えぬ業を嗣ぐことを謙譲していう。良いものを粗悪なものが嗣ぐこと。「狗尾続貂」。晋の趙王倫の一党が、ことごとく卿相になり、奴僕にいたるまで爵位を得て、朝会ごとに貂蝉（テンの毛皮と蝉の羽を用いた侍臣のかぶる冠）があふれたときに、いわれたことわざ「貂不足狗尾続」による。『晋書』趙王倫伝。
○五世之孫宗玩＝法系は古岳宗亘—伝庵宗器—大林宗套—笑嶺宗訢—春屋宗園—江月宗玩。

【二八八】（六三ウ）

加古溪和尚柏樹子毫蹟　竹中采女正請

師叔廣照禪佛所見示人之筆蹟也。就于野釋、有覓添一語者。凡夫實謂之有、二乘拆謂之無、縁覺謂之幻有、菩薩謂之當諦即空。於吾宗不墮有見、不墮無見。工夫綿密、須到正見。猶未信道、問取柏樹子矣。宗玩拜書

古渓（こけい）和尚の柏樹子（はくじゅし）の毫蹟（ごうせき）に加う　竹中采女正（うねめのしょう）の請

師叔（ししゅく）広照禅仏（ぜんぶつ）が人に示さるる所の筆蹟なり。野釈（やしゃく）に就いて、一語を添うることを覓む

る者有り。凡夫は実に之を有と謂い、二乗は拆して之を無と謂い、縁覚は之を幻有と謂い、菩薩は之を当諦即空と謂う。吾が宗に於ては有の見に堕さず、無の見に堕さず。工夫綿密、須らく正見に到るべし。猶お未だ信道ぜずんば、柏樹子に問取せよ。宗玩拝書

〈訳〉

古渓宗陳禅師の柏樹子墨蹟への加筆　竹中采女正の求め

古渓禅師の墨蹟に加筆を求められた。雲門いわく「凡夫は有だといい、二乗はそうではない、無だという。縁覚は幻有だといい、菩薩はそれを当諦即空だという」と。有無の二見（断常二見）のいずれにも堕ちぬのが、禅の立場である。綿密なる工夫をして、何としても正見を得ねばなるまい。もしこの肝心要が分からぬならば、柏樹子そのものに尋ねるがよろしい。宗玩拝書

○竹中采女正＝前出［一六九］。

○師叔広照禅仏＝古渓宗陳の禅師号は大慈広照。江月の師、春屋の法弟ゆえ師叔という。

○凡夫実謂之有……＝『雲門広録』巻中、「師一日拈起拄杖、挙教中道、凡夫実謂之有、二乗析謂之無、縁覚謂之幻有、菩薩当体即空。乃云、衲僧見拄杖但喚作拄杖、行但行坐但坐、総不得動著」。また『禅林類聚』巻十六の三十六丁。

○二乗拆謂之無＝拆は析とも。
○幻有＝一切の法が幻のごとく仮有であると見ること。
○当体即空＝一切の有為の法は事体そのままに空無であると見ること。
○不堕有見、不堕無見＝「常見」は、一切の存在（霊魂・物質）は永遠に不滅であるとするもの。「断見」は、存在は断滅して虚無に帰するとするもの。外道の形而上学。

【二八九】（六四オ）
加雲英和尚受用公案筆蹟　泉南道幾請
雲英和尚者、予同門生、同郷人也。此閑葛藤、所見示泉南之一俗漢。俗漢重來請添字。吾宗無言句無一法與人。元來是何受用。況復一日底、半生底、一期底、病中底、忙裏底、末後底、皆是雪上霜矣。山僧未開口以前、管城子振無舌之舌云、止止、到大休歇地、須知横眠倒臥事。若加一語、又雪上霜矣。果然果然。非汝爭言此事。捲以還之。

雲英和尚が受用の公案の筆蹟に加う　泉南道幾の請
雲英和尚は、予が同門生、同郷の人なり。此の閑葛藤、泉南の一俗漢に示さるる所なり。俗漢重ねて来たって字を添うることを請う。吾が宗、言句無し、一法の人に与うる無し。元来是れ何の受用ぞ。况んや復た一日底、半生底、一期底、病中底、忙裏底、末後底、皆な是れ雪上の霜なり。山僧、未だ口を開かざる以前、管城子、無舌の舌を振るって云く、止みね止みね、大休歇地に到って、須らく横眠倒臥の事を知るべし。若し一語を加えば、又た雪上の霜。果然、果然。汝に非ずんば、争でか此の事を言わん。捲いて以て之を還す。

〈訳〉

雲英宗偉禅師の公案の墨蹟への加筆。泉南の道幾の求め

雲英和尚は、わが同門にして同郷の人である。この公案は泉南の一居士に与えられたものである。その居士が加筆を求められた。わが禅宗では本来、説くべき言句は一字もなく、人に教えるべきものは何もないのである。（本来、言うべきことは何もないのだから）ましてや、一日の工夫だの、半生、一生の工夫だの、病中の工夫だの忙中の工夫だの、あるいは末後の用心だの、すべては余計ごとである。

私が口を開こうとするや、管城子が無舌の舌を振るって言う、「（加筆など）やめよやめよ。もはや何事もなすべきことはないという境地に到って、ゴロリと横になって眠るだけだ。一語を加えたりすれば、雪の上にさらに霜を添えるというもの、余計ごとじゃ」と。（そこで私が答えて言う）「そうじゃそうじゃ。そなたでなければ、こういう真実は言えまい」

と、軸を捲いて返したのである。

○雲英和尚＝雲英宗偉。前出［二七五］。
○泉南道幾＝『欠伸稿』坤［七〇三］に「足娯　額」の銘があり「泉南油屋道幾請」とある。堺の豪商に油屋常言がいた。三好義賢の帰依によって建立された日蓮宗の和泉頂妙寺を開いた日珖は油屋の実子である。また、油屋は曜変天目を所持したことでも知られる。油屋天目の伝来は、堺町衆樋口屋紹札─油屋紹佐─油屋常祐─家康─尾張徳川義直─代々侯爵義親─徳川美術館。
○予同門生＝春屋門下の同門。江月より十四歳年長。
○同郷人也＝堺の谷宗臨の二男。
○吾宗無言句無一法与人＝前出［二七五］。
○管城子振無舌之舌云＝筆のことを擬人化して管城侯毛元鋭という。前出［二一二］注。以下、筆と江月の架空問答。
○止止、到大休歇地、須知横眠倒臥事＝大閑（おおひま）のあいた境地に到ったならば、もはや何もなすことはない。ゴロリと横になって眠るだけ。「横眠倒臥」は、石門昭山主の語に「云く、如何なるか是れ石門山。師云く、石頭、大底は大、小底は小。云く、如何なるか是れ山中の人。師云く、横眠倒臥」（『禅林類聚』巻一、三十六丁）。前出［二五七］。
○若加一語、又雪上霜矣＝一語を加えるなど屋上に屋を重ねるようなもの。

【二九〇】（六四オ）

加董甫和尚一字入公門筆蹟　藪紹智請

一⿴囗力　董甫法兄禪師見示一俗漢之毫端。予添一字證之云。欠伸子

董甫(とうほ)和尚が一字入公門(いちじにゅうこうもん)の筆蹟に加う　藪紹智(やぶじょうち)の請

⿴囗力(か)、董甫(とうほ)法兄(ほうひん)禅師、一俗漢に示さるる毫端(ごうたん)なり。予、一字を添えて之を証すと云う。

欠伸子

〈訳〉

董甫和尚の一字入公門の墨蹟への加筆　薮紹智の求め

⿴囗力、董甫法兄が一居士に示された墨蹟である。わたくし江月が（利休居士の遺偈にある咄咄、力⿴囗力希(リキカキ)の語をふまえて）⿴囗力(か)の一字を添えて、これを証明する。欠伸子

○董甫和尚＝董甫宗仲。前出［二七六］。

○一字入公門＝「一字入公門、九牛車不出」の略。『五灯会元』巻十七、黄龍慧南章に「問う、無為無事の人も猶お是れ金鎖の難。未審、過、甚麼の処にか在る。師曰く、一字入公門、九牛車不出」。『句双葛藤鈔』「一字入公門、九牛拽不出」、「一字デモ目ヤスナドニ書テ、公義ニ申シ入タコトハ、云イカヘシガナラヌ也」。一たび官府に訴え出たら、もはや取り下げることはおろか、訴状の一字たりとも改めることはできぬ。

○藪紹智＝薮内流一世の剣仲紹智。茶は武野紹鷗に師事、春屋に参禅した。『一黙稿』「剣仲号」頌に「紹智禅人需別称。称曰剣仲。短偈一篇旌其義云。吹毛在手、霜刃常磨。截断仏祖、鈍鏌鎁那。文禄第四仲冬吉辰」。

○⿴囗力＝『玉篇』力部「⿴囗力、船を牽く声」。エイッ。あるいは「アッ」という声。禅門では、大悟の時、思わず発す

る声にもいう。

優曇普度大師の『廬山蓮宗宝鑑』巻十に、「又た妄りに⿴囗力字を将て以て公案と為し、人をして口裏に力を著けて気を忍了して、這の一関を透らしむ。或いは云う、⿴囗力字に四囲あるは是れ酒色財気と。或いは地水火風と言い、或いは生老病死と言う。皆な是れ卜度妄計の曲説なり。嗟乎、這の一箇の⿴囗力字、多少の人をか瞞尽す。殊に知らず、此の字は玉篇に明らかに載するを。戸臥の反、阿字の去声なり。⿴囗力の字、一切の世人、口中に未だ嘗て説わざるはなし。喩えば物を失える人の如し、忽然として尋覓て、覚えず此の一声を発す、是れ⿴囗力の字なり。宗門に多く此の字を言うは、蓋し尋師訪道の人、参究三十年にして忽然として心花発現し、此の事を会得すれば、覚えず⿴囗力地一声す、失物の見わることを得たるが如くにして、平生を慶快す。是れ其の字義なり」。

音は「カ」。無著道忠『虚堂録犂耕』にいわく、「⿴囗力の音をイに訛るは来由有り。雲門の語に、咄咄咄力口希と云えり。此の口、音はイ。而して謬写して⿴囗力に作り、亦た音をイと為す。遂に⿴囗力字を以て音イと為す」。「力⿴囗力希」「力口希」「力囲希」などと表記することもある。この問題については、つとに柴山全慶「利休居士の遺偈に就て」(『禅学研究』四一号)で詳論されている。ここでは、利休の遺偈に出る「咄咄咄、力⿴囗力希」が念頭にあるだろう。

柴山老師は、「唐宋時代の禅語としては、端的に〈言亡慮絶〉の活現、乃至は機鋒を示す掛け声として感歎詞的に用ひられしものの如くに考へられる」とし、さらに「絶言絶慮底の一叫に外ならず、優曇大師の説く如き〈心華発得〉の意味に用ひられてはいない」とする。

いまここでは「⿴囗力一字入公門、九牛車不出」の墨蹟への加筆として、⿴囗力の一字を着けたのである。九頭の牛でも引き出すことのできないところを「エイッ(⿴囗力)」と引き出したところであろう。
○董甫法兄禅師＝江月より二十五歳年長。

【二九一】（六四オ）
加江隱古溪兩和尚筆蹟　⿱斯瓦菴請

垂示底、常照禪師之毫蹟、下語底、廣照禪師之墨痕。兩箇一對、續大燈國師餘焔、以爍破昏衢者也。可謂宗門爪牙、吾家骨肉。依什麼、予出這語。愧同門生云。宗玩拜

江隠・古渓両和尚の筆蹟に加う　斯庵の請

垂示底は常照禅師の毫蹟、下語底は広照禅師の墨痕なり。両箇一対、大灯国師の余焔を続いで以て昏衢を爍破する者なり。謂っつ可し、宗門の爪牙、吾が家の骨肉なりと。什麼に依ってか、予、這の語を出だす。同門生なることを愧ずと云う。宗玩拝

〈訳〉

江隠・古渓両禅師の墨蹟への加筆　若槻斯庵の求め

江隠禅師の墨蹟に古渓禅師が下語されたものである。両禅師が一体となった合作。そこに開祖大灯国師の法がありありと顕現しており、その大灯が末法の世を焼き尽くさんばかりである。まことに大徳寺の仏法の眼目に他ならない。それなのに、同門の末学がこのような言葉を加えて、まことにお恥ずかしいことです。宗玩拝

○斯庵＝春屋門下の居士、若槻斯庵。前出［二一四］。

○垂示底、常照禅師之毫蹟。下語底、広照禅師之墨痕＝江隠の垂示に古渓が下語を着けたもの。常照禅師は江隠宗顕、広照禅師は古渓宗陳。

【二九二】（六四ウ）

加古溪和尚柏樹子筆蹟　江州西教寺納所請　觀音寺介

師叔廣照禪師之筆蹟。有求加一語人。趙州南方古佛、廣照北方道人、依什麼示西來意。汝好思。心通則東西南北千里同風。宗玩拜

古渓和尚が柏樹子（はくじゅし）の筆蹟に加う　江州西教寺納所（ごうしゅうさいきょうじなっしょ）の請　観音寺の介

師叔（ししゅく）広照禅師の筆蹟なり。一語を加うることを求むる人有り。趙州（じょうしゅう）は南方の古仏、広照は北方の道人（どうにん）、什麼（なに）に依ってか西来の意を示す。汝、好（よ）く思え。心（しん）通ずるときは則ち東西南北、千里同風。宗玩拝

〈訳〉

古渓禅師の柏樹子の筆蹟への加筆　江州西教寺納所の求め　観音寺の仲介

法叔古渓禅師の墨蹟である。これに一語を加えることを求められた。趙州は南方古仏と称されたが、古渓和尚は越前の人ゆえ、北方道人というべきであろう。さて、その北方

道人が何故西来意を示されたのか、それをよくお考えなされ。
一心の所在が分かるならば、東であれ西であれ南であれ北であれ、いずこにも同じ風が吹く。一切処はこの一心で充塞されているのだから。　宗玩拝

○江州西教寺納所＝大津坂本にある天台宗の寺。納所は出納をつかさどる役。
○観音寺＝近江芦浦（現草津市）の天台宗観音寺。前出［一二三］［一八三］。
○趙州南方古仏、広照北方道人、依什麼示西来意。汝好思＝「南方」は南ということではなく、「中国の」という意。
『五家正宗賛』趙州章に「僧問う、如何なるか是れ祖師西来の意。師曰く、庭前の栢樹子。後、法眼、覚鉄觜に問う、聞く、趙州に栢樹子の話有りと、是なりや否や。覚曰く、先師に此の語無し、先師を謗ずること莫くんば好し。僧、雪峰に問う、古澗寒泉の時如何。峰曰く、瞪目するも底を見ず。曰く、飲む者如何。曰く、口より入らず。師聞いて曰く、鼻孔裏より入る可からず。僧便ち問う、古澗寒泉時如何。師曰く、苦。曰く、飲む者如何。曰く、死。僧、雪峰に挙似す。峰、遥かに望んで作礼して曰く、趙州古仏と」。

【二九三】（六四ウ）

加古渓和尚萬法不侶話　疋田右近入道請　世亂失却、重得之、故有此語

師叔古渓和尚所見示一禪人之毫端也。亂世失散後、再入禪人手裏。是故、就于野釋覓加一語。可謂不直半文錢矣。

古渓和尚が万法不侶の話に加う。疋田右近入道の請。世乱に失却し、重ねて之を得。故に此

の語有り

師叔古渓和尚、一禅人に示さるる所の毫端なり。乱世に失散して後、再び禅人が手裏に入る。是の故に、野釈に就いて一語を加うることを覓む。謂っつ可し、半文銭に直らずと。

〈訳〉

古渓禅師の万法不侶の墨蹟への加筆　疋田右近入道の求め　世乱の際に失って、ふたたび入手したので左のようにいう

法叔古渓禅師が一禅人に示された墨蹟である。乱世のときに紛失したが、ふたたび禅人の手にわたった。そこで私に一語を加えることを求めたのであるが、「再来、半文銭に直らず」、一ぺん紛失したものが再び戻ったというても、半文の値打ちもあるまい。

○万法不侶話＝前出［二八一］。
○疋田右近入道＝未詳。後出、坤［三四〇］にも出る。黒田の臣下井上氏に仕えた疋田氏あり、その関係か。
○乱世失散後、再入禅人手裏＝戦乱で一たび紛失したが、また戻った。
○可謂不直半文銭＝「再来不直半文銭」の語をふまえる。前出［六八］［一三六］［二七六］。

【二九四】（六五オ）

加江隠和尚柏樹子話　富士屋道悦請

右這閑葛藤、常照禪師之眞蹟。有需予添一語人。古徳云、三歳兒童皆念得、八十翁翁會也無。

江隠和尚が柏樹子の話に加う　富士屋道悦の請

右這の閑葛藤、常照禅師の真蹟なり。予に一語を添うることを需むる人有り。古徳云く、三歳の児童も皆な念得するも、八十の翁翁、会するも也た無し。

〈訳〉

江隠禅師の柏樹子の墨蹟への加筆　富士屋道悦の求め

この墨蹟は江隠禅師の墨蹟である。これに一語を求められる。鳥窠禅師は「三歳の孩児道い得ると雖も、八十の老人も行ずることを得ず」といわれたが、この柏樹子の公案は、三歳の児童も覚えているが、八十の老人も分からないというもの。

○江隠和尚＝江隠宗顕。前出［二七六］。古岳宗亘に嗣ぐ。

○富士屋道悦＝未詳。『墨蹟之写』元和六年十月十日条に富士屋道悦とある。また、富士屋荘兵衛、富士屋紹無の名もある。

○古徳云、三歳児童皆念得、八十翁翁会也無＝『頌古聯珠通集』浮山遠の頌に「庭前柏樹趙州道、盧陵米価吉陽敷、三歳児童皆念得、八十翁翁会也無」。また『伝灯録』巻四、鳥窠章に「元和中に白居易出でて茲の郡に守たり。因って山に入り礼謁す。……又た問う、如何なるか是れ仏法の大意。師曰く、諸悪莫作、衆善奉行。白曰く、三歳の孩児も也た恁麼に道うことを解す。師曰く、三歳の孩児道い得ると雖も、八十の老人も行ずることを得ず。白、遂に作礼す」。［二九六］に「沙弥童子知此語、更道会者可稀」とある。

【二九五】（六五オ）

加古溪和尚筆蹟　鑰屋道話請

師叔古溪禪佛、自號蒲菴也。三要印不開、予朱點側。人謂土上泥矣。宗玩拜書

印無之故求予印、及此語

古渓和尚の筆蹟に加う　鑰屋道話の請

師叔古渓禅仏、自ら蒲庵と号す。三要印不開、予、朱点側つ。人謂わん、土上の泥と。

宗玩拝書　印之れ無き故に予が印を求む、此の語に及ぶ

〈訳〉

古渓禅師墨蹟への加筆　鑰屋道話の求め

法叔古渓禅師、みずから蒲庵と号す。この墨蹟には落款がなかったので、私が証明して私の印を捺したのだが、土上に泥を加えたものだと言われよう。宗玩拝書

印がなく、私の証明と印を求められたので、このように記す

○鑰屋道話＝『咨参緇素名簿』寛永二年（一六二五）二月二十三日条に「鍵屋道話、洛陽中立売之人、二兵衛親也」とみえる。

○三要印不開、予朱点側＝無落款の墨蹟だったので、わたしが証明し印を捺した。「三要印不開……」は前出［二七九］［二八五］を参照。

○人謂、土上泥矣＝よけいなことをしたものだ、といわれましょう。『句双葛藤鈔』「土上加泥、又一重」に「イヤガ上ニ泥ヲヌツタ、何ンノ用ニモ立ヌ、無用処ヂヤトヲサヘタ」。

【二九六】（六五オ）

加春屋老漢柏樹子話　小遠州請

先師圓鑑所見示大有宗甫禪人。小嗣宗玩後來書曰、千七百則公案歸此一則矣。

沙彌童子知此語、更道會者可稀。呵呵。

春屋老漢が柏樹子（はくじゅし）の話（わ）に加う　小遠州（しょうえんしゅう）の請

先師円鑑、大有宗甫禅人に示さるる所なり。小嗣宗玩、後来書して曰く、千七百則の公案、此の一則に帰す、と。沙弥童子も此の語を知る、更に道会する者、稀なる可し。呵呵。

〈訳〉

春屋禅師の柏樹子の墨蹟への加筆　小堀遠州の求め

この墨蹟は先師が小堀遠州に示されたものである。弟子の宗玩が後から「千七百則の公案、此の一則に帰す」と加筆した。沙弥童子もこの公案は知っておろうが、真に会得した者はまずはおらないのである。呵々。

○小遠州＝小堀遠州。
○千七百則公案帰此一則＝前出［二七三］を参照。
○沙弥童子知此語、更道会者可稀＝前出「二九四」の「古徳云、三歳児童皆念得、八十翁翁会也無」を参照。

【二九七】（六五オ）

加古嶽和尚柏樹子話　閑首座請

古徳曰、庭前柏樹子、少悟出常情。雨過山添翠、雲收日月明。元申夏五下旬、

積雨之後、有攜一軸來者。開之見則、大聖國師筆蹟也。求以予一語證他。書一偈與之。人謂、雨後青山青轉青矣。五世孫宗玩拜書。

古岳和尚が柏樹子の話に加う　閑首座の請

古徳曰く、庭前の柏樹子、少悟は常情より出づ。雨過ぎて、山、翠を添う、雲、収まって、日月、明らかなり。元申夏五の下旬、積雨の後、一軸を携えて来たる者有り。之を開いて見れば則ち、大聖国師が筆蹟なり。予が一語を以て他を証することを求む。一偈を書して之に与う。人謂わん、雨後の青山、青転た青しと。五世の孫、宗玩拜書。

〈訳〉

古岳禅師の柏樹子の墨蹟への加筆　閑首座の求め

湛堂準の拈頌にいう、「庭前柏樹子の話頭、情識で見るならば大悟は得られぬ。雨があがって山はひとしお青い、雲がきれて日月が明るくなった（そこに看取せよ）」と。元和五年五月下旬、梅雨のあがったころ、一軸を携えて来た者がいる。開いて見れば、大聖国師古岳禅師の筆蹟である。これを証明することを求められたので、一偈を書して与える。「山は雨が降る前より青々していたのに（古岳和尚の墨蹟だけでいいのに）、さらに青を加えてよけいなことをしたものだ」といわれるであろう。五世の孫、宗玩拜書。

○閑首座＝江月の法嗣、安室宗閑。前出［二一一］注および［二〇五］［二二四］。
○古徳曰、庭前柏樹子、少悟出常情。雨過山添翠、雲収日月明＝湛堂準の拈頌（『頌古聯珠通集』）。折しも梅雨あがりゆえ、この句を用いたもの。
○元申夏五下旬、積雨之後、有携一軸来者＝元和五年、梅雨があがったころ、到来した。
○人謂、雨後青山青転青矣＝ここは謙譲の気味。
○五世孫宗玩＝法系は古岳宗亘―伝庵宗器―大林宗套―笑嶺宗訢―春屋宗園―江月。

【二九八】（六五ウ）

加江隱和尚柏樹子話　清十郎取次

常照禪師所示會裡徒之眞蹟也。趙州和尚南方古佛、常照禪師北越道人。野叟依什麼加一語。昔時生于江南、如今居于洛北。祖古佛即是、祖道人即是。況復同門生以半文錢之直。荒虛粗習、家醜向外揚矣。

江隠和尚が柏樹子の話に加う　清十郎取り次ぐ

常照禅師、会裡の徒に示せる所の真蹟なり。趙州和尚は南方の古仏、常照禅師は北越の道人なり。野叟、什麼に依ってか一語を加う。昔時、江南に生まれ、如今、洛北に居す。古仏を祖とするが即ち是か、道人を祖とするが即ち是か。況んや復た同門生、半文銭の直を以てす。荒虚粗習、家醜、外に向かって揚ぐ。

〈訳〉

江隠禅師の柏樹子の墨蹟への加筆　清十郎の取り次ぎ

これは江隠禅師は参徒に示された真蹟である。趙州は南方古仏と称されたが、江隠和尚は越前の人ゆえ、北方道人というべきであろう。どういうわけか、私が加筆するのであるが、この私はといえば、南の堺に生まれ、いまは洛北に住んでいる、さて、南の古仏とするか、それとも北の道人とするがよいか。いわんや、同門の後輩だということで、いま禅師が書かれた墨蹟に、再び墨を加えるのですが、これは半文の値打ちにもなりますまい。まことに杜撰なことで、身内の恥を世間に晒す次第。

○江隠和尚＝江隠宗顕。前出［二七六］。
○清十郎＝未詳。『墨蹟之写』に頻出する名。
○趙州和尚南方古仏、常照禅師北越道人＝前出［二九二］「趙州南方古仏、広照北方道人」を参照。江隠は越前の人である。
○況復同門生以半文銭之直＝「半文銭之直」は「再来不直半文銭」。
○荒虚粗習、家醜向外揚矣＝「荒虚粗習」、『広灯録』巻十、臨済義玄章、「座主有り来たって相看す。師問う、座主、何の経論をか講ず。主云く、某甲、荒虚、粗ぼ百法論を習う」。

【二九九】（六五ウ）

針屋宗春所持文字點之次

默齋主翁一日訪寂、携一軸來云、惟無盡藏裏之家具、不知誰筆端也。予開之看之則、石室善玖禪師之眞蹟。字字鐵畫銀鈎、句句金聲玉振。將謂積善家餘慶。因其請點汚了。叵耐不少者也。欠伸子。

針屋宗春所持の文字、之に点する次いで

黙斎主翁、一日、寂を訪い、一軸を携え来たって云く、惟の無尽蔵裏の家具、誰が筆端かを知らず、と。予、之を開いて之を看れば、則ち石室善玖禅師の真蹟なり。字字、鉄画銀鈎、句句、金声玉振。将に謂えり、積善の家の余慶なりと。其の請に因って点汚し了る。叵耐少からざる者なり。欠伸子。

〈訳〉

針屋宗春所持の墨蹟に訓点するついでに加筆

ある日、黙斎翁が一軸を携えて来られて、「この家蔵の一軸はどなたのものか分かりません」という。開いて見れば、石室善玖禅師の真蹟である。字も詩もすばらしいものである。このような墨蹟が家蔵されているとは、よほど過去に善事を積んだ家柄というべきであろう。求められて筆を加え汚したのであるが、まことに申し訳ない。欠伸子

○針屋宗春＝上立売の商人。利休の弟子とされる。『利休百会記』天正十六年（一五八八）十一月十六日の茶会に名が出る。大文字屋の家系を記述した『先祖記』（前出［一九三］注）に「針屋宗和［但シ宗和ト云ハ宗春親也］」とあるから、針屋宗和の子である。
○点之次＝訓点を（頼まれて、別紙に）記すついでに。
○黙斎主翁＝針屋宗春の子か。
○惟無尽蔵裏之家具、不知誰筆端也＝家蔵の軸ですが、誰の筆跡か分かりません。
○石室善玖禅師＝一二九三～一三八九。筑前の人。入元して古林清茂の法を嗣ぐ。
○字字鉄画銀鉤、句句金声玉振＝「鉄画銀鉤」は、書法運筆が雄勁にしてかつ柔媚なること。欧陽詢「用筆論」に「剛なるときは則ち鉄画、媚なることは銀鉤の若し」。「金声玉振」は詩句の完全なること。もとは孔子の集大成を讃える言葉。八音の合奏は、まず鐘（金）を打って始まり、最後に磬（玉）を打って終わり、楽が全うされる。
○将謂積善家余慶＝『易』坤に「積善に家に必ず余慶有り、不善を積む家に必ず余殃有り」。
○叵耐＝「不可耐」の義、耐えられぬ、がまんならぬ。

【三〇〇】（六六オ）

跋大燈國師録

開山大燈國師語録板行、値應仁世亂壞劫時、燒失矣。今既逮百五十餘歳。十二

世之子系宗玩、以衣盂資、再刊三帙録。不直半文錢。若遂他昭覧則、人謂、家醜向外揚矣。實元和七年辛酉年七月日　奉寄附于大徳雲門菴

大灯国師録に跋す

開山大灯国師語録の板行、応仁の世乱、壊劫の時に値い、焼失せり。今、既に百五十余歳に逮ぶ。十二世の子系宗玩、衣盂の資を以て、三帙の録を再び刊る。半文銭に直たらず。若し他の昭覧を遂ぐるときは、則ち人謂わん、家醜、外に向かって揚ぐと。実に元和七年辛酉年七月日、大徳雲門庵に寄附し奉る。

大灯国師語録の跋。
開山大灯国師語録の板は、応仁の乱の時に焼失してしまった。今、既に百五十年、ここに十二世の法孫宗玩がみずから支弁して、三巻本を再刊させていただいた。とはいえ、再刊するも半文銭に直たらず、というところ。皆さんに御覧いただいても、「身内の恥を世間に曝したようなものだ」といわれようか。元和七年七月、大徳寺の雲門庵に納めたてまつる。

○十二世之子系宗玩＝「子系」は孫の拆字。大灯国師―徹翁―言外―華叟―養叟―春浦―実伝―古岳―伝庵―江隠―大林―笑嶺―春屋―江月。大灯国師は開山、徹翁は一世。一世から数えて十二世目の子孫。

○以衣盂資、再刊三帙録＝自ら費用をだして。「衣盂資」は、僧の持つ銭財のこと。前出［二六］の「捨衣孟之資」を参照。

○不直半文銭＝再刊しても、半文の値打ちもない、と抑下。

○元和七年辛酉年七月日＝『年譜草稿』元和七年、師四十八歳の条に「斯の年、梓工の人を倩って、大灯国師語録三帙を繍梓して、本山の庫蔵に納む。師自ら觚を援って紙を払い、国師の行実を摧（？）する者数十葉、其の後に跋して云く（略）」。

○奉寄附于大徳雲門庵＝雲門庵は開山塔。

江月宗玩（一五七四～一六四三）は、堺の豪商天王寺屋、茶人として知られる津田宗及の次男として生まれた。春屋宗園の法を嗣ぎ、大徳寺龍光院二世となり、博多崇福寺に住し、慶長十五年に出世し大徳寺一五六世となった。

江月といえば、一般的には「紫衣事件」に関連した人物として知られている。寛永六年、沢庵と玉室は東北に流されたのに、ひとり江月だけが許されたのである。そのとき、江戸市民は江月にきわめて冷かで「江月かけ物、江戸中やぶり捨申候」ということで、「降雨に沢の庵も玉の室もながれてのこるにごり江の月」という落首も出たという（辻善之助『日本仏教史』第八巻、近世篇之三に引く『細川家記』）。

日本仏教史の権威にこのように紹介されることによって、江月ははなはだ不名誉な立場になっているのであるが、これはいささか不当な扱いだと思う。江月だけが赦免された理由は依前として謎であるが、一片の風説によって歴史や人物を評価してはなるまい。

応仁の乱以降、荒廃していた大徳寺は、この時期に復興されたのだが、これはひとえに江月の力にあずかっているのである。

江月には『欠伸稿』という語録が残されているが、これまでさほど読まれて来なかったのではないか。一人の禅僧を語る場合、語録はもっとも基本となるべきものであり、世間の風聞などで、その人となりが決定されてはならないのである。

『欠伸稿』には大別して二種類がある。そのひとつは孤篷庵蔵の写本で四冊本（麟鳳亀龍）である。その内容は左のとおりである。

麟　大徳寺入寺語　示衆　仏事并下火
鳳　拈香　道号　真賛
亀　仏祖賛　賛　銘
龍　大燈国師頌古和韻　偈頌

そして、もうひとつは本書の底本である、龍光院所蔵の江月和尚自筆写本二冊本である。題簽はなく表紙に「興宗禅師自書」と書かれている。各冊の第一紙には次のような目次がある。

第一冊　拈香　下火　偈頌　書　加毫
第二冊　法語　供養　賛　道号　真賛　自賛　記附銘

本書は右の第一冊を訳注したものである。この江月自筆本『欠伸稿』は慶長から元和年間の語を収録しており、博多崇福寺語、そして禅師の後半生の語が含まれていない。しかしその一方で、孤篷庵本には含まれていない偈頌がかなり多く見られ、その中には私的な内容のものがあり、江月の人柄を証す好資料であるばかりでなく、同時代の文化人との交流を記録しているので、寛永文化の消息をうかがう上での貴重な情報を含んでいるのである。

十年来、この江月自筆本『欠伸稿』を、志ある者が龍光院に月一度集まって会読してきた。私は仕事がらいろいろな語録を読んで来たが、この『欠伸稿』は日本の禅語録の中でもっとも面白いものだと思っている。その出自に裏付けられた江月の教養の高さ、すぐれた文辞がその理由であるが、龍光院蔵の自筆本『欠伸草稿』乾・坤は、整理される以前の、プライベートな作品も多く含んでおり、それがまた面白いものにしているのである。

この訳注は「欠伸会」における輪読会の成果である。坤の巻の解読は本年六月には終了するので、後半部分もいずれ刊行される予定である。

思えば十年余り、よく持続したものだと思う。参加者の大部分は禅の語録に関しては素人の方々ばかりであった。『欠伸稿』は江戸初期の語録ではあるが、その内容は五山文学の精華を色濃く反映したものであり、きわめて晦渋で難解なものである。しかも、原本は流麗な草書も交えた筆写本である。「互いに汗をかき、恥もかこう」というモットーのもとで、会員諸氏が果敢に取り組まれた熱意に大いに感歎するものである。難解の課題に四苦八苦して発表に臨まれたことと思うが、全員で会読すれば、難解の霧が晴れて結果が見えて来ることもある。その落差があればあるほど、理解できたときの喜びは大きい。そして、古人の精神的遺産を共有していることを自覚させられるのである。
最後に「欠伸会」に参加された諸氏の芳名を記し、その熱意に深甚の敬意を表するものである。

平成二十一年二月

芳澤　勝弘

【欠伸会会員】順不同

門脇むつみ　横山正　中村康　中部義隆　矢野環　柴沼裕子　千宗屋　芳澤元
熊倉功夫　田中和夫　中村昌生　長谷川晃　加藤一寧　アンナ・ルッジェリ
フレデリック・ジラール　中村節子　朝倉直樹　糸川千尋　岡本耕蔵　岡本結紀子
大岡哲　大岡恭子　小川菜々　荻原伊玖子　柏木円　河原佳明　岸野承
北山晋　斉藤陽一　切石恵美子　斉藤泰子　瀬津勲　武智美保　徳江すず
中山さおり　福森道歩　細井富夫　細井ゆかり　町田香　村尾泰助　森裕一
山本順子　綿ゆり　松坂幸香　保田多恵　ニーゼル・フィリップ　糸川英宏
市瀬寛　植田紫真子　笠間浩史　金ヶ崎政伸　川口貢史　川口修平　五島勝則
真藤舞衣子　問屋周平　野瀬元暁　平井朝子

◎編者略歴◎

芳 澤 勝 弘（よしざわ・かつひろ）

1945年長野県生．同志社大学卒業．財団法人禅文化研究所主幹を経て，現在，花園大学国際禅学研究所教授（副所長）．専攻・禅学．

著書

『諸録俗語解』（編注，禅文化研究所，1999）
『白隠禅師法語全集』全14巻（訳注，禅文化研究所，1999～2003）
『江湖風月集訳注』（編注，禅文化研究所，2003）
『通玄和尚語録』訓注，上・下（共編注，禅文化研究所，2004）
『白隠―禅画の世界』（中公新書，2005）
『白隠禅師の不思議な世界』（ウェッジ，2008）
『白隠禅画墨蹟』（二玄社，2009）
The Religious Art of Zen Master Hakuin (Counterpoint Press, 2009)

江月宗玩（こうげつそうがん） 欠伸稿訳注（かんしんこうやくちゅう）　乾

2009（平成21）年4月8日　発行

定価：本体9,500円（税別）

編　者　芳 澤 勝 弘
発行者　田 中 周 二
発行所　株式会社　思文閣出版
〒606-8203 京都市左京区田中関田町2-7
電話 075-751-1781（代表）

印刷
製本　株式会社図書印刷同朋舎

ISBN978-4-7842-1462-4　C3015

謹んで大用堂頭大和尚が雄峰大禅仏の戢化を追懐せらるる金偈の厳韻を塵し奉る
と云う　霊鑑

選仏選官の場を掀翻し、手に龍泉三尺の光を握る。
端的、禅翁、他に向かって去る、曹渓の流水、更に香無し。

〈訳〉

雄峰大和尚遷化、龍室宗章の偈に和韻

官吏の道を捨てて出家したが、その選仏の道場をもひっくりかえし、
切れ味するどい龍泉の名剣をひっさげて、
大徳寺龍泉派下の禅を挙揚された。
この禅翁、真実、向こうに行ってしまわれた。
曹渓の流れには、何の香も残らない。

○大用和尚＝龍室宗章。沢庵『明暗双々』巻五に同和韻「次龍室和尚之韻輓雄峰和尚」あり。
○雄峰和尚＝百五十七世、雄峰宗韓。慶長十七年十一月二十七日遷化。
○掀翻＝古くはケンポンとよむ。手で持ち上げてひっくり返す。
○選仏選官場＝選官場は、科挙の試験場。これに対して選仏場は、役人ではなく、優れた仏子を選抜する道場という意。『伝灯録』巻十四、京兆尸利禅師章、「偶たま一禅客問うて曰く、仁者、何にか往く。曰く選官し去る。禅